Internationalrechtliche Studien

Beiträge zum Internationalen Privatrecht, zum Einheitsrecht und zur Rechtsvergleichung

Herausgegeben von Ulrich Magnus und Peter Mankowski

Band 69

PL ACADEMIC RESEARCH

Cordula Giesecke

Interessengerechte Rechtswahl im Kaufrecht

Vertragswidrigkeit, Mängelrüge und Vertragsaufhebung – UN-Kaufrecht, deutsches, französisches und schweizerisches Recht im Vergleich

PL ACADEMIC RESEARCH

Bibliografische Information der Deutschen Nationalbibliothek
Die Deutsche Nationalbibliothek verzeichnet diese Publikation in der Deutschen Nationalbibliografie; detaillierte bibliografische Daten sind im Internet über http://dnb.d-nb.de abrufbar.

Zugl.: Hannover, Univ., Diss., 2014

Gedruckt auf alterungsbeständigem, säurefreiem Papier.

D 89
ISSN 0947-0395
ISBN 978-3-631-65758-4 (Print)
E-ISBN 978-3-653-05096-7 (E-Book)
DOI 10.3726/ 978-3-653-05096-7

PL Academic Research ist ein Imprint der Peter Lang GmbH.

Peter Lang – Frankfurt am Main · Bern · Bruxelles · New York · Oxford · Warszawa · Wien

Diese Publikation wurde begutachtet.

www.peterlang.com

Vorwort

Die vorliegende Arbeit wurde im Sommersemester 2014 unter dem Titel „Interessengerechte Rechtswahl im Kaufrecht am Beispiel der Vertragswidrigkeit, Mängelrüge und Vertragsaufhebung – UN-Kaufrecht, deutsches, französisches und schweizerisches Recht im Vergleich" von der rechtswissenschaftlichen Fakultät der Universität zu Hannover als Dissertation angenommen.

Zuvörderst möchte ich meinem Doktorvater, Herrn Prof. Dr. Wolfgang Wurmnest, für eine Betreuung meiner Dissertation danken, wie sie besser nicht hätte sein können. Er hatte stets ein offenes Ohr und stand während der gesamten Entstehensphase mir mit wertvollen Hinweisen und Ratschlägen zur Seite. Seinem großen Engagement ist auch die zügige Korrektur zu verdanken.

Meinem Zweitvotanten, Herrn Prof. Dr. Bernd H. Oppermann, danke ich ebenfalls für die rasche Begutachtung.

Außerordentlicher Dank gebührt zudem Herrn Dr. Gebhard M. Rehm, der mir nicht nur die Idee für dieses Thema gab, sondern mich mit zahlreichen Anregungen in konstruktiven Diskussionen und bei der Durchsicht der Arbeit sehr unterstützte.

Besonderer Dank gilt auch meinem Vater, dem ich diese Arbeit widme. Er hat mich und meine Ausbildung stets in jeglicher Hinsicht mit Zuspruch unterstützt und mir auf diese Weise die Erstellung der Arbeit ermöglicht.

Ansbach, im August 2014 Cordula Giesecke

Meinem Vater

Gliederung

Abkürzungsverzeichnis

ABl. EG	Amtsblatt der Europäischen Union
AcP	Archiv für die civilistische Praxis
AG	Amtsgericht
AJP	Aktuelle Juristische Praxis
Art.	Artikel
AT	Allgemeiner Teil
BB	Betriebs-Berater
BGB	Bürgerliches Gesetzbuch
BGB a.F.	Bürgerliches Gesetzbuch alte Fassung
BGE	Entscheidungssammlung des Schweizerischen Bundesgerichts
BGer	Bundesgericht
BGH	Bundesgerichtshof
BGHZ	Entscheidungssammlung des Bundesgerichtshofes in Zivilsachen
BT	Besonderer Teil
BT-Drs	Bundestag Drucksache
B2B	Business to Business Geschäft
B2C	Business to Consumer Geschäft
CA	Cour d'Appel (Berufungsgericht)
Cass. Ass. plén.	Cour de Cassation, assemblée plénière (Großer Senat)
Cass. civ.	Cour de Cassation, chambre civile (Zivilkammer)
Cass. civ. 1ière	Cour de Cassation, 1. Zivilkammer
Cass. civ. 3ième	Cour de Cassation, 3. Zivilkammer
Cass. ch. mixte	Cour de Cassation, chambre mixte (gemischte Kammer)
Cass. com.	Cour de Cassation, chambre commerciale (Handelskammer)
CC	Code civil
C.cons.	Code de la consommation

CISG	Convention on Contracts on the International Sale of Goods vom 11.4.1980 (UN-Kaufrecht)
C2B	Consumer to Business Geschäft
C2C	Consumer to Consumer Geschäft
DB	Der Betrieb
EGBGB	Einführungsgesetz zum Bürgerlichen Gesetzbuch
EGHGB	Einführungsgesetz zum Handelsgesetzbuch
EKG	Einheitliches Gesetz über den internationalen Kauf beweglicher Sachen von 1974, aufgrund des Haager Kaufrechtsübereinkommen über internationalen Kauf beweglicher Sachen vom 1.7.1964
EuZW	Europäische Zeitschrift für Wirtschaftsrecht
FG	Festgabe
FS	Festschrift
GG	Grundgesetz
HG	Handelsgericht
HGB	Handelsgesetzbuch
IHR	Internationales Handelsrecht
IPRax	Praxis des internationalen Privat- und Verfahrensrechts
Jura	Zeitschrift Jura
JuS	Juristische Schulung
JZ	Juristenzeitung
LG	Landgericht
MMR	MultiMedia und Recht
NCPC	Nouveau Code de Procédure civile
NJW	Neue Juristische Wochenschrift
OGH	Oberster Gerichtshof
OLG	Oberlandesgericht
OR	Schweizer Obligationenrecht
OR a.F.	Obligationenrecht, alte Fassung
RabelsZ	Rabels Zeitschrift für Ausländisches und Internationales Privatrecht
RGZ	Entscheidung des Reichsgerichts in Zivilsachen
RIW	Recht der Internationalen Wirtschaft
Rom I-VO	Verordnung (EG) Nr. 593/2008 des Europäischen Parlaments und des Rates über das auf vertragliche Schuldverhältnisse anzuwendende Recht vom 17.6.2008

VuR	Verbraucher und Recht
WiVerw	Wirtschaft und Verwaltung
WM	Zeitschrift für Wirtschafts- und Bankrecht
ZEuP	Zeitschrift für Europäisches Privatrecht
ZGB	Zivilgesetzbuch
ZGS	Zeitschrift für Vertragsgestaltung, Schuld- und Haftungsrecht
ZGS	Zeitschrift für das gesamte Schuldrecht
ZHR	Zeitschrift für das gesamte Handelsrecht und Wirtschaftsrecht
ZIP	Zeitschrift für Wirtschaftsrecht
ZVglRWiss	Zeitschrift für Vergleichende Rechtswissenschaft

Einleitung

> Ein Rechtsvergleicher ist jemand, der in fremde Dickichte eindringt und damit rechnen muss, dass unter jedem Busch ein Eingeborener mit vergifteten Pfeilen lauert.
> *Ernst Rabel*
> RabelsZ 16 (1951), 340 (340).

Die Siemens AG exportiert Eisenbahnzüge in aller Herren Länder. Im Asialaden um die Ecke erstehen Verbraucher preiswert Glasnudeln und Shiitakepilze: Vor vielen Jahren für den Normalbürger noch fast unerschwinglich, werden sie nun günstig von Großhändlern importiert. Argentinische Rindersteaks kommen ganz selbstverständlich auf den Esstisch vieler Haushalte. Computerprogramme, Bücher und Medikamente werden über das Internet aus dem Ausland bezogen. Die deutsche ThyssenKrupp AG produziert Stahl in Brasilien, den sie zum Bau eines Fußballstadions nach Südafrika exportiert. Deutschland als rohstoffarmer Industriestaat ist gezwungen, zentrale Ressourcen wie Erdöl, Erdgas und Erze einzuführen, um den heimischen Bedarf zu decken.[1] Die Reihe dieser Beispiele lässt sich beliebig fortsetzen. Die ökonomische und rechtliche Bedeutung dieser internationalen Transaktionen wächst dadurch, dass der Kaufvertrag der statistisch wohl häufigste Vertragstyp ist.[2]

Allerdings zahlt der Marktakteur für seine durch eine immer stärker global ausgerichtete Marktwirtschaft eingeräumte Freiheit, grenzüberschreitend handeln zu können, einen Preis in Form zunehmender rechtlicher Komplexität. Neben Einheitsrecht wie dem Kaufrecht der Vereinten Nationen (nachfolgend UN-Kaufrecht oder CISG[3] genannt) kommen potenziell viele nationale Rechtsordnungen zur Anwendung, was *Blaurock* sachlich-nüchtern als „Rechtsgeflecht" bezeichnet.[4]

---

1 http://www.bmwi.de/BMWi/Redaktion/PDF/E/energiestatistiken-grafiken.

2 Vgl. etwa Basedow/Hopt/Zimmermann/*Rehm*, Handwörterbuch des Europäischen Privatrechts, Bd. 2, Stichwort Kauf, S. 965.

3 Convention on Contracts on the International Sale of Goods vom 11.4.1980, in Kraft getreten für Deutschland am 1.1.1991, BGBl. 1989 II, 588.

4 *Blaurock*, ZEuP 1993, 247 (247).

A. Die Ermittlung des anwendbaren Rechts

Die Bestimmung des anwendbaren Rechts ist für manchen ein „Irrgarten: je tiefer man eindringt, desto unsicherer wird der Weg, umso weiter entfernt man sich vom Ziel“[5]; oder gar ein „unheimlicher Ort“, dem es „mit heiler Haut [zu] entrinnen“ gilt.[6] *Prosser* bezeichnet das IPR gar als „ein düsteres Moor, voll bebender Sumpfböden, bewohnt von gelehrten, aber exzentrischen Professoren, die über geheimnisvolle Dinge in einem seltsamen und unverständlichen Fachjargon theoretisieren“.[7] Das Kollisionsrecht ist geprägt von einem langwierigen „Hin- und Herhangeln“ von Rechtsordnung zu Rechtsordnung, verkompliziert durch die Erst- und Vorfragenproblematik, weitergeleitet durch Renvois, weil jedes Land seine eigenen Rechtsregeln hat und Rechtsfragen unterschiedlich qualifiziert werden. Wann etwa eine Rechtsfrage vertrags- und wann deliktsrechtlich einzustufen ist, kann keineswegs für alle Rechtsordnungen einheitlich beantwortet werden.

Nach Art. 4 Abs. 1 lit. a) der Rom I-VO[8], der bei fehlender Rechtswahl aus deutscher Sicht Ausgangspunkt der Ermittlung des anwendbaren Rechts ist, unterliegen Kaufverträge über bewegliche Sachen dem Recht des Staates, in dem der Verkäufer seinen gewöhnlichen Aufenthalt hat. Gesellschaften, Vereine und juristische Personen haben gem. Art. 19 Abs. 1 Rom I-VO ihren gewöhnlichen Aufenthalt am Ort der Hauptverwaltung. Bei natürlichen Personen, die im Rahmen der Ausübung ihrer beruflichen Tätigkeit handeln, liegt er am Ort ihrer Hauptniederlassung, Art. 19 Abs. 1 S. 2 Rom I-VO. Sollte der Vertrag im Rahmen des Betriebs einer Zweigniederlassung, Agentur oder sonstigen Niederlassung geschlossen worden sein, so steht der gewöhnliche Aufenthalt diesen Orten gleich, sofern sie für die Erfüllung der vertraglichen Leistungspflichten verantwortlich sind, Art. 19 Abs. 2 Rom I-VO.

B. Die Erforschung ausländischen Sachrechts

Oft beruft das Kollisionsrecht ausländisches Sachrecht zur Anwendung. Die Ermittlung von dessen Inhalt stellt nicht selten eine schwierige Herausforderung

5 *Fränkel*, RabelsZ 4 (1930), 239 (241).

6 *Leible*, ZVglRWiss 97 (1998), 286 (287).

7 *Prosser*, Interstate Publication, Mich. L. Rev. 51 (1952/53), 959 (971), Übersetzung von *Leible*, ZVglRWiss 97 (1998), 286 (287).

8 Verordnung (EG) Nr. 593/2008 des Europäischen Parlaments und des Rates über das auf vertragliche Schuldverhältnisses anzuwendende Recht vom 17.6.2008, in Kraft getreten am 17.12.2009, ABl. EU 2008 Nr. L 177, S. 6 (nachfolgend als Rom I-VO bezeichnet).

dar. Den meisten Rechtsanwendern mangelt es an einer (genauen oder auch nur hinreichenden) Kenntnis des Inhalts ausländischer Sachrechte. Diese Unsicherheit birgt ein erhebliches Risiko falscher Rechtsanwendung. Um dieses bestmöglich zu reduzieren, muss der Rechtsanwender viel Zeit und Geld in die Rechtsermittlung investieren. Dass diese zum Teil wegen fehlender oder schwer zugänglicher Rechtsquellen (in eigener oder zumindest bekannter Sprache) schwer fällt, ist angesichts der Vielzahl in Betracht kommender Rechtsordnungen und Sprachen offensichtlich. Daher muss zumindest bisweilen fremder, teurer Rechtsrat vorab eingeholt oder im eventuellen Gerichtsprozess ein Sachverständiger durch den Richter mit der Erstattung eines Rechtsgutachtens beauftragt werden, dessen Kosten die unterlegene Partei zu tragen hat. Außerdem bleibt das Risiko, dass das fremde Recht für den Rechtsanwender inhaltlich nachteiliger als das heimische – und überdies bekannte und daher kalkulierbarere – Recht ausfällt. Vor diesem Hintergrund ist es ein immenser Vorteil, wenn die Parteien selbst bestimmen können, welches Recht zur Anwendung gelangen soll.[9]

C. Rechtswahlfreiheit im internationalen Handelsverkehr

Die Parteiautonomie[10] ist ein seit vielen Jahren im Internationalen Privatrecht fast aller entwickelten Rechtssysteme verankertes Rechtsinstitut.[11] Es ermöglicht

---

9 Nach dem Grundsatz *iura novit curia* muss das Gericht das Kollisionsrecht von Amts wegen anwenden, mit der Konsequenz, dass es eine Rechtswahlvereinbarung der Parteien beachten muss, ohne dass sich eine Partei auf auf die Rechtswahl berufen muss: *Coester-Waltjen*, in: Privatrecht in Europa, Festschrift Sonnenberger zum 70. Geburtstag, 343 (350); *Harries*, Festschrift Heinsius zum 65. Geburtstag, 201 (207); *Sommerlad/Schrey*, NJW 1991, 1377 (1377, 1379ff.); die Kosten für das vom Gericht angeordnete Sachverständigengutachten trägt entsprechend der allgemeinen Regel im Rahmen der Kostengrundentscheidung die unterlegene Partei: *Rühl*, RabelsZ 71 (2007), 559 (572).

10 Davon ist der Grundsatz der Privatautonomie zu unterscheiden, der den Parteien das – materielle – Recht einräumt, mit einer Partei ihrer Wahl einen Vertrag des von beiden Seiten bestimmten Inhaltes zu schließen: *Kropholler*, Int. Privatrecht, § 40 I, S. 293.

11 *Juenger*, RabelsZ 46 (1982), 57 (64); für das UN-Kaufrecht Art. 6 CISG: Münchener Kommentar HGB/*Benicke*, Art. 6 CISG, Rn. 1; Staudinger/*Magnus*, BGB, Art. 6 CISG, Rn. 1; für die Schweiz: Basler Kommentar/*Heierli/Schnyder*, OR, Art. 41, Rn. 58 (Parteiautonomie); für Deutschland: *Kropholler*, Int. Privatrecht, § 40 I, S. 293; für Frankreich: „principe d'autonomie de la volonté" (Parteiautonomie): *Courbe*, Droit international privé, S. 300; die Parteiautonomie umfasst auch das Recht, das Kollisionsrecht festzulegen: *R. Wagner*, IPRax 2008, 377 (378); *Rühl*, RabelsZ 71 (2007), 559 (562) „nahezu weltweit unangefochten"; *Rühl*, Statut und Effizienz, S. 437.

den Parteien, das auf den Vertrag anwendbare Recht selbst zu bestimmen,[12] dient der freien Entfaltung der Persönlichkeit und ist damit in Deutschland in Art. 2 Abs. 1 GG verfassungsrechtlich garantiert.[13] Die Skepsis mancher gegenüber diesem Prinzip[14] dürfte als überwunden gelten.[15]

Freilich sind der Parteiautonomie Grenzen gesetzt. Das Internationale Privatrecht schränkt die Rechtswahlfreiheit durch Eingriffsnormen (vgl. etwa Art. 9 Rom I-VO), Sonderanknüpfungen (vgl. Artt. 5ff. Rom I-VO) und zwingende Anknüpfungsnormen wie gem. Art. 3 Abs. 3, 4 Rom I-VO ein, um einen Mindestschutz für eine bestimmte Partei (wie etwa den Verbraucher im Falle eines Verbrauchsgüterkaufes) zu garantieren.

Schließlich verhindern die Parteien oft selbst eine wirksame Rechtswahl, indem sie die spezifische Rechtsordnung nicht „richtig" – d. h. mit der erforderlichen Genauigkeit – wählen oder abwählen. Völkerrechtliches oder europäisches materielles Einheitsrecht genießt gegenüber ausländischem oder inländischem Sachrecht den Vorrang.[16] Wird das UN-Kaufrecht nicht gem. Art. 6 CISG abgewählt – ausdrücklich oder durch die Wahl einer Rechtsordnung, die das UN-Kaufrecht nicht ratifiziert hat (etwa das englische Recht)[17], sog. positive Rechtswahl – findet es Anwendung. Entgegen einer in der Praxis verbreiteten, aber fälschlichen Annahme liegt keine Abwahl vor, wenn die

---

12 *Kropholler*, Int. Privatrecht, § 40 I, S. 293; Pfeiffer/*Pfeiffer*, Handbuch der Handelsgeschäfte, § 21, Rn. 4; *Harries*, Festschrift Heinsius zum 65. Geburtstag, 201 (201); *Siehr*, Festschrift Keller zum 65. Geburtstag, 485 (485).

13 *Junker*, IPRax 1993, 1 (2); *Beitzke*, Grundgesetz und Internationalprivatrecht, S. 16f.; *Jayme*, IPRax 1991, 429 (429).

14 Zur Entwicklungsgeschichte der Parteiautonomie vgl. *Püls*, Die Bedeutung des Parteiwillens und die Entwicklung seiner Schranken im deutschen Rechtsanwendungsrecht des 19. und 20. Jahrhunderts, S. 43ff.

15 Seit langer Zeit nimmt man recht einhellig an, dass der Grundsatz der Rechtswahlfreiheit (Parteiautonomie) sich durchgesetzt habe: *Gamillscheg*, AcP 157 (1958/59), 303 (303); *Mincke*, IPRax 1985, 313 (313); *Juenger*, RabelsZ 46 (1982), 57 (63).

16 Dogmatisch sind völkerrechtliche Verträge aufgrund des Zustimmungsgesetzes (Art. 59 Abs. 2 GG aus deutscher Sicht) Teil der nationalen Rechtsordnung, doch wegen der völkerrechtsfreundlichen Haltung des Grundgesetzes gegenüber nationalem Recht vorrangig, vgl. *Rehm*, Jura 2006, 789 (791 Fn 21 m. w. N.). Der Anwendungsvorrang europäischer Rechtsakte ist zumindest im Hinblick auf einfache Gesetze seit EuGH, Rs. 6/64 Costa ./. ENEL, Slg. 1964, S. 1 geklärt.Vgl. bereits auch EuGH, Rs. 26/62, Van Gend & Loos gegen Niederländische Finanzverwaltung, Slg. 1963, S. 1. Art. 3 Nr. 1 EGBGB stellt dies mittlerweile zumindest deklaratorisch klar.

17 Münchener Kommentar zum HGB/*Benicke*, Art. 6 CISG, Rn. 3.

Parteien vereinbaren, dass „nationales Recht“ zur Anwendung gelangen solle, denn das UN-Kaufrecht ist als völkerrechtlicher Staatsvertrag Teil der nationalen Rechtsordnung.[18] Für eine Abwahl ist deshalb erforderlich, dass die Parteien die Anwendbarkeit des UN-Kaufrechts ausdrücklich ausschließen.[19]

Nicht nur Rechtsberater können sich in der Vertragsgestaltung profilieren, wenn sie ihrem Mandanten die für ihn „beste“ Rechtsordnung vorschlagen können. Juristisch nicht vorgebildete Parteien überspringen die oben genannten Hürden erst recht nicht ohne Weiteres. Viele Parteien nutzen ihre Rechtswahlchance in der Praxis selten. 58,59%[20] der befragten Rechtsberater gaben in der im Rahmen dieser Untersuchung durchgeführten empirischen Befragung an, dass sie oft dasselbe Vertragsmodell verwenden, weil sie entweder die Rechtsordnung vorschlagen, die sie kennen (32,55% der Befragten), oder weil sie dem Wunsch der Mandanten entsprechen (28,21% der Befragten). Beides dürfte in der Regel die Wahl des eigenen Rechts bedeuten. Wenn sich selbst sachverständige Rechtsberater nicht bemühen, die zur Verfügung stehenden Rechtsinstitute optimal zu nutzen, verwundert es nicht, dass Fachfremde sich erst Recht kaum mit derartigen Optionen beschäftigen. Oft können diese sich nicht vorstellen, dass die Rechtssysteme (etwa der Schweiz und Deutschlands) sich derartig unterscheiden, wie es der Fall ist. Oft wollen sie sich allerdings auch nicht mit „juristischen Technikalitäten“ befassen, da die Vertragsgestaltung Aufgabe der Juristen und nicht der Kaufleute sei.[21] Nicht selten wollen die Kaufleute bereits den gelungenen Abschluss feiern, während die Juristen im Nebenzimmer noch die „Aufräumarbeiten“ erledigen – von *Kronke* ironisch als „Champagnerstunden-Syndrom“ bezeichnet.[22] Welches Sachrecht sollte nun gewählt werden? Welche Entscheidungskriterien sollten für diese Wahl den Ausschlag geben? Diese Fragen sollen nachfolgend untersucht werden.

---

18 BGH, NJW 1997, 3309 (3310); *Piltz*, IPRax 1994, 191 (192); *Magnus*, ZEuP 1999, 642 (649).

19 US Court of Appeals, CISG-Online (CH) Nr. 730; Shanghai Higher People's Court, 17.5.2007, CISG-Online (CH) Nr. 1976; BGH, NJW-RR 2000, 1002 (1003f.) zur Auslegung einer Rechtswahlvereinbarung; ebenso OLG Rostock, CISG-Online (CH) Nr. 671; Münchener Kommentar BGB/*Harm Peter Westermann*, Art. 6 CISG, Rn. 3, 5.

20 Eine statistische Auswertung des Fragebogens findet sich im Anhang 1 der Arbeit.

21 *Mankowski*, RIW 2003, 2 (3).

22 *Kronke*, Festschrift Henrich zum 70. Geburtstag, 385 (390).

I. Das vertrauteste Recht

Natürlich kann das Sachrecht gewählt werden, das die jeweilige Partei am besten kennt. Die Wahl einer der Partei und dem Gericht vertrauten Rechtsordnung bewirkt Rationalisierungseffekte in Routineangelegenheiten und Synergieeffekte für weitere Verträge.[23] Externe Berater müssen nicht herangezogen werden,[24] Gerichte nicht langwierig das anwendbare Recht und den Inhalt einer fremden Rechtsordnung ermitteln.[25] Rechtsermittlungskosten sinken ebenso wie Rechtsanwendungskosten, da die Rechtsanwendung und das wirtschaftliche Handeln vorhersehbarer und kalkulierbarer werden.[26] Ein Gleichlauf zwischen *forum* und *ius* (zuständigem Gericht und anwendbarem Recht) kann die gerichtliche Rechtsverfolgung effizienter machen, denn die Anwendung forumeigenen Rechts dürfte aus der Perspektive des Richters regelmäßig qualitativ höherwertig und weniger fehlerträchtig sein als die Anwendung eines forumfremden Rechts.[27] Dass dieser Faktor auch empirisch nachweisbar eine Rechtswahl beeinflusst, zeigen auch die Ergebnisse der Umfrage, nach denen gerade Großkanzleien und mittlere Kanzleien sich im hohen zweistelligen Prozentbereich auf das bekannte Recht verlassen.[28] Das überrascht insofern, als man gerade in diesem Segment einen höheren Rechercheaufwand – verglichen mit einer kleinen Kanzlei oder einem Unternehmen – erwarten könnte. Andererseits beschäftigen sich kleinere Kanzleien oder Unternehmen mit ihnen nicht vertrauten Rechtsordnungen womöglich erst gar nicht. Darauf deutet hin, dass eine Rechtswahl mit dem Argument abgelehnt wird, der Sachverhalt sei überwiegend inlandsrechtlich.[29] Die Inlandsprägung des Sachverhalts ist freilich kein Argument gegen die Wahl ausländischen Rechts, weil insofern weitgehende Wahlfreiheit herrscht.

---

23 *Mankowski*, RIW 2003, 2 (3); in diesem Sinne auch *Schmeding*, RabelsZ 41 (1977), 299 (305f.).

24 *Mankowski*, RIW 2003, 2 (3).

25 *Schmeding*, RabelsZ 41 (1977), 299 (305).

26 *Mankowski*, RIW 2003, 2 (3); *Leible*, ZVglRWiss 97 (1998), 286 (286f.).

27 *Mankowski*, RIW 2003, 2 (4); *Kegel/Schurig*, Internationales Privatrecht, § 15 V 2; häufig wählen die Parteien in der Praxis eine ausländische Rechtsordnung und einen dieser entsprechenden ausländischen Gerichtsstand, so dass der Gleichlauf zwischen forum und ius gewährleistet ist, *Rühl*, RabelsZ 71 (2007), 559 (567).

28 S. Auswertung Fragebogen, Anhang 1 IX, XI.

29 S. Auswertung Fragebogen, Anhang 1, XII.

II. Heimwärtsstreben (Homeward trend)

Die heimische Rechtsordnung wird dem Rechtsanwender regelmäßig am besten vertraut sein, selbst wenn er sie nicht im Detail kennt. Er wird folglich ihre Anwendung bevorzugen, obwohl sie nicht unbedingt günstigere Regelungen für ihn vorsieht als eine ausländische Rechtsordnung – gewissermaßen die juristische Version des Sprichworts: „Was der Bauer nicht kennt, frisst er nicht". Auf ökonomischer Ebene verursacht eine derartige Rechtswahl immerhin vermutlich die geringsten Informationsbeschaffungskosten. Die Wahl des eigenen Rechts liegt daher intuitiv wie wirtschaftlich nahe. Diese Tendenz wird mit dem Begriff des Heimwärtsstrebens bzw. „*homeward trend*" – auch den Gerichten ist diese Tendenz nicht fremd – umschrieben.[30] Die im Rahmen dieser Untersuchung vorgenommene Umfrage belegt dieses Phänomen. Die Mehrheit der Befragten erklärte, das Recht ihrer Heimatrechtsordnung (deutsches unvereinheitlichtes Recht) oft oder ausschließlich zu wählen.[31] Selbst wenn eine solche Wahl die Rechtssicherheit für die Parteien erhöht, weil sie eher wissen können, was sie erwartet und dementsprechend leichter und günstiger planen und Opportunitätskosten vermeiden können, bleibt diese Argumentation zu oberflächlich. Wenn das vorgeschlagene Recht dem Vertragspartner unbekannt ist und auch er sein eigenes Recht durchsetzen möchte, kommt es zu einem Patt: Würden beide Parteien kompromisslos auf ihrem eigenen Recht beharren, wäre ein harmonischer grenzüberschreitender Handelsverkehr kaum möglich. Folglich setzt sich in der Praxis zumeist die Rechtsordnung des Vertragspartners mit der stärkeren Verhandlungsposition durch. Oft wird dies das Recht des Verkäufers sein, weil er im Hinblick auf seine Allgemeinen Geschäftsbedingungen die stärkeren Rationalisierungseffekte hat. Er tätigt entsprechende Geschäfte häufiger als der Käufer. Zwingend ist die Durchsetzung der Rechtsordnung des Verkäufers freilich nicht. Scheitert eine Übereinkunft über das anwendbare Recht, kann dies erhebliche Handelshemmnisse zur Folge haben.[32] Es ist denkbar, dass inländische Gewerbetreibende sich auf den Vertrieb heimischer Produkte oder auf Märkte ihnen bekannter Rechtsordnungen konzentrieren, um nicht ihnen unbekanntes

---

30 *Heldrich* in: Festschrift Ferid zum 70. Geburtstag, 209 (209ff.) m.w.N.; Auch die Gerichte „streben" bei der gem. § 293 ZPO von Amts wegen anzustrengenden Ermittlung, ob fremdes Recht eingreift und welchen Inhalt es hat, „heim": *Straub*, IPRax 1994. 432 (433); zur Nachforschungspflicht deutscher Gerichte über die Anwendbarkeit und Ermittlung ausländischen Rechts auch *Rühl*, RabelsZ 71 (2007), 559 (568ff.).

31 Für die genaue Bewertung wird auf die im Anhang 1 beigelegte Analyse der Umfrage verwiesen.

32 *Schmeding*, RabelsZ 41 (1977), 299 (317).

ausländisches Sachrecht anwenden zu müssen, das für sie unvorhersehbare Haftungsrisiken birgt. Auf die Anwendbarkeit der Rechtsordnung des Staates, in dem der Verkäufer seinen gewöhnlichen Aufenthalt bzw. seine Hauptverwaltung/Niederlassung hat (Artt. 4 Abs. 1 lit. a), 19 Abs. 1, 2 Rom I-VO) kann er sich nicht verlassen. Das würde voraussetzen, dass die im Zeitpunkt des Vertragsschlusses nicht immer vorhersehbare lex fori das gleiche Anknüpfungskriterium kennt und damit die gleiche Verweisung vorsieht, was verlässlich nur der Fall ist, wenn auf kollisions- oder materiellrechtlicher Ebene Einheitsrecht zur Anwendung gelangt.

Letztlich hängt die Rechtswahl wohl vor allem von der Verhandlungs- und Marktmacht der Parteien ab. Sofern das Interesse des Verkäufers am Abschluss des Vertrages stärker als dasjenige des Käufers ist, wird er sich im Zweifel auch auf eine Wahl des „Käuferrechts" einlassen, wenn die fehlende Einigung über das anwendbare Recht andernfalls ein „*deal breaker*"[33] wäre.

Selbst wenn sich die Parteien regelmäßig auf die wirtschaftlichen Aspekte des Vertrages konzentrieren, sollten sie jedenfalls zumindest die Möglichkeit in Erwägung ziehen, das anzuwendende Recht selbst zu bestimmen. Ein ausländisches Recht mag nämlich inhaltlich durchaus vorteilhaft für sie sein. Der Nachteil höherer Rechtsermittlungskosten wird womöglich durch sachrechtliche Vorteile (strengere Haftung, Beschränkung der Gewährleistungsrechte, umfangreichere Aufklärungspflichten, kürzere Verjährung eigener Ansprüche) aufgewogen, worauf etwa *Mankowski* zu Recht hinweist.[34] Die Gefahr, dass die Parteien ein für sie nachteiliges Sachrecht gewissermaßen aus Bequemlichkeit wählen, ist jedoch nicht nur theoretischer Natur. In der Praxis wählen sie oft aus Gewohnheit eine bestimmte Rechtsordnung, ohne zu ermitteln, ob ein anderes Sachrecht für sie günstiger und im Einzelfall konsensfähig wäre.[35] Branchenverbände empfehlen häufig pauschal eine bestimmte Rechtsordnung.[36] Rechtsanwender unterliegen dem *horror alieni* – der Furcht vor dem Fremden und der Angst, etwas Neues erlernen und praktizieren zu müssen.[37] Vernachlässigt aber ein Rechtsberater etwa, seinen Mandanten auf das UN-Kaufrecht als Teil des deutschen Rechts aufmerksam zu machen, läuft er sogar Gefahr, wegen Falschberatung zu haften.

---

33 Endgültiger Hinderungsgrund für den Vertragsabschluss.

34 *Mankowski*, RIW 2003, 2 (3).

35 S. Auswertung Fragebogen, Anhang 1, XII.

36 Schwenzer/*Lübbert*, Schuldrecht, Rechtsvergleichung und Rechtsvereinheitlichung an der Schwelle zum 21. Jahrhundert, 25 (26).

37 *Oschmann*, Festgabe Sandrock zum 65. Geburtstag, 25 (27ff.); *Mankowski*, RIW 2003, 2 (8); in dem Sinne auch *Ro. Koch*, NJW 2000, 910 (910).

Die Beratung zu einer ausländischen Rechtsordnung im Einzelnen hingegen wird man wohl nicht als Teil allgemeinüblicher Beratung erwarten dürfen, es sei denn, der Rechtsberater werbe mit entsprechender spezieller Kenntnis. Ein Alleinstellungsmerkmal dürfte daraus aus Gründen der Positionierung in einem bestimmten Markt indes allemal folgen, so dass Rechtsanwälte sich durch Kenntnis in einer bestimmten ausländischen Rechtsordnung von der Konkurrenz abgrenzen können. Das Internationale Privatrecht folgt anders als das Internationale Zivilverfahrensrecht gerade nicht dem lex-fori-Prinzip. Es möchte sich also vor dem Heimwärtsstreben bewahren. Ein „Rechtschauvinismus"[38] ist folglich entschieden abzulehnen. Vielmehr empfiehlt es sich, die Chancen der Rechtswahl möglichst umfassend auszuschöpfen.

III. Ökonomische Effizienz

Die Parteiautonomie soll nach Auffassung mancher stets der Prämisse folgen, das effizienteste Recht zu wählen („*doctrine of convenience and business efficiency*").[39] Dahinter steht die Vorstellung, dass sich mit der Rechtswahl im Einzelfall das effizienteste Recht im Wettbewerb der Rechtsordnungen identifizieren lässt.[40]

Hintergrund des Strebens nach ökonomischer Effizienz ist die Tatsache, dass rational handelnde Parteien vom Abschluss internationaler Transaktionen abgehalten werden, weil aufgrund der Pluralität des Rechts eine konstitutive Unsicherheit entsteht: Lassen sich Rechte/Rechtspositionen eindeutig zuweisen (sog. Besitzsicherheit)? Können Versprechen erfolgreich durchgesetzt werden (sog. Transaktionssicherheit)? Das internationale Transaktionsdilemma hält rational handelnde Parteien vom Abschluss internationaler Transaktionen ab. Sie verzichten auf die Wertschöpfung, was ökonomisch nicht wünschenswert ist.[41]

Der Begriff der ökonomischen Effizienz knüpft bereits bei der Suche nach dem anzuwendenden Recht an, das internationale Transaktionsdilemma zu lösen. Der Begriff Effizienz bezieht sich dabei sowohl auf den Inhalt des Rechts als auch auf die Rechtsermittlungs- und -anwendungskosten. So ist eine Strategie zur Überwindung des Transaktionsdilemmas neben der Schaffung internationalen

38 *Harries*, Festschrift Heinsius zum 65. Geburtstag, 201 (206).

39 *Leible*, ZVglRWiss 97 (1998), 286 (288); *Junker*, IPRax 1993, 1 (2); *Rühl*, Statut und Effizienz, S. 437ff., 39ff., 77: Das Internationale Privatrecht weist mithilfe von Kollisionsnormen die Rechtsverhältnisse einer einzigen Rechtsordnung zu; aus ökonomischer Sicht können die Probleme internationaler Transaktionen jedoch besser mit privatautonomen Regelungsmechanismen gelöst werden.

40 *Mankowski*, RIW 2003, 2 (3); *Rühl*, Statut und Effizienz, S. 437ff.

41 *Rühl*, Statut und Effizienz, S. 29ff., 38.

Einheitsrechts durch völkerrechtliche Verträge[42] die Wahl des Rechts, das für die Parteien subjektiv am lohnendsten ist.[43]

Freilich könnte man sich fragen, ob es überhaupt ein Sachrecht gibt, das die Parteiinteressen ausgewogener berücksichtigt als die Rechtsordnung, die mit den Parteien örtlich verbunden ist (etwa anhand der Kriterien von Abschlussort, Erfüllungsort, Wohnsitz und ggf. auch der Staatsangehörigkeit).[44] Der Begriff der ökonomischen Effizienz ist überdies ebenso schillernd wie im Hinblick auf eine bestimmte Rechtswahl kaum operabel. Als alleiniges Kriterium ist dieser Maßstab daher nicht tauglich. Viele Gründe rechtfertigen die Wahl eines bestimmten Sachrechts, das aber unter Befolgung nur dieser gesetzlichen Anknüpfungspunkte nicht zur Anwendung gelangt wäre und dessen Anwendung dennoch von einem *„intérêt légitime"* geprägt ist, weil es einen sachlichen Bezug zu den Parteien aufweist[45]: etwa weil es den internationalen (Rechts-)Markt einer bestimmten Geschäftsart beherrscht[46] oder weil es den Parteien von früheren Geschäften her bekannt ist, so dass sie bereits Erfahrungen mit seiner Anwendung sammeln konnten.[47] Es mag auch eine Rechtsordnung sein, der ein anderer Vertrag untersteht, an den dieser rechtlich oder wirtschaftlich (man denke nur an gesamtschuldnerische oder sonstige Rückgriffsansprüche) angelehnt ist. Vielleicht hält eine Rechtsordnung Regelungen bereit, die ökonomisch für eine Partei erheblich wertvoller sind, als die aus der eigenen – bekannten – Rechtsordnung vertrauten Bestimmungen. So mögen die Bestimmungen über die Inhaltskontrolle von AGB im schweizerischen Recht auch für einen deutschen AGB-Verwender vorteilhafter als die parallele deutsche Rechtslage – insbesondere wegen der vergleichsweise rigiden Rechtsprechung des Bundesgerichtshofs

---

42 *Rühl,* Statut und Effizienz, S. 45ff.

43 *Rühl,* Statut und Effizienz, S. 437ff.

44 Als alleiniges Anknüpfungsmoment ablehnend („Welche Verarmung!"): *Gamillscheg,* AcP 157 (1958/1959), 303 (312); zustimmend *E. Lorenz,* RIW 1987, 569 (570f.).

45 Vita Food Products Inc. v. Unus Shipping Co. Ltd., decision of the Judicial Committee of the Privy Council, 1939, abrufbar unter: http://www.bailii.org/uk/cases/UKPC/1939/1939_7.html; KG, NJW 1957, 347 (347f.).

46 *Lando* in: International Encyclopedia of Comparative Law, Private International Law, Kap. 24, Nr. 62; Gängiges Beispiel ist die Wahl englischen Rechts für Getreidelieferungsverträge wegen der führenden Rolle der London Corn Trade Association: *von Hoffmann/Thorn,* Internationales Privatrecht, § 10, Rn. 27.

47 *Rühl,* Statut und Effizienz, S.52: Gefestigte Geschäftsbeziehungen als Strategie zur Überwindung des internationalen Transaktionsdilemmas.

zur Klauselwirksamkeit auch im unternehmerischen Rechtsverkehr[48] – sein. Das bekannteste Recht muss also nicht zugleich das effizienteste sein.

IV. Neutrales Recht

Die Anwendung fremden Rechts empfiehlt sich ggf. ferner deshalb, weil die Rechtsordnung für beide Seiten neutral – weil heimatfern – ist und darum keine Partei einen aus Sicht der Gegenseite möglicherweise unbilligen Vorteil erlangt, den sie durch einen Wissensvorsprung nutzen könnte. Vielmehr vertrauen beide Parteien einer solchen Rechtsordnung in manchen Fällen stärker als dem Recht des jeweiligen Vertragspartners,[49] weil einzelne Rechtsregeln bereits durch ihren Regelungsinhalt eine Partei oder gar beide im Vergleich zu der gesetzlich zur Anwendung berufenen Normenkomplex privilegieren können und für einen jeweiligen Geschäftstypus "passender" sind.[50] In der Praxis wird aus diesen Gründen häufig ein "neutrales Recht" als Kompromiss gewählt, wenn die Parteien sich nicht auf ein anderes Recht einigen können.

Als "neutral" gilt nicht selten das Recht eines politisch neutralen oder auch nicht an der Transaktion durch Wohnsitz, Staatsangehörigkeit oder sonstige besondere Beziehungen der betroffenen Parteien beteiligten Staates. Allen voran genießt das Schweizer Recht diesen Ruf, aber auch das schwedische Recht hat diesen Nimbus.[51] Die Gleichstellung von politischer mit rechtlicher Neutralität ist insofern verständlich, als das Recht herrschende ethische und moralische Vorstellungen widerspiegelt und deshalb auch von politischen Idealen beeinflusst wird. Rechtliche Neutralität folgt hieraus indes nicht zwingend, denn eine Rechtsordnung ist niemals im eigentlichen Sinne neutral – d. h. prinzipiell für beide Parteien ergebnisoffen –, sondern bedient stets in mehr oder minder starkem Ausmaß die Interessen eines der Beteiligten, die mit politischen Interessen keineswegs deckungsgleich sein müssen. Das Recht ist – soweit hier relevant – vielmehr geprägt von privaten Interessensabwägungen. Je nach Rechtsfrage

---

48 Vgl. zu dieser Diskussion *Kaufhold*, BB 2012, 1235 m. w. N.

49 *Gamillscheg*, AcP 157 (1958/1959), 303 (312); *Leible*, ZVglRWiss 97 (1998), 286 (289); *E. Lorenz*, RIW 1987, 569 (570); *Schütze*, DB 1978, 2301 (2303); zur Zulässigkeit der Wahl neutralen Rechts auch *Heiss*, RabelsZ 65 (2001), 634 (651); *Sandrock*, Vereinbarung eines "neutralen" internationalen Gerichtsstandes, S. 51f.

50 *Junker*, IPRax 1993, 1 (2).

51 *Mankowski*, RIW 2003, 2 (5); *Harries*, Festschrift Heinsius zum 65. Geburtstag, 201 (208); zum Schweizer Recht: *Voser/Boog*, RIW 2009, 126 (126); *Magaud*, RIW 1996, 387 (389); auch auf die Wahl Schweizer Sachrechts hinweisend: *F. Sandrock*, Vereinbarung eines "neutralen" internationalen Gerichtsstandes, S. 52.

werden im Kaufrecht hier die Interessen des Käufers, dort jene des Verkäufers befriedigt. Für eine Seite muss sich der Gesetzgeber zwingend – wenn auch in unterschiedlicher Intensität – entscheiden. Tatsächlich bezeichnet „Neutralität" also das Charakteristikum einer Rechtsordnung, die beiden Parteien fremd und für sie dennoch attraktiv ist. Das mag an ihrem Inhalt, den Zugangsmöglichkeiten zu Rechtsquellen, der Sprache der jeweiligen Rechtsordnung, des Ansehens ihrer Gerichte bzw. des einschlägigen Fallrechts oder der zentralen Lage eines Landes und der damit einhergehenden leichteren Erreichbarkeit des Gerichtsstandes liegen[52], selbst wenn selbstverständlich strikt zwischen Gerichtsstand und anwendbarem Recht zu trennen ist. In der Praxis sind beide dennoch nicht selten miteinander verknüpft.

Auch wenn die Wahl einer „neutralen" Rechtsordnung auf den ersten Blick in manchen Fällen ein angemessener Kompromiss zu sein scheint, stellt sich die Frage, ob sie auch sinnvoll ist. Nicht geleugnet werden kann der psychologische Effekt, den das "neutrale Recht" ausstrahlt. Das nationale Prestigegefühl der Parteien aus "schwächeren" Entwicklungsländern oder jüngeren Staaten kann beeinträchtigt sein, wenn sie sich der Heimatrechtsordnung des Vertragskontrahenten aus dem "stärkeren" Industriestaat unterwerfen müssen.[53] Doch blindlings eine bestimmte Rechtsordnung aus Gründen des Ansehens zu wählen, ohne sich genau mit dem Sachrecht auseinanderzusetzen, wäre, insbesondere für den dem Interesse des Mandanten verpflichteten Anwalt, grob fahrlässig.[54]

Die empirische Untersuchung bestätigt diesen Befund, wenngleich die statistische Basis gering ist. Nur zu weniger als 10% spielt dieser Faktor eine Rolle in mittelgroßen Kanzleien; die anderen Befragten erwähnen ihn gar nicht.[55] Trotz der geringen Beteiligung deuten die Daten zumindest darauf hin, dass dieser Faktor in der Rechtspraxis geringer als in der juristischen Literatur gewichtet wird. Freilich gilt bei diesem Entscheidungskriterium in besonderer Weise, dass es den Parteien und beteiligten Beratern möglicherweise gar nicht bewusst sein wird. Eine auffällige Relevanz hat es jedenfalls nicht.

---

52 *Mankowski*, RIW 2003, 2 (5); zum guten Ruf der Schweizer Gerichte und der zentralen Lage der Schweiz in Europa als Argumente für die Anwendung Schweizer Rechts: *Magaud*, RIW 1996, 387 (389).

53 *Bendref*, RIW 1980, 386 (387).

54 *Harries*, Festschrift Heinsius zum 65. Geburtstag, 201 (208) über „den Mythos des neutralen Rechts".

55 S. Auswertung Fragebogen, Anhang 1, XI.

V. Einheitsrecht

Das UN-Kaufrecht als völkerstaatliches Einheitsrecht ist angesichts seines räumlichen Anwendungsbereiches und seiner internationalen Herkunft grundsätzlich besonders geeignet, ein neutrales, glaubwürdiges und effizientes Regelungsinstrumentarium für einen grenzüberschreitenden Kaufvertrag bereit zu stellen. Ein Vertragskonzept kann im Verhältnis zu Parteien zahlreicher Staaten angewendet werden. Als Teil der jeweiligen nationalen Rechtsordnung ist es für Parteien aus Vertragsstaaten prinzipiell heimisches Recht.[56] Den Parteien werden nicht Konzepte und Regelungen eines fremden Rechts „aufgepfropft".[57] Schwierige und aus psychologischer Sicht negative Vertragsverhandlungen, aus denen nur eine Partei als Sieger herausgeht, lassen sich mit seiner Wahl eher vermeiden. Rechtsermittlungs- und -anwendungskosten sinken, weil Informationsquellen (Entscheidungen, Kommentare, sonstige Rechtsliteratur) aufgrund der Umsetzung in das nationale Recht zahlreich und in vielen Sprachen vorhanden sind. Im Falle eines Prozesses entfallen Sachverständigengutachten und Informationsbeschaffungskosten zum ausländischen Recht. Das UN-Kaufrecht ist gewissermaßen also gleichzeitig heimisches und neutrales Recht, ökonomisch effizient anzuwenden und auf internationale Sachverhalte zugeschnitten. Dass diese Vorteile in der Praxis dennoch (zu) wenig genutzt werden, zeigen die Ergebnisse der Umfrage. Nur 19,53% aller Befragten wenden das UN-Kaufrecht in mehr als 50% der Fälle an.[58] Die Ursachen dieses Anwendungsdefizits sind nicht leicht zu ermitteln und dürften vielfache Gründe haben. Die Umfrage lieferte indes auch hierzu manchen Fingerzeig. Während die höhere materiell-rechtliche Gerechtigkeit des deutschen Rechts als Entscheidungsfaktor nicht sonderlich überzeugt (immerhin orientiert sich das deutsche Kaufrecht seit der Schuldrechtsreform 2002 stark am CISG), zeigen sich hier doch statistisch bedeutsame Unterschiede zwischen den Segmenten der Befragten.[59] So sehen Unternehmen, kleinere und mittlere Kanzleien den wesentlichen Grund im überwiegenden Bezug zum Inland, was juristisch an sich ohne Bedeutung ist, weil auch das UN-Kaufrecht inländisches Recht ist und der Inlandsbezug für seine Anwendung als solches keine Rolle spielt. Dass Vertragspartner nicht überzeugt werden können, man aus Bequemlichkeit/Gewohnheit auf das deutsche Recht zurückgreift oder wenig

---

56 Völkerrechtliche Verträge sind aufgrund des Zustimmungsgesetzes (Art. 59 Abs. 2 GG aus deutscher Sicht) Teil der nationalen Rechtsordnung.

57 *Schnitzer*, Festschrift Schönenberger zum 70. Geburtstag, 387 (394).

58 S. Auswertung Fragebogen, Anhang 1, IX.

59 Zum Nachfolgenden s.die Darstellung im Anhang 1, XII.

Zugang zu Sekundärquellen zu haben glaubt, überrascht nicht. Signifikant – weil vermutlich mit dem breitesten Erfahrungshorizont unterlegt – scheint die Einschätzung der Großkanzleien. Danach erscheint die Verschränkung des UN-Kaufrechts mit dem nationalen Recht nicht gelungen. Das wird ein im Laufe dieser Untersuchung anzusprechendes Topos sein. Dass Vertragsparteien von der Anwendung des UN-Kaufrechts nicht überzeugt werden können, ist letztlich für die juristische Beurteilung nicht signifikant. Abgesehen davon, dass die Gründe hierfür vielfältig sein können, kann die Ablehnung auf all den Gründen beruhen, die auch zur Ablehnung einer nationalen Rechtsordnung führen würden. Die Vertragspartner wittern materiell-rechtliche Nachteile oder sind schlichtweg mit der Materie nicht hinreichend vertraut. Indes fällt auf, dass konkrete materiell-rechtliche Nachteile des UN-Kaufrechts im Rücklauf der Antworten der Befragten nicht genannt werden. Tatsächlich scheint es also an hinreichender Kenntnis der Marktakteure zu mangeln. Worin diese wurzelt, ist im Rahmen dieser Untersuchung nicht endgültig zu beantworten. Eine nicht weiter zu vertiefende Hypothese ist, dass es in der deutschen juristischen Ausbildung an einer hinreichend breiten Beschäftigung mit Fragen mangelt, die sich aus dem internationalen Rechtsverkehr im Allgemeinen und der Anwendung des CISG im Besonderen stellen.

VI. Materiell-rechtliche Vorteile

Das lateinische Wort "*iustitia*" bedeutet Gerechtigkeit und ist dem Stamm des Wortes „*ius*" (= Recht) entlehnt. Maßgeblich für die interessengerechte Rechtswahl sollte im Rahmen dieses Gerechtigkeitsmaßstabs stets die inhaltliche Ausrichtung des Rechts sein. Ob das UN-Kaufrecht für den Käufer oder Verkäufer „besser" bzw. „gerechter" ist als das deutsche, schweizerische oder französische Recht, ob das Schweizer Recht im Mantel der Neutralität für die Parteien auch tatsächlich vorteilhaft ist, oder ob das deutsche oder französische Recht als die Rechtsordnungen der dominierenden Wirtschaftmächte in Europa, die zugleich dem UN-Kaufrecht beigetreten sind, eine überlegene Alternative darstellen, soll die folgende Untersuchung zumindest im Hinblick auf einzelne wichtige Rechtsfragen zeigen. Ob die innerstaatlichen Normen die Interessen der Parteien internationaler Kaufverträge ausreichend berücksichtigen und damit eine echte Alternative zum UN-Kaufrecht darstellen, welches gerade für internationale Sachverhalte konzipiert ist, steht nicht von vornherein fest.

D. Eingrenzung des Themas und Ziel der Untersuchung

Diese Untersuchung unternimmt den Versuch zu analysieren, inwieweit beim internationalen Handelskauf eine einzelne Partei durch die Wahl eines bestimmten Sachrechts rechtliche Vorteile in ihrer jeweiligen Rolle als Verkäuferin oder Käuferin zu erzielen vermag. Untersucht werden sollen also allein die Möglichkeiten, die sich aus der Wahl einer nicht kraft materiell-rechtlicher Vereinbarung modifizierten Rechtsordnung ergeben. Diese eingeschränkte Perspektive der fehlenden materiell-rechtlichen Modifikation rechtfertigt sich dadurch, dass es den Parteien – gerade im internationalen Handelsverkehr – kaum einmal gelingen kann, mit vertretbarem Ressourcenaufwand einen Vertrag zu verhandeln, in dem alle denkbaren Streitpunkte zur beiderseitigen Zufriedenheit materiell-rechtlich geregelt werden. Lücken sind praktisch unvermeidlich. Neben dieser Lückenfüllung erfüllt das dispositive Gesetzesrecht aber auch eine wichtige Entlastungsfunktion für die Parteien, die ihnen genehme Gesetzesregelungen oder stabiles Fallrecht nicht ändern müssen. Im Übrigen ist die materiell-rechtliche Vertragsfreiheit regelmäßig nicht schrankenlos, so dass die Parteien nicht sicher sein können, ob von ihnen getroffene Absprachen vor Gericht Bestand haben werden. Schließlich wäre es schlicht unmöglich, alle denkbaren materiell-rechtlichen Vereinbarungen in der jeweils anwendbaren Rechtsordnung in die Beurteilung einzubeziehen.

I. Abwägungsinteressen

Für einen derartigen Kaufvertrag relevante, nachfolgend nicht abschließend sondern nur exemplarisch aufgezählte Interessen, die bei geschickter Rechtswahl vorteilhaft realisiert werden können, lassen sich grob in vier Kategorien klassifizieren:

1. Interessen des Käufers
   - Erhalt der Leistung (Erwerb von Eigentum und Besitz an der Kaufsache) am vereinbarten Ort und zur vereinbarten Zeit
   - Kaufpreiszahlung ohne Erhalt der Leistung nur gegen Sicherheitenstellung
   - Bei Leistungsstörung auf Verkäuferseite Verfügbarkeit von Rechtsbehelfen, die an möglichst geringe Voraussetzungen geknüpft sind (Anforderungen an Vertragswidrigkeit, Zeitpunkt des Gefahrübergangs, Existenz einer Rügeobliegenheit, Verschuldenserfordernis für Schadensersatzansprüche)
2. Interessen des Verkäufers (soweit nicht bloßes Gegenteil der Käuferinteressen)
   - Pünktliche Kaufpreiszahlung
   - Schnelle Vertragsabwicklung; Sicherheit, dass eigene Pflichten erfüllt sind

- Bei Vertragswidrigkeit: Chance zur Nacherfüllung
- Bei Leistungsstörung auf Käuferseite leichte Verfügbarkeit von Rechtsbehelfen

3. Gemeinsame Interessen
   - Transaktionskostenminimierung (Vertragssprache, Zugänglichkeit der anwendbaren Rechtsordnung, Verfügbarkeit qualifizierten Rechtsrats)
   - Geringes Konfliktpotenzial (Kostenvermeidung, Interesse an dauerhafter Geschäftsbeziehung, Schnelligkeit der Abwicklung, Sicherheit der Transaktion)

4. Interessen Dritter bzw. der Allgemeinheit
   - Ausschluss gesetzes- oder sittenwidriger Transaktionen
   - Kostenkontrolle bei Stellung eines Streitbeilegungssystems (Gerichte, Zwangsvollstreckung etc.)
   - Verfügbarkeit der Waren für einen möglichst breiten Abnehmerkreis zu einem angemessenen/akzeptablen Preis (Versorgungssicherheit und Auswahlmöglichkeit)
   - Schutz von Lieferanten und Zweitkäufern

II. Zuschnitt der Analyse

Zweifelsohne ist es Aufgabe eines Gesetzgebers, das Kaufrecht jeweils unter Beachtung dieser hier nicht abschließend aufgezählten Interessen der direkt oder indirekt von einem Kaufvertrag Betroffenen zu regeln und damit alle Gruppen von Interessen zu berücksichtigen. In dieser Untersuchung geht es indes darum, die möglichst interessengerechte Regelung für eine Vertragspartei zu finden, so dass etwa die Allgemeininteressen als einschlägiger Maßstab in diesem Zusammenhang außer Betracht gelassen werden können. Auch darüber hinaus wäre es aber unmöglich, sämtliche Interessen der Gruppen 1–3 in allen denkbaren Konfliktsituationen zu berücksichtigen. Die Arbeit beschränkt sich daher auf einige theoretisch wie praktisch besonders wichtige Rechtsfragen des Kaufrechts, nämlich den Begriff der Vertragswidrigkeit/des Mangels (qualitativ, quantitativ und identitätsbezogen), die Mängelrüge[60] und die Vertragsaufhebung. Dabei wird die

60 Der Begriff „(Mängel-) Rüge“, der vielfach in Literatur und Rechtsprechung verwendet wird, ist dogmatisch ungenau. Er entspricht in seiner funktionalen Bedeutung dem Begriff der „Mängelanzeige“, der allein dem gesetzlichen Wortlaut des UN-Kaufrechts, des deutschen Rechts, des schweizerischen Rechts und des französischen Rechts entspricht. Dennoch soll in der Arbeit bevorzugt der Begriff „Mängelrüge“ statt des Begriffs „Mängelanzeige“ verwendet werden, da er im rechtlichen Sprachgebrauch allgemein geläufig ist, so dass die Verwendung des Wortes „Mängelanzeige“

Annahme zu Grunde gelegt, dass die Leistung des Verkäufers als eine einheitliche Leistung, nicht als Teil- oder Sukzessivleistung erbracht wird. Die Ausführungen beziehen sich auch nur auf bewegliche Sachen, weil zum einen das UN-Kaufrecht gem. seinem Art. 1 Abs. 1 („Waren“) nicht für Grundstückskäufe gilt und diese zum zweiten zahlreichen nationalen Sonderregelungen unterliegen, die an dieser Stelle nicht beleuchtet werden können. Auch im deutschen Recht werden Grundstücke klassischer Weise nicht als Gegenstand des Handelsverkehrs betrachtet (vgl. z. B. § 93 HGB). Da die in dieser Untersuchung erörterten Rechtsfragen in ihrer praktischen Relevanz vor allem die Perspektive des Käufers betreffen (Vertragswidrigkeit, Vertragsaufhebung), ist es unausweichlich, dass gelegentlich diese Sichtweise stärker als die des Verkäufers betont wird.

Dagegen wird die Nichtleistung im eigentlichen Sinn, d.h. wenn der Verkäufer gar nicht leistet, nicht behandelt, weil die dabei auftretenden Probleme in den meisten Rechtsordnungen in vergleichbarer Weise gelöst werden. Unberührt bleibt davon, dass gelegentlich eine quantitative oder identitätsbezogene Vertragswidrigkeit einer Nichtleistung gleichgestellt wird, so dass in diesem Zusammenhang eine Auseinandersetzung mit Rechtsbehelfen wegen Nichterfüllung erforderlich wird.

In der grenzüberschreitenden Rechtspraxis spielt die Rechtswahl vor allem im Bereich der sog. Business to Business (B2B)-Geschäfte eine wesentliche Rolle. Es verwundert daher nicht, dass das UN-Kaufrecht gem. seinem Art. 2 lit. a) keine Anwendung auf den Kauf von Waren für den persönlichen Gebrauch oder den Gebrauch in der Familie oder im Haushalt findet, es sei denn, dass der Verkäufer vor oder bei Vertragsschluss weder wusste noch wissen musste, dass die Ware für einen solchen Gebrauch gekauft wurde. Damit scheiden Business to Customer (B2C)- und Customer to Customer (C2C)-Geschäfte praktisch immer aus seinem Anwendungsbereich aus. Auf international-privatrechtlicher Ebene sind überdies die Möglichkeiten für eine Rechtswahl gem. Art. 6 Rom I-VO stark beschnitten. Ein Customer to Business (C2B)-Geschäft kann hier daher ebenfalls ausgeblendet werden.

Unter Beachtung dieser Beschränkungen können diese Überlegungen ggf. auch einen Beitrag zur gesetzgeberischen Reformdiskussion leisten, der die einzelnen Lösungsoptionen nationaler Rechtsordnungen vor dem Hintergrund

---

befremdlich und neu wirken würde. Der Begriff „Mängelrüge“ wird sogar im deutschen und schweizerischen Recht in der jeweiligen – freilich nichtamtlichen – Überschrift zum jeweiligen Paragraphen/Artikel verwendet.

immer weiter fortschreitender Rechtsvereinheitlichung – insbesondere auf europäischer Ebene – beleuchtet.[61]

Als „Rechtspool" wurden das Kaufrecht Frankreichs, Deutschlands und der Schweiz sowie das UN-Kaufrecht jeweils in ihrer gesetzlichen Fassung gewählt, d.h. ungeachtet der Tatsache, dass die Parteien privatautonom einzelne Tatbestandsmerkmale modifizieren können. Nicht berücksichtigt werden konnte bei der Erstellung der Arbeit das Gemeinsame Europäische Kaufrecht (*Common European Sales Law, CESL*)[62], da es im Zeitpunkt der Erstellung und Abgabe der Dissertation nur als Vorschlag, nicht als verbindliches Recht existierte. Die getroffene Auswahl erlaubt, einige landläufige Hypothesen näher zu überprüfen:

- Die (scheinbare) Unbeliebtheit des UN-Kaufrechts in der Rechtspraxis, die in der im Rahmen dieser Arbeit durchgeführten empirischen Untersuchung bestätigt wurde.[63] So wird vielfach behauptet, dass eine große Zahl von Marktakteuren das UN-Kaufrecht ausschließe, ohne dass hierfür eine Notwendigkeit bestehe.[64] In jedem Falle rechtfertigt sich die Betrachtung des UN-Kaufrechts aus seiner singulären Rolle als internationalem Einheitsrecht und Vorbild zahlreicher nationaler Kaufrechte.
- Die „Flucht" in das (angeblich) neutrale Schweizer Recht, das einen „Kompromiss" darstelle.

Neben dem deutschen Recht als dem „Heimatrecht" dieser Untersuchung spielt weiterhin Frankreich als wichtigster deutscher Handelspartner[65] eine wesentliche

61 Zum Beispiel der Vorschlag der Europäischen Kommission zur Schaffung eines Gemeinsamen Europäischen Kaufrechts, KOM 2011 (6135), abrufbar unter http://eur-lex.europa.eu/LexUriServ/LexUriServ.do?uri=COM:2011:0635:FIN:de:PDF, der (in seiner derzeitigen Fassung) nicht nur unter Parlamentariern verschiedener EU-Staaten umstritten ist, vgl. Pressemitteilung des Deutschen Bundestages vom 05.11.2012, abrufbar unter http://www.bundestag.de/dokumente/textarchiv/2012/41354012_kw45_pa_recht_konferenz/index.html sondern auch in der Literatur, vgl. etwa *Herresthal*, WiVerw 2012, 140; *Mansel*, WM 2012, 1253; *Scheiding*, WiVerw 2012, 153; *Schön*, WiVerw 2012, 121; *Tamm*, VuR 2012, 3; *Leupold*, MMR 2011, 701; *R. Schulze*, EuZW 2011, 569.

62 Vorschlag der Europäischen Kommission zur Schaffung eines Gemeinsamen Europäischen Kaufrechts, KOM 2011 (6135), abrufbar unter http://eur-lex.europa.eu/LexUriServ/LexUriServ.do?uri=COM:2011:0635:FIN:de:PDF.

63 S. näher dazu Auswertung Fragebogen, Anhang 1, XII.

64 Vgl. etwa *Witz/Salger/Lorenz*, Kaufrecht, Einl. Rn. 6.

65 Im Jahr 2009 exportierte Deutschland Waren im Wert von 81 941,1 Mio € nach Frankreich. Damit belegt Frankreich Platz 1 der Bestimmungsländer deutscher Ausfuhr:

Rolle bei einer praktisch orientierten Interessenanalyse, so dass das französische Kaufrecht ebenfalls besondere Aufmerksamkeit verdient.

Die nachfolgenden Überlegungen stehen dabei nicht gewissermaßen im „luftleeren Raum", sondern beruhen auf der Vertragspraxis, die sich zumindest teilweise aus den bereits geschilderten Entscheidungsfaktoren speist. Inwieweit diese Faktoren die Praxis tatsächlich prägen, soll empirisch durch die Nachweise der bereits erwähnten Umfrage bei Unternehmen und Rechtsanwaltskanzleien belegt werden. Für die Interessenanalyse hilft auch die Bildung von Fallgruppen, die nach Art des Kaufgegenstands differenzieren.

Die für die einzelnen Rechtsprobleme gewonnenen Teilergebnisse bilden schließlich die Basis eines in der Gesamtschau erstellten Abschlussvergleiches. Zwar wäre eine Teilrechtswahl (*dépeçage*) verschiedener Rechtsordnungen jeweils für die Bereiche Mangel, Mängelrügefrist und Vertragsaufhebung aus international-privatrechtlicher Sicht möglich, weil diese Probleme grundsätzlich als selbständige Teilfragen aus dem Normengefüge des Vertragsstatuts herausgelöst werden könnten, ohne dass der Sinn der Rechtsinstitute und Rechtsregeln gefährdet werden würde.[66] Sie unterlägen bei besonderer Anknüpfung dann einem eigenen, gegebenenfalls anderen Recht als dem allgemeinen Vertragsstatut[67], weil sie jeweils andere Elemente betreffen (z. B. Haftungsbegründung, Haftungsbeschränkung, Vertragsrückabwicklung). Eine solche Teilrechtswahl wäre jedoch höchst ungewöhnlich und praktisch wegen sich aufdrängender Wertungswidersprüche und sonstiger Friktionen selten sinnvoll zu handhaben. Die gleichzeitige Anwendung etwa deutschen, schweizerischen und französischen Kaufrechts würde ein Gericht schon wegen der notwendigen Anpassungen vor fast unüberwindliche Hindernisse stellen. Nur 2,17% der Befragten gaben bei der Umfrage denn auch an, dass sie eine Teilrechtswahl träfen.[68] Das Problem der Anpassung etwa des deutschen Rechts mit dem UN-Kaufrecht wurde bereits

---

Rangfolge der Handelspartner im Außenhandel der Bundesrepublik Deutschland von 2012, erstellt durch das Statistische Bundesamt: https://www.destatis.de/DE/ZahlenFakten/GesamtwirtschaftUmwelt/Aussenhandel/Handelspartner/Tabellen/RangfolgeHandelspartner.pdf?__blob=publicationFile.

66 Zu den Voraussetzungen einer Teilrechtswahl *Jayme*, Festschrift Kegel zum 75. Geburtstag, 253 (258).

67 *Wichard*, RabelsZ 60 (1996), 269 (273); zur Zulässigkeit einer Teilrechtswahl; *Siehr*, Festschrift Keller zum 65. Geburtstag, 485 (499); *Jayme*, Festschrift Kegel zum 75. Geburtstag, 253 (255).

68 *Juenger*, RabelsZ 46 (1982), 57 (65): „Eine solche Rechtsspaltung dürfte in der Tat nur in den wenigsten Fällen zu glücklichen Lösungen führen".

erwähnt.[69] In welcher Richtung eine Rechtswahl getroffen wird, entscheidet sich dann aufgrund eines Abwägungsprozesses der Vor- und Nachteile der einzelnen Rechtsordnungen für die jeweilige Vertragspartei.

Das UN-Kaufrecht ist in diesem Zusammenhang genau genommen keine eigenständige Rechtsordnung, sondern wird etwa in Deutschland durch das nationale Zustimmungsgesetz i. S. d. Art. 59 Abs. 2 GG Teil der nationalen Rechtsordnung[70] und steht im Bereich des materiellen Rechts daher in Konkurrenz zum autonomen Recht des BGB und HGB. Um die Unterschiede der jeweiligen Rechtsordnungen zu veranschaulichen, trennt diese Arbeit zwischen den Rechtsquellen, verweist aber – insofern terminologisch etwas ungenau – pauschal auf „Rechtsordnungen“ bzw. die nationalen Rechte ohne den Hinweis, dass damit das unvereinheitlichte Recht gilt.

Die nachfolgenden Ausführungen gliedern sich wie folgt: Das 1. Kapitel erörtert die zentrale Frage, wann überhaupt von einer Vertragswidrigkeit bzw. einem Mangel gesprochen werden kann, die angesichts eines gewissen Ausmaßes und wegen des Vorliegens zu einem bestimmten Zeitpunkt Rechtsbehelfe des Käufers begründen. In den weiteren Kapiteln soll dann auf die Frage des eventuellen Ausschlusses eines entsprechenden Rechtsbehelfs in Folge nicht rechtzeitiger Rüge (2. Kapitel) und die Vertragsaufhebung als eine wichtige und besonders einschneidende Rechtsfolge einer Vertragswidrigkeit (3. Kapitel) eingegangen werden.

---

69 S. o. Einleitung C. I., S. 12f.

70 *Piltz*, Int. Kaufrecht, Rn. 2–4; *Kampf*, RIW 2009, 297 (299). Für andere Vertragsstaaten gelten selbstverständlich deren jeweilige verfassungsrechtliche Grundsätze für den Rang völkerrechtlicher Verträge in der eigenen Rechtsordnung.

1. Kapitel: Der Grundtatbestand der Haftung wegen Vertragswidrigkeit/Mangels

Der Käufer hegt das grundlegende Interesse, eine in Qualität, Quantität oder Identität seinen Erwartungen entsprechende Leistung zu erhalten, um die von ihm geplante Verwendung – etwa eigene Nutzung oder Weiterveräußerung – verwirklichen zu können. In solchen Fällen kann eine Rechtsordnung Ansprüche wegen Nichterfüllung oder spezielle Sachmängelgewährleistungsrechte vorsehen. Solche Rechtsbehelfe bedrohen freilich das Interesse des Verkäufers an Transaktionsstabilität, weshalb die gegenläufigen Interessen der Parteien in diesem praktisch zentralen und häufigen Konflikt ausgeglichen werden müssen. Es stellt sich daher zunächst die ganz grundsätzliche Frage, wann überhaupt von einem Mangel bzw. einer Vertragswidrigkeit gesprochen werden kann (nachfolgend A.), welches Ausmaß dieses Defizit erreichen (nachfolgend B.) und zu welchem Zeitpunkt es vorliegen muss (nachfolgend C.).

A. Begriff der Vertragswidrigkeit/des Mangels

Im Ausgangspunkt ist zunächst die Anwendbarkeit von Sachmängelgewährleistungsrechten zu erörtern. Manche Rechtsordnungen gewähren nämlich nur für *qualitative* Abweichungen derartige Rechte und ordnen vor allem aus historischen Gründen *Quantitäts- und Identitätsabweichungen* nicht als Mangel, sondern als Nichtleistung ein.[71] In diesem Falle stehen dem Käufer (nur) allgemeine Nichterfüllungsansprüche zu[72], die in römisch-rechtlicher Tradition andere Rechtsbehelfe als Mängelgewährleistungsansprüche geben. Freilich erfüllen Ansprüche wegen Nichterfüllung einen ähnlichen Zweck wie Mängelgewährleistungsansprüche (Lösung des Konflikts zwischen Käufer und Verkäufer wegen Lieferung einer nicht den Käufererwartungen entsprechenden Ware), so dass sie funktional im Zusammenhang der Sachmängelgewährleistungsrechte miterörtert werden sollen.

Eine weitere Komplikation ergibt sich daraus, dass die Reichweite des Qualitätsbegriffes sehr unterschiedlich definiert werden kann. Einige Beispiele mögen

71 Basler Kommentar OR/*Honsell,* Art. 206, Rn. 2.

72 Für das Beispiel der französischen Rechtsordnung: *Hübner/Constantinesco,* Einführung frz. Recht, S. 192.

die Problematik illustrieren: Fall 1: Der Schweizer Kaffeeautomatenhersteller „Jura" vertreibt Espressomaschinen, welche die Kaffeebohnen mit einem hohen Geräuschpegel mahlen. Wenn das Geschäftskonzept eines Münchner Caféhausinhabers darauf beruht, dass die Gäste sich in ruhiger Atmosphäre entspannen können, wirft dies die Frage auf, ob aufgrund der Geräuschemissionen ggf. Mängelgewährleistungsansprüche bestehen. Die Einstufung eines Lärmpegels als Störfaktor kann von Land zu Land je nach Mentalität der einheimischen Bevölkerung variieren. Da die Beurteilung als Störfaktor auf einer Umweltwahrnehmung beruht, kann der Caféhausinhaber nur dann Mängelrechte geltend machen, wenn die anwendbare Rechtsordnung nicht voraussetzt, dass der Mangel der Sache unmittelbar anhaftet, sondern nach dem jeweiligen Umfeld differenziert und somit mittelbar anhaftende Mängel genügen lässt.

Fall 2: Eine Geschäftsfrau betreibt in Basel (Stadt) einen kleinen Bio-Laden, in dem sie Lebensmittel aus ökologischem Anbau verkauft.[73] Auf der Suche nach den neuesten Trends und um Vergrößerung ihres Sortiments bemüht, bestellt sie bei einer belgischen Großhändlerin unter Verwendung ihres Geschäftsbriefpapieres, welches das Geschäft als Bioladen ausweist, vegetarische Schnitzel „aus US-amerikanischen Sojabohnen". Einer ihrer Kunden, der im Berner Oberland eine kleine Almwirtschaft führt, möchte dort überregionale, ökologisch unbedenkliche Produkte anbieten und erwartet, dass die Schnitzel aus gentechnisch unveränderten Sojabohnen hergestellt werden. Auf seine Nachfrage hin auf das Problem aufmerksam geworden, lässt die Ladeninhaberin die Produkte molekularbiologisch untersuchen. Die Analyse ergibt, dass auch gentechnisch modifizierte Sojabohnen zur Herstellung der Schnitzel verwendet wurden. Sie verlangt von der Großhändlerin daraufhin die Rücknahme der gesamten Lieferung, obwohl zwischen den Parteien keine ausdrückliche Vereinbarung über die genetische Spezifikation der Sojabohnen getroffen wurde.

Fall 3: Ein schweizerischer Investmentbanker, der durch eine Finanzkrise erhebliche Verluste erlitten hat, muss seinen Fuhrpark von fünf Limousinen der Marke Rolls Royce verkaufen.[74] Ein vermögender Düsseldorfer Großindustrieller sucht nach einer sicheren Kapitalanlage. In der wohlhabenden Schweiz[75]

---

73 *Rehm*, Jura 2006, 789 (789ff.) auf Grundlage des Urteils vom Appellationsgericht des Kanton Basel-Stadt, 22.8.2003, CISG-Online (CH) Nr. 943.

74 Angelehnt an BGE 81 II 207.

75 Die Schweiz belegt im Vergleich mit 141 Ländern im Legatum Prosperity Index von 2012, herausgegeben vom Thinktanks Legatum Institute London Platz 2, vor Deutschland (Platz 14) und Frankreich (Platz 20): http://www.prosperity.com/#!/;

sieht er die Möglichkeit, durch eine Online-Vermietung dieser Autos hohe Gewinne erzielen zu können. Auf Nachfrage teilt ihm der Verkäufer mit, dass er mit Mietzinserträgen von € 3.000 (CHF 3.864,57) pro Tag rechnen könne. Nach Abschluss des Kaufvertrages kann er die Limousinen tatsächlich nur für € 2.000 (CHF 2.576,04) pro Tag vermieten. Nach seiner Auffassung hat der Verkäufer den Vertrag schlecht erfüllt, so dass er Sachmängelgewährleistungsrechte geltend macht. Diese setzen voraus, dass der geringere Mietzinsertrag eine Vertragswidrigkeit im Sinne des – im Einzelfall anwendbaren – Sachmangelgewährleistungsrechts darstellt.

I. Qualitätsabweichung

Ob Sachmängelgewährleistungsrechte im Einzelfall bestehen, hängt sowohl von der allgemeinen Definition des Mangelbegriffs als auch davon ab, inwiefern atypische Gebrauchs- oder Verwendungszwecke durch den Käufer zu einer mangelbegründenden Eigenschaft erhoben werden können.

Im Spannungsfeld zwischen Käufer- und Verkäuferinteressen stellt sich daher zunächst die Frage, welche enttäuschten Erwartungen des Käufers im Hinblick auf die Qualität der Ware rechtlich relevant sind, um Sachmängelgewährleistungsrechte zu eröffnen: Nur Abweichungen, die gewissermaßen physisch in der Sache selbst wurzeln (wie im Falle der Sojabohnen) oder auch Abweichungen, die zwar in der Sache wurzeln, aber doch durch eine starke Umweltbeziehung geprägt und von dieser abhängig sind (so bei den Kaffeemaschinen) oder schließlich sogar Abweichungen, die nicht in der Sache selbst wurzeln, sondern außerhalb dieser liegen (so im Fall der Limousinen)? In Rechtsprechung und Literatur wird diese Problematik häufig unter dem Stichwort behandelt, ob eine bestimmte Eigenschaft der Sache „unmittelbar anhaften" muss (Kategorie 1), ob ein „mittelbares Anhaften" genügt (Kategorie 2) – solche Faktoren haften der Sache nur mittelbar an, wenn sie an eine Eigenschaft der Sache anknüpfen, welche wiederum in einer Beziehung von rechtlicher, wirtschaftlicher oder tatsächlicher Natur zur Umwelt steht – oder ob sogar eine reine Umweltbeziehung einen Mangel der Sache begründen kann (Kategorie 3). Es ist evident, dass die Käuferinteressen umso stärker (und Verkäuferinteressen naturgemäß schwächer) gewichtet werden, je mehr dieser Kategorien – und intensiver – in den Mangelbegriff einfließen.

---

zu dieser Statistik vgl. auch http://www.welt.de/wirtschaft/article110380487/Der-deutsche-Wohlstand-waechst-USA-buessen-ein.html.

Ein weiterer wichtiger Gesichtspunkt ist die Frage, nach welchen Kriterien bestimmte Eigenschaften als verbindlich gelten können, ob hier also ein objektiver Qualitätsmaßstab (sog. objektiver Fehlerbegriff) anzulegen ist, die Parteien den Maßstab subjektiv bestimmen können (subjektiver Fehlerbegriff) oder auch Erwartungen des Käufers, die aus bestimmten objektiven Faktoren gespeist sind (Bedeutung eines erkennbaren Verwendungszwecks), relevant werden.

Im Gegensatz zu Abweichungen im Hinblick auf die gelieferte Menge und die Identität der Kaufsache (Quantitätsabweichung und Identitätsabweichung, s. II.) sollen sämtliche sonstigen Divergenzen hier als Qualitätsabweichungen bezeichnet werden.

1. UN-Kaufrecht

Erbringt der Verkäufer eine Leistung, die den Anforderungen des Vertrages nicht entspricht (sog. Vertragswidrigkeit), weil die Istbeschaffenheit in negativer Hinsicht von ihrer Sollbeschaffenheit abweicht[76], verstößt er zwar an sich nicht gegen seine aus Art. 30 CISG erwachsende Lieferpflicht, aber gegen die Pflicht, eine vertragsgemäße Ware zu liefern, Art. 35 CISG. Ein solcher Verstoß zeitigt die Folge, dass der Käufer gem. Art. 45 Abs. 1 CISG die in Artt. 46 bis 52 vorgesehenen Rechte ausüben oder nach den Artt. 74 bis 77 Schadensersatz verlangen kann.[77]

Art. 35 Abs. 1 CISG definiert die Vertragskonformität in der Weise, dass die Ware in Menge, Qualität, Art und Verpackung oder dem Behältnis den Anforderungen des Vertrages zu entsprechen habe. Damit nimmt Art. 35 Abs. 1 CISG zunächst ausschließlich auf Charakteristika Bezug, die an die physische Beschaffenheit anknüpfen[78] und scheint nur Eigenschaften der Kategorie 1 in den Begriff der Vertragswidrigkeit einzubeziehen. Dies ist jedoch nur scheinbar der Fall. Denn tatsächlich erfordert die objektive Beschaffenheit nur, dass das Qualitätsmerkmal der Sache selbst anhaftet.[79] Diese Voraussetzung erfüllen

---

76 Dazu etwa OLG Dresden, CISG-Online (CH) Nr. 2182; Soergel/*Lüderitz/Schüßler-Langeheine,* BGB, Art. 35 CISG, Rn. 4; Staudinger/*Magnus,* BGB, Art. 35 CISG, Rn. 2.

77 Die Lieferverpflichtung aus Art. 30 CISG erfüllt der Verkäufer auch, wenn er eine nicht vertragsgemäße Ware liefert, *Reinicke/Tiedtke,* Kaufrecht, Rn. 1178.

78 Honsell/*Magnus,* UN-Kaufrecht, Art. 35, Rn. 3; Staudinger/*Magnus,* BGB, Art. 35 CISG, Rn. 7.

79 Appellationsgericht Basel-Stadt, CISG-Online (CH) Nr. 1732: Leistungsfähigkeit einer Verpackungsmaschine; LG Coburg, 12.12.2006, CISG-Online (CH) Nr. 1447: Wuchs von Bäumen; Honsell/*Magnus,* UN-Kaufrecht, Art. 35, Rn. 4; Staudinger/*Magnus,* BGB, Art. 35 CISG, Rn. 8.

sowohl unmittelbar anhaftende Eigenschaften wie die physische Beschaffenheit als auch mittelbare Umstände. Dazu gehören rechtliche oder tatsächliche Verhältnisse, welche die Beziehung der Sache zur Umwelt betreffen, z. B. die Lautstärke des Mahlwerks der Kaffeemaschine des Cafébetreibers, der lichte und krumme Wuchs eines Baumes oder die geringere Leistungsfähigkeit einer Verpackungsmaschine.[80] Eine Abweichung in wirtschaftlicher Hinsicht genügt dagegen nicht. Der erwartete Mietzinsertrag für die Luxuslimousinen ist deshalb keine mängelrelevante Eigenschaft, sofern er nicht von den Parteien zum Bestandteil der Vertragsmäßigkeit gemacht wurde.

Den Parteien bleibt also die Möglichkeit, die Beschaffenheit der Kaufsache subjektiv zu vereinbaren – ausdrücklich oder indem sie auf handelsrechtliche Gebräuche oder ihre Gepflogenheiten Bezug nehmen.[81] Dadurch können sie unmittelbar Einfluss auf die Definition der Beschaffenheit nehmen und bestimmen, dass auch weitere Kategorien eine Vertragswidrigkeit begründen können. Dieser sog. subjektive Mangelbegriff ist gegenüber dem objektiven aus Art. 35 Abs. 2 CISG sogar vorrangig, denn Art. 35 Abs. 2 CISG ist nur anwendbar, wenn „die Parteien nicht anderes vereinbart haben."[82] Ohne entsprechende Vereinbarung gilt, dass das Qualitätsmerkmal der Sache im oben genannten Sinne selbst anhaften muss.[83]

Sollte die Vertragsmäßigkeit von den Parteien nicht näher definiert worden sein, ist die Ware vertragswidrig, wenn sie sich aufgrund oben genannter Eigenschaften nicht für Zwecke eignet, für welche die Ware der gleichen Art gewöhnlich gebraucht wird, Art. 35 Abs. 2 lit. a) CISG (sog. objektiver Mangelbegriff), oder wenn sie sich nicht für einen bestimmten Zweck eignet, der dem Verkäufer bei Vertragsabschluss ausdrücklich oder auf andere Weise zur Kenntnis gebracht wurde, sofern sich nicht aus den Umständen ergibt, dass der Käufer auf die Sachkenntnis und das Urteilsvermögen des Verkäufers nicht vertraute oder vernünftigerweise nicht vertrauen konnte, Art. 35 Abs. 2 lit. b) CISG (erkennbarer Zweck). Ergänzend gilt, dass die Sache nur dann dem Vertrag entspricht,

---

80 Schlechtriem/Schwenzer/*Schwenzer*, UN-Kaufrecht, Art. 35, Rn. 9.

81 Staudinger/*Magnus*, BGB, Art. 35 CISG, Rn. 14.

82 OLG Saarbrücken, BeckRS 2007, 15076; Kantonsgericht des Kanton Schaffhausen, CISG-Online (CH) Nr. 960; Staudinger/*Magnus*, BGB, Art. 35 CISG, Rn. 10; von Caemmerer/Schlechtriem/*Schwenzer*, UN-Kaufrecht, Art. 35, Rn. 6.

83 Appellationsgericht Basel-Stadt, CISG-Online (CH) Nr. 1732: Leistungsfähigkeit einer Verpackungsmaschine; LG Coburg, 12.12.2006, CISG-Online (CH) Nr. 1447: Wuchs von Bäumen; Honsell/*Magnus*, UN-Kaufrecht, Art. 35, Rn. 4; Staudinger/*Magnus*, BGB, Art. 35 CISG, Rn. 8.

wenn sie die Eigenschaften einer Ware besitzt, die der Verkäufer dem Käufer als Probe oder Muster vorgelegt hat, Art. 35 Abs. 2 lit. c) CISG, oder wenn sie in der für eine Ware dieser Art üblichen Weise oder, falls es eine solche Weise nicht gibt, in einer für die Erhaltung und den Schutz der Ware angemessenen Weise verpackt ist, Art. 35 Abs. 2 lit. d) CISG. Im Folgenden sollen Art. 35 Abs. 2 lit. a) und b) CISG näher erläutert werden, da sich der Regelungsgehalt der lit. c) und d) nahezu vollständig aus deren Wortlaut erschließen lässt und in der Praxis erheblich seltener relevant ist.

Nach Art. 35 Abs. 2 lit. a) CISG muss die Ware sich für Zwecke eignen, für welche die Ware der gleichen Art gewöhnlich gebraucht wird. Die Pluralform des Wortes Zweck verdeutlicht, dass sich die Ware für alle gewöhnlichen Zwecke eignen muss, nicht nur für einen einzelnen.[84] Grundsätzlich wird der Begriff „gewöhnlich" aus der Sicht der allgemeinen Verkehrsauffassung verstanden, welche sich am Verwendungszweck des Durchschnittskäufers orientiert (objektiver Maßstab).[85] Freilich sind dem Umfang des üblichen Nutzungszwecks Grenzen gesetzt: Zu ihm gehört regelmäßig nicht die Einhaltung öffentlich-rechtlicher Regeln des Importstaates, wie etwa Sicherheits-, Kennzeichnungs-, oder Zusammensetzungsvorschriften.[86] Der Käufer trägt nämlich das Verwendungsrisiko und dem Verkäufer ist allenfalls ausnahmsweise zuzumuten, sich über sämtliche öffentlich-rechtliche Vorschriften des Verwenderstaates fortlaufend zu informieren.[87] Sollte sich allerdings der Verkäufer auf das Importland als Absatzgebiet

---

84 Staudinger/*Magnus*, BGB, Art. 35 CISG, Rn. 20.

85 BGH, 26.9.2012, CISG-Online (CH) Nr. 2348; OLG München, CISG-Online (CH) Nr. 1395; LG Coburg, 12.12.2006, CISG-Online (CH) Nr. 1447; Honsell/*Magnus*, UN-Kaufrecht, Art. 35, Rn. 13; *Conrads/Schade*, Int. Wirtschaftsprivatrecht, Art. 35, Rn. 3.2.2.10.2; Staudinger/*Magnus*, BGB, Art. 35 CISG, Rn. 17ff.; *Herber/Czerwenka*, Int. Kaufrecht, Art. 35, Rn. 4; *Reinhart*, UN-Kaufrecht, Art. 35, Rn. 5; *Piltz*, Int. Kaufrecht, § 5, Rn. 5–46; früher war es noch umstritten, ob die Verkäufer- oder Käufersicht maßgeblich sei, vgl. von Caemmerer/Schlechtriem/*Schwenzer*, UN-Kaufrecht, Art. 35, Rn. 16.

86 BGH, NJW 1995, 2099 (2100f.); High Court of New Zealand, 30.7.2010, CISG-Online (CH) Nr. 2113; Honsell/*Magnus*, UN-Kaufrecht, Art. 35, Rn. 14; auch: *Conrads/Schade*, Int. Wirtschaftsprivatrecht, Art. 35, Rn. 3.2.2.10.2; *Verweyen/Foerster/Toufar*, Int. Warenkauf, S. 135; Staudinger/*Magnus*, BGB, Art. 35 CISG, Rn. 22; Ferrari/Kieninger/Mankowski/*Ferrari*, Int. Vertragsrecht, Art. 35 CISG, Rn. 14; von Caemmerer/Schlechtriem/*Schwenzer*, UN-Kaufrecht, Art. 35, Rn. 17; *Karollus*, JR 1996, 27 (27); *Schlechtriem*, IPRax 1999, 388 (389).

87 BGH, 2.3.2005, CISG-Online (CH) Nr. 999; OGH, 13.4.2000, IPRax 2001, 149; Honsell/*Magnus*, UN-Kaufrecht, Art. 35, Rn. 14; *Conrads/Schade*, Int. Wirtschaftsprivatrecht,

spezialisiert haben und mit den dortigen öffentlich-rechtlichen Anforderungen vertraut sein oder sollten im Export- und Importland bzw. weltweit die gleichen Maßstäbe gelten, dann ist nicht ersichtlich, warum dem Verkäufer eine Haftung für die Unkenntnis dieser Regeln nicht anzusinnen sein sollte.[88] Die erheblichen praktischen Auswirkungen dieser Differenzierung zeigt folgender Fall aus der Rechtsprechung des BGH: Ein Schweizer Fischgroßhändler liefert kadmiumhaltige neuseeländische Muscheln nach Deutschland. Der Kadmiumgehalt ist nach deutschen Gesundheitsvorschriften zu hoch, ohne jedoch lebensgefährlich zu sein. Dennoch ist die Leistung des Verkäufers nicht mangelhaft, da nach dem hier maßgeblichen neuseeländischen Standard (Standard des Exportstaates/Verkäuferstaates) der Kadmiumgehalt akzeptabel ist. Auf die Grenzwerte des Importstaates kommt es dagegen nicht an. Der Käufer trägt insofern das Verwendungsrisiko für die Muscheln, weil die Einhaltung besonderer öffentlich-rechtlicher Vorschriften im Käufer- oder Verwendungsstaat vom Verkäufer nur im oben beschriebenen Ausnahmefall erwartet werden kann.[89]

Im Sinne des Art. 35 Abs. 2 lit. a) CISG ist die Ware bereits dann nicht vertragskonform, wenn nur der schwerwiegende Verdacht besteht, dass sie sich nicht zum gewöhnlichen Gebrauchszweck eignet und dies durch klare Anhaltspunkte belegt werden kann – zum Beispiel bei einem Verdacht auf Dioxin verseuchtes Fleisch.[90] Dabei genügt es, wenn der Verdacht erst nach Gefahrübergang entsteht, jedoch auf Tatsachen beruht, die vor Gefahrübergang existierten, aber nicht bekannt waren.[91]

Nach Art. 35 Abs. 2 lit. b) CISG entspricht die Ware dem Vertrag, wenn sie sich für einen bestimmten Zweck eignet, der dem Verkäufer bei Vertragsschluss ausdrücklich oder auf andere Weise zur Kenntnis gebracht wurde, sofern sich

---

Art. 35, Rn. 3.2.2.10.2; *Mainguy,* Contrats spéciaux, Rn. 221; a.A., die im Rahmen der Verwendungseignung auf die nationalen Vorschriften des Verwenderstaates abstellt: Cass. civ. 1ière, 23.1.1996, UNILEX; *Schlechtriem,* IPRax 1997, 132; *Schlechtriem,* IPRax 2001, 161 (162f.); *Schlechtriem,* IPRax 1996, 12 (13ff.); *Lurger,* IHR 2001, 99 (99ff.); a.A., die im Rahmen der Verwendungseignung auf den Rechtsgedanken des Art. 42 CISG abstellt: *Fischer,* Vor- und Nachteile des Ausschlusses des UN-Kaufrechts, S. 152ff.

88 Court of Appeal of New Zealand, 22.7.2011, CISG-Online (CH) Nr. 2215; High Court of New Zealand, 30.7.2010, CISG-Online (CH) Nr. 2113; BGH, NJW-RR 2005, 1218 (1220); Honsell/*Magnus,* UN-Kaufrecht, Art. 35, Rn. 14; *Verweyen/Foerster/Toufar,* Int. Warenkauf, S. 135.

89 BGH, NJW 1995, 2099.

90 OLG Frankfurt, IHR 2004, 113 (114); Staudinger/*Magnus,* BGB, Art. 35 CISG, Rn. 25.

91 OLG Frankfurt, IHR 2004, 113 (114).

nicht aus den Umständen ergibt, dass der Käufer auf die Sachkenntnis und das Urteilsvermögen des Verkäufers nicht vertraute oder vernünftigerweise nicht vertrauen konnte (erkennbarer Zweck). Ein systematischer Vergleich des Abs. 2 lit. b) zu lit. a) ergibt, dass der bestimmte Zweck (lit. b)) einen anderen Zweck als der gewöhnliche Gebrauch (lit. a)) ins Auge fassen muss, da die Vorschriften sonst redundant wären. Der bestimmte Zweck muss – anders als noch im EKG[92] – nicht von den Parteien vereinbart werden.[93] Gemäß dem Wortlaut des Art. 35 Abs. 2 lit. b) CISG reicht es vielmehr aus, dass der bestimmte Zweck bei Vertragsschluss ausdrücklich oder auf andere Weise zur Kenntnis gebracht wurde.[94] Wegen der Formulierung „zur Kenntnis gebracht" geht eine Ansicht in der Literatur sogar so weit, dass der Verkäufer noch nicht einmal den bestimmten Zweck zur Kenntnis genommen haben müsse. Es reiche aus, wenn es bei Vertragsschluss deutliche Hinweise auf den bestimmten Zweck gegeben habe und der Verkäufer diesen theoretisch hätte wahrnehmen können.[95] Weiterhin sei erforderlich, dass der Käufer auf die Sachkenntnis und das Urteilsvermögen des Verkäufers vertraue und vertrauen dürfe, Art. 35 Abs. 2 lit. b) a.E. CISG. Da diese Voraussetzung in einer doppelten Verneinung formuliert ist – „sofern nicht (…), dass (…) nicht (…)" – wird grundsätzlich vermutet, dass der Käufer vertraute und vertrauen durfte.[96] Dieser weitgehenden Ansicht ist im Ergebnis zu folgen, denn es finden sich weitere Anhaltspunkte, dass das UN-Kaufrecht grundsätzlich eine Privilegierung des Käufers anstrebt (weitere Beispiele hierfür sind der verschuldensunabhängige Schadensersatzanspruch und die großzügig bemessene Mängelrügefrist, zu letzterer in Kapitel 2 D II.).

---

92 Art. 33 Abs. 1 lit. e) und f), BGBl I 1973, 856 (859).

93 In Anlehnung an sec. 14 (3) des englischen Sale of Goods Act: Honsell/*Magnus*, UN-Kaufrecht, Art. 35, Rn. 2; ebenso: Staudinger/*Magnus*, BGB, Art. 35 CISG, Rn. 5; *Conrads/Schade*, Int. Wirtschaftsprivatrecht, Art. 35, Rn. 3.2.2.10.2; *Herber/Czerwenka*, Int. Kaufrecht, Art. 35, Rn. 5; von Caemmerer/Schlechtriem/*Schwenzer*, UN-Kaufrecht, Art. 35, Rn. 20.

94 Beispielsweise durch Angabe des Lieferortes wird deutlich, dass die Ware bestimmten klimatischen Bedingungen gewachsen sein muss: LG Coburg, 12.12.2006, CISG-Online (CH) Nr. 1447; der Verwendungszweck als dauerhaften Einrichtungsgegenstand: LG München, CISG-Online (CH) Nr. 654; die Verwendung eines Plastiktriumphbogens als Werbeträger auf einer Autobahn: HG Kanton Aargau, CISG-Online (CH) Nr. 715; Staudinger/*Magnus*, BGB, Art. 35 CISG, Rn. 27.

95 Honsell/*Magnus*, UN-Kaufrecht, Art. 35, Rn. 19; Schlechtriem/Schwenzer/*Schwenzer*, UN-Kaufrecht, Art. 35, Rn. 21; Münchener Kommentar HGB/*Benicke*, Art. 35 CISG, Rn. 8.

96 Staudinger/*Magnus*, BGB, Art. 35 CISG, Rn. 31.

Das UN-Kaufrecht ist folglich durch ein primär subjektives Verständnis der Vertragskonformität geprägt. Die Parteien sind frei, ihnen bedeutsam erscheinende Umstände, auch wenn sie lediglich in einer mittelbaren Beziehung zur Sache stehen (Kategorie 2), in die Vertragskonformität einzubeziehen, wenn diese Umstände nicht tatsächlicher oder rechtlicher Art sind, oder die auf einer reinen Umweltbeziehung beruhen (Kategorie 3). Fehlt es an einer ausdrücklichen oder schlüssigen Vereinbarung, können vom Verkäufer erkannte Zwecke über den objektiven Mindeststandard hinaus die Sollbeschaffenheit der Sache beeinflussen.

2. Deutsches Recht

Eine Sachmängelgewährleistungshaftung nach deutschem Recht wird ausgelöst, wenn die Kaufsache mangelhaft ist, § 434 BGB. Ein Mangel liegt danach vor, wenn die Istbeschaffenheit negativ von der Sollbeschaffenheit abweicht.[97]

Anknüpfungspunkt für den Mangelbegriff ist also die Beschaffenheit. Diese umfasst alle gegenwärtigen Faktoren, die der Sache unmittelbar oder mittelbar anhaften, so dass zumindest die Kategorien 1 und 2 gewissermaßen automatisch erfasst sind. In jedem Falle müssen die Faktoren nach der Verkehrsauffassung aber Einfluss auf die Wertschätzung der Sache haben.[98] Damit ist die Kaffeemaschine nach deutscher Einschätzung bei zu starker Lärmemission mangelhaft.[99] Ist die Sache nach diesem Standard an sich mangelfrei, so ändert an diesem Ergebnis eine enttäuschte Erwartung des Käufers im Hinblick auf die Kaufsache nichts. Der Mietzinsertrag der Rolls-Royce-Limousinen hängt von den unmittelbaren Eigenschaften des Kraftfahrzeugs wie Alter, Marke, Bautyp oder physischer Beschaffenheit ab. Kann nur ein geringerer Mietzinsertrag als üblich erwirtschaftet werden, weil die Limousine ein Unfallwagen ist oder tatsächlich einen höheren Kilometerstand als angezeigt hat, dann ist der tatsächlich erwirtschaftete

---

97 Staudinger/*Matusche-Beckmann,* BGB, § 434, Rn. 40; Jauernig/*Berger,* BGB, § 434, Rn. 8; Beck'scher Online Kommentar BGB/*Faust,* § 434, Rn. 3.

98 OLG Saarbrücken, BeckRS 2001, 03886; *Looschelders,* Schuldrecht BT, Rn. 38; Palandt/*Weidenkaff,* BGB, § 434, Rn. 9ff.; Staudinger/*Matusche-Beckmann,* BGB, § 434, Rn. 42, 49ff.; *Brox/Walker,* Bes. Schuldrecht, § 4, Rn. 10; a.A. OLG Hamm, NJW-RR 2003, 1360 (1360), das ein unmittelbares Anhaften fordert.

99 Die Einhaltung technischer Vorschriften wie DIN-Normen soll an dieser Stelle außer Betracht bleiben. Selbstverständlich können sie ein Indiz für einen zumutbaren Lärmpegel geben, doch sind sie schon mangels Rechtsnormqualität nicht abschließend und vor allem mag das konkrete Geschäftsmodell des Cafés eine geringere Emission erfordern.

verminderte Mietzinsertrag ein mittelbarer Mangel, denn in diesem Fall basiert der verminderte Mietzinsertrag auf der Fehlerhaftigkeit der Sache selbst und stellt damit einen Sachmangel i. S. d. § 434 BGB dar (Kategorie 2). Ist der Mietzinsertrag hingegen nur vermindert, weil der Vermieter etwa aus persönlichen, strategischen oder markttechnischen Gründen die Limousinen nicht – zu einem für ihn akzeptablen Preis – zu vermieten vermag, liegt kein Mangel vor (Kategorie 3): An sich könnte nämlich der übliche Mietzins erwirtschaftet werden, weil die Sache fehlerfrei ist. Fehlt freilich dem Vermieter die Fähigkeit, die Sache gewinnbringend zu vermarkten, fällt dies nicht in den Haftungs- bzw. Gefahrbereich des Verkäufers, weil es sich um das typische Verwendungsrisiko des Käufers handelt. Eine Ausnahme hiervon gilt nur dann, wenn der Verkäufer im Hinblick auf den erzielbaren Mietzins eine Garantie gibt.

Indes besteht keine Einigkeit, ob die Beschaffenheit von Dauer sein muss.[100] Die historische Auslegung des § 434 BGB spricht dafür, weil vor seiner Einführung im Zuge der Schuldrechtsreform 2002 dieses Kriterium nach der überwiegenden Auffassung erfüllt werden musste. Dessen war sich der Gesetzgeber bewusst und wollte davon offenbar bei der Modernisierung des Schuldrechts nicht abrücken. Gegen diese Einschätzung spricht allerdings der ansonsten recht differenzierte Wortlaut der Vorschrift, der die Dauer nicht erwähnt und nur auf den Zeitpunkt des Gefahrüberganges abstellt.[101] Außerdem ließe sich eine solche Auslegung mit dem vorrangigen vertraglichen Beschaffenheitsbegriff, wonach die Parteien frei sind, auch nicht dauerhafte Eigenschaften als Beschaffenheit zu vereinbaren, nur schwer in Einklang bringen.[102] Da der Wortlaut von § 434 Abs. 1 S. 1 und S. 2 BGB insoweit identisch ist, spricht viel für einen systematischen Gleichlauf beider Beschaffenheitsdefinitionen. Auch ist eine solche Beschränkung, welche in der europarechtskonformen Auslegung zu berücksichtigen ist, der Verbrauchsgüterkaufrichtlinie[103] nicht zu entnehmen. Deshalb überzeugt eher die Auslegungsvariante, nach der die Beschaffenheit der Sache nicht auf Dauer anhaften muss.

Die Eigenschaft bzw. der Verdacht ihres Vorliegens – der sich auf konkrete Tatsachen bezieht und vom Käufer nicht durch zumutbare Maßnahmen zu

---

100 Für die Dauerhaftigkeit: LG Münster, NJW 2009, 3730 zur Lärmbelästigung durch ein autistisches Kind im Garten der Nachbarschaft; Staudinger/*Matusche-Beckmann*, BGB, § 434, Rn. 55.

101 *Looschelders*, Schuldrecht BT, Rn. 43; Staudinger/*Matusche-Beckmann*, BGB, § 434, Rn. 55.

102 Staudinger/*Matusche-Beckmann*, BGB, § 434, Rn. 55.

103 ABl. EG L 171/12.

beseitigen ist[104] – muss definitionsgemäß gegenwärtig sein. Damit scheiden für die Zukunft versprochene oder erwartete Umstände und Entwicklungen der Sache als Beschaffenheitsmerkmale aus, beispielsweise das Versprechen, dass der Marktwert zukünftig steigen oder auch nur gleich bleiben werde.[105] Gleiches gilt für Umstände in der Person des Käufers bzw. anderer Personen oder solche Gegebenheiten, die mit dem physischen Zustand der Sache nicht zusammenhängen.[106]

Die Beschaffenheit kann vertraglich vereinbart werden, § 434 Abs. 1 S. 1 BGB.[107] Eine solche Abrede (subjektiver Fehlerbegriff[108]) genießt gegenüber dem objektiven Beschaffenheitsbegriff aufgrund des Grundsatzes der Privatautonomie generell den Vorrang.[109] Wie die Begriffe „vertraglich" und „vereinbart" bereits andeuten, ist für einen Mangel i. S. d. § 434 Abs. 1 S. 1 BGB eine Willenseinigung zwischen beiden Parteien über das entsprechende – fehlende – Merkmal notwendig. Eine einseitige Beschaffenheitsbeschreibung reicht nicht aus.[110] Es genügt jedoch, wenn die Vereinbarung der Beschaffenheit der Verkehrsübung oder einem Handelsbrauch entnommen werden kann.[111] Gegenstand der Parteivereinbarung i. S. d. § 434 Abs. 1 S. 1 BGB können alle Eigenschaften einer Sache sein, die ihr unmittelbar oder mittelbar zur Zeit des Vertragsschlusses anhaften.[112]

Wurde die Beschaffenheit vertraglich nicht festgelegt, ist die Sache frei von Sachmängeln, wenn sie sich für die nach dem Vertrag vorausgesetzte oder für die gewöhnliche Verwendung eignet, § 434 Abs. 1 S. 2 BGB.[113] Danach ist sie

---

104 BGH, NJW 1972, 1462 (1462f.) zu verseuchtem argentinischem Hasenfleisch; OLG Karlsruhe, NJW-RR 1999, 134 (134) zu Fleisch als Handelsware; *Looschelders,* Schuldrecht BT, Rn. 42.

105 Münchener Kommentar BGB/*Harm Peter Westermann,* § 434, Rn. 11.

106 Münchener Kommentar BGB/*Harm Peter Westermann,* § 434, Rn. 11.

107 Palandt/*Weidenkaff,* BGB, § 434, Rn. 15.

108 BGH NJW 2008, 511 (513); *Looschelders,* Schuldrecht BT, Rn. 34; *Brox/Walker,* Bes. Schuldrecht, § 4, Rn. 9.

109 *Canaris,* in: Lorenz, Karlsruher Forum 2002 Schuldrechtsmodernisierung, 10 (61ff.); *Looschelders,* Schuldrecht BT, Rn. 34; Münchener Kommentar BGB/*Harm Peter Westermann,* § 434, Rn. 6; *Grigoleit/Herresthal,* JZ 2003, 118 (123).

110 BGH NJW 2008, 511 (513); OLG Saarbrücken, BeckRS 2011, 03886; *Looschelders,* Schuldrecht BT, Rn. 44.

111 Staudinger/*Matusche-Beckmann,* BGB, § 434, Rn. 64; Münchener Kommentar BGB/*Harm Peter Westermann,* § 434, Rn. 16.

112 LG Bielefeld, NJW-RR 2008, 212 (212); Palandt/*Weidenkaff,* BGB, § 434, Rn. 14.

113 OLG Düsseldorf, SVZ 2006, 261 (261); LG Münster, NJW 2009, 3730 (3730); *Brox/Walker,* Bes. Schuldrecht, § 2, Rn. 8.

nicht mangelfrei, wenn sie sich nicht für die nach dem Vertrag vorausgesetzte Verwendung eignet. Der Mangelbegriff ist damit enger als der des § 434 Abs. 1 S. 1 BGB, da sich die Beschaffenheit im Rahmen des § 434 Abs. 1 S. 2 Nr. 1 BGB auf einen Verwendungszweck richten muss.[114] Unklar ist indes, wie das Tatbestandsmerkmal „vorausgesetzt" zu interpretieren ist. Schon der Gesetzgeber wollte sich nicht festlegen, ob die vertraglich vorausgesetzte Verwendung eine vertragliche Vereinbarung darstelle.[115] Relevant ist eine Entscheidung etwa im Fall der Bioladenbetreiberin, die durch die Art des Betriebes und der Verwendung ihres Geschäftsbriefpapieres wohl konkludent der Öffentlichkeit mitteilt, dass die vegetarischen Schnitzel nur aus gentechnisch unveränderten Sojabohnen hergestellt werden durften, ohne dass die Großhändlerin diesen Inhalt des Angebots - auch nur konkludent - angenommen hätte.[116] Wenn es genügt, den Verkäufer nur einseitig über das eigene Geschäftsmodell - zudem auch nur konkludent - in Kenntnis zu setzen, droht die Gefahr einer schwer vorhersehbaren und möglicherweise fast uferlosen Haftung des Verkäufers: Ein ggf. atypischer Verwendungszweck wird nämlich aufgrund einiger Indizien für maßgeblich erachtet, ohne dass der Verkäufer dessen Anforderungen zutreffend einschätzt oder auch nur einschätzen könnte. So ist etwa der viel verwendete Begriff „Bio" im grenzüberschreitenden Lebensmittelhandel nicht eindeutig reglementiert und damit sehr ambivalent. Deshalb meinen einige, dass die Formulierung „nach dem Vertrag" darauf hinweise, dass der Verwendungszweck Teil der kaufvertraglichen Vereinbarung sein müsse, die nur durch eine rechtsgeschäftliche Abrede getroffen werden könne.[117] Auch der Einwand, dass der Verkäufer stets nur das schulde, womit er sich einverstanden erklärt habe, wird erhoben.[118] § 434 Abs. 1 S. 2 und 3 BGB sollen danach nicht als ein „dogmatisches aliud" zur Beschaffenheitsvereinbarung zu verstehen sein, sondern als gesetzlich typisierte Fälle einer konkludenten Beschaffenheitsvereinbarung.[119] Andere Autoren

---

114 Medicus/Lorenz unterscheiden zwischen einer Beschaffenheit und einer Beschaffenheit, die für den Verwendungszweck maßgeblich ist, weil § 434 Abs. 1 S. 2 Nr. 2 BGB diese Unterscheidung vorsieht: „wenn sie sich für die gewöhnliche Verwendung eignet und eine Beschaffenheit aufweist, die bei Sachen der gleichen Art üblich ist und die der Käufer nach Art der Sache erwarten kann": *Medicus/Lorenz,* Schuldrecht BT, Rn. 83.

115 BT-Drucks 14/6040, S. 213.

116 *Rehm,* Jura 2006, 789 (793).

117 *Medicus/Lorenz,* Schuldrecht BT, Rn. 81.

118 Erman/*Grunewald,* BGB, § 434, Rn. 16.

119 *Grigoleit/Herresthal,* JZ 2003, 233 (234).

wiederum beziehen sich stärker auf das Wort „vorausgesetzt“, das eine ungleiche Machtposition andeute, weil eine Partei einen Verwendungszweck zur Kenntnis bringe, während die andere Partei diesem ausdrücklich oder stillschweigend zustimme oder sich nicht dagegen verwahre.[120]

Im Ergebnis sprechen die besseren Argumente gegen die Notwendigkeit, einen atypischen Verwendungszweck im eigentlichen Sinne zu vereinbaren. Schon systematisch nimmt § 434 Abs. 1 S. 2 Nr. 1 BGB eine Mittelposition zwischen einer vertraglich vereinbarten Beschaffenheit, § 434 Abs. 1 S. 1 BGB, und dem objektiven, gewöhnlichen Verwendungszweck, § 434 Abs. 1 S. 2 Nr. 2 BGB, ein. Das legt nahe, dass die Anforderungen für einen vorausgesetzten Verwendungszweck i. S. d. § 434 Abs. 1 S. 2 Nr. 1 BGB niedriger als die des § 434 Abs. 1 S. 1 BGB und höher als die des § 434 Abs. 1 S. 2 Nr. 2 BGB sind. Erforderte die „Voraussetzung“ eine „Vereinbarung“, so wären § 434 Abs. 1 S. 2 Nr. 2 BGB und § 434 Abs. 1 S. 1 BGB inhaltsgleich, weil die Beschaffenheit des § 434 Abs. 1 S. 1 BGB auch durch den Verwendungszweck definiert werden könnte. Eine solche Redundanz ist nicht plausibel, zumal der Gesetzgeber dann vermutlich eine andere Technik gewählt hätte, wie den vorausgesetzten Verwendungszweck als Regelbeispiel o. ä. anzuführen. Aus historischer (und rechtsvergleichender) Sicht ist zudem zu berücksichtigen, dass das UN-Kaufrecht Vorbild für § 434 BGB war.[121] Das legt eine Vorbildfunktion von Art. 35 Abs. 2 lit. b) CISG nahe, der es genügen lässt, dass der Verwendungszweck dem Verkäufer einseitig zur Kenntnis gebracht wurde. Terminologisch konsequent wird dem in § 434 Abs. 1 S. 2 Nr. 1 BGB definierten Mangel darum auch ein Beschaffenheitsbegriff zu Grunde gelegt, der einen erkennbaren Zweck für die Sollbeschaffenheit genügen lässt. Eine vertragliche Vereinbarung ist nicht notwendig. Vielmehr ist objektiv zu beurteilen, ob die Sache die Beschaffenheit aufweist, welche subjektiv, nämlich von Seiten des Käufers, vorausgesetzt wurde, wobei der Verkäufer die Chance hatte, sie zu kennen.[122] *Canaris* weist zu Recht darauf hin, dass die Verwendung ein einseitiger Zweck des Käufers ist, der als solcher nicht Vertragsinhalt werden könne, weil die Zwecke der Parteien beim Kaufvertrag unterschiedlich, ja meist

---

120 Palandt/*Weidenkaff*, BGB, § 434, Rn. 22; *Looschelders*, Schuldrecht BT, Rn. 47.

121 Der im Wege der Schuldrechtsreform 2002 (Gesetz zur Modernisierung des Schuldrechts vom 26.11.2001, BGBl 2001 I, S.3138) neu geregelte § 434 BGB beruht auf der Verbrauchsgüterkaufrichtlinie (Richtlinie 1999/44/EG, ABl. L 171/12), die sich wiederum weitgehend am UN-Kaufrecht orientiert: *Looschelders*, Schuldrecht BT, Rn. 18; Erman/*Grunewald*, BGB, § 434, Rn. 1.

122 BGH, NJW 2009, 2120 (2121) zu Asbestplatten; Staudinger/*Matusche-Beckmann*, BGB, § 434, Rn. 78.

gegenläufig seien.[123] Folglich müsse die Verwendung eben nur nach dem Vertrag *vorausgesetzt*, die Beschaffenheit jedoch *vereinbart* werden. Schließlich muss berücksichtigt werden, dass nach deutschem Recht grundsätzlich der Käufer das Verwendungsrisiko trägt.[124] Das gilt aber gerade nicht, wenn dem Verkäufer ein von der normalen Verwendung abweichender Verwendungszweck erkennbar war. Folglich wird man das Erfordernis einer „vertraglich vorausgesetzten Verwendung" in einer Grauzone zwischen Vertragsvereinbarung und Geschäftsgrundlage ansiedeln müssen, weil sie einerseits keine Vertragsbestimmung, andererseits aber ein Umstand ist, ohne dessen Vorliegen die Parteien den Vertrag nicht oder nicht mit diesem Inhalt geschlossen hätten, wenn sie sein Fehlen erkannt bzw. vorausgesehen hätten.[125]

Nach § 434 Abs. 1 S. 2 Nr. 2 BGB ist die Sache frei von einem Sachmangel, wenn sie sich für die gewöhnliche Verwendung eignet und eine Beschaffenheit aufweist, die bei Sachen der gleichen Art üblich ist und die der Käufer nach der Art der Sache erwarten kann. Dies ist der sogenannte „objektive Fehlerbegriff".[126] Die Gewöhnlichkeit der Verwendung bestimmt sich objektiv nach dem Erwartungshorizont eines vernünftigen Durchschnittskäufers,[127] allerdings in gewissem Maße subjektiviert durch das Umfeld oder den Verkehrskreis, dem der Käufer angehört.[128]

Das Kriterium der Üblichkeit ist strikt von dem der Gewöhnlichkeit zu trennen, denn nicht alles, was gewöhnlich ist, ist üblich.[129] Was üblich ist, richtet sich ebenfalls nach der Verkehrsanschauung aus Sicht eines durchschnittlichen

---

123 *Canaris*, in: Lorenz, Karlsruher Forum 2002 Schuldrechtsmodernisierung, 10 (57).

124 *Medicus/Lorenz*, Schuldrecht BT, Rn. 82.

125 *Schinkels*, ZGS 2004, 226 (228).

126 Münchener Kommentar BGB/*Harm Peter Westermann*, § 434, Rn. 24.

127 OLG Stuttgart, NJW-RR 2006, 1720 (1722); OLG Düsseldorf, SVZ 2006, 261 (261): Verschleiß eines Gebrauchtwagens ist eine gewöhnliche Verwendung; OLG Celle, NJW-RR 2008, 1635 (1636f.) zum Verschleiß beim Kfz; bei Lebewesen ist hingegen mit „Abweichungen vom gewünschten Idealzustand zu rechnen", für die übliche Beschaffenheit gilt demnach ein „anderer Maßstab": AG Lüneburg, BeckRS 2009, 77011; Staudinger/*Matusche-Beckmann*, BGB, § 434, Rn. 84; *Brox/Walker*, Bes. Schuldrecht, § 4, Rn. 14.

128 OLG Stuttgart, NJW-RR 2006, 1720 (1722); Palandt/*Weidenkaff*, BGB, § 434, Rn. 27; Münchener Kommentar BGB/*Harm Peter Westermann*,§ 434, Rn. 24; *Verweyen/Foerster/Toufar*, Int. Warenkauf, S. 139; a. A. OLG Stuttgart, NJW-RR 2008, 1077 (1077).

129 Staudinger/*Matusche-Beckmann*, BGB, § 434, Rn. 89.

Käufers.[130] Aus Äpfeln kann *gewöhnlich* Apfelsaft hergestellt werden, nur in manchen Regionen ist es jedoch auch *üblich*, sie zu Apfelwein zu verarbeiten. Was der Käufer nach der Art der Sache erwarten kann, ist ein Unterfall der Üblichkeit und hat neben dieser keine eigenständige Bedeutung.[131] Hervorzuheben ist hier das Wort „kann", denn es ist irrelevant, was der Käufer *tatsächlich* erwartet (sog. normative Bestimmung der Erwartung).[132] Jedenfalls darf der Käufer erwarten, dass die Kaufsache so beschaffen ist, wie es der Verkäufer, der Hersteller oder ein Gehilfe öffentlich äußerte, § 434 Abs. 2 S. 3 BGB. Auf diese Weise erhalten Werbeaussagen eine gewisse Verbindlichkeit. Zudem darf er davon ausgehen, dass die vereinbarte Montage von dem Verkäufer oder dessen Erfüllungsgehilfen sachgemäß durchgeführt wird und dass die Montageanleitung mangelfrei ist, § 434 Abs. 3 BGB.

Das deutsche Recht folgt somit dem Ansatz des subjektiv-objektiven Mangelbegriffs, wonach auf die gewöhnliche bzw. übliche Beschaffenheit abzustellen ist, soweit nicht eine Beschaffenheitsvereinbarung zwischen den Parteien geschlossen wurde. Der objektive Maßstab wird ergänzt durch das Kriterium des erkennbaren Zwecks, der vom Käufer mit der Kaufsache verfolgt wird. Während objektiv regelmäßig nur Mängel der Kategorie 1 und 2 als mängelbegründend in Betracht kommen, können die Parteien gemeinsam auch Beschaffenheitsvereinbarungen im Hinblick auf die Kategorie 3 treffen. Die Rechtslage ähnelt also sehr stark der des UN-Kaufrechts, was aufgrund von dessen Vorbildfunktion für das deutsche Recht wenig verwundert.

3. *Französisches Recht*

Die Sachmängelgewährleistung nach Artt. 1641ff. CC greift nur ein, wenn ein versteckter Mangel die Gebrauchsfähigkeit einer Sache qualitativ beeinträchtigt.[133] Ob ein Mangel offen oder versteckt ist, spielt insbesondere bei der Mängelrüge eine Rolle. Daher wird dieses Kriterium in dem entsprechenden thematischen Zusammenhang genauer beleuchtet.[134] Die Gebrauchsfähigkeit der Kaufsache wird im französischen Recht besonders stark geschützt, indem

130 *Looschelders*, Schuldrecht BT, Rn. 48.

131 Staudinger/*Matusche-Beckmann*, BGB, § 434, Rn. 93.

132 *Looschelders*, Schuldrecht BT, Rn. 49.

133 Beispiele für eine qualitative Beeinträchtigung: *Huet*, J. Cl. Art. 1641 à 1649 CC, Fasc. 30, Vente Fasc. 300, Rn. 6ff.

134 Siehe 2. Kapitel: Mängelrüge.

das Sachmängelgewährleistungsrecht als Garantie ausgestaltet ist („*garantie contre vice caché*“[135]).

Ein Mangel muss aus französischer Sicht „*inhérent à la chose*“ sein, d.h. in der Sache wurzeln bzw. ihr anhaften.[136] Dabei ist unklar, ob er ihr i. S. d. aus deutscher Sicht bekannten Unterscheidung unmittelbar anhaften muss oder ein mittelbares Anhaften genügt. In der französischen Rechtsprechung und Literatur finden sich indes – soweit ersichtlich – keine ausdrücklichen Hinweise auf diese Unterscheidung, woraus wohl zu folgern ist, dass das französische Recht sie nicht bewusst vornimmt. Allerdings erwähnen etwa *Ghestin/Huet* nur Beispiele, die einen unmittelbar anhaftenden Mangel betreffen.[137] Das rechtfertigt oberflächlich die Mutmaßung, dass ein mittelbar anhaftender Fehler (Kategorie 2) aus französischer Sicht irrelevant ist, wenngleich diese Schlussfolgerung mangels einer klaren Stellungnahme in Literatur oder Rechtsprechung notwendig im Spekulativen bleibt.

In jedem Falle liegt i. S. d. französischen Sachmängelgewährleistungsrechts kein Mangel vor, wenn der Weiterverkauf der Kaufsache nicht den gewünschten Ertrag bringt, obwohl die der Kaufsache eigenen Qualitäten nicht fehlerhaft sind.[138] Andernfalls wäre die Sache mangelhaft, ohne einen Fehler aufzuweisen. Ein derartiger Mangelbegriff wäre von der Beschaffenheit der Sache selbst vollständig losgelöst. Somit könnte der Rolls Royce-Vermieter auch nach französischem Recht keine Sachmängelgewährleistungsrechte geltend machen, weil der Ursprung des verminderten Mietzinsertrags (Eigenschaft im Sinn der Kategorie 3) nicht in einem Mangel der Sache liegt.

Schließlich ist der Mangel auch dann nicht der Sache inhärent, wenn eine andere – von ihr getrennte – Sache der Grund des Mangels ist: So etwa ist nicht der Putz selbst mangelhaft, der den Fehler eines Gebäudes sichtbar macht, wenn die Ursache unter dem Putz liegt.[139] Entsprechend dürfte dies für die Lackierung bei beweglichen Sachen gelten.

Ob diese Eigenschaft nunmehr die Gebrauchsfähigkeit der Kaufsache beeinträchtigt, ist eher eine Frage der Fehlerfolge als seiner eigentlichen Natur („*sa nature propre*“),[140] weil ein Fehler irrelevant ist, wenn die Sache ohne Einschränkungen gebraucht werden kann. Es genügt, dass der Mangel seinen Ursprung

135 *De Schlichting/Volmerange,* Einführung frz. Rechtssprache, S. 77.

136 *Ferid/Sonnenberger,* Frz. Zivilrecht, Rn. 2 G 601.

137 *Ghestin/Huet,* Contrats spéciaux, Rn. 11319.

138 *Bénabent,* Contrats spéciaux, Rn. 359.

139 Cass. civ. 3ième, 28.6.1995, Légifrance (F) n° 93-17379.

140 *Collart Dutilleul/Delebecque,* Contrats civils et commerciaux, Rn. 268.

(„*sa source*") bzw. seine Wurzel („*sa racine*") in der Fehlerhaftigkeit der Sache („*dans un défaut de la chose*") hat, wenn er sich funktionell auf die Gebrauchsfähigkeit auswirkt.[141] So ist ein Kartoffelerntegerät i. S. d. Art. 1641 CC mangelhaft, wenn es häufig durch in die Maschine geratende Blätter verstopft. Gleiches gilt für verunreinigtes Mehl, das nicht mehr verkäuflich ist.[142] In diesen Fällen ist die Kaufsache nicht mehr für ihren objektiven Verwendungszweck zu gebrauchen. Ist die tatsächliche Nutzlast eines LKW dagegen geringer als in der Betriebserlaubnis angegeben, so ist der normale Gebrauch nicht beeinträchtigt, weil er als zum Transport verwendet werden kann. Es fällt nur eine von mehreren Gebrauchsmöglichkeiten weg; insofern liegt kein „*vice*" (Mangel), sondern eine „*inexécution*" (Nichterfüllung) vor.[143]

Vollständig gebrauchsuntauglich muss die Kaufsache nicht sein. Es reicht aus, dass die Gebrauchsbeeinträchtigung sich nur unter bestimmten Umständen zeigt („*provoqué par des facteurs étrangers à la chose vendue*"), etwa bei einer bestimmten Temperatur oder Luftfeuchtigkeit.[144] Art. 1641 CC setzt schon nach seinem Wortlaut voraus, dass ein Mangel die Gebrauchsfähigkeit der Kaufsache beeinträchtigt („*rendent impropre à l'usage*").

Damit stellt sich auch im französischen Recht die zentrale Frage nach der Sollbeschaffenheit als Maßstab der Gebrauchstauglichkeit. Angeknüpft wird die Sollbeschaffenheit grundsätzlich an den objektiv üblichen Gebrauch.[145] Auch dies legt der Wortlaut des Art. 1641 CC nahe, der voraussetzt, dass die Gebrauchstauglichkeit der Sache derart vermindert ist, dass der Käufer diese nicht oder nur zu einem geringeren Preis gekauft hätte, wenn er den Mangel gekannt hätte: „*qui diminuent tellement cet usage, que l'acheteur ne l'aurait pas acquise, ou n'en aurait donné qu'un moindre prix, s'il les avait connu*", Art. 1641 CC. Ob die Gebrauchstauglichkeit vermindert ist, wird objektiv aus Sicht des Käufers beurteilt.[146]

---

141 CA de Limoges, 28.3.2012, Légifrance (F) n° 11/00472; *Bénabent,* Contrats spéciaux, Rn. 359; *Ghestin/Huet.* Contrats spéciaux, Rn. 11318; *Collart Dutilleul/Delebecque,* Contrats civils et commerciaux, Rn. 268.

142 Cass.com. 21.10.1974, Légifrance (F) n° 73-11033 (Kartoffelernter); Cass.civ. 1ière, 19.1.1965, Légifrance (F) n° 61-10952 (Mehl).

143 Cass. com. 4.6.1980, Légifrance (F) n° 78-12324.

144 Cass. com. 21.4.1980, Légifrance (F) n° 78-10685; *Ghestin/Huet,* Contrats spéciaux, Rn. 11318.

145 *Malaurie/Aynès/Gautier,* Contrats spéciaux, Rn. 378; *Terré/Simler/Lequette,* Droit civil, les obligations, Rn. 255; *Larroumet,* Droit civil, Rn. 617.

146 Da maßgeblich ist, ob der Käufer die Sache entsprechend ihres normalen Gebrauchszwecks verwenden kann: *Kaschefi,* Sachmängelhaftung im frz. Kaufrecht, S. 26f.; *Collart Dutilleul/Delebecque,* Contrats civils et commerciaux, Rn. 269; *Ferid/*

Die Formulierung „*impropre à l'usage auquel on la destine*" in Art. 1641 CC weist aber darauf hin, dass sich der Mangelbegriff nicht in dieser objektiven Definition der Gebrauchstauglichkeit erschöpft, sondern auch an eine Vereinbarung der Parteien andocken kann.[147] Diesem Mangelbegriff liegt folglich ein Gebrauchszweck zu Grunde, der eben nicht gewöhnlich ist und dementsprechend als „*usage inhabituel*" bezeichnet werden kann – ein „ungewöhnlicher" Gebrauchszweck, den kein Käufer ohne weiteres verfolgt. Die Parteien bestimmen dabei selbst, welchen atypischen Gebrauchszweck die Sache haben soll. Das wirft die Frage auf, ob die Parteien im Sinne einer rechtsgeschäftlichen Vereinbarung den Gebrauchszweck vereinbaren müssen oder ob es ausreicht, dass der Käufer den Verkäufer von seinem anvisierten Gebrauchszweck in Kenntnis setzt und der Verkäufer diesen billigt, also die Frage, ob es im französischen Recht im oben genannten Sinne genügt, dass ein erkennbarer Zweck ohne ausdrückliche Billigung des Verkäufers Maßstab für die Gebrauchstauglichkeit der Sache ist. Manche wollen es genügen lassen, dass der Käufer den Verkäufer über den angestrebten Gebrauchszweck lediglich in Kenntnis setzt.[148] Dies würde der bereits besprochenen UN-kaufrechtlichen Regelung des Art. 35 Abs. 2 lit. b) CISG entsprechen. Gegen diese Auslegung spricht jedoch der Wortlaut des Art. 1641 CC: „*On la destine*" deutet auf eine beidseitige Bestimmung hin, bei der beide Parteien gemeinsam eine Entscheidung treffen. Diese Voraussetzung wäre nicht erfüllt, wenn eine Partei einen ungewöhnlichen Gebrauchszweck kundgibt und die andere nur davon Kenntnis nehmen bzw. dieser Zweck gar nur erkennbar sein müsste, um dieser Äußerung Verbindlichkeit zu verleihen. Plastisch sprechen *Bénabent* und *Collart-Dutilleul/Delebecque* davon, dass diese Gebrauchsbestimmung „das vertragliche Feld betreten muss" („*cette destination doit entrer le champ contractuel*").[149] Ähnlich verstehen auch *Malaurie/Aynès/Gautier* die Formulierung „*on la destine*": Der Verkäufer muss vom ungewöhnlichen Verwendungszweck informiert werden und ihn akzeptieren.[150] Welche Form bzw.

Sonnenberger, Frz. Zivilrecht, 2 G 593ff.; S. 83ff.; von Westphalen/*Wenner/Schödel*, Kaufvertragsrecht, Frankreich, Rn. 122.

147 *Collart Dutilleul/Delebecque*, Contrats civils et commerciaux, Rn. 269.

148 *Kaschefi*, Sachmängelhaftung im frz. Kaufrecht, S. 27; von Westphalen/*Wenner/Schödel*, Kaufvertragsrecht, Frankreich, Rn. 121, 124; *Ferid/Sonnenberger*, Frz. Zivilrecht, Rn. 2 G 597; *Terré/Simler/Lequette*, Droit civil, les obligations, Rn. 255.

149 *Bénabent*, Contrats spéciaux, Rn. 358; *Collart Dutilleul/Delebecque*, Contrats civils et commerciaux, Rn. 269; ähnlich auch *Ghestin/Desché*, Traités, Vente, Rn. 762, 722 (définition contractuelle du défaut).

150 *Malaurie/Aynès/Gautier*, Contrats spéciaux, Rn. 387.

welches Maß an Verbindlichkeit für diese Zustimmung des Verkäufers erforderlich ist, lässt sich ihren Stellungnahmen nicht eindeutig entnehmen. Jedenfalls muss der Verkäufer sein Einverständnis in irgendeiner Form signalisieren.

Das französische Recht unterscheidet sich an dieser Stelle markant vom UN-Kaufrecht und deutschen Recht, weil eine allein käuferseitig vorausgesetzte und manifestierte Verwendungsabsicht keine Sollbeschaffenheit und damit keine Gewährleistung des Verkäufers begründen kann. Es ist im Fall der Bioladeninhaberin also deutlich verkäuferfreundlicher und so wäre die Wahl des französischen Rechts der belgischen Großhändlerin zu empfehlen, falls sie eine Haftung für solche lediglich vorausgesetzten Verwendungen befürchtet. Umgekehrt gilt natürlich, dass der Käuferin von der Wahl französischen Rechts abzuraten wäre. Im Hinblick auf den sonstigen Standard der Definition der Sollbeschaffenheit (subjektiv/objektiv) unterscheidet sich das französische Recht nicht prinzipiell vom UN-Kaufrecht und deutschen Recht.

Das französische Recht folgt überdies insofern einem engeren Mängelbegriff, als es verlangt, dass der Mangel in der Sache selbst wurzelt („*inhérent à la chose*"). Die Beeinträchtigung eines Gebrauchszwecks, die nicht auf die Sache selbst zurückzuführen ist, wie zum Beispiel die schlechte Vermietbarkeit der Limousinen aufgrund der Marktsituation, genügt nicht. Das schließt freilich nicht aus, dass französische Juristen in einer solchen Konstellation den Abschluss eines unabhängigen Garantievertrags sehen würden. Das setzt jedoch voraus, dass der Verkäufer für alle Folgen des Fehlens des Gebrauchszwecks verschuldensunabhängig einstehen will. Sicher ist daher die Annahme eines Garantievertrages nicht.

4. *Schweizer Recht*

Sachmängelgewährleistungsrechte bestehen nach Schweizer Recht, wenn die Kaufsache mangelhaft ist bzw. eine zugesicherte Eigenschaft fehlt. Die Lehre definiert einen Fehler allgemein als negative Abweichung der Ist-Beschaffenheit von der Soll-Beschaffenheit.[151]

Wie in den anderen Rechtsordnungen stellt sich auch im schweizerischen Recht die Frage, ob der Mangel in der Sache wurzeln muss oder eine Beeinträchtigung des Gebrauchszwecks durch eine mittelbare Umweltbeziehung genügt.

---

151 *Honsell*, OR BT, S. 80; Handkommentar zum Schweizer Privatrecht/*Müller-Chen*, Vertragsverhältnisse Teil 1, Art. 197 OR, Rn. 13; Basler Kommentar OR/*Honsell*, Art. 197, Rn. 2; *Keller/Siehr*, Kaufrecht, S. 76; Tercier/Favre/*Tercier/Favre/Zen-Ruffinen*, Contrats spéciaux, Rn. 724.

Grundsätzlich können die Mängel sowohl körperlicher wie öffentlich-rechtlicher Art sein, Art. 197 Abs. 1 OR. Darf beispielsweise eine Sache mangels Ursprungszeugnisses nicht exportiert werden oder ein Grundstück wegen baurechtlicher Beschränkungen nicht wie vorgesehen genutzt werden, unterliegt die Sache rechtlichen Beschränkungen.[152] Dagegen existiert ein Sachmangel körperlicher Art, wenn der Mangel an die körperliche Beschaffenheit der Sache anknüpft und deren technische, physikalische oder chemische Gestaltung, Zusammensetzung oder Herkunft betrifft.[153] Sowohl die Definition eines körperlichen Mangels als auch die eines rechtlichen Mangels stellen auf Eigenschaften ab, welche der Sache selbst inne wohnen, und die sich nicht erst aufgrund einer Beziehung zur Umwelt erweisen. Daraus kann gefolgert werden, dass zumindest ein implizites Erfordernis besteht, dass der Mangel der Sache unmittelbar anhaften muss.[154]

Ob dagegen rein wirtschaftliche Nachteile genügen, einen Mangel zu begründen, ist streitig.[155] Sie sind – wie im zuvor erwähnten Beispiel des Verkaufs der Limousinen zum Zwecke der Vermietung – dadurch charakterisiert, dass durch die Nutzung der Sache nicht die Erträge und Einkommen erzielt werden können, die ein Käufer normalerweise erwarten könnte.[156] Gegen die Berücksichtigung derartiger wirtschaftlicher Mängel spricht der Wortlaut des Art. 197 Abs. 1 OR, der „körperliche oder rechtliche Mängel" voraussetzt – Tatbestandsmerkmale,

---

152 Zu den Beispielen: Kren Kostkiewicz/Nobel/*Kren Kostkiewicz,* OR, Art. 197, Rn. 4; im Ergebnis auch: *Honsell,* OR BT, S. 81; Handkommentar zum Schweizer Privatrecht/*Müller-Chen,* Vertragsverhältnisse Teil 1, Art. 197 OR, Rn. 20; so auch: *Keller/Siehr,* Kaufrecht, S. 78.

153 BGE 91 II 344 (350): Zum Beispiel ein Konstruktionsfehler eines Automotors; Kren Kostkiewicz/Nobel/*Kren Kostkiewicz,* OR, Art. 197, Rn. 3; Handkommentar zum Schweizer Privatrecht/*Müller-Chen,* Vertragsverhältnisse Teil 1, Art. 197 OR, Rn. 20; auch genannt: „défaut matériel": Tercier/Favre/*Tercier/Favre/Zen-Ruffinen,* Contrats spéciaux, Rn. 738; *Keller/Siehr,* Kaufrecht, S. 77; Oster/Schönenberger/*Schönle/Higi,* ZGB, Art. 197 OR, Rn. 65.

154 Vgl. auch *Röthlisberger,* Zivilrechtliche Produktbeobachtungs-, Warn- und Rückrufpflichten der Hersteller, S. 171, der jedoch nur ein „Anhaften" voraussetzt und dies nicht weiter einschränkt.

155 *Schmid/Stöckli,* Schweizer Obligationenrecht BT, Rn. 334ff.; Bejahend: Basler Kommentar OR/*Honsell,* Art. 197, Rn. 2; *Keller/Siehr,* Kaufrecht, S. 78; *Voser/Boog,* RIW 2009, 126 (129); verneinend: Tercier/Favre/*Tercier/Favre/Zen-Ruffinen,* Contrats spéciaux, Rn. 740; Handkommentar zum Schweizer Privatrecht/*Müller-Chen,* Vertragsverhältnisse Teil 1, Art. 197 OR, Rn. 21; Haftung für Fehler wirtschaftlicher Art nur bei Zusicherung: BGE 107 II 419 (422); BGE 81 II 207 (209); BGer ZBGR 91/2010, S. 114 (115).

156 Tercier/Favre/*Tercier/Favere/Zen-Ruffinen,* Contrats spéciaux, Rn. 740.

unter die sich wirtschaftliche Mängel nur schwer subsumieren lassen, wenn die Formulierung überhaupt eine Abgrenzungswirkung entfalten soll. Vor allem aber verfügen die Parteien gerade im Schweizer Recht über die Freiheit, die wirtschaftlichen Gesichtspunkte als zugesicherte Eigenschaft i. S. d. Art. 197 Abs. 1 OR zu vereinbaren, um im Falle einer entsprechenden Abweichung der geleisteten von der geschuldeten Sache Ansprüche zu statuieren. Der Käufer ist also in diesen Fällen bei vorausschauender Vertragsgestaltung nicht rechtlos.

Die Sachmängelgewährleistungshaftung des Verkäufers tritt wie bereits angedeutet auch ein, wenn der Kaufsache eine zugesicherte Eigenschaft („*qualité promise*“[157]) fehlt, selbst wenn die Sache ansonsten mangelfrei ist, vgl. Art. 197 Abs. 1 OR. Der Begriff „Eigenschaft“ i. S. d. Art. 197 OR umfasst dabei alle Merkmale rechtlicher, körperlicher oder wirtschaftlicher Art[158], die den Wert oder die Gebrauchstauglichkeit der Kaufsache beeinflussen.[159] Wenn der Rolls Royce-Verkäufer also dem Käufer einen bestimmten Mietzinsertrag zugesichert hat, könnte dieser nach Schweizer Recht Sachmängelgewährleistungsrechte geltend machen.[160] Damit unterscheidet sich eine zusicherungsfähige Eigenschaft von einer mangelbegründenden Eigenschaft schon aufgrund ihrer größeren inhaltlichen Reichweite: Es taugen auch Merkmale, die der Sache nur mittelbar aufgrund ihrer Beziehung zur Umwelt anhaften, beispielsweise die Rendite (etwa der Mietzins der Luxuslimousinen, der Umsatz einer Gastwirtschaft oder eines sonstigen Gewerbebetriebs) als wirtschaftliche Eigenschaft einer Sache.[161]

Von zentraler Bedeutung ist dann natürlich die Frage, wann eine Eigenschaft als zugesichert gelten kann. Wegen der hiermit verbundenen scharfen Rechtsfolgen muss eine Zusicherung über eine bloß beiläufige Wissenserklärung

157 BGer, RVJ 2010, 292 (293).

158 BGE 87 II 244 (245); BGer, 8.2.2010, Nr. 4A 306/2009 zur Zusicherung von Umsatzzahlen; Handkommentar zum Schweizer Privatrecht/*Müller-Chen,* Vertragsverhältnisse Teil 1, Art. 197 OR, Rn. 14; Basler Kommentar OR/*Honsell,* Art. 197, Rn. 2.

159 BGer, RVJ 2010, 292 (293f.): Die Dichte eines Schwimmhallendaches ist keine zugesicherte Eigenschaft bei einer Schwimmhalle, welche lange leer und unbeheizt stand; BGer, 26.10.2009, Nr. 4A 237/2009; BGer, 5.1.2010, Nr. 4A 343/2009 zur Erschließung eines Grundstücks; Berner Kommentar/*Giger,* Art. 197 OR, Rn. 34; so auch *Keller/Siehr,* Kaufrecht, S. 73.

160 Allgemein BGE 81 II 207 (208f.).

161 BGE 87 II 244 (245); BGer, 8.2.2010, Nr. 4A 306/2009 zur Zusicherung von Umsatzzahlen; Handkommentar zum Schweizer Privatrecht/*Müller-Chen,* Vertragsverhältnisse Teil 1, Art. 197 OR, Rn. 14; Basler Kommentar OR/*Honsell,* Art. 197, Rn. 2.

hinaus gehen. Eine Zusicherung liegt jedenfalls vor, wenn der Verkäufer ausdrücklich oder konkludent[162], ernsthaft und verbindlich äußert, dass der Verkaufsgegenstand bestimmte, objektiv feststellbare Eigenschaften aufweise.[163] Dabei ist eine Zusicherung nicht mit einer selbständigen Garantie zu verwechseln. Bei dieser vereinbaren die Parteien den Eintritt eines bestimmten Erfolges, der über das Versprechen des Verkäufers, dass die Sache eine bestimmte Beschaffenheit habe, hinausgeht und außerhalb des Einflussbereichs des Verkäufers liegt.[164] Die Zusicherung einer Eigenschaft ist darüber hinaus strikt zu trennen von einer reklamehaften Anpreisung, an die sich der Verkäufer nicht gebunden fühlt, wenn der Käufer dies auch so verstehen musste.[165] Ebenso bedeutet eine einseitige Erklärung unter Vorbehalt keine Zusicherung.[166] Mit jener ist gemeint, dass eine Aussage mit dem Hinweis verknüpft wird, dass der Erklärende für die Richtigkeit dieser Aussage nicht einstehen wolle[167], beispielsweise mit der Formulierung „so wie ich weiß". In solchen Fällen ist die Aussage nicht verbindlich gemeint. Schließlich unterscheidet sich die Rechtsnatur der zugesicherten Eigenschaft von derjenigen der Vereinbarung eines Merkmals, das im Rahmen des subjektiven Mangelbegriffs relevant wird. Eine Beschaffenheit in diesem Sinne wird nämlich durch zwei übereinstimmende Willenserklärungen, also vertraglich, vereinbart. Die Zusicherung hingegen ist eine einseitige Wissenserklärung.[168] Fehlt der Sache eine zugesicherte Eigenschaft, so haftet der Verkäufer nicht aufgrund einer vertraglichen Vereinbarung, sondern gesetzlich wegen des Grundsatzes von

---

162 Handkommentar zum Schweizer Privatrecht/*Müller-Chen,* Vertragsverhältnisse Teil 1, Art. 197 OR, Rn. 14.

163 BGE 88 II 410 (416); BGer, 26.10.2009, Nr. 4A 237/2009; BGE 109 II 24 (24); BGE 104 II 265 (267f.) zur Erschlossenheit eines Grundstücks; Kren Kostkiewicz/Nobel/*Kren Kostkiewicz,* OR, Art. 197, Rn. 11; *Keller/Siehr,* Kaufrecht, S. 73f.

164 *Honsell,* OR BT, S. 87; Berner Kommentar/*Giger,* Art. 197 OR, Rn. 20; Handkommentar zum Schweizer Privatrecht/*Müller-Chen,* Vertragsverhältnisse Teil 1, Art. 197 OR, Rn. 18; Basler Kommentar OR/*Honsell,* Art. 197, Rn. 17; Kren Kostkiewicz/Nobel/*Kren Kostkiewicz,* OR, Art. 197, Rn. 14.

165 BGer, ZBGR 91/2010, S. 114 (115); *Honsell,* OR BT, S. 87; Berner Kommentar/*Giger,* Art. 197 OR, Rn. 15; Basler Kommentar OR/*Honsell,* Art. 197, Rn. 16.

166 Berner Kommentar/*Giger,* Art. 197 OR, Rn. 14.

167 Berner Kommentar/*Giger,* Art. 197 OR, Rn. 14.

168 Handkommentar zum Schweizer Privatrecht/*Müller-Chen,* Vertragsverhältnisse Teil 1, Art. 197 OR, Rn. 16; Basler Kommentar OR/*Honsell,* Art. 197, Rn. 14; *Keller/Siehr,* Kaufrecht, S. 74.

Treu und Glauben.[169] Die Einordnung als Wissenserklärung und die Ablehnung einer Willenserklärung ist indes nicht unumstritten.[170] Der praktische Vorteil an der Qualifikation als Wissenserklärung liegt darin, dass vertragliche Formvorschriften nicht eingehalten werden müssen, was den Parteien Zeit- und Kostenersparnis ermöglicht.[171]

Die Zusicherung der Eigenschaft muss kausal für den Kaufvertragsabschluss durch den Käufer sein,[172] was der Fall ist, wenn er andernfalls die Sache nicht oder nur zu veränderten Bedingungen gekauft hätte.[173] Indes wird nicht vorausgesetzt, dass durch das Fehlen der zugesicherten Eigenschaft der Wert oder die Tauglichkeit der Kaufsache zu seinem vorausgesetzten Gebrauch aufgehoben oder erheblich gemindert wird, wie es Art. 197 OR für den sonstigen Mängelbegriff vorschreibt.[174] Dies folgt aus der systematischen Anordnung der Wendung „ihren Wert oder ihre Tauglichkeit zu dem vorausgesetzten Gebrauche aufheben oder erheblich mindern" in Art. 197 Abs. 1 OR, die im Relativsatz nach dem Wort „Mängel" erscheint, so dass sich das Relativpronomen nur auf das vorhergehende, dem Genus entsprechende Substantiv beziehen kann. Außerdem ist eine i. d. S. zugesicherte Eigenschaft automatisch ein Merkmal, das den Wert oder die Gebrauchstauglichkeit der Sache für den Käufer beeinflusst. Fehlt also eine zugesicherte Eigenschaft, liegt stets ein Mangel vor.

Fehlt der Kaufsache die zugesicherte Eigenschaft, so stehen dem Käufer gegen den Verkäufer Sachmängelgewährleistungsrechte in gleichem Maße zu, wie wenn die Sache einen sonstigen Mangel aufgewiesen hätte. Anders als bei diesem schadet fahrlässige Unkenntnis vom Fehlen der zugesicherten Eigenschaft nicht, Art. 200 OR.

---

169 BGE 71 II 239 (241), 73 II 218 (220); BGE 88 II 410 (416); *Honsell,* OR BT, S. 86; Berner Kommentar/*Giger,* Art. 197 OR, Rn. 8; Basler Kommentar OR/*Honsell,* Art. 197, Rn. 14.

170 Für die Einordnung als Willenserklärung: Berner Kommentar/*Giger,* Art. 197 OR, Rn. 6; *Keller/Siehr,* Kaufrecht, S. 74.

171 *Honsell,* OR BT, S. 86; Berner Kommentar/*Giger,* Art. 197 OR, Rn. 20; Handkommentar zum Schweizer Privatrecht/*Müller-Chen,* Vertragsverhältnisse Teil 1, Art. 197 OR, Rn. 16; *Keller/Siehr,* Kaufrecht, S. 74.

172 Handkommentar zum Schweizer Privatrecht/*Müller-Chen,* Vertragsverhältnisse Teil 1, Art. 197 OR, Rn. 14, 17.

173 Handkommentar zum Schweizer Privatrecht/*Müller-Chen,* Vertragsverhältnisse Teil 1, Art. 197 OR, Rn. 17.

174 Handkommentar zum Schweizer Privatrecht/*Müller-Chen,* Vertragsverhältnisse Teil 1, Art. 197 OR, Rn. 15; Basler Kommentar OR/*Honsell,* Art. 197, Rn. 2, 18; *Honsell,* OR BT, S. 86.

Das Kriterium der zugesicherten Eigenschaft unterscheidet sich also im Wesentlichen in dreierlei Hinsicht von einem Mangel i. S. d. Art. 197 OR: Erstens ist der Begriff der zusicherbaren Eigenschaft weiter als derjenige der mängelbegründenden Eigenschaft i. S. d. Art. 197 Abs. 1 OR. Zweitens muss die Eigenschaft verbindlich zugesichert werden, was über eine bloße Vereinbarung hinausgeht. Drittens unterscheiden sich die Haftungsvoraussetzungen beim Fehlen einer zugesicherten Eigenschaft teilweise von denen bei einer mangelhaften Sache.

Auch wenn das Gesetz nur von einem „vorausgesetzten" Gebrauchszweck spricht, ist sich die Lehre einig, dass die Parteien diesen auch ausdrücklich oder konkludent vereinbaren können.[175] Da eine Parteivereinbarung im Lichte der Schutzwürdigkeit des Verkäufers stets mehr ist, als diesen nur einseitig von einer Käufererwartung in Kenntnis zu setzen, erscheint diese Antwort auch konsequent und unausweichlich.

Unklar bleibt allerdings, ob der Mangel auch rein objektiv nach dem gewöhnlichen Gebrauchszweck bestimmt werden kann. Gegen diesen Maßstab spricht auf den ersten Blick der scheinbar eindeutige Wortlaut des Art. 197 Abs. 1 OR, der einen „vorausgesetzten Gebrauch" vorsieht, was ein subjektives Element impliziert. So argumentierte auch eine ältere Auffassung im Schweizer Recht, die darauf verwies, dass das Wort „vorausgesetzt" auf einen Parteiwillen Bezug nehme,[176] so dass der objektiv bestimmte Gebrauchszweck irrelevant sein müsste. Überzeugen kann diese Ansicht jedoch nicht. Zum einen ist sie wenig praxisnah, weil unnötig kompliziert. Von den Parteien können nicht ohne Weiteres differenzierte Rechtskenntnisse erwartet werden, so dass sie sich vielfach nicht der Notwendigkeit bewusst sein werden, einen Gebrauchszweck zu vereinbaren. Angesichts der Vielzahl denkbarer Verwendungen einer Sache wäre es zudem unnötig belastend, gewissermaßen Kataloge von Verwendungszwecken zu vereinbaren, so dass entsprechende Verträge fast immer unvollständig wären. Derartige lückenhafte Vereinbarungen sollten daher durch einen objektiven Mangelbegriff ergänzt werden können.[177] Eine Orientierung am objektiven Gebrauchszweck

---

175 Handkommentar zum Schweizer Privatrecht/*Müller-Chen,* Vertragsverhältnisse Teil 1, Art. 197 OR, Rn. 27; *Keller/Siehr,* Kaufrecht, S. 76; *Schmid/Stöckli,* Schweizer Obligationenrecht BT, Rn. 331: „Als vertraglich versprochen gelten".

176 *Bucher,* OR BT, S. 90; so auch noch Tercier/Favre/*Tercier/Favre/Zen-Ruffinen,* Contrats spéciaux, Rn. 726: „Le défaut dépend exclusivement du contrat".

177 BGE 26 II 739 (746f.); BGE 116 II 431 (434f.); HG Kanton Aargau, SJZ 61 [1965], S. 327 Nr. 151; Handkommentar zum Schweizer Privatrecht/*Müller-Chen,* Vertragsverhältnisse Teil 1, Art. 197 OR, Rn. 27; *Keller/Siehr,* Kaufrecht, S. 76; Basler

sprengt zum zweiten auch nicht das System, weil er als subjektiv festgelegter Gebrauchszweck der Mehrheit der durchschnittlichen Rechtsanwender begriffen werden kann – die Grenzen zwischen objektivem und subjektivem Maßstab sind an dieser Stelle dann ohnehin fließend –, so dass die subjektive Komponente erhalten bleibt. Ein weiteres Argument liefert zum dritten die rechtsvergleichende Auslegung: Das deutsche Sachmängelgewährleistungsrecht ähnelte vor der Schuldrechtsreform stark dem Schweizer Recht (insbesondere durch die Unterteilung der Mängel in Fehler und zugesicherte Eigenschaften nach § 459 BGB a.F. und der allgemeinen Orientierung an den ädilizischen Rechtsbehelfen des römischen Rechts) und es war unbestritten, dass bei fehlender Sollbeschaffenheitsvereinbarung diese auch objektiv bestimmt werden konnte.[178] Vereinzelt wurde sogar gefordert, die Sollbeschaffenheit ausschließlich objektiv zu bestimmen.[179] Selbst wenn man der rechtsvergleichenden Auslegung generell skeptisch gegenüber steht,[180] erscheint sie in dieser besonderen Konstellation doch legitim. Das deutsche Recht beruhte bis zur Schuldrechtsreform auf sehr ähnlichen römisch-rechtlichen Grundlagen wie das Schweizer Recht und ist wegen seiner größere Fülle an kritischen Fällen und des intensiven deutsch-schweizerischen Rechtsdialogs oft ein Vorbild für das Schweizer Recht gewesen und kann in seine Auslegung einbezogen werden. Selbst wenn deutsche Rechtsmaßstäbe in der Schweiz nicht verbindlich sind, ist doch in Theorie und Praxis unverkennbar, dass schweizerische Juristen deutsches Recht in Rechtsgebieten mit gemeinsamer Tradition zur Kenntnis nehmen.

Neben subjektiver und objektiver Definition der Sollbeschaffenheit kommt schließlich auch die Orientierung an einem vom Käufer erkennbar verfolgten Gebrauchszweck in Betracht. Nach der Formulierung des Gesetzes ist ein solches Kriterium ohne Weiteres relevant, denn es genügt, dass eine Partei einen Gebrauchszweck voraussetzt („vorausgesetzter Gebrauch“, Art. 197 OR). Wie das Wort „voraussetzen“ bereits nahe legt, müssen die Parteien den unüblichen Gebrauchszweck nicht rechtsgeschäftlich vereinbaren. Es genügt vielmehr, dass der Käufer einseitig dem Verkäufer den Gebrauchszweck bei Vertragsschluss mitteilt

Kommentar OR/*Honsell*, Art. 197, Rn. 2; Berner Kommentar/*Giger*, Art. 197 OR, Rn. 70; Oser/Schönenberger/*Schönle/Higi*, ZGB, Art. 197 OR, Rn. 63.

178 *Larenz*, Schuldrecht BT II/1, § 41 I, S. 39 (gewöhnlicher Zweck).

179 RGZ 97, 351; *Knöpfle*, JuS 1988, 767; *Knöpfle*, NJW 1987, 801; *Knöpfle*, *AcP* 180 (1980), 462.

180 Zum Für und Wider insb. *Zweigert/Kötz*, Einführung in die Rechtsvergleichung, S. 16ff.

und der Verkäufer dies zur Kenntnis nimmt.[181] Im Ergebnis ist deshalb sowohl aufgrund autonom-schweizerischer als auch rechtsvergleichender Auslegung festzuhalten, dass der Mangel im schweizerischen Recht an einem objektiven, subjektiven und dem erkennbar von Käuferseite verfolgten Gebrauchszweck gemessen werden kann.

Zusammenfassend verlangt das schweizerische Recht für die Annahme einer Vertragswidrigkeit bzw. eines Mangels also ein physisches oder rechtliches Defizit der Kaufsache, das grundsätzlich in dieser selbst wurzeln muss. Ein Mangel ergibt sich nicht aus einer Umweltbeziehung zur Sache ohne eine Ursache in der Sache selbst zu haben (Kategorie 3). Freilich wird dies zumindest teilweise dadurch ausgeglichen, dass das Schweizer Recht die Möglichkeit der Zusicherung einer Eigenschaft vorsieht, die auch derartige Konstellationen erfassen kann. Die Sollbeschaffenheit wird nach schweizerischem Recht subjektiv, objektiv oder nach dem von den Parteien vorausgesetzten, also nach einem für den Verkäufer erkennbaren, vom Käufer verfolgten Verwendungszweck, bestimmt. Die Unterschiede der untersuchten vier Rechtsordnungen dürften in der Frage des Begriffs der Vertragswidrigkeit in der Praxis also eher marginal ausfallen.

II. Identitäts- und Quantitätsabweichung

Aus dem römischen Recht stammt die Unterscheidung zwischen einer Anderslieferung (aliud) und einer Schlechtlieferung (peius). Je nachdem, welche Fallgruppe betroffen ist, treten nach manchen Rechtsordnungen, die diese römisch-rechtliche Unterscheidung rezipiert haben, unterschiedliche Rechtsfolgen ein. So bestanden etwa im deutschen Recht bis zur Schuldrechtsreform bei einer Aliud-Lieferung Ansprüche wegen Nichterfüllung und bei einer Peius-Lieferung Sachmängelgewährleistungsansprüche.

Folgender Einführungsfall: Ein Schweizer kauft von einem deutschen Unternehmen einen neu hergestellten Hubstapler des Typs TCM mit einem „Wandler" (Automatikgetriebe). Der Hubstapler ist eine Gattungssache. Tatsächlich wird ihm ein Hubstapler mit Handschaltgetriebe geliefert.[182] Liegt eine Aliud-Leistung vor oder ist der geleistete Hubstapler zwar der geschuldete, aber ein fehlerhafter Hubstapler?

---

181 *Keller/Siehr,* Kaufrecht, S. 76; *Chaix,* Journal des tribunaux 1, Droit fédéral 2009, 4 (8f.): Bruttogeschossfläche als vereinbarter Vertragsinhalt; Oser/Schönenberger/*Schönle/Higi,* ZGB, Art. 197 OR, Rn. 66.

182 Nach BGE 121 III 453.

Da solche Ansprüche sich in Voraussetzungen und Rechtsfolgen unterscheiden, ist es für die Kaufvertragsparteien von nicht zu unterschätzender Bedeutung, ob die von ihnen gewählte Rechtsordnung diese Differenzierung vornimmt oder darauf verzichtet. Dieser Unterschied ist also keineswegs nur akademischer Natur. Das besondere Problem liegt darin, dass in der Praxis oftmals nicht leicht zu entscheiden ist, ob die geleistete Sache eine andere Leistung als die geschuldete darstellt oder sie dem Grunde nach zwar die geschuldete, jedoch mit Mängeln behaftete Leistung ist. Bestehen im Hinblick auf den Hubstapler in obigem Beispiel also Nichterfüllungs- oder Gewährleistungsansprüche, wenn die hier anwendbare Rechtsordnung entsprechend differenziert?

Besonders umstritten sind die rechtliche Einordnung und die Rechtsfolgen bei einer Speziessache. Hierzu ein weiterer Beispielsfall: Ein Schweizer kauft von einem Franzosen das Gemälde „Selbstporträt des Malers van Gogh", um es in seiner Galerie weiterzuverkaufen. Tatsächlich stammt das Gemälde jedoch nicht aus der Hand van Goghs, sondern einer Pariser Malerin.[183]

Kann es bei einer Speziesschuld überhaupt eine mangelhafte Leistung geben? Oder handelt es sich nicht stets um eine andere Leistung? Letztlich ist die Einordnung vermutlich oft rechtspolitisch motiviert, um bestimmte erwünschte Rechtsfolgen zu erzielen.

1. UN-Kaufrecht

a) Identitätsabweichung

Die Pflicht des Verkäufers zur Lieferung einer Ware, die der Art nach dem Vertrag enspricht, ergibt sich aus Art. 35 Abs. 1 CISG. Für die Parteien erübrigt sich bei Geltung des UN-Kaufrechts die Unterscheidung zwischen einer Aliud- und Peius-Leistung für Gattungs- und Speziesschulden. Art. 35 Abs. 1 CISG definiert beide Typen der Abweichung als vertragswidrig und ordnet die gleichen Rechtsfolgen an,[184] ohne zwischen Gattung und Spezies zu unterscheiden, da das UN-Kaufrecht die Begriffe Gattungsschuld und Stückschuld nicht kennt.[185]

183 Nach BGE 82 II 411.

184 BGH, 3.4.1996, CISG-Online (CH) Nr. 135; *Piltz*, Int. Kaufrecht, Rn. 4–34; *Verweyen/Foerster/Toufar*, Int. Warenkauf, S. 134; Staudinger/*Magnus*, BGB, Art. 35 CISG, Rn. 9.

185 Schlechtriem/Schwenzer/*Schwenzer*, UN-Kaufrecht, Art. 35, Rn. 10 m.w.N; Staudinger/*Magnus*, BGB, Art. 1 CISG, Rn. 28; im Ergebnis ebenso Soergel/*Lüderitz/Schüßler-Langeheine*, BGB, Art. 35 CISG, Rn. 6.

Im Falle des van Gogh'schen Selbstporträts liegt bei Geltung des UN-Kaufrechts rechtlich eine Schlechtlieferung, nicht aber eine Anderslieferung vor, so dass die üblichen Gewährleistungsansprüche entstehen. Obwohl van Gogh nicht Urheber des Selbstporträts war, handelt es sich rechtlich gewissermaßen um einen „schlechten van Gogh", nicht etwas völlig anderes. Leistet der Verkäufer zum Beispiel eine Ware, die in der Farbe von der bestellten abweicht, dann liegt darin ebenfalls eine nicht vertragsgemäße Leistung i.S.d. Art. 35 CISG, so dass Gewährleistungsansprüche entstehen.[186]

Selbst bei einer krassen und offensichtlichen Artabweichung (z. B. Lieferung von Äpfeln statt Tomaten) handelt es sich um eine Vertragswidrigkeit i.S.d. Art. 35 CISG, die dem Käufer Sachmängelgewährleistungsrechte, nicht aber Nichterfüllungsansprüche eröffnet.[187] Sachmängelgewährleistungsansprüche können für den Käufer im Falle einer wesentlichen Vertragsverletzung insofern vorteilhafter sein als die Nichtleistungsregeln, als der Käufer sofort den Vertrag aufheben darf, ohne eine Nachfrist setzen zu müssen (vgl. Art. 49 Abs. 1 lit. a), b) CISG), auch wenn er dann einer Rügeobliegenheit unterliegt.[188] Diese Beurteilung ist allerdings nicht ganz unumstritten. Es gibt Stimmen, die aus Gerechtigkeitsgründen bei krassen Artabweichungen die Nichtleistungsregeln anwenden wollen, damit der Käufer nicht mit einer wegen der Evidenz der Vertragswidrigkeit angeblich überflüssigen Rügeobliegenheit belastet wird.[189] Diese Bedenken greifen jedoch nicht durch. Zum einen ist der Käufer ausreichend über Art. 40 CISG geschützt, sollte er die Rüge unterlassen, weil er irrig davon ausgeht, dass eine krasse Aliud-Leistung eine Nichtleistung, und nicht eine nichtvertragsgemäße Leistung darstelle und somit keine Rügeobliegenheit auslöse.[190] Angesichts des klaren Wortlauts des Art. 35 Abs. 1 CISG wird dies ohnehin in der Praxis nicht oft passieren. Mehr noch, eine andere Bewertung als in Art. 35 Abs. 1 CISG vorgesehen würde aufgrund dessen ausdrücklicher Anordnung erst Recht Rechtsunsicherheit erzeugen und dem Willen der Verfasser des UN-Kaufrechts

---

186 OLG Düsseldorf, NJW-RR 1994, 506 (506).

187 BGH, 3.4.1996, CISG-Online (CH) Nr. 135; OLG Stuttgart, 12.3.2001, CISG-Online (CH) Nr. 841; *Schlechtriem,* Int. UN-Kaufrecht, Rn. 134; Schlechtriem/Schwenzer/*Schwenzer,* UN-Kaufrecht, Art. 35, Rn. 10; *Benicke,* IPRax 1997, 326 (328); *Karollus,* JZ 1997, 38 (38); zu Art. 35 CISG: *Diedrich,* RIW 1995, 11 (12).

188 Zur Vertragsaufhebung wegen nicht vertragsgemäßer Leistung, vgl. 3. Kapitel B. I.

189 Nachweise bei Staudinger/*Magnus,* BGB, Art. 35 CISG, Rn. 9; *Neumayer/Ming,* Convention de Vienne, Art. 35, Rn. 1.

190 *Karollus,* UN-Kaufrecht, S. 105f.

widersprechen.[191] Schließlich ist es auch sachgerecht, dem Käufer bei einer krassen Artabweichung eine Rügeobliegenheit aufzuerlegen,[192] da man sich über diese Einschätzung streiten kann und der Käufer keinen Vorwand haben soll (angeblich krasse Artabweichung), sich seiner Rügeobliegenheit zu entziehen.

b) Quantitätsabweichung

Grundsätzlich schadet jede Abweichung von der mengenmäßig geschuldeten Leistung, d. h. sowohl eine Zuviel-Leistung als auch eine Zuwenig-Leistung, dem Verkäufer, sofern er mit Erfüllungswillen an den Käufer leistet und damit zum Ausdruck bringt, dass die Leistung – aus seiner Sicht – vertragsgemäß ist und zur Erfüllung taugt.[193] Sie wird von Gesetzes wegen als eine nicht vertragsgemäße Leistung eingeordnet, Art. 35 Abs. 1 CISG[194], es sei denn, die Abweichung ist so gering, dass sie noch als handelsüblich und damit vertragsgemäß gilt.[195] Als handelsüblich ist zum Beispiel eine Mengenabweichung von ca. 5% im Getreidehandel anzusehen.[196]

Im Falle einer Zuviel-Leistung sind nicht vertragsgemäß erbrachte Leistungen entsprechend den Regeln über die Vertragsaufhebung herauszugeben, Artt. 81 Abs. 2, 7 Abs. 2 1. Alt. CISG. Würde die Zuviel-Leistung nicht als eine nicht vertragsgemäße Leistung, sondern als bloße nicht geschuldete Leistung gewertet werden, so wäre für die Parteien nicht vorsehbar, welchem Recht der Herausgabeanspruch unterfällt. Gleichgültig ob er vindikatorischer oder bereicherungsrechtlicher Natur ist: Beide Rechtsinstitute sind vom sachlichen Anwendungsbereich des UN-Kaufrechts ausgeschlossen, vgl. Art. 4 CISG, so dass die Lücke über die oft schwer kalkulierbare Vorschrift des Art. 7 Abs. 2 2. Alt. CISG geschlossen werden müsste. Die entsprechende Anwendung des Art. 81 CISG trägt damit zu größerer Rechtssicherheit bei.

---

191 Honsell/*Magnus,* UN-Kaufrecht, Art. 35, Rn. 6; *Conrads/Schade,* Int. Wirtschaftsprivatrecht, Art. 35, Rn. 3.2.2.10.1; Staudinger/*Magnus,* BGB, Art. 35 CISG, Rn. 9; Schlechtriem/Schwenzer/*Schwenzer,* UN-Kaufrecht, Art. 35, Rn. 10; *Piltz,* Int. Kaufrecht, Rn. 4–34.

192 *Karollus,* UN-Kaufrecht, S. 106.

193 *Piltz,* Int. Kaufrecht, Rn. 4–35, 4–60, 5–31; Schlechtriem/Schwenzer/*Schwenzer,* UN-Kaufrecht, Art. 35, Rn. 8.

194 Honsell/*Magnus,* UN-Kaufrecht, Art. 35, Rn. 5; Staudinger/*Magnus,* BGB, Art. 35 CISG, Rn. 9; v. Caemmerer/Schlechtriem/*Schwenzer,* UN-Kaufrecht, Art. 35, Rn. 8.

195 Schlechtriem/Schwenzer/*Schwenzer,* UN-Kaufrecht, Art. 35, Rn. 8.

196 *Hutter,* Haftung des Verkäufers für Nichtlieferung bzw. Lieferung vertragswidriger Ware nach Wiener UNICITRAL-Übereinkommen, S. 31.

2. *Deutsches Recht*

a) Identitätsabweichung

Nicht anders als im UN-Kaufrecht wird der Fall der Identitätsabweichung nunmehr im deutschen Recht gehandhabt. Leistet der Verkäufer eine andere als die nach individuellen (dann Stückschuld) oder allgemeinen Kriterien (natürliche, technische oder wirtschaftliche Eigenschaften wie z.B. Sorte, Type, Serie; dann Gattungsschuld) bestimmte vertragsgemäße Sache, liegt eine Identitätsabweichung vor, die gem. § 434 Abs. 3 BGB als mangelhaft eingeordnet wird, sofern der Verkäufer mit für den Käufer erkennbarem Erfüllungswillen leistete.[197] Ohne diesen Erfüllungswillen liegt eine Nichtleistung vor.

Im deutschen Recht beschäftigten vor Einführung des § 434 Abs. 3 BGB im Jahre 2002 viele Abgrenzungsschwierigkeiten zwischen einer Aliud- und einer Peius-Leistung die Gerichte. Seit der Reform bleiben diese den Parteien aufgrund der ausdrücklichen gesetzlichen Regelung des § 434 Abs. 3 BGB (parallel zu Art. 35 Abs. 1 CISG) erspart. Oft war es schwierig, zu beurteilen, wann durch die von der Spezifikation abweichende Lieferung die Grenze von einer „schlechten" zu einer „anderen" Sache überschritten war. Maßgebliche Kriterien dafür waren der dem Verkäufer bekannte Verwendungszweck und der durch die Verkehrsanschauung bestimmte objektive Gebrauchsbegriff.[198] Beispielsweise wurde eine Alarmglasscheibe als mangelhafte und nicht als Aliud-Leistung gewertet, wenn die Alarmspinne an einer anderen als der bestellten Stelle angebracht wurde. Wo die Alarmspinne im Einzelfall auf der Alarmglasscheibe angebracht wird, ist nämlich nur eine Besonderheit der konkreten Verwendung (Verdeckung durch den Vorhang gewünscht oder nicht); dieser Ort ändert jedoch nichts am gewöhnlichen Verwendungszweck aller Alarmglasscheiben, welche insbesondere in Form und Material identisch sind.[199] In diesem Sinne urteilte auch der BGH, der anders als das Berufungsgericht davon ausging, dass Sommerweizen eine andere Ware als Winterweizen sei, weil Winterweizen im Frühjahr zur Aussaat ungeeignet ist,[200] oder das LG Osnabrück, das entschied, dass eine Stahlwelle mit 60 mm statt wie vertraglich vereinbart 70 mm Durchmesser

---

197 Zur Definition von Stückschuld und Gattungsschuld: Nomos Kommentar BGB/*Saenger*, § 433, Rn. 5; Jauernig/*Berger*, BGB, § 243, Rn. 3; Staudinger/*Schiemann*, BGB, § 243, Rn. 6; zum Erfüllungswillen: Baumbach/Hopt/*Hopt*, HGB, § 377, Rn. 16; Münchener Kommentar BGB/*Harm Peter Westermann*, § 434, Rn. 45; *St. Lorenz*, JuS 2003, 36 (37).

198 BGH, NJW 1978, 2394 (2394).

199 OLG Hamm, NJW-RR 1992, 1012 (1013).

200 BGH, NJW 1968, 640 (640).

keine andere Gattung von Stahlwellen war, da diese in Form und Material identisch zu der versprochenen Leistung ist und gleichermaßen verwendbar war.[201] Verkauft ein Händler einen Wein als Auslese und liefert er einen Wein, der Glycol enthielt, so werde eine andere Gattung geleistet als die geschuldete Auslese. Eine Auslese zeichne sich daraus aus, dass sie bereits ohne den Zusatz von Glycol auf natürliche Weise ausreichend zuckerfreie Extraktwerte beinhalte. Müssten diese erst durch menschliche Hand hinzugefügt werden, um die Qualitätsstufe der Auslese zu erreichen, so fehle diesem Wein das Merkmal, das ihn als Auslese qualifiziere.[202] Erwirbt jemand Schrott und vereinbaren die Parteien, dass dieser nicht inländischer Herkunft sein dürfe, da der Käufer mit Kenntnis des Verkäufers nur mit (steuerlich anders klassifiziertem) Einfuhrschrott handelt, bedeutet die Lieferung von Inlandsschrott ein aliud, da der Käufer ihn nicht verwenden kann.[203] Die Brisanz der Einordnung erwies sich allem voran bei den Verjährungsregeln, die nicht selten die Entscheidung in Wirklichkeit ergebnisorientiert maßgeblich beeinflusst haben dürften: Gewährleistungsrechte verjährten in sechs Monaten (§ 477 a.F. BGB), Ansprüche wegen Nichterfüllung in 30 Jahren (§ 195 a.F. BGB).[204]

§ 434 Abs. 3 BGB hat nun weitgehend Rechtssicherheit geschaffen, wenngleich die Regelung für Stückschulden nicht frei von Kritik bleibt. Unter Berufung auf die vorreformatorische rechtliche Wertung plädieren auch heute noch einige Stimmen in der Literatur dafür, das Identitätsaliud einer Stückschuld im Wege einer teleologischen Reduktion aus dem Anwendungsbereich des § 434 Abs. 3 BGB zu nehmen.[205] Ein nicht von van Gogh gemaltes, aber ihm zugeschriebenes Bild ist danach eben kein „schlechter van Gogh", sondern gar „kein van Gogh". Die Folge dieser Auffassung wäre, dass der Käufer einen allgemeinen Erfüllungsanspruch nach § 433 Abs. 1 S. 1 BGB hätte, weil der Verkäufer gar nicht erfüllte. Sicherlich ist es auf den ersten Blick befremdlich, wenn rechtlich gesehen „Enten fehlerhafte Gänse" sind.[206] Allerdings muss sich das Recht

---

201 LG Osnabrück, NJW-RR 1991, 181 (182).

202 BGH, NJW 1989, 218 (218f.).

203 BGH, NJW 1969, 787 (788).

204 *Looschelders*, Schuldrecht BT, Rn. 67.

205 Nomos Kommentar BGB/*Saenger*, § 434 Rn. 20; *Canaris*, Schuldrechtsmodernisierung 2002, Einführung, S. XXIII; *Lettl*, JuS 2002, 866, (871); *Grigoleit/Riehm*, ZGS 2002, 115 (115ff.); *Thier*, AcP 203 (2003), 399 (403); *Looschelders*, Schuldrecht BT, Rn. 71; Münchener Kommentar BGB/*Harm Peter Westermann*, § 434, Rn. 45; *G. Schulze*, NJW 2003, 1022 (1022f.).

206 *St. Lorenz*, JuS 2003, 36 (37).

nicht zwingend gewissermaßen an „natürlicher“ Anschauung orientieren. Die herrschende Auffassung wendet § 434 Abs. 3 BGB daher auch auf ein Identitätsaliud beim Stückkauf an.[207] Dafür spricht vor allem der durch die Schuldrechtsreform 2002 geschaffene § 434 Abs. 3 BGB in seiner grammatikalischen, historischen und teleologischen Auslegung. Der Wortlaut des § 434 Abs. 3 BGB lässt eine Differenzierung zwischen einer Stückschuld und einer Gattungsschuld nicht erkennen, denn es war der ausdrückliche Wille des Gesetzgebers, im Rahmen der kaufrechtlichen Sachmängelgewährleistung nicht mehr zwischen einer Stück- und einer Gattungsschuld zu trennen,[208] um die geschilderten unnötigen Abgrenzungsschwierigkeiten zu vermeiden. Auch die richtlinienkonforme Auslegung spricht für die Einordnung des Identitätsaliuds beim Stückkauf als Schlechtleistung.[209] Art. 3 Abs. 3 Verbrauchsgüterkaufrichtlinie[210] setzt eine Nacherfüllung beim Stückkauf voraus, die nur bei Schlecht-, nicht aber bei Nichtleistungen denkbar ist. Weiter stimmt die Einordnung des Identitätsaliuds beim Stückkauf als Schlechtleistung mit Art. 35 CISG überein, der Vorbild für die Neugestaltung der §§ 434ff. BGB war.[211] Insgesamt ist es darum überzeugender, das Identitätsaliud auch beim Stückkauf als Mangel einzuordnen.

Damit ist das deutsche Recht in dieser Hinsicht mit dem UN-Kaufrecht kongruent. Das gilt selbst im Falle einer krassen Falschlieferung, auf die § 434 Abs. 3 BGB ebenfalls anwendbar ist. Mit den gleichen Argumenten wie im UN-Kaufrecht sind auch im deutschen Recht abweichende Ansichten zurückzuweisen, die eine Nichtleistung annehmen wollen, wenn der Verkäufer ein Fahrrad liefert, obwohl ein Kfz geschuldet ist.[212] Denn die Einordnung als Mangel gereicht dem Käufer nicht zum Nachteil: Eine krasse Aliud-Lieferung kann vom Käufer

---

207 Staudinger/*Matusche-Beckmann*, BGB, § 434, Rn. 115; *Wiese*, AcP 206 (2006), 902 (909); *Oetker/Maultzsch*, Vertragliche Schuldverhältnisse, § 2, Rn. 159; Palandt/*Weidenkaff*, BGB, § 434, Rn. 52a; *Musielak*, NJW 2003, 89 (89ff.); offen lassend: OLG Frankfurt, NJW-RR 2007, 1423 (1424).

208 Staudinger/*Otto/Schwarze*, BGB, § 281, Rn. A 30; Staudinger/*Matusche-Beckmann*, BGB, § 434, Rn. 147.

209 Staudinger/*Otto/Schwarze*, BGB § 281, Rn. A 30; Staudinger/*Matusche-Beckmann*, BGB, § 434, Rn. 147.

210 Richtlinie 1999/44/EG des Europäischen Parlaments und des Rates vom 25. Mai 1999 zu bestimmten Aspekten des Verbrauchsgüterkaufs und der Garantien für Verbrauchsgüter.

211 Staudinger/*Otto/Schwarze*, BGB, § 281, Rn. A 30; Nomos Kommentar BGB/*Saenger*, Vor §§ 433–480, Rn. 2.

212 *Medicus/Petersen*, Bürgerliches Recht, Rn. 288.

problemlos erkannt und gerügt werden.[213] Für eine derartige Unterscheidung findet sich zudem weder ein Anhaltspunkt im Gesetz noch in den Überlegungen des Gesetzgebers, der die komplette Gleichstellung bewusst vorgenommen hat.[214]

§ 434 Abs. 3 BGB umfasst bei wortlautgetreuer Auslegung auch die Lieferung eines wertvolleren aliuds.[215] Allerdings lässt sich hiergegen einwenden, dass die Rechtsfolgen nicht recht passen, weil ausnahmsweise der Verkäufer und nicht der Käufer an einer Rückabwicklung interessiert sein wird. Der Käufer hat infolge der Mangelhaftigkeit zwar Gewährleistungsansprüche, die er bei einem wertvolleren aliud aber nicht geltend machen muss oder wird,[216] während der Verkäufer an sich keine Handhabe für eine Rückabwicklung hat. Auch der Kaufpreis kann nicht von Gesetzes wegen angepasst werden, sondern nur im Wege einer Parteivereinbarung geändert werden,[217] auf die sich der Käufer aber nicht einlassen muss. Es bleibt dem Verkäufer nur eine Kondiktion unter der Voraussetzung, dass er seine Tilgungsbestimmung anficht, durch welche die kaufvertragliche Leistungsverpflichtung zum Rechtsgrund i.S.d. § 812 Abs. 1 BGB wird. Damit entfällt nach Anfechtung der Rechtsgrund, ohne dass die Mängelrechte umgangen werden.[218] Eine gewisse Künstlichkeit wird man dieser Konstruktion allerdings nicht absprechen können.

b) Quantitätsabweichung

(1) Zuviel-Leistung

Anders als im UN-Kaufrecht ist eine Zuviel-Lieferung kein Mangel i.S.d. § 434 BGB.[219] Sofern die Parteien nicht nachträglich einen Vertrag bezüglich der Übermenge schließen, ist sie nach Bereicherungsrecht herauszugeben.[220] Für den Käufer bringt diese Einordnung im Vergleich zum UN-Kaufrecht den Vorteil, dass sich der Käufer im deutschen Recht regelmäßig auf Entreicherung berufen kann, § 818 Abs. 3 BGB, mit der Konsequenz, dass er keinen Wertersatz leisten muss, wenn er nicht mehr bereichert ist. Im UN-Kaufrecht hat er hingegen stets

---

213 Münchener Kommentar HGB/*Grunewald,* § 377, Rn. 54.

214 *Looschelders,* Schuldrecht BT, Rn. 72.

215 *Looschelders,* Schuldrecht BT, Rn. 74; Münchener Kommentar BGB/*Harm Peter Westermann,* § 434, Rn. 47.

216 Münchener Kommentar BGB/*Harm Peter Westermann,* § 434, Rn. 47.

217 Münchener Kommentar BGB/*Harm Peter Westermann,* § 434, Rn. 47.

218 Münchener Kommentar BGB/*Harm Peter Westermann,* § 434, Rn. 47.

219 Haag/Löffler/*Stadie,* Handelsrecht, § 377, Rn. 10; *Looschelders,* Schuldrecht BT, Rn. 77; Nomos Kommentar BGB/*Saenger,* § 434, Rn. 22.

220 Nomos Kommentar BGB/*Saenger,* § 434, Rn. 22.

die ihm verbliebenen Vorteile zurückzugewähren hat, Artt. 81 Abs. 2, 84 Abs. 2 1. Alt. CISG, 7 Abs. 2 CISG, wenn die Kaufsache wesentlich verändert wurde. Eine Befreiung von der Pflicht zur Herausgabe der Vorteile ist im UN-Kaufrecht nicht vorgesehen.

Dennoch gibt es in der Literatur Stimmen, die eine Zuviel-Leistung als Mangel qualifizieren wollen. Hintergrund ist, dass das UN-Kaufrecht Vorbild war für die Verbrauchsgüterkaufrichtlinie, die wiederum dem § 434 BGB zu Grunde liegt.[221] Dem ist jedoch zu entgegnen, dass zum einen die Richtlinie trotz ihrer Orientierung am UN-Kaufrecht autonom auszulegen ist und zum anderen die Grundsätze über die Pflicht zur Rückgabe unbestellter Ware teleologisch besser passen als die Regeln der Nacherfüllung.[222]

(2) Zuwenig-Leistung

Die Zuwenig-Leistung wird im deutschen Recht wie im UN-Kaufrecht behandelt. Jede Zuwenig-Leistung, die der Verkäufer mit Erfüllungswillen erbrachte und für den Käufer auch erkennbar war, wird hingegen von Gesetzes wegen einer mangelhaften Leistung gleichgestellt, § 434 Abs. 3 BGB. Das gilt auch dann, wenn es sich tatsächlich um eine quantitative Teilleistung handelt (sog. verdeckte Minderlieferung,[223] auch versteckte Zuwenig-Lieferung[224] oder verdeckte Manko-Lieferung[225] genannt).[226] Im Umkehrschluss ist – wie auch im UN-Kaufrecht – die Zuwenig-Leistung keine mangelhafte Sache, wenn für den Käufer offensichtlich ist, dass der Verkäufer nicht mit Erfüllungswillen leistete, sondern nur eine Teilleistung (§ 266 BGB) erbringen wollte, sog. „offene Mankolieferung".[227] Für Käufer wie Verkäufer hat die Gleichstellung den Vorteil, dass sie der zum Teil schwierigen Abgrenzung zwischen einer Teilnichtleistung und einer Schlechtleistung entgehen. Ob also eine Beschaffenheitsabweichung vorliegt, weil der gekaufte PKW nicht über das versprochene eingebaute Navigationsgerät verfügt oder nur eine

221 *Pfeiffer,* ZGS 2002, 138 (138ff.); Staudinger/*Matusche-Beckmann,* BGB, § 434, Rn. 153; Nomos Kommentar BGB/*Saenger,* Vor §§ 433–480, Rn. 2; *Harm Peter Westermann,* NJW 2002, 241 (241ff.).

222 Staudinger/*Matusche-Beckmann,* BGB, § 434, Rn. 153.

223 *Looschelders,* Schuldrecht BT, Rn. 76.

224 *Brox/Walker,* Bes. Schuldrecht, § 4, Rn. 26.

225 Münchener Kommentar BGB/*Harm Peter Westermann,* § 434, Rn. 48.

226 AG Hannover, BeckRS 2010, 12681; LG Berlin, BeckRS 2009, 16921; Baumbach/Hopt/*Hopt,* HGB, § 377, Rn. 18; Staudinger/*Otto/Schwarze,* BGB, § 323, Rn. C 6.

227 LG Berlin, BeckRS 2009, 16921; *Medicus/Lorenz,* Schuldrecht BT, Rn. 99f.; *Brox/Walker,* Bes. Schuldrecht, § 4, Rn. 26; Münchener Kommentar BGB/*Harm Peter Westermann,* BGB, § 434, Rn. 48; *Looschelders,* Schuldrecht BT, Rn. 76.

Teilleistung vorliegt, weil das Ersatzrad fehlt, braucht angesichts des § 434 Abs. 3 BGB nicht mehr entschieden zu werden.[228]

3. *Französisches Recht*

a) Identitätsabweichung

Das französische Recht kennt keine Gleichstellung zwischen einer Aliud- und Peius-Leistung wie das UN-Kaufrecht und das deutsche Recht. Erbringt der Verkäufer eine Leistung, die nicht der vertraglich geschuldeten Leistung entspricht, weil sie in ihren wesentlichen Eigenschaften oder ihrer Natur abweicht, hat er nicht erfüllt.[229] Die allgemeinen Regeln der Nichterfüllung sind anzuwenden (Artt. 1610f. iVm 1146, 1184 CC).[230] Anders als in den anderen beiden genannten Rechtsordnungen wird hier noch eine genaue Differenzierung verlangt. Bei einer Stückschuld („*corps certain*[231] bzw. „*chose déterminée*“[232]) ist in der Praxis leicht feststellbar, ob die geleistete Sache mit der Sache übereinstimmt, die von den Parteien bestimmt wurde.[233] Anders verhält es sich bei einer Gattungsschuld. Bei einer Gattungsschuld („*chose de genre*“[234]), die nach Maß, Zahl oder Gewicht bestimmbar ist, ist Dreh- und Angelpunkt die Bestimmung des Gattungsbegriffes und seiner Reichweite.[235] Aus den aus der deutschen Rechtsprechung geschilderten Abgrenzungsschwierigkeiten kann man bereits erahnen, dass in der Praxis die definitionsgemäße Subsumtion nicht immer leichter Hand gelingen wird.

Dies liegt vor allem daran, dass das französische Recht einen funktionalen Gattungsbegriff verfolgt. Dieser stellt unter Berücksichtigung der Umstände des Einzelfalls darauf ab, ob die gelieferte Sache für den Käufer von Nutzen

---

228 Staudinger/*Otto/Schwarze,* BGB, § 323, Rn. C 6.

229 Cass. civ. 3ième, 25.1.1989, Légifrance (F) n° 87–15961; *Bénabent,* Contrats spéciaux, Rn. 310; *Ghestin/Huet,* Contrats spéciaux, Rn. 11243, 11254.

230 Cass. civ. 1ière, 12.5.2011, Légifrance (F) n° 10–13739; CA de Paris, 14.3.2012, Légifrance (F) n° 11/12961: Im Zweifel Sachmängelgewährleistungsrechte statt Nichterfüllungsrechte; *Ghestin/Huet,* Contrats spéciaux, Rn. 11246; 11258; *Collart Dutilleul/Delebecque,* Contrats civils et commerciaux, Rn. 232, 241ff.; *Bénabent,* Contrats spéciaux, Rn. 316ff.; *Malaurie/Aynès/Gautier,* Contrats spéciaux, Rn. 317ff.; *Ducouloux-Favard,* Vente, S. 124; *Ferid/Sonnenberger,* Frz. Zivilrecht, 2 G 541.

231 *Bénabent,* Contrats spéciaux, Rn. 34; *Malaurie/Aynès/Gautier,* Contrats spéciaux, Rn. 302.

232 *Ghestin/Huet,* Contrats spéciaux, Rn. 11244.

233 Zur Stückschuld: *Ghestin/Huet,* Contrats spéciaux, Rn. 11244.

234 *Ghestin/Huet,* Contrats spéciaux, Rn. 11244; *Bénabent,* Contrats spéciaux, Rn. 34; *Malaurie/Aynès/Gautier,* Contrats spéciaux, Rn. 302.

235 Zum Begriff der Gattungsschuld: *Ghestin/Huet,* Contrats spéciaux, Rn. 11246.

ist, um die vereinbarte Gebrauchsmöglichkeit zu verwirklichen („*point de vue fonctionnel*“[236]).[237] Die Cour de Cassation geht sogar so weit und berücksichtigt nicht nur die vereinbarte Nutzungsmöglichkeit, sondern fragt, ob die geleistete Sache sich in jeder Hinsicht für das vom Käufer erstrebte Verwendungsziel eignet.[238] Beispiel: Die Betreibergesellschaft der Bar „Le Rustic“ bestellt bei einem Installateur eine Entkalkungsmaschine („*appareil de détartrage*“), damit die Kaffeemaschine, die Eiswürfelmaschine und die Spülmaschine ihre Höchstleistung erbringen können. Allerdings ist das Wasser zu hart, um mit der bestellten Maschine das Wasser zu entkalken. Stattdessen wäre eine Wasserenthärtungsmaschine notwendig gewesen. Die Cour de Cassation entschied, dass der Verkäufer die Pflicht zur Leistung einer Entkalkungsmaschine nicht erfüllte, weil die geleistete Entkalkungsmaschine nicht zur Erfüllung des vom Käufer bei Vertragsschluss beabsichtigten Zieles der völligen Auslastung der drei oben genannten Maschinen geeignet war.[239] Nach Ansicht des Gerichts wurde mit der Lieferung der Entkalkungsmaschine ein aliud zur geschuldeten Entkalkungsmaschine (mit dem höheren Wirkungsgrad einer Enthärtungsmaschine) geleistet.

Der funktionale Gattungsbegriff ist ein Einfallstor zugunsten des Käufers, eine Nichterfüllung wegen Leistung einer anderen Gattungssache anzunehmen, um so die Nichterfüllungsrechte statt Sachmängelgewährleistungsrechte zur Anwendung zu bringen. In der französischen Rechtsprechung war in der Vergangenheit ein Trend zu beobachten, dass der Begriff der nicht vertragskonformen Leistung sehr weit verstanden wurde, um die kurze Ausschlussfrist nach Art. 1648 CC a.F. zu umgehen.[240] Demnach wurden Farbabweichungen als eine Nichterfüllung angesehen, wenn statt eines beigen Fahrrads ein dunkelbraunes Fahrrad geliefert wurde, welches am Erfüllungsort Elfenbeinküste unverkäuflich ist.[241] Enthielt ein Stück Stoff zu viele Fehler, als dass es als Handelsware bezeichnet werden könnte, lag ebenfalls Nichterfüllung vor.[242] Die gleiche Einordnung wurde bei Weinetiketten vorgenommen, welche in der Sonne zu schnell verblichen, obwohl versichert worden war, dass die Farbe gegen eine Sonnenverbleichung resistent

---

236 *Bénabent,* Contrats spéciaux, Rn. 310.

237 *Ghestin/Huet,* Contrats spéciaux, Rn. 11243, 11245, 11253; *Collart Dutilleul/Delebecque,* Contrats civils et commerciaux, Rn. 233; *Bénabent,* Contrats spéciaux, Rn. 310.

238 Cass. civ. 1ière, 20.3.1989, Légifrance (F) n° 87–18517.

239 Cass. civ. 1ière, 20.3.1989, Légifrance (F) n° 87–18517.

240 *Ghestin/Desché,* Traités, Vente, Rn. 768, 775.

241 Cass. com., 17.12.1968, Légifrance (F) n° N 361.

242 Cass. com., 8.6.1967, Légifrance (F) n° N 237.

sei.[243] Etiketten, welche mit einer Tinte hergestellt wurden, die nicht in der Sonne verbleicht, wurden als eine andere Gattung angesehen als solche Etiketten, welche mit einer Tinte hergestellt wurden, die in der Sonne verbleicht.

Die etwas jüngere Rechtsprechung verfolgte gar noch einen intensiveren Trend in Richtung Nichterfülllung, der den deutschen Leser erstaunen lässt. Eine Maschine zur Herstellung von Pommes Frites, welche eine zu starke Geruchsbelästigung für die Nachbarschaft darstellte, sei keine Maschine, die zur Herstellung von Pommes Frites geeignet sei, sondern eine andere als die geschuldete Maschine.[244] Aus deutscher Sicht wäre dieses Gerät eine klassische Schlechtleistung gewesen (ohne dass für diese Lösung auf § 434 Abs. 3 BGB zurückgegriffen werden müsste).

Auch heute noch scheint sich dieser Trend fortzusetzen, wenn auch nicht mit der Konsequenz früherer Tage. Beispiele: Eine nicht wasserdichte Terrassenbedachung ist eine mangelhafte Leistung der Immobilie.[245] Macht das Automatikgetriebe eines BMWs unnormale Geräusche, liegt eine mangelhafte Sache vor und keine andere Gattungsleistung, auch wenn der Kläger vorträgt, dass ein PKW der Marke BMW „gewöhnlich von Spitzenqualität sei, die Marke mit ‚Freude am Fahren' werbe und deshalb ein derartiger Fehler bei dieser Gattung nicht zu erwarten sei, so dass eine andere Gattungssache vorliege."[246] Hingegen liegt eine Nichterfüllung vor, wenn eine Immobilie als einzelne Parzelle verkauft wurde und ein individueller Stromzähler fehlt.[247] Zugrunde gelegt wurde dieser Entscheidung die Einschätzung, dass die Lieferpflicht (*„obligation de délivrance"*[248]) nicht nur die Lieferung der vereinbarten Sache beinhaltet, sondern auch die Zurverfügungstellung einer Sache, die in jeder Hinsicht dem erstrebtem Ziel des Käufers entsprach.[249]

Wenngleich sich die Cour de Cassation bemüht, klarzustellen, dass eine Leistung *„non-confomité"* und eine mangelhafte Leistung (*„vice caché"*) nicht danach abgegrenzt werden können, ob der Gebrauch (*„non-conformité"*) oder die Qualität (*„vice caché"*) betroffen ist, sondern grundsätzlich nur danach, ob die Gattungssache fehlerhaft ist oder eine andere Gattungssache geleistet wurde, so werden dennoch durch die Berücksichtigung der Gebrauchstauglichkeit im

243 Cass. com., 10.12.1968, Légifrance (F) n° N 355.
244 Cass. com.,1.12.1992, Légifrance (F) n° 91-10275.
245 Cass. civ. 3ième, 6.10.2004, Légifrance (F) n° 02-21088.
246 Cass. civ. 1ière, 12.5.2011, Légifrance (F) n° 10-13739, Übersetzung der Verfasserin.
247 Cass. civ. 3ième, 6.10.2004, Légifrance (F) n° 02-20755.
248 *De Schlichting/Volmerange,* Einführung frz. Rechtssprache, S. 77.
249 Cass. civ. 3ième, 6.10.2004, Légifrance (F) n° 02-20755.

Rahmen eines funktionalen Gattungsbegriffes die Grenzen stark verwischt.[250] Leichter zu entscheiden wäre es, würde der Gattungsbegriff allein darauf abstellen, ob nach der Verkehrsanschauung eine andere Sache vorliegt. In der Praxis ist es deshalb – wie erwartet – außer im Falle einer krassen Abweichung schwer, festzustellen, ob eine fehlerhafte Gattungs-sache oder eine andere Gattungssache geleistet wurde. Wurden statt 10 kg Äpfel 10 kg Birnen geliefert, so liegen eindeutig Waren unterschiedlicher Gattungen vor.

Für den Käufer hat der funktionale Gattungsbegriff jedoch erhebliche Vorteile: Ihn trifft keine Rügeobliegenheit, die nur für Qualitätsmängel gilt;[251] er unterliegt nicht der zeitlichen Ausübungsbeschränkung des Art. 1648 CC für Sachmängelgewährleistungsrechte (zwei Jahre), sondern ausschließlich der regulären Verjährungsfrist von fünf Jahren nach Artt. 2224, 2221 CC.[252]

b) Quantitätsabweichung

(1) Zuviel-Leistung

Eine Zuviel-Leistung hat der Käufer nach französischem Bereicherungsrecht herauszugeben, wenn er nicht nachträglich noch einen Vertrag hinsichtlich des übermäßigen Teiles abschließt.[253] Im Gegensatz zum deutschen Bereicherungsrecht kann allerdings nur der geschäftsunfähige Käufer eine Entreicherungseinrede erheben, Art. 1312 CC[254], so dass der Handelskäufer sich in der Regel nicht auf Entreicherung berufen kann.

(2) Zuwenig-Leistung

Anders als das UN-Kaufrecht und das deutsche Recht ist im französischen Recht eine Zuwenig-Leistung keine (von Gesetzes wegen) mangelhafte Sache, sondern eine der Nichtleistung gleichgestellte Leistung, die die Nichterfüllungsregeln

---

250 Cass. civ. 1ière, 12.5.2011, Légifrance (F) n° 10–13739.

251 Zur Rügeobliegenheit, siehe 2. Kapitel.

252 *Ghestin/Huet,* Contrats spéciaux, Rn. 11255; *Malaurie/Aynès/Gautier,* Contrats spéciaux, Rn. 285.

253 *Ghestin/Huet,* Contrats spéciaux, Rn. 11246; *Ferid/Sonnenberger,* Frz. Zivilrecht, 2 G 547.

254 *Schlechtriem,* Restitution und Bereicherungsausgleich in Europa, Bd. II, S. 15; *Ferid/Sonnenberger,* Frz. Zivilrecht, Rn. 2 N 66; eine Entreicherung wird auf Tatbestandsebene als notwendiges Korrelat zur Bereicherung geprüft, allerdings nur, um die unmittelbare Kausalität (Korrelation) festzustellen: *Ferid/Sonnenberger,* Frz. Zivilrecht, Rn. 2 N 48; *Jansen,* Binnenmarkt, Privatrecht und europäische Identität, S. 45.

anwendbar werden lässt.[255] Der Käufer kann nur nach Art. 1184 Abs. 2 die Aufhebung („*résolution*") des Vertrages oder nach Art. 1146 CC Schadensersatz verlangen.[256] Die Vorteile einer Nichterfüllungshaftung, die im Rahmen der Identitätsabweichung geschildert wurden, bleiben dem Käufer bei einer Zuwenig-Leistung erhalten, was das französische Recht auch in diesem Bereich attraktiver als das deutsche Recht und das UN-Kaufrecht erscheinen lässt.

3. *Schweizer Recht*

a) Identitätsabweichung

Wie dem französischen Recht ist dem Schweizer Recht eine Gleichstellung zwischen Aliud-Leistung und Peius-Leistung unbekannt. Leistet der Verkäufer eine andere als die vertraglich geschuldete Leistung, liegt eine Nichtleistung vor, weshalb auch hier die Regeln der Nichterfüllung (Artt. 97ff., 107ff., 127ff. OR) anwendbar sind, und kein Sachmängelgewährleistungsrecht.[257] Das gilt für die Leistung eines individuell bestimmten Kaufgegenstandes (sog. Stückschuld) wie für die eines nach allgemeinen Kriterien bestimmten Kaufgegenstandes (sog. Gattungskauf) gleicher Maßen.[258] Für den Käufer ist die Annahme einer Nichtleistung günstiger als die einer Schlechtleistung. Während die allgemeine Verjährungsfrist 10 Jahre beträgt, Art. 127 OR, ist die Verjährungsfrist des Sachmängelgewährleistungsrechts erheblich kürzer – grundsätzlich zwei Jahre nach Ablieferung, Art. 210 Abs. 1 OR[259]. Eine Prüfungs- und Rügeobliegenheit existiert nur bei Anwendbarkeit des Sachmängelgewährleistungsrechtes (Art. 201 OR); Eine Nachfristsetzung – etwa im Falle der Ausübung eines Rücktrittsrechts – ist

---

255 *Ducouloux-Favard,* Vente, S. 125; *Ghestin/Huet,* Contrats spéciaux, Rn. 11246.

256 *Voirin/Goubeaux,* Droit civil I, Rn. 838.

257 BGE 121 III 453 (457); Kren Kostkiewicz/Nobel/*Kren Kostkiewicz,* OR, Art. 71, Rn. 8, Art. 206, Rn. 2, Art. 210, Rn. 6; *Honsell,* OR BT, S. 81; Basler Kommentar OR/*Honsell,* Art. 197, Rn. 2; Handkommentar zum Schweizer Privatrecht/*Müller-Chen,* Vertragsverhältnisse Teil 1, Art. 197 OR, Rn. 25; Berner Kommentar/*Giger,* Vor. Artt. 197–210 OR, Rn. 42; *Voser/Boog,* RIW 2009, 126 (129).

258 BGE 121 III 453 (455); BGE 91 II 344 (352): Ein Serienfahrzeug wird durch die Übergabe des Fahrzeugs und des dazugehörigen Fahrzeugausweises, in dem die Motor- und Chassisnummer verzeichnet sind, zu einer Stückschuld; Kren Kostkiewicz/Nobel/*Kren Kostkiewicz,* OR, Art. 71, Rn. 3; *Bucher,* OR BT, S. 115.

259 Art. 210 OR in seiner ab dem 01.01.2013 geltenden Fassung; nach Art. 210 Abs. 1 OR a.F. betrug die Verjährungsfrist ein Jahr.

im Nichterfüllungsrecht nicht erforderlich, Art. 107 OR, im Sachmängelgewährleistungsrecht dagegen schon, Art. 206 Abs. 2 OR.[260]

Die Einordnung steht und fällt damit mit der Reichweite des spezifischen Gattungsbegriffes. Früher wurde im Schweizer Recht die Gattung rein abstrakt und objektiv nach der Verkehrsanschauung bestimmt: Gefragt wurde, ob dem Wesen nach eine andere Sache vorlagt[261], wie etwa, wenn Äpfel statt Tomaten geleistet wurden.

Mit der Zeit wurde der Gattungsbegriff zu Gunsten des Käufers aufgeweicht. Eine andere Gattung lag auch dann vor, wenn die Kaufsache zwar nicht objektiv nach der Verkehrsanschauung einer anderen Gattung angehört, die Kaufsache aber nicht für den vereinbarten Verwendungszweck taugt. Beispiel: Die geleisteten Äpfel waren anders verpackt als vereinbart, z. B. in Blechdosen statt in Holzkisten.[262] Oder: Eine französische Gesellschaft mit Sitz in Paris verkaufte an eine schweizerische Gesellschaft aus Schaffhausen 100 Säcke „*vesces d'hiver*" (Winterwicken).[263] Geleistet wurden „*Vesces de Piemont*" (Piemontwicken), welche zwar in Frankreich winterfest sind, jedoch nicht in der Schweiz. In der Schweiz ist nur die Sorte „*vicia villosa*" (Zottelwicke) winterfest. Da die Verwendungsabsicht des Schweizer Käufers zu berücksichtigen ist, lag eine Aliud-Lieferung vor. Dieser Gattungsbegriff war, indem er auf die Gebrauchstauglichkeit abstellte, funktional geprägt, ähnlich wie der Gattungsbegriff im französischen Recht es heute noch ist.

Nunmehr geht das Schweizer Recht aus Sicht des Käufers noch einen Schritt weiter, in dem es einen relativen Gattungsbegriff zu Grunde legt: Maßgeblich ist die Umschreibung der geschuldeten Sache im Kaufvertrag.[264] Die Parteien haben es damit selbst in der Hand, zu bestimmen, wann eine andere Gattung vorliegt bzw. welche Merkmale die Sache zu einer bestimmten Gattung als zugehörig erscheinen lässt. Denn ob die Sache wesensmäßig der vereinbarten entspricht, ob die Sache gebrauchstauglich ist oder nicht, ist unerheblich, wenn sie nicht die vertraglich umschriebenen Elemente enthält. Beispiel: Weist ein PKW anstatt des vertraglich vorgesehenen Automatikgetriebes eine gewöhnliche Schaltung auf, liegt eine Aliud-Leistung vor, da ein PKW einer anderen Gattung geleistet wurde.[265] Gehört die gelieferte Sache zwar der geschuldeten Gattung an,

260 *Honsell,* OR BT, S. 131.
261 BGE 22 I 566; Berner Kommentar/*Giger,* Vor. Artt. 197–210 OR, S. 319.
262 BGE 69 II 97 (100f.).
263 Für das Beispiel: BGE 22 I 566 (566ff.).
264 BGE 121 III 453 (456f.).
265 BGE 94 II 26.

aber weist sie nicht die vereinbarte oder gesetzlich vorgeschriebene *Qualität* auf, ist sie hingegen mangelhaft.[266] Beispiel: Der Motor des PKWs stottert oder seine Karosserie ist durchgerostet.[267] Fehlt ein übereinstimmender Parteiwille, ist der Gattungsbegriff nach dem Vertrauensprinzip auszulegen. Maßgeblich ist also, auf das Vorhandensein welcher Merkmale der Käufer vertrauen durfte, ohne dass die Kaufsache bei ihrem Fehlen eine andere Sache darstellt.[268]

Der Gattungsbegriff ist also subjektiv ausgerichtet, was insbesondere dem Käufer ermöglicht, die Reichweite der spezifischen Gattung zu verengen und dadurch den Anwendungsbereich für das Nichterfüllungsrecht infolge einer Aliud-Leistung zu vergrößern. Dennoch bleibt für beide Parteien in der Praxis die Unsicherheit, zu entscheiden, welche Merkmale *gattungsbestimmend* sind und welche *qualitätsbestimmend* sind. Nicht oft ist es so offenkundig wie im letzten Beispiel (PKW). Zudem leistet der Verkäufer nicht immer eine Sache, die krass von der geschuldeten abweicht, die die Qualifizierung als Aliud-Leistung erleichtert. Mehr Rechtssicherheit würde es den Parteien daher bringen, eine Aliud-Leistung mit einer Peius-Leistung von Gesetzes wegen gleichzusetzen, um im Ergebnis das Sachmängelgewährleistungsrecht anzuwenden. *Müller-Chen* plädiert daher dafür, die Aliud-Leistung im Schweizer Recht im Einklang mit § 434 Abs. 3 BGB und Art. 35 CISG als Schlechtleistung einzuordnen.[269] Dafür findet sich jedoch im Gesetz kein Anhaltspunkt. Auch scheint diese Ansicht in der Schweizer Literatur und Rechtsprechung ansonsten keinen Anklang zu finden.[270]

b) Quantitätsabweichung

(1) Zuviel-Leistung

Eine Zuviel-Leistung ist wie im französischen Recht eine nicht geschuldete Leistung und damit Leistung ohne Erfüllungswirkung, die der Käufer nach dem Bereicherungsrecht herauszugeben hat, Art. 62 Abs. 1 OR.[271] Ähnlich wie im deutschen Recht kann sich der Käufer auch auf Entreicherung berufen, wenn der Käufer im guten Glauben war, Art. 64 OR.

---

266 BGE 40 II 480 (488f.); BGE 69 II 97; BGE 121 III 453 (456f.).

267 BGE 121 III 453 (457).

268 BGE 121 III 453 (456f.).

269 Handkommentar zum Schweizer Privatrecht/*Müller-Chen,* Vertragsverhältnisse Teil 1, Art. 197 OR, Rn. 26.

270 Diese Idee wird von der Schweizer Lehre und der Rechtsprechung bislang – soweit ersichtlich – jedenfalls nicht aufgegriffen.

271 Kren Kostkiewicz/Nobel/*Kren Kostkiewicz,* OR, Art. 197, Rn. 6.

(2) Zuwenig-Leistung

Die Zuwenig-Lieferung wird – wie im französischen Recht – als Nichterfüllungshandlung eingestuft, mit der Folge, dass die allgemeinen Regeln über die Nichterfüllung, Artt. 97ff. OR, anzuwenden sind.[272]

B. Erheblichkeit

Mängel, Vertragswidrigkeiten oder Nichterfüllungen seitens des Verkäufers muss der Käufer grundsätzlich nicht in Kauf nehmen, weil der Verkäufer verpflichtet ist, eine nach dem Vertrag geschuldete Leistung zu erbringen. Andernfalls kann der Käufer Erfüllung verlangen oder auf andere Rechtsbehelfe – wie etwa eine Vertragsaufhebung – zurückgreifen. Was gilt jedoch, wenn die Vertragsabweichung in ihrer Auswirkung nur geringfügig ist? Wenn die Abweichung so unerheblich ist, dass die Ware im Handelsverkehr noch als vertragsgemäß erachtet werden kann?[273] Der Verkäufer hat ein legitimes Interesse, den Kaufpreis verlangen zu dürfen, wenn er eine Leistung erbracht hat und der Käufer nur der Form halber oder missbräuchlich Rechtsbehelfe geltend machen würde. Es gibt zwei verschiedene dogmatische Ansätze, die Rechtsbehelfe des Käufers zu beschränken: Die Beschränkung des Mangel-/Fehlerbegriffs selbst oder eine Beschränkung im Rahmen des infolge des Mangels/Fehlers entstandenen Rechtsbehelfes. Ferner stellt sich die Frage, ab wann gegebenenfalls eine solche Geringfügigkeit anzunehmen ist.

I. UN-Kaufrecht

Anders als im EKG (Art. 33 Abs. 2 EKG) ist die Erheblichkeit der Vertragswidrigkeit keine Voraussetzung mehr für eine Vertragswidrigkeit i.S.d. Art. 35

---

272 BGE 87 II 244 (246f.); Tercier/Favre/*Tercier/Favre/Zen-Ruffinen*, Contrats spéciaux, Rn. 732; Kren Kostkiewicz/Nobel/*Kren Kostkiewicz*, OR, Art. 197, Rn. 6, Art. 71, Rn. 8; *Bucher*, OR BT, S. 90f., 117; Handkommentar Schweizer Privatrecht/*Müller-Chen*, Vertragsverhältnisse Teil 1, Art. 197 OR, Rn. 22; Basler Kommentar OR/*Honsell*, Art. 197, Rn. 9.

273 Im UN-Kaufrecht kann beispielsweise eine geringe Abweichung im internationalen Handelsverkehr aufgrund von Handelsbräuchen oder Parteigepflogenheiten noch toleriert werden, Art. 9 CISG: Honsell/*Magnus*, UN-Kaufrecht, Art. 35, Rn. 8; *Conrads/Schade*, Int. Wirtschaftsprivatrecht, Art. 35, Rn. 3.2.2.10.1; *Verweyen/Foerster/Toufar*, Int. Warenkauf, S. 134; *Reinhart*, UN-Kaufrecht, Art. 35, Rn. 4.

CISG.[274] Grund dafür ist, dass für die auf einer nicht vertragsgemäßen Leistung basierenden Rechtsbehelfe eine „wesentliche" Vertragsverletzung gefordert wird und dieses Merkmal hinreichend einschränkt, weil ein unerheblicher Sachmangel niemals eine wesentliche Vertragsverletzung sei.[275]

II. Deutsches Recht

Auch nach deutschem Recht muss die Abweichung nicht erheblich sein, d.h. jede noch so unerhebliche Beschaffenheitsabweichung stellt grundsätzlich einen Sachmangel dar.[276] Korrigiert wird dies unter anderem durch § 281 Abs. 1 S. 3 und § 323 Abs. 5 S. 2 BGB, also auf Tatbestandsseite des jeweiligen Rechtsbehelfs statt beim Mängelbegriff. Allerdings kann man im Einzelfall auch den Beschaffenheitsbegriff weit auslegen mit der Folge, dass angesichts der unerheblichen Abweichung keine Beschaffenheitsabweichung vorliegt.

III. Französisches Recht

Anders als das UN-Kaufrecht und das deutsche Recht ist das französische Recht aufgebaut: Hier muss die Vertragswidrigkeit „*suffisamment grave*" (ausreichend schwerwiegend) sein – gleichgültig, ob es sich um einen Mangel oder eine sonstige nicht vertragskonforme Leistung handelt.[277] Ausgangspunkt ist die Gebrauchstauglichkeit der Kaufsache. Wird der Gebrauch nicht beeinträchtigt, ist die Vertragswidrigkeit nicht erheblich, selbst dann nicht, wenn die Vertragsverletzung objektiv schwerwiegend ist.[278] Ist der normale Gebrauch nicht möglich, ist die Vertragswidrigkeit „*suffisamment grave*".[279]

---

274 Staudinger/*Magnus*, BGB, Art. 35 CISG, Rn. 4, 11; *Herber/Czerwenka*, Int. Kaufrecht, Art. 35, Rn. 1; *Reinhart*, UN-Kaufrecht, Art. 35, Rn. 3; von Caemmerer/Schlechtriem/*Schwenzer*, UN-Kaufrecht, Art. 35, Rn. 32.

275 Honsell/*Magnus*, UN-Kaufrecht, Art. 35, Rn. 2, 8; von Caemmerer/Schlechtriem/*Schwenzer*, UN-Kaufrecht, Art. 35, Rn. 32.

276 Palandt/*Weidenkaff*, BGB, § 434, Rn. 2; Münchener Kommentar BGB/*Harm Peter Westermann*, § 434, Rn. 8.

277 Zur „inexécution": Cass. com. 4.6.1980, Legifance (F) n° 78–12324; bezüglich des Mangels: *Ghestin/Huet*, Contrats spéciaux, Rn. 11321; *Huet*, J. Cl. Art. 1641 à 1649 CC, Fasc. 30, Vente Fasc. 300, Rn. 51.

278 *Collart Dutilleul/Delebecque*, Contrats civils et commerciaux, Rn. 269.

279 Cass. com. 18.12.1973, Légifrance (F) n° 72–11219; *Huet*, J.Cl. Art. 1641 à 1649 CC, Fasc. 30, Vente Fasc. 300, Rn. 52.

Fraglich ist also, wann der Gebrauch beeinträchtigt wird. Das Gericht[280] hat bei der Beurteilung der Schwere einen „*pouvoir souverain*" (selbstständigen Beurteilungsspielraum), was zu einer größeren Rechtsunsicherheit für beide Parteien führt als wenn eine Partei aufgrund ihrer rechtlichen Einschätzung die Vertragswidrigkeit für ausreichend erachtend Sachmängelgewährleistungsrechte geltend macht und das Gericht eventuell im Nachhinein beigezogen wird, um die Schwere der Vertragswidrigkeit aus ihrer Sicht zu beurteilen.[281]

Die Gebrauchsfähigkeit ist auch beeinträchtigt, wenn sie nur vermindert ist. Art. 1641 CC setzt dafür jedoch voraus, dass sie so stark vermindert ist, dass der Käufer die Sache nicht oder nur zu einem verminderten Preis gekauft hätte („*défauts cachés (...) qui diminuent tellement cet usage que l'acheteur ne l'aurait pas acquise, ou n'en aurait donné qu'un moindre prix, s'il les avait connus*"). Dieses Kriterium hängt ersichtlich vom Willen des jeweiligen Käufers ab und ist deshalb stark einzelfallabhängig, wenngleich vernünftigerweise rein subjektive Erwägungen ohne objektive, nachvollziehbare Grundlage wohl nicht berücksichtigt werden würden. Wo genau diese Grenze verläuft, kann der französischen Rechtsprechung und Literatur allerdings nicht entnommen werden.

Fest steht, dass die Vertragswidrigkeit nicht schwerwiegend ist, wenn die Nutzbarkeit tatsächlich oder in wirtschaftlicher Hinsicht nicht eingeschränkt ist. Beispiel: Ein tatsächlich höherer als in der Werbung oder in Prospekten versprochener Kraftstoffverbrauch eines PKWs mindert die Gebrauchstauglichkeit des Fahrzeugs nicht, wenn er im normalen Gebrauch kaum auffällt;[282] ein alter Jaguar, der von einem Sammler als Sammlerstück gekauft wird, ist nicht mit einem erheblichen Mangel behaftet, wenn er mit einem Meilenzähler statt eines Kilometerzählers ausgestattet ist, weil er dennoch ein Sammlerstück und als solches zu verwenden ist.[283] Ist nur die Ästhetik des Autos durch den Mangel betroffen, ist das Auto als solches zu gebrauchen.[284]

280 Sachmängelgewährleistungsrechte müssen im Klageweg vor Gericht geltend gemacht werden, vgl. 2. Kapitel D. III. 3. und 3. Kapitel D. III.

281 Cass. com. 4.6.1980, Légifrance (F) n° 78-12324; *Huet*, Juris Classeur, Art. 1641 à 1649, Fasc. 300, Rn. 52.

282 Von Westphalen/*Wenner/Schödel*, Kaufvertragsrecht, Frankreich, Rn. 123; *Bihl*, Droit de la vente, Rn. 507ff. mit einer Reihe von Beispielen.

283 Cass. civ. 1ière, 22.4.1997, Légifrance (F) n° 95-12152 (Jaguar); *Malaurie/Anyès/Gautier*, Contrats spéciaux, Rn. 387.

284 Paris, 13.5.1997, D. Aff., 1997.1145, zitiert bei Malaurie/Aynès/Gautier, Contrats spéciaux, Rn. 387 Fßn. 6.

Keine erhebliche Gebrauchsbeeinträchtigung liegt auch vor, wenn sie nur zu sozialen/technischen Unannehmlichkeiten führt, wie etwa Vibrationen des Wagenbogens und Luftstöße beim Öffnen der Hintertür des PKWs.[285] Technische Geräte bedürfen oft einer bestimmten Zeit, bis sie eingerichtet und adaptiert sind, so dass darauf basierende Vertragswidrigkeiten während dieser Zeit bisweilen unerheblich sind.[286] Allerdings ist die Grenze der normalen Gebrauchstauglichkeit zur Untauglichkeit erreicht, wenn die Kaufsache lange Zeit nicht zu benutzen ist, weil der Verkäufer über einen längeren Zeitraum eingreifen muss, um die Vertragswidrigkeit zu beheben, oder der Gebrauch der Kaufsache einstweilen zu gefährlich ist.[287]

Ist der Mangel leicht zu beheben, liegt ebenso keine Vertragswidrigkeit vor, die Sachmängelgewährleistungsrechte begründet. Das gilt zum Beispiel für eine Waschmaschine, aus der infolge eines porösen Dichtungsringes Waschwasser leckt.[288]

IV. Schweizer Recht

Auch das Schweizer Recht schränkt bereits den Mangelbegriff ein, indem es eine qualifizierte, d.h. erhebliche Abweichung für einen Fehler i.S.d. Art. 197 Abs. 1 OR verlangt (*minima non curat praetor*).[289] Fehlt eine zugesicherte Eigenschaft i.S.d. Art. 197 Abs. 1 OR, ist dies stets erheblich; einer gesonderten Überprüfung bedarf es nicht.[290] Ob die Vertragswidrigkeit erheblich ist, bestimmt sich nach den Umständen des Einzelfalls, der vertraglichen Umschreibung oder der Verkehrsanschauung.[291] Grundlage der Beurteilung ist jedoch nicht nur die Gebrauchstauglichkeit der Sache (wie im französischen Recht), sondern auch der

---

285 CA Nîmes, 18.12.1980, D. 1983.29; von Westphalen/*Wenner/Schödel*, Kaufvertragsrecht, Frankreich, Rn. 123.

286 *Huet*, Juris Classeur, Art. 1641 à 1649 CC, Fasc. 300, Rn. 54; *Bihl*, Droit de la vente, Rn. 512.

287 Cass. com. 18.12.1973, Légifrance (F) n° 72-11219; Cass. com. 18.12.1973, Légifrance (F) n° 72-11219; *Huet*, Juris Classeur, Art. 1641 à 1649 CC, Fasc. 300, Rn. 58.

288 Cass. civ. 3ième, 28.3.2007, Légifrance (F) n° 06-12299: Holzhaus, befallen von holzfressenden Insekten; Cass. com. 16.11.1976, Légifrance (F) n° 75-11930; von Westphalen/*Wenner/Schödel*, Kaufvertragsrecht, Frankreich, Rn. 128; *Malaurie/Aynès/Gautier*, Contrats spéciaux, Rn. 387.

289 *Keller/Siehr*, Kaufrecht, S. 76; *Honsell*, OR BT, S. 86; Basler Kommentar OR/*Honsell*, Art. 197, Rn. 13.

290 *Honsell*, OR BT, S. 86.

291 Kren Kostkiewicz/Nobel/*Kren Kostkiewicz*, OR, Art. 197, Rn. 9.

objektive Verkehrswert der Sache, weil der Schweizer Fehlerbegriff beide Komponenten berücksichtigt, vgl. Art. 197 Abs. 1 OR.[292] Dadurch erhöht sich für den Käufer die Chance, Sachmängelgewährleistungsrechte auch in den Fällen geltend zu machen, in denen der Gebrauch nicht beeinträchtigt, aber der Wert gemindert ist.

Für die Parteien bedeutet dies im Ergebnis: Ist die Kaufsache objektiv wertlos oder völlig unbrauchbar, dann ist die Gebrauchstauglichkeit oder der Wert aufgehoben und dem Käufer stehen Sachmängelgewährleistungsrechte zu.[293] Ist weder der Gebrauch beeinträchtigt, noch der Wert stark reduziert – zum Beispiel bei einem kleinen Lackschaden am Neuwagen –, ist dieser Fehler unerheblich.[294]

Einschränkend zur bloßen Erheblichkeit des Fehlers verlangt das Schweizer Recht – wie auch das französische Recht –, dass der Käufer als redlicher Vertragspartner unter Berücksichtigung der Verkehrsanschauung in der betreffenden Branche den Vertrag nicht oder nicht so geschlossen hätte, hätte er den Mangel bereits bei Vertragsschluss gekannt.[295]

Damit unterscheidet sich das Schweizer Recht vom französischen Recht dadurch, dass es neben einer Gebrauchsbeeinträchtigung auch eine Wertminderung als Grundlage für die Erheblichkeit verlangt. Hingegen weicht es nicht ab, soweit es neben der Beeinträchtigung eine weitere Tatbestandsalternative kennt, nämlich die Aufhebung der Tauglichkeit zum vertragsgemäßen Gebrauch. Weil diese die stärkste Form der Beeinträchtigung ist, ist zugleich immer eine Beeinträchtigung auch nach französischem Recht zu bejahen.

C. Maßgeblicher Zeitpunkt

Der Verkäufer haftet dem Käufer wegen einer Vertragswidrigkeit, wenn er seine vertraglich geschuldete Leistung nicht ordnungsgemäß erbracht hat. Das setzt jedoch voraus, dass die Vertragswidrigkeit in seinem Einwirkungsbereich entstanden oder seiner Risikosphäre zuzuordnen ist – anderenfalls besteht kein

292 Handkommentar zum Schweizer Privatrecht/*Müller-Chen,* Vertragsverhältnisse Teil 1, Art. 197 OR, Rn. 27; *Keller/Siehr,* Kaufrecht, S. 77; der Mangel wird nicht im Verhältnis zum Wert des Kaufgegenstandes betrachtet: Berner Kommentar/*Giger,* Art. 197 OR, Rn. 68.

293 *Keller/Siehr,* Kaufrecht, S. 77.

294 *Honsell,* OR BT, S. 86; Kren Kostkiewicz/Nobel/*Kren Kostkiewicz,* OR, Art. 197, Rn. 9.

295 Handkommentar zum Schweizer Privatrecht/*Müller-Chen,* Vertragsverhältnisse Teil 1, Art. 197 OR, Rn. 28; *Keller/Siehr,* Kaufrecht, S. 77; Kren Kostkiewicz/Nobel/*Kren Kostkiewicz,* OR, Art. 197, Rn. 9.

Haftungsbegründungstatbestand. In den anderen Fällen hat der Käufer das Verwendungsrisiko zu tragen. Das wirft zwei Fragen auf: Ab welchem Zeitpunkt endet der Einwirkungsbereich des Verkäufers und beginnt der des Käufers? Außerdem: Ist dabei ein Wechsel der Sachherrschaft stets notwendig?

Als maßgebliche Zeitpunkte für einen Wechsel des Einwirkungsbereiches (Gefahrübergang) kommen der Vertragsschluss oder die Übergabe (an den Transporteur, an den Käufer) in Betracht. Beide Zeitpunkte (Vertragsschluss und Übergabe) können zusammenfallen, wenn der Käufer am Niederlassungssitz des Verkäufers die Ware kauft und sie ihm sofort übergeben wird. Dann hält der Käufer die Ware infolge eines Wechsels der tatsächlichen Sachherrschaft in den Händen und kann sie auf Vertragswidrigkeiten hin untersuchen und nutzen. Da die Ware nun in den Einwirkungsbereich des Käufers gelangt und den Verantwortungsbereich des Verkäufers verlässt, haftet der Verkäufer für danach auftretende Vertragswidrigkeiten nicht mehr, es sei denn, die Vertragswidrigkeit war erkennbar bereits zu dem Zeitpunkt angelegt, als er die Sachherrschaft über die Ware inne hatte.

Gerade bei internationalen Kaufverträgen, die jedoch überwiegend fernmündlich oder auf elektronischem Wege geschlossen werden, wird allerdings der Versendungskauf die Regel sein, d.h. der Verkäufer hat die Ware dem Käufer zuzusenden und einer Transportperson zu übergeben. Dann fallen der Zeitpunkt des Vertragsschlusses und der Übergabe auseinander, so dass eine Entscheidung notwendig wird, welcher Zeitpunkt als maßgeblich zu erachten ist. Auch gilt es zu entscheiden, wem die Risikosphäre des Transporteurs als dritter Person zuzurechnen ist.

I. UN-Kaufrecht

Nach UN-kaufrechtlichem Verständnis muss die Vertragswidrigkeit im Zeitpunkt des Gefahrüberganges vorliegen, Art. 36 Abs. 1 CISG.[296] Dieser erfolgt grundsätzlich durch einen Wechsel der tatsächlichen Sachherrschaft im Wege der Übergabe, vgl. Artt. 67ff. CISG.[297] Vereinbaren die Parteien, dass der Käufer am Sitz des Verkäufers die Ware entgegennehmen soll (Holschuld, Art. 69 Abs. 1

---

296 *Verweyen/Foerster/Toufar,* Int. Warenkauf, S. 135; Staudinger/*Magnus,* BGB, Art. 35 CISG, Rn. 12; *Herber/Czerwenka,* Int. Kaufrecht, Art. 36, Rn. 2, 4; *Mainguy,* Contrats spéciaux, Rn. 223; unberührt bleibt davon die Vereinbarung einer Haltbarkeitsgarantie, Art. 36 Abs. 2 CISG.

297 Zur Holschuld: Ferrari/Kieninger/Mankowski/*Mankowski,* Int. Vertragsrecht, Art. 69 CISG, Rn. 6f.

CISG) und holt der Käufer die Ware nicht rechtzeitig ab (Art. 69 Abs. 1 CISG), genügt es für eine Übergabe, dass der Verkäufer die Ware dem Käufer abholbereit zur Verfügung stellt.[298] Soll der Verkäufer dem Käufer die Ware bringen, muss er sie dem Käufer lediglich am vereinbarten Ort zur Verfügung stellen, Art. 69 Abs. 2 CISG (Bringschuld).[299]

In der Regel wird – wie erwähnt – im internationalen Kaufvertrag jedoch ein Versendungskauf vereinbart sein. In diesem Falle geht die Gefahr nicht erst bei Übergabe der Ware durch die Transportperson auf den Käufer über, sondern bereits in dem Zeitpunkt, in dem der Verkäufer die Ware dem *„independent carrier"* übergibt, Art. 67 Abs. 1 CISG. Das ist entweder der erste Beförderer oder der Beförderer an einem bestimmten Ort, wenn der Verkäufer die Ware an einem bestimmten Ort zu übergeben hat (Art. 67 Abs. 1 S. 1 und 2 CISG). In der Praxis wird der Verkäufer die Ware zumeist mit einem fremden Transportpersonal verschicken und nicht seine eigenen Leute zur Beförderung einsetzen, weil nur die wenigsten Unternehmen über die zur internationalen Versendung erforderlichen logistischen, personellen und technischen Kapazitäten verfügen, schon weil dies zu kostspielig wäre. Sollte der Verkäufer die Ware durch eigene Leute befördern, verbleibt die Gefahr ausnahmsweise bei ihm.[300]

Besonders geregelt ist der Fall, dass die Ware während des Transports verkauft wird (sog. *res in transitu*, Art. 68 CISG).[301] Praxisrelevant ist dies bei Waren, die per Eisenbahn, LKW oder Schiff transportiert werden, wie etwa Getreide, Öl und Erze.[302] In diesen Fällen soll die Gefahr bereits mit Übergabe der Ware an den Beförderer übergehen – sofern die Umstände es nahe legen –, spätestens jedoch mit Vertragsschluss, Art. 68 Abs. 1 CISG. Damit erfolgt der Gefahrübergang in jedem Falle zeitlich auch während des Transports.

II. Deutsches Recht

Auch das deutsche Recht sieht vor, dass der Gefahrübergang der relevante Zeitpunkt für die Mangelhaftigkeit der Kaufsache mit der Folge einer Verkäuferhaftung ist, § 434 Abs. 1 S. 1 BGB.[303]

---

298 Ferrari/Kieninger/Mankowski/*Mankowski*, Int. Vertragsrecht, Art. 69 CISG, Rn. 12.

299 Ferrari/Kieninger/Mankowski/*Mankowski*, Int. Vertragsrecht, Art. 69 CISG, Rn. 19.

300 Honsell/*Schönle/Th. Koller*, UN-Kaufrecht, Art. 67, Rn. 7; *Reinhart*, UN-Kaufrecht, Art. 67, Rn. 4.

301 Ferrari/Kieninger/Mankowski/*Mankowski*, Int. Vertragsrecht, Art. 68 CISG, Rn. 1.

302 *Reinhart*, UN-Kaufrecht, Art. 68, Rn. 1.

303 BGH, NJW 2007, 1351 (1352); BGH, NJW 2007, 2621 (2621ff.); BGH, NJW 2005, 3490 (3491f.); OLG Düsseldorf, BeckRS 2011, 02166; OLG Düsseldorf, NJW-RR

Grundsätzlich ist für den Gefahrübergang eine Übergabe notwendig, § 446 S. 1 BGB (Ausnahme: Annahmeverzug, § 446 S. 3 BGB), worunter der Wechsel der tatsächlichen Sachherrschaft (§ 854 Abs. 1 BGB) zu verstehen ist.[304] Wie im UN-Kaufrecht reicht es im Falle einer Holschuld bzw. Bringschuld aus, dass der Verkäufer die Sache an seinem Leistungsort aussondert und bereitstellt[305] bzw. dem Käufer die Sache an dessen Sitz anbietet.[306] War eine Schickschuld vereinbart, muss der Verkäufer die Kaufsache nur aussondern und durch einen Akt der Übermittlung auf den Weg zum Käufer bringen (etwa der Übergabe einer zum Transport geeigneten Person im Rahmen des Versendungskaufes).[307]

Sollte der Verkäufer die Kaufsache auf Verlangen des Käufers an einen anderen Ort als den Erfüllungsort, d.h. den Ort, an dem der Verkäufer die Leistungshandlung vornimmt, versenden (Versendungskauf), so geht die Gefahr im Zeitpunkt der Übergabe der Sache an den Transporteur durch den Verkäufer über, § 447 BGB. Anders als im UN-Kaufrecht ist dies stets der Fall, unabhängig davon, ob der Transporteur den Mitarbeiterreihen des Verkäufers entstammt.[308], sofern die „eigenen Leute" nicht schuldhaft handeln (Obhutspflicht iVm § 278 BGB).

III. Französisches Recht

Auch im französischen Recht muss der Mangel bzw. dessen Keim bereits im Zeitpunkt des Gefahrübergangs existieren.[309] Dabei genügt es, wenn er sein vollständiges Ausmaß erst später entfaltet.[310]

1999, 929 (929) zum alten Schuldrecht; LG Leipzig, BeckRS 2007, 12141; AG Brandenburg, NJW-RR 2010, 1293 (1293); *Looschelders,* Schuldrecht BT, Rn. 55; Palandt/*Weidenkaff,* BGB, § 434, Rn. 8; Staudinger/*Matusche-Beckmann,* BGB, § 434, Rn. 5, 160; *Brox/Walker,* Bes. Schuldrecht, § 4, Rn. 21; Münchener Kommentar BGB/*Harm Peter Westermann,* § 434, Rn. 11.

304 Palandt/*Weidenkaff,* BGB, § 446, Rn. 13, § 433, Rn. 13; Juris PK/*Leible,* BGB, § 446, Rn. 16.

305 Zur Definition einer Holschuld: Juris PK/*Kerwer,* BGB, § 269, Rn. 7.

306 Zur Definition einer Bringschuld: Juris PK/*Kerwer,* BGB, § 269, Rn. 8.

307 Zur Definition einer Schickschuld: Juris PK/*Kerwer,* BGB, § 269, Rn. 9.

308 *Looschelders,* Schuldrecht BT, Rn. 196.

309 Cass.com. 8.7.1981, Légifrance (F) n° 79-13110; *Hübner/Constantinesco,* Einführung frz. Recht, S. 192; *Bénabent,* Contrats spéciaux, Rn. 360; *Malaurie/Aynès/Gautier,* Contrats spéciaux, Rn. 399.

310 *Bihl,* Droit de la vente, Rn. 521.

Der Gefahrübergang erfolgt grundsätzlich im Zeitpunkt des Vertragsschlusses,[311] weil der Eigentümer das Risiko trägt (*res perit domino* – der Eigentümer trägt das Risiko des Untergangs oder der Verschlechterung der Sache),[312] d.h. der Gefahrübergang ist an den Eigentumsübergang geknüpft.[313] Dieser wiederum erfolgt im französischen Recht allein durch Abschluss des Kaufvertrages (Konsensprinzip), Art. 1583 CC.[314] Eine Übergabe oder ein dinglicher Vertrag sind nicht notwendig bzw. dem französischen Recht unbekannt.

Die Vorschrift des Art. 1583 CC lautet: „Elle est parfaite entre les parties, et la propriété est acquise de droit à l'acheteur à l'égard du vendeur, dès qu'on est convenu de la chose et du prix, quoique la chose n'ait pas encore été livrée ni le prix payé."

Zu deutsch: Der Kauf „ist zwischen den Parteien vollkommen und das Eigentum wird kraft Gesetzes dem Käufer in Beziehung zum Verkäufer übertragen, sobald man über die Sache und den Kaufpreis übereingekommen ist, wenngleich die Sache noch nicht geliefert und der Preis noch nicht bezahlt worden ist."[315]

Nach französischem Verständnis trägt damit der Käufer die Gefahr, auch wenn er nicht die tatsächliche Sachherrschaft über die Kaufsache bzw. den Nutzen der Sache hat. Übergabe und Kaufvertragsabschluss können, aber müssen nicht zusammenfallen, da beide Vorgänge einander nicht bedingen. Im Einzelfall kann der Gefahrübergang im Zeitpunkt der Übergabe („*livraison*") erfolgen,[316] nämlich dann, wenn der Eigentumsübergang an die Übergabe geknüpft ist. Dies ist

311 Cass. com. 19.10.2012, Légifrance (F) n° 11-13176; CA de Bastia, 30.5.2012, Légifrance (F) n° 11/00126; CA Aix en Provence, 27.1.2012, Légifrance (F) n° 11/00459; *Ghestin/Huet*, Contrats spéciaux, Rn. 11334; *Bihl*, Droit de la vente, Rn. 521.

312 *Mainguy*, Contrats spéciaux, Rn. 130f.; von Westphalen/*Wenner/Schödel*, Kaufvertragsrecht, Frankreich, Rn. 65; eine den §§ 446, 447 BGB entsprechende Regelung kennt das französische Recht nicht: *Hübner/Constantinesco*, Einführung frz. Recht, S. 188.

313 Cass.com. 8.7.1981, Légifrance (F) n° 79-13110; *Hübner/Constantinesco*, Einführung frz. Recht, S. 192; *Bénabent*, Contrats spéciaux, Rn. 360; *Malaurie/Aynès/Gautier*, Contrats spéciaux, Rn. 399; von Westphalen/*Wenner/Schödel*, Kaufvertragsrecht, Frankreich, Rn. 65f.

314 Cass. com. 9.2.1965, Légifrance (F) n° 59-11825; *Desdevises*, J.Cl. Art. 1583 CC, Vente, Fasc. 20, Rn. 79; *Mainguy*, Contrats spéciaux, Rn. 117; *Terré/Simler/Lequette*, Droit civil, les obligations, Rn. 669ff.; *Stadler*, Gestaltungsfreiheit und Verkehrsschutz durch Abstraktion, S. 31; *Guimezanes*, Introduction au droit français, S. 229; *Kaschefi*, Sachmängelhaftung im frz. Kaufrecht, S. 29; *Sonnenberger/Autexier*, Einführung frz. Recht, S. 135, 144.

315 Eigene Übersetzung der Verfasserin.

316 *Bihl*, Droit de la vente, Rn. 521; *Collart Dutilleul/Delebecque*, Contrats civils et commerciaux, Rn. 271.

etwa bei einer Gattungsschuld der Fall, da erst die Übergabe eine ausreichende Individualisierung ermöglicht, um das Eigentum zu verschaffen.[317] Die Formen der Konkretisierung („*individualisation*") sind vielfältig: Aussuchen, Abwiegen (Art. 1585 CC), zur Seite stellen oder Lieferung („*livraison*") oder die Übergabe an ein Transportunternehmen bei einem Versendungskauf.[318] Sollte also ein Versendungskauf vorliegen, geht die Gefahr spätestens mit Übergabe der Kaufsache an das Transportunternehmen über.[319]

Bei einem Stückkauf oder einer Sachgesamtheit („*vente en bloc*", die gem. Art. 1586 CC wie ein Stückkauf zu behandeln ist[320]) ist hingegen die Kaufsache bereits mit Kaufvertragsabschluss individualisiert, weshalb die Gefahr auf den Käufer übergeht, ohne dass dieser zwingend die tatsächliche Sachherrschaft über die Kaufsache inne hätte.[321] Für den Verkäufer, der eine Kaufsache erst herstellen muss („*chose futur*"), bedeutet dies in Anwendung eben genannter Grundsätze, dass das Eigentum mit der Fertigstellung („*achèvement*") übergeht, sofern es eine Stückschuld ist, und mit der Konkretisierung („*individualisation*") im Falle einer Gattungsschuld.[322]

Zusammenfassend lässt sich also sagen, dass auch nach französischem Recht der Mangel bei Gefahrübergang vorliegen muss, dieser jedoch grundsätzlich an den Eigentumsübergang geknüpft ist, der entweder bei Vertragsschluss oder bei Übergabe erfolgen kann.

Eine Ausnahme von dem Grundsatz, dass die Gefahr dem Eigentum folgt, besteht, wenn der Verkäufer in Verzug („*mise en demeure*") ist. Dann springt die Gefahr zurück auf den Verkäufer, auch wenn sie bei Vertragsschluss bereits übergegangen sein sollte, Art. 1138 Abs. 2 CC, und der Käufer Eigentümer geworden war.[323] Schließlich ist es möglich, den Gefahrübergang zum Gegenstand der Parteivereinbarung zu machen.[324] Wenn beispielsweise die Parteien eine auf-

---

317 *Desdevises,* J.Cl. Art. 1583 CC, Vente, Fasc. 20, Rn. 84.

318 Von Westphalen/*Wenner/Schödel,* Kaufvertragsrecht, Frankreich, Rn. 66; *Mainguy,* Contrats spéciaux, Rn. 118; *Desdevises,* J.Cl. Art. 1583 CC, Vente, Fasc. 20, Rn. 86.

319 *Sonnenberger/Dammann,* Frz. Handels- und Wirtschaftsrecht, Rn. VI 41; von Westphalen/*Wenner/Schödel,* Kaufvertragsrecht, Frankreich, Rn. 66.

320 *Mainguy,* Contrats spéciaux, Rn. 118.

321 *Sonnenberger/Dammann,* Frz. Handels- und Wirtschaftsrecht, Rn. VI 32.

322 Cass. civ. 3ième, 11.10.2000, Légifrance (F) n° 98-21826 zur Konkretisierung eines herzustellenden Bauwerks durch die Übergabe (hier als „livraison" bezeichnet); *Mainguy,* Contrats spéciaux, Rn. 119.

323 *Guimezanes,* Introduction au droit français, S. 229f.; *Mainguy,* Contrats spéciaux, Rn. 131.

324 *Mainguy,* Contrats spéciaux, Rn. 132.

schiebende Bedingung vereinbaren (Eigentumsvorbehalt), trägt der Verkäufer die Gefahr, bis die Bedingung eintritt, Art. 1182 Abs. 1 CC, und der Käufer wird rückwirkend Eigentümer.[325] Für den Käufer wird das französische Recht damit in vielen Fällen nachteiliger als das UN-Kaufrecht oder das deutsche Recht sein, weil die Gefahr schon zu einer Zeit auf ihn übergeht, zu der er die Sache noch nicht kontrollieren bzw. vor Schäden schützen kann.

IV. Schweizer Recht

Auch das Schweizer Recht setzt voraus, dass die Kaufsache im Zeitpunkt des Gefahrüberganges mangelhaft ist bzw. die zugesicherte Eigenschaft fehlt, wobei es ausreicht, dass der Mangel im Keim vorhanden ist.[326]

Das schweizerische Recht weist große Ähnlichkeit mit dem französischen Recht auf.[327] Wie auch im französischen Recht geht gem. Art. 185 Abs. 1 OR die Gefahr grundsätzlich im Zeitpunkt des Vertragsschlusses über, sowohl hinsichtlich eines Mangels, als auch hinsichtlich des Fehlens einer zugesicherten Eigenschaft.[328] Da der Gefahrübergang anders als im deutschen Recht nicht an die Übergabe geknüpft ist (§ 446 BGB), trägt unter schweizerischem Recht (wie auch unter französischem Recht) der Käufer die Gefahr, obwohl er unter Umständen noch nicht die tatsächliche Sachherrschaft über die Sache inne hat und vom Nutzen der Sache profitieren kann. Der Grund für diese Parallelität ist historisch zu verorten. Auch das Schweizer Recht ist stark vom römischen Recht geprägt (so gibt es zum Beispiel noch den Rechtsbehelf der Wandelung) und verfolgt den Grundsatz, dass der Käufer ab Vertragsschluss die Gefahr trägt (*periculum est emptoris*).[329]

Die Schweizer Lehre kritisiert, dass diese gesetzliche Regelung rechtspolitisch verfehlt sei. Zum einen sei sie nicht im Rechtsbewusstsein der Bevölkerung

---

325 *Mainguy,* Contrats spéciaux, Rn. 131.

326 BGer, 8.2.2010, Nr. 4A 601/2009; *Schmid/Stöckli,* Schweizer Obligationenrecht BT, Rn. 338; *Honsell,* OR BT, S. 85; Handkommentar zum Schweizer Privatrecht/*Müller-Chen,* Vertragsverhältnisse Teil 1, Art. 197 OR, Rn. 29; zum Gefahrübergang als maßgeblichen Zeitpunkt: *Bucher,* OR BT, S. 92; Basler Kommentar OR/*Honsell,* Art. 197, Rn. 11; *Keller/Siehr,* Kaufrecht, S. 78; *Akikol,* Sachmängelhaftung OR und UN-Kaufrecht, S. 237; zur zugesicherten Eigenschaft: Berner Kommentar/*Giger,* Art. 197 OR, Rn. 42; *Keller/Siehr,* Kaufrecht, S. 76, 78.

327 Art. 185 Abs. 1 OR wurde als Kompromiss zugunsten der am französischen Code civil orientierten Westschweiz eingeführt: *Honsell,* OR BT, S. 54.

328 BGer, 26.10.2009, Nr. 4A 237/2009; *Keller/Siehr,* Kaufrecht, S. 75f.

329 *Honsell,* OR BT, S. 53.

verankert. Zum zweiten aber – und das wiegt schwerer – sei sie im Ergebnis unbillig, da sie dem Grundsatz „wer den Nutzen hat, muss das Risiko tragen“ widerspreche.[330] Die Kritik ist insbesondere deshalb nicht von der Hand zu weisen, als dieses Prinzip auf der Annahme eines Platzkaufes als Regelfall beruht, bei dem der Käufer die gekaufte Ware sofort mitnimmt.[331] Im Rahmen eines internationalen Handelskaufes ist ein Platzkauf jedoch wohl die absolute Ausnahme. Deshalb wird diese gesetzliche Gefahrtragungsregel dahin ausgelegt, dass sie nur auf eine Holschuld beim Stückkauf anwendbar ist[332], wobei die Tatbestandsmerkmale der besonderen Verhältnisse, aus denen sich etwas anderes ergebe, oder einer abweichenden Parteivereinbarung, Art. 185 Abs. 1 OR, großzügig ausgelegt werden.[333] Beispielsweise sollen die Parteien bei einer Bringschuld regelmäßig vereinbaren, dass die Gefahr erst am Erfüllungsort übergehe.[334] Bei einer Gattungsschuld muss die Kaufsache gem. Art. 185 Abs. 2 OR ausgeschieden werden, was im Falle einer Versendung bedeutet, dass die Ware zur Versendung abgegeben wird, Art. 185 Abs. 2 OR. Direkt gilt Art. 185 Abs. 2 OR nur für den Gattungskauf, ist analog jedoch auch auf die Versendung einer Stückschuld anwendbar.[335] Eine Abgabe i. S. d. Art. 185 Abs. 2 OR setzt wie im UN-Kaufrecht voraus, dass der Beförderer nicht der Sphäre des Verkäufers entstammt. Transportiert der Verkäufer jedoch auf Verlangen des Käufers selbst, so leistet er mehr als notwendig wäre. Folglich geht die Gefahr bereits dann auf den Käufer über, wie wenn die Ware an einen unabhängigen Beförderer übergeben worden wäre.[336]

D. Vergleich und Bewertung

Ein Käufer ist interessiert, im Falle einer aus seiner Sicht von der geschuldeten Leistung abweichenden Verkäuferleistung möglichst schnell und leicht die ihm zu Gebote stehenden Rechtsbehelfe wegen Sachmängelgewährleistung geltend machen zu können. Ihm ist daran gelegen, dass die Schwelle zum

330 *Honsell*, OR BT, S. 53; *Keller/Siehr*, Kaufrecht, S. 25; Berner Kommentar/*Giger*, Art. 185 OR, Rn. 22; Tercier/Favre/*Tercier/Favre/Zen-Ruffinen*, Contrats spéciaux, Rn. 914; Basler Kommentar OR/*Koller*, Art. 185, Rn. 1; *Voser/Boog*, RIW 2009, 126 (128) m.w.N.

331 *Honsell*, OR BT, S. 53.

332 *Honsell*, OR BT, S. 54.

333 *Honsell*, OR BT, S. 55.

334 BGE 84 II 158 (162); *Honsell*, OR BT, S. 56.

335 *Honsell*, OR BT, S. 58.

336 Basler Kommentar OR/*Honsell*, Art. 185, Rn. 16; Berner Kommentar/*Giger*, Art. 185 OR, Rn. 42.

Anwendungsbereich des Sachmängelgewährleistungsrechts denkbar niedrig ist, also ein Sachmangel unter relativ geringen Bedingungen angenommen wird. Umgekehrt möchte ein Verkäufer eine Gewährleistungshaftung tunlichst vermeiden, so dass er eine hohe Schwelle wünscht.

Eine zentrale Tatbestandsvoraussetzung für die Anordnung einer Gewährleistungshaftung ist in allen vorstehend analysierten Rechtsordnungen, dass der Verkäufer tatsächlich eine vertragswidrige/mangelhafte Leistung erbracht hat. Die bisherigen Ausführungen haben gezeigt, dass der Begriff der Vertragswidrigkeit trotz mancher Ähnlichkeiten nicht deckungsgleich verstanden wird, so dass seine genaue Reichweite für beide Parteien – wenn auch mit entsprechend gegenläufiger Zielsetzung – ein wesentliches Kriterium für die Wahl einer Rechtsordnung ist.

Beide Parteien werden überdies gleichermaßen bestrebt sein, ein Regime zu wählen, das *ex ante* eine Definition der Vertragswidrigkeit bereitstellt, die denkbar eindeutig ist. Entsprechende Klarheit erleichtert eine störungsfreie Vertragserfüllung und -abwicklung und verringert das Potenzial kostspieliger und zeitraubender Streitigkeiten. Zwar ist es denkbar, dass eine Partei aus opportunistischen Gründen den Streit förmlich sucht. So mag der Käufer auf diese Weise die Fälligkeit seiner Kaufpreiszahlung zu verzögern suchen. Der Verkäufer kann seinerseits versuchen, eine monopolartige Lieferantenstellung auszunutzen, weil er weiß, dass der Käufer seinen Bedarf nicht (rechtzeitig) bei einer anderen Bezugsquelle zu decken vermag und somit eher zu Zugeständnissen bei der Leistungsqualität bereit ist. Doch handelt es sich bei solchen zweifelsohne oftmals verfolgten Strategien nicht um ein Verhalten legitimer Zielverfolgung und überdies um angesichts der Vielzahl sachfremder Motive kaum zu kalkulierende und im Rahmen dieser Untersuchung nicht sinnvoll zu bewältigende Sonderfälle. Sie müssen daher außer Betracht bleiben.

Für eine rechtsvergleichende Analyse sind die in der jeweiligen Regelung enthaltenen funktionalen und ebenfalls von Rechtsordnung zu Rechtsordnung divergierenden Lösungsansätze[337] für verschiedene Rechtsfragen von besonderem Interesse. Insbesondere unterscheiden sich die jeweiligen Vertragswidrigkeits-/Mängelkonzepte inhaltlich in nicht geringem Maße, was sich auf ihre Attraktivität für Käufer bzw. Verkäufer signifikant auswirkt.

337 Zur funktionalen Rechtsvergleichung ausführlich *Zweigert/Kötz*, Einführung in die Rechtsvergleichung, S. 33ff.

I. Definition der Sollbeschaffenheit

Zentral für die Ermittlung eines Mangels/einer Vertragswidrigkeit ist der Maßstab, anhand dessen die Sollbeschaffenheit der Leistung definiert wird, weil er unmittelbar das Ergebnis eventueller Vertragswidrigkeit prägt. Allen betrachteten Rechtsordnungen gemeinsam ist zunächst, dass die sog. subjektive Bestimmung der Sollbeschaffenheit durch Parteivereinbarung im Lichte der Vertragsfreiheit den Vorrang etwa gegenüber einer objektiven, also an allgemeingültigen Qualitätsmaßstäben genießt. Unterschiede ergeben sich allerdings im häufigen Falle, dass die Parteivereinbarung fehlt oder nicht vollständig ist. Das UN-Kaufrecht, das deutsche und das schweizerische Recht greifen hier auf eine Definitionskategorie zurück, die gewissermaßen zwischen einer subjektiven und objektiven Bestimmung steht, nämlich den von den Parteien oder auch nur des Käufers – aber für den Verkäufer erkennbar – vorausgesetzten Verwendungszweck des Käufers.[338] In dieser Konstellation kann die Sollbeschaffenheit – wenn die Erkennbarkeit des Verwendungszwecks genügt – also ohne ausdrückliches Einverständnis des Verkäufers definiert werden. Das französische Recht hingegen verlangt immer die Zustimmung des Verkäufers.[339] Der geschilderte Fall der Bioladeninhaberin[340] illustriert diesen Unterschied, der einen Vorteil für den Käufer im UN-Kaufrecht, deutschen und schweizerischen Recht begründet, während der Verkäufer eher von der Anwendbarkeit französischen Rechts profitieren würde.

Insbesondere dem Käufer, der die Ware zu einem anderen als den gewöhnlichen Verwendungszweck gebrauchen möchte (etwa Weiterverarbeitung zu einem völlig neuartigen, innovativen Produkt und damit einhergehende ungewöhnliche Verwendungsmöglichkeit), kommt es gelegen, dass er den außergewöhnlichen Verwendungszweck einseitig voraussetzen kann, ohne auf eine subjektive Beschaffenheitsvereinbarung angewiesen zu sein, denn im letzteren Fall müsste der Verkäufer zustimmen; eine reine Kenntnisnahme würde nicht genügen.

Allerdings ist auch zu berücksichtigen, dass ein nicht leicht handhabbares, weil in vielen denkbaren Facetten auftretendes und schwer nachweisbares Kriterium wie ein vorausgesetzter Zweck und ggf. zur Kenntnis genommener Zweck erhebliches Potenzial für Streit birgt, den die Parteien an sich vermeiden möchten. Es ist für den Käufer gerade im grenzüberschreitenden Rechtsverkehr, bei

338 S. 1. Kapitel. A. I. 1., 2., 4.

339 S. 1. Kapitel. A. I. 3.

340 S. 1. Kapitel. A., S. 28.

dem Missverständnisse aufgrund sprachlicher Unterschiede oder abweichender Gepflogenheiten programmiert sind, oftmals nicht leicht, mit der erforderlichen Sicherheit nachzuweisen, dass ein von ihm verfolgter Verwendungszweck für den Verkäufer erkennbar oder unzweideutig verständlich war. Kann ein deutscher Käufer tatsächlich von einem französischen Verkäufer bei Anwendbarkeit des UN-Kaufrechts erwarten, dass dieser seinen in deutscher Sprache gefassten Briefkopf richtig versteht? Streitpotenzial dürfte in solchen Fällen zur Genüge existieren. Derartige Schwierigkeiten werden den Käufer den Rechtsstreit ggf. scheuen lassen. Allerdings besteht ein solches Durchsetzungsrisiko in mehr oder minder großem Ausmaß auch im Hinblick auf andere Problemkomplexe, so dass es nicht als systemisches Problem dieser einzelnen Rechtsfrage angesehen werden kann und darum im Hinblick auf seine Anreiz- bzw. Abschreckungswirkung nicht überbewertet werden sollte.

Umgekehrt gilt natürlich, dass der Verkäufer mit der Vereinbarung Schweizer, deutschen Rechts oder des UN-Kaufrechts im Hinblick auf diesen Aspekt einen Nachteil erlitte. Ihm wäre zur Vermeidung des Risikos, für die fehlende Tauglichkeit der Sache für einen besonderen, erkennbaren, aber von ihm nicht erkannten Verwendungszweck des Käufers haften zu müssen, die Wahl französischen Rechts zu empfehlen, das am zurückhaltendsten gegenüber der Anerkennung solcher vorausgesetzter Zwecke ist, weil es insoweit eine echte Einigung der Parteien und nicht allein den Vertrauenstatbestand der Erkennbarkeit oder der Kenntnisnahme vom Zweck ohne Zustimmung des Verkäufers verlangt.

Sollte kein außergewöhnlicher Verwendungszweck vereinbart oder kundgegeben worden sein, muss die Ware zur gewöhnlichen Verwendung tauglich sein. Was gewöhnlich ist, beurteilt sich in jeder Rechtsordnung aus Sicht des objektiven Käufers, nicht des Verkäufers. Gerade im internationalen Handelskauf können aufgrund der unterschiedlichen kulturellen Herkünfte der Käufer aus Sicht des aus einem anderen Kultur- bzw. Rechtskreis stammenden Verkäufers atypische Verwendungszwecke bestehen. Dabei ist es für den Käufer von Vorteil, dass er unter jeder Rechtsordnung den (aus Sicht des Verkäufers) atypischen Verwendungszweck nicht vereinbaren oder kundgeben muss, weil in jeder Rechtsordnung der objektive Beschaffenheitsbegriff aus Käufersicht bestimmt wird.

Auch wenn der gewöhnliche Beschaffenheitsbegriff im deutschen Recht und im UN-Kaufrecht detaillierter und exemplarischer aufgeführt wird als im französischen und schweizerischen Recht (z. B. Erfordernis einer korrekten Montageanleitung im deutschen Recht[341]), erleidet der Käufer im Vergleich zum

341 1. Kapitel. A. I. 2.

schweizerischen und französischen Recht nicht zwingend einen Nachteil wegen dieser Rechtsunsicherheit. Die Abstraktheit des Begriffs der gewöhnlichen Verwendung ermöglicht die Berücksichtigung einer Vielzahl von Einzelfällen, so dass es für den Käufer zu keiner bedeutenden Rechtsunsicherheit führt, wenn diese nicht beispielhaft aufgeführt sind.

So trifft den internationalen Handelskäufer nicht unbedingt ein Nachteil, wenn er nicht das deutsche, sondern etwa das schweizerische Recht anwendet und deshalb darauf verzichten muss, dass eine fehlerhafte Montageanleitung oder eine unsachgemäße Montage schon von Gesetzes wegen automatisch zu einer als mangelhaft einzuordnenden Leistung des Verkäufers führt. Die Idee, die Mangelhaftigkeit auf eine fehlerhafte Montageanleitung zu gründen, basiert auf der Verbrauchsgüterkaufrichtlinie[342]. Diese Idee fand naturgemäß keinen Eingang in das UN-Kaufrecht, weil dieses nicht auf Verbrauchsgüterkäufe anwendbar ist. Eine fehlerhafte Montageanleitung dürfte auch ohne ausdrückliche Regelung ohne weiteres eine Vertragswidrigkeit begründen, da bei unsachgemäßer Montage als Konsequenz der fehlerhaften Anleitung die Sache nicht zweckentsprechend gebraucht werden kann. Dieses Kriterium besitzt im internationalen Handelsverkehr daher wohl selten eine eigenständige Relevanz, wenngleich die Klarstellung im deutschen Recht mindestens hilfreich ist.

Zwei Auffälligkeiten ergeben sich aber im Rahmen des objektiven Beschaffenheitsbegriffs des UN-Kaufrechts, die sich einmal positiv, einmal negativ für den Käufer (und dementsprechend umgekehrt für den Verkäufer) auswirken. Vorteilhaft ist für den Käufer, dass das UN-Kaufrecht eine fehlerhafte Verpackung oder eine Abweichung von der Probe oder des Musters von Gesetzes wegen als Mangel behandelt.[343] Unter Anwendung der nationalen Rechtsordnungen müsste der Käufer erst nachweisen, dass der gewöhnliche Gebrauch der Sache – hier in Form des Weiterverkaufes – beeinträchtigt wird, weil die Originalverpackung zerstört wurde[344] oder diese etwa den spezifischen klimatischen Bedingungen des Empfängerlandes nicht angemessen war. Dies wird ihm jedoch nur zum Teil gelingen, da ein Weiterverkauf zu vermindertem Preis oft möglich ist.

Nachteilig erscheint andererseits für den Käufer im UN-Kaufrecht, dass der Verkäufer im Rahmen des objektiven Gebrauchsbegriffes die öffentlich-rechtlichen Regeln des Importstaates bezüglich der Kaufsache nicht einhalten muss, es sei denn, er hätte sie gekannt.[345] Die anderen Rechtsordnungen verlangen diese

342 Art. 2 Abs. 5 der Verbrauchsgüterkaufrichtlinie 1999/44/EG.

343 1. Kapitel A. I. 1.

344 Zum schweizerischen Recht etwa Basler Kommentar OR/*Honsell,* Art. 197, Rn. 10.

345 1. Kapitel A. I. 1.

Beachtung dagegen vom Verkäufer.[346] Weil der international tätige Verkäufer nur schwer die öffentlich-rechtlichen Regeln aller Länder, zu denen er handelsrechtliche Beziehungen unterhält, kennen kann, erweist sich das UN-Kaufrecht hier als eine Rechtsordnung, die den Interessen eines international tätigen Händlers stärker Rechnung trägt als die nationalen Rechtsordnungen, die für reine Platzkäufe ebenso Anwendung finden wie für internationale Handelskäufe.

II. Kreis mängelbegründender Eigenschaften

Ein weiterer bedeutender Unterschied liegt im Kreis der Eigenschaften, die als Sollbeschaffenheit vereinbart werden können. Dem Käufer dürfte regelmäßig daran gelegen sein, diesen Kreis möglichst weit zu ziehen, um eine Basis für Mängelgewährleistungsansprüche zu legen und ggf. das eigene Verwendungsrisiko in Bezug auf die Kaufsache so weit als möglich auf den Verkäufer zu überwälzen. Das Problem wird in Rechtsprechung und Literatur unter dem Stichwort behandelt, inwieweit ein Mangel in der Sache selbst wurzeln muss bzw. „unmittelbar" zu sein hat. Je enger der Bezug der relevanten Eigenschaft zur Sache zu sein hat, desto weniger Eigenschaften kommen als mängelbegründend in Betracht.

Im Hinblick auf diese Frage sticht das schweizerische Recht als besonders käuferfreundlich heraus. Während das französische Recht für eine mängelbegründende Eigenschaft verlangt, dass diese der Sache selbst anhaften muss, genügt nach eidgenössischen Rechtsprinzipien, dass ein nur mittelbarer Bezug der Eigenschaft zur Sache besteht.[347] Zwar genügt dieser auch nach deutschem und UN-Kaufrecht[348], doch geht das Schweizer Recht weiter, indem es rein wirtschaftliche Beziehungen – also ohne eigentlichen rechtlichen oder tatsächlichen Bezug zur Sache – als tauglichen Gegenstand einer Zusicherung erachtet. Wird eine solche – zugegebenermaßen an strikte Verbindlichkeitsvoraussetzungen gebundene – Zusage gegeben und nicht eingehalten, löst dies Sachmängelgewährleistungsansprüche aus. Das ist im modernen Wirtschaftsleben von enormer Bedeutung, weil etwa bei der Veräußerung von Unternehmen in Form eines *asset deal* sich nicht nur die Frage der Eigenschaften bzw. Werthaltigkeit der einzelnen Vermögensgegenstände für sich betrachtet stellt, sondern auch ihre zusammengefasste Ertragskraft. Da der Wert eines unternehmerischen Fuhrparks etwa nicht nur von den LKWs als solchen, sondern auch den Managementfähigkeiten des Fuhrunternehmers und der allgemeinen Marktlage auf Nachfrage- wie

346 1. Kapitel. A. I. 2. bis 4.
347 1. Kapitel A. I. 3., 4.
348 1. Kapitel. A. I. 1, 2.

Angebotsseite abhängig ist, haftet die „Ertragskraft" des Fuhrunternehmens nicht als Eigenschaft den LKWs an, sondern steht zu diesen lediglich in mittelbarer Beziehung. Das schweizerische Recht erlaubt es nun – anders als die übrigen Rechtsordnungen – diese mittelbare Beziehung zum Gegenstand einer zugesicherten Eigenschaft bei Veräußerung der LKWs in Form eines *asset deal* zu machen. Die praktische Bedeutung dieser Option ist deswegen so hoch, weil sie dem Käufer – immer natürlich entsprechende Marktmacht vorausgesetzt – ermöglicht, sein Verwendungsrisiko im Hinblick auf die Ertragskraft eines Wirtschaftsguts, die an sich nicht Gegenstand der Mängelgewährleistung ist, auf den Verkäufer zu überwälzen. Hierfür steht die eventuelle Zusicherung eines mit den Luxuslimousinen erzielbaren Mietertrags ebenso wie vergleichbare Fälle, in denen die Ertragskraft an sich in die Risikosphäre des Käufers fiele.

Selbstverständlich verfügen andere Rechtsordnungen ggf. über alternative Rechtsinstitute oder Gestaltungsmöglichkeiten wie selbstständige Garantieverträge oder -zusagen, doch betreffen sie vor allem nicht die hier maßgebliche Frage nach Mängelgewährleistung und unterliegen anderen, nicht selten strengeren Voraussetzungen, wie etwa einem Verschuldenserfordernis, das bei der Haftung wegen Fehlens einer zugesicherten Eigenschaft nicht erfüllt werden muss.

Dadurch eröffnet das Schweizer Recht dem Käufer eine Bandbreite zu berücksichtigender Faktoren, die selbst das deutsche Recht nicht leisten kann. Unter den Begriff der zugesicherten Eigenschaft können nämlich auch solche Eigenschaftsabweichungen subsumiert werden, die selbst aus deutscher Sicht keine mittelbaren Mängel wirtschaftlicher Art darstellen würden wie im Beispiel des Schweizer Investmentbankers:[349] Dieser kauft Limousinen, welche nicht den gewünschten Mietzinsertrag brachten, obwohl die Limousinen an sich fehlerfrei sind. Das deutsche Recht würde ihm in diesem Fall das Verwendungsrisiko aufbürden bzw. keine Ausnahme von der Regel, dass der Käufer grundsätzlich das Verwendungsrisiko trage, als einschlägig ansehen.

Dagegen sind mittelbare Mängel nach allen behandelten Rechtsordnungen nicht schon automatisch im objektiven Beschaffenheitsbegriff enthalten, so dass eine entsprechende Rechtswahl keinen Vorteil böte.

III. Gebrauchsbeeinträchtigung/Wertminderung

Käuferfreundlicher fällt das Schweizer Recht auch im Hinblick auf die Frage aus, inwieweit die Abweichung der Ist- von der Sollbeschaffenheit die Sache auch dann zu einem Mangel führt, wenn zwar nicht die Gebrauchsfähigkeit der Sache,

349 1. Kapitel A., S. 28.

aber der Wert beeinträchtigt ist. Das UN-Kaufrecht, das französische und das deutsche Recht – sofern man nicht der Minderheitsmeinung von *Medicus/Lorenz* folgt, nach denen eine Beschaffenheit i. S. d. § 434 Abs. 1 S. 1 BGB auch eine Beschaffenheit sein kann, die nicht auf den Gebrauchszweck abstellt – knüpfen ausschließlich an die Gebrauchsbeeinträchtigung an.[350] Das kann für den Käufer einen Vorteil bieten, wenn etwa gebrauchte Wirtschaftsgüter wie Maschinen oder Kraftfahrzeuge Gegenstand der Transaktion sind, die als solche zwar vollständig wie ein entsprechendes neues Exemplar gebrauchstauglich, angesichts der bisherigen Nutzung aber in ihrem Marktwert gemindert sind.

IV. Identitäts- und Quantitätsabweichung

Im Hinblick auf die Konsequenzen einer Identitätsabweichung unterscheiden sich UN-Kaufrecht und deutsches Recht auf der einen Seite und französisches und schweizerisches Recht auf der anderen Seite. Der Grund hierfür ist, dass das UN-Kaufrecht und deutsche Recht auf unterschiedliche technische Weise das Rechtsinstitut des „aliud" eliminiert haben. Jede Identitätsabweichung begründet ggf. einen Anspruch aus Mängelgewährleistung, nicht aber wegen Nichterfüllung.[351] Demgegenüber haben das schweizerische und französische Recht die Zweigleisigkeit der Haftung beibehalten. Sie sehen eine Mängelgewährleistungshaftung bei Gattungsschulden vor, soweit keine Ware einer anderen Gattung geliefert wurde, und eine Nichterfüllungshaftung bei Lieferung einer Ware einer anderen Gattung sowie bei Stückschulden im Falle der Lieferung einer anderen als der geschuldeten Sache (Identitätsaliud).[352] Die wesentlichen Unterschiede rühren daher, dass beim zweigleisigen Konzept andere Haftungsvoraussetzungen für jeden Haftungstatbestand gelten. Die bei Sachmängeln zumeist erforderliche Rüge des Käufers entfällt beim Nichterfüllungstatbestand, so dass sich schweizerisches und französisches Recht insoweit als käuferfreundlicher erweisen. Gleiches gilt für die Verjährungsfrist, die bei Nichterfüllungstatbeständen länger als bei Sachmängelgewährleistungsansprüchen ist.

Die von Gesetzes wegen im deutschen Recht und im UN-Kaufrecht vorgenommene Gleichstellung einer Aliud-Leistung (§ 434 Abs. 3 BGB bzw. Art. 35 Abs. 1 CISG) mit einer Schlechtleistung bringt für beide Parteien primär Rechtssicherheit. Überflüssig wird die zum Teil nur schwer durchführbare Unterscheidung zwischen einer schlechten Gattungssache und einer anderen Gattungssache.

---

350 1. Kapitel. A. I. 1. bis 3.
351 1. Kapitel. A. II. 1., 2.
352 1. Kapitel. A. II. 3., 4.

Dass selbst Rechtskundige Schwierigkeiten haben, eine Peius-Leistung von einer Aliud-Leistung abzugrenzen, zeigen zum Beispiel die in der französischen Untersuchung zitierten Urteile der Cour de Cassation vom 1.12.1992 und vom 10.12.1968[353], bei denen die Klage zunächst auf Sachmängelgewährleistungsrecht statt – wie richtigerweise – auf Nichterfüllungsrecht gestützt wurde. Keine Partei läuft nunmehr Gefahr, ein falsches Sachrecht anzuwenden. Das deutsche Recht und das UN-Kaufrecht ermöglichen aufgrund ihrer Struktur jeder Partei ein vorausschauendes, sicheres Rechtshandeln.

Dennoch sollte sich der Käufer überlegen, ob er nicht doch lieber französisches oder schweizerisches Recht anwenden möchte. Denn der Erfüllungsanspruch verjährt im Schweizer Recht in zehn Jahren und im französischen Recht in fünf Jahren, wohingegen Sachmängelgewährleistungsrechte jeweils in zwei Jahren verjähren.[354] Außerdem unterliegt der Käufer im Rahmen der Nichterfüllungsrechte nicht der Gefahr der nicht rechtzeitig ausgesprochenen Rüge. Für den Verkäufer stellen sich naturgemäß die umgekehrten Erwägungsgründe.

Die Anwendbarkeit des Nichterfüllungsrechtes steht und fällt mit der Bestimmung des Gattungsbegriffes. Das schweizerische Recht legt den Gattungsbegriff relativ aus, d.h. ob eine Sache einer anderen Gattung angehört oder der vertragsgemäßen, richtet sich ausschließlich nach der von den Parteien im Kaufvertrag erfolgten Umschreibung der Kaufsache. Sollte die Parteien die Kaufsache keine gattungsmäßige Umschreibung im Kaufvertrag vorgenommen haben, so richtet sich der Gattungsbegriff nach dem Vertrauensprinzip, d.h. welche Elemente artbestimmend sind, auf deren Vorhandensein der Käufer vertrauen durfte.[355]

Das französische Recht verfolgt dagegen einen funktionalen Gattungsbegriff. Entscheidend ist, ob die Kaufsache für den Käufer trotz einer Artabweichung verwendbar ist oder nicht.[356] Wie die Untersuchung zeigte, ist der französische Gattungsbegriff sogar so eng gefasst, dass die Kaufsache in jeglicher Hinsicht den Verwendungsanforderungen des Käufers genügen muss (Beispiel Entkalkungsmaschine).[357] Diese enge Begriffsdefinition ist freilich nicht frei von Kritik. Dadurch wird zum einen die Grenze zu einer der Gattung nach entsprechenden, aber fehlerhaften Sache verwischt und es werden zum anderen Motive mitberücksichtigt, deren Berücksichtigung unbillig ist. Leistet der Verkäufer das Versprochene seiner Art nach in qualitativer und quantitativer Hinsicht, so ist dem

353 1. Kapitel A. II.3. a): S. 60, Fßn. 243f.

354 1. Kapitel. A. II. 3. a), 4. a).

355 1. Kapitel. A. II. 4. a).

356 1. Kapitel. A. II. 3. a).

357 1. Kapitel. A. II. 3. a)., S. 59.

Käufer das Verwendungsrisiko zuzuweisen und der Verkäufer schutzbedürftig, da er alle seine ihm gesetzlich auferlegten Pflichten ordnungsgemäß erfüllte. Ein Fehlkauf wie im Beispiel der Entkalkungsmaschine muss aufgrund des Grundsatzes „*pacta sunt servanda*" ein unbeachtlicher Motivirrtum bleiben und der Käufer an seine Kaufentscheidung gebunden bleiben. Die Berücksichtigung von Motiven bei der Bestimmung der Gattung birgt ein hohes Maß an Risiken für die Rechtssicherheit.

Beide Rechtsordnungen haben – zu Lasten des Verkäufers – sehr enge Gattungsbegriffe und ermöglichen dem Käufer, schnell Nichterfüllungsrechte zu erlangen. Insbesondere das französische Recht scheint dabei noch käufergünstiger zu sein, wenn es sämtliche Verwendungsarten berücksichtigt. Ein Wermutstropfen für Käufer wie Verkäufer ist daher die insbesondere im französischen Recht schwierige, weil offenkundig ergebnisgetriebene Abgrenzung der einzelnen Gattungen. Hier geht es der französischen Rechtsprechung zweifelsohne darum, in bestimmten Fallkonstellationen wohl zumeist aus Verjährungsgründen den Weg in die Nichterfüllungshaftung zu eröffnen. Dabei nimmt sie teilweise absurd enge Gattungsdefinitionen an. Solche von Einzelfallentscheidungen geprägte Konzepte sind naturgemäß mit großer Rechtsunsicherheit *ex ante* und einem erheblichen Streit- und Prozessrisiko behaftet. Dieser Nachteil trifft Verkäufer und Käufer gleichermaßen.

Im Rahmen der Zuwenig-Leistung empfehlen sich das Schweizer und das französische Recht für den Käufer. Das UN-Kaufrecht geht von einer Vertragswidrigkeit aus, Art. 35 Abs. 1 CISG, das deutsche Recht von einem Sachmangel, § 434 Abs. 3 BGB.[358] Beide eröffnen dem Käufer Sachmängelgewährleistungsrechte. Im französischen Recht und im Schweizer Recht unterfällt sie als Nichtleistung den Regeln der Nichterfüllung.[359] Nichterfüllungsrechte sind – wie bereits festgestellt – für den Käufer günstiger.

Außerdem haben diese systematischen Einordnungen für den Käufer zur Konsequenz, dass er unter Geltung des UN-Kaufrechts und des deutschen Rechts die Minderlieferung behalten kann und damit die Chance erhält, aus einem Weiterverkauf Gewinn zu erzielen. Eben genannte Rechtsordnungen sehen nämlich in diesem Fall ein Nacherfüllungsrecht des Verkäufers vor. Müsste der Käufer warten, bis der Verkäufer seinen Nichterfüllungsanspruch erfüllt, führt dies für den Käufer unter Umständen zu erheblichen wirtschaftlichen Verlusten. Man stelle sich vor, der Marktpreis der Ware sei abhängig von einem Börsenkurs oder

358 1. Kapitel. A. II. 1. b), 2. b) (2).
359 1. Kapitel. A. II. 3. b) (2), 4. b) (2).

es handele sich um ein innovatives Produkt, dessen Wert maßgeblich durch die Neuheit und des Erscheinens als Erster auf dem Markt abhängt. Auch muss er das Insolvenzrisiko des Verkäufers tragen. Im Ergebnis haben alle Handelskäufer von Waren, die keinem stabilen Marktpreis unterliegen, ebenso wie die Handelskäufer von herzustellenden oder weiterverarbeitenden Waren ein Interesse, die bereits geleistete Ware gewinnbringend verwerten zu können und nicht auf die Leistung der vollständigen Ware warten zu müssen.

Eine Zuviel-Leistung ist im UN-Kaufrecht eine Vertragswidrigkeit i.S.d. Art. 35 CISG.[360] In den anderen Rechtsordnungen ist das zu viel Geleistete eine Nichterfüllungsleistung, die herausgegeben werden muss.[361] Die unterschiedliche systematische Einordnung hat zur Folge, dass das zu viel Geleistete nach UN-Kaufrecht im Rahmen der vertraglichen Rückabwicklung, Art. 82 Abs. CISG, zurückzugewähren ist, in den anderen Rechtsordnungen nach Bereicherungsrecht (§§ 812ff. BGB, Art. 1376 CC[362], Art. 62 Abs. 1 OR), wobei im deutschen und schweizerischen Recht immerhin die (im Handelskauf wohl eher nur theoretische) Möglichkeit für den Käufer besteht, sich auf Entreicherung zu berufen (§ 818 Abs. 3 BGB, Art. 64 OR). Das französische Recht gewährt nur dem Geschäftsunfähigen eine dem deutschen Recht vergleichbare Entreicherungseinrede, Art. 1312 CC.[363] Dies macht das deutsche und das schweizerische Recht in diesem Zusammenhang für den Käufer interessanter.

---

360 1. Kapitel.A. II. 1. b).

361 1. Kapitel.A. II. 2. b) (1), 3. b) (1), 4. b) (1).

362 *Ghestin/Huet,* Contrats spéciaux, Rn. 11246; Das französische Recht kennt nicht das allgemeine Rechtsinstitut der ungerechtfertigten Bereicherung, wie es das deutsche Recht durch die §§ 812ff. BGB kennt. Allerdings sieht es vereinzelt ausdrücklich einen Bereicherungsanspruch vor, um Unbilligkeiten zu vermeiden, so etwa den Anspruch wegen condictio indebeti aus Art. 1376 CC wegen sogenanntem "paiement de l'indu". Dieser entspricht der deutschen Leistungskondiktion und ist auf eine nicht geschuldete Geld- oder Sachleistung anwendbar: *Schlechtriem,* Restitution und Bereicherungsrecht in Europa, Bd. I, S. 247ff.; *Stadler,* Gestaltungsfreiheit und Verkehrsschutz durch Abstraktion, S. 215; *Wendehorst,* in: Zimmermann, Grundstrukturen europäisches Bereicherungsrecht, S. 61; *Bucher,* OR AT, S. 656.

363 *Schlechtriem,* Restitution und Bereicherungsausgleich in Europa, Bd. II, S. 15; *Ferid/Sonnenberger,* Frz. Zivilrecht, Rn. 2 N 66; eine Entreicherung wird auf Tatbestandsebene als notwendiges Korrelat zur Bereicherung geprüft, allerdings nur, um die unmittelbare Kausalität (Korrelation) festzustellen: *Ferid/Sonnenberger,* Frz. Zivilrecht, Rn. 2 N 48; *Jansen,* Binnenmarkt, Privatrecht und europäische Identität, S. 45.

V. Erheblichkeit

Im deutschen Recht und im UN-Kaufrecht reicht grundsätzlich jede Abweichung aus, um einen Mangel zu begründen.[364] Korrigiert wird eine Unerheblichkeit im Tatbestand des jeweiligen Rechtsbehelfes, also in etwa bei der Vertragsaufhebung. Sowohl das französische als auch das schweizerische Sachmängelgewährleistungsrecht setzen eine erhebliche Vertragswidrigkeit bereits im Mangelbegriff voraus.

Im schweizerischen und französischen Recht sind unterschiedliche Anforderungen an den Erheblichkeitsbegriff festzustellen.[365] Das französische Recht fordert eine erhebliche Gebrauchsbeeinträchtigung, das schweizerische eine erhebliche Gebrauchsbeeinträchtigung oder Wertminderung, aufgrund derer der Käufer das Interesse am Vertrag verloren hat. Fraglich ist, ob sich diese theoretischen Unterschiede in der Praxis widerspiegeln. Wenn der Käufer die Ware völlig zerstört oder irreparabel beschädigt erhält, ist sowohl ihre Gebrauchstauglichkeit als auch ihr Wert gemindert, ob es sich nun um eine verderbliche oder eine unverderbliche Ware handelt. Wenn die Ware weiterverarbeitet oder verkauft werden soll, können jedoch Unterschiede bestehen. Kann der Käufer die Ware nur mit Einbußen weiterverkaufen, weil er beispielsweise eine Ware einer anderen Farbe zur Herstellung eines anderen Produktes verwenden muss, liegt nach schweizerischem Verständnis ein erheblicher Mangel vor, da der Käufer den Vertrag nicht geschlossen hätte, wenn er diese Ware vom Verkäufer angeboten bekommen hätte. Nach französischem Verständnis läge hier kein Mangel vor, da die Ware ihrem Gebrauch entsprechend (Verarbeitung) verwendet werden kann. Insgesamt führt die Weite des Erheblichkeitsbegriffes im Schweizer Recht zu einer käuferfreundlicheren Eröffnung des Anwendungsbereiches von Sachmängelgewährleistungsrechten.

VI. Maßgeblicher Zeitpunkt

Das deutsche Recht und das UN-Kaufrecht setzen grundsätzlich einen Sachherrschaftswechsel für den Gefahrübergang voraus.[366] Gleiches gilt nach in der schweizerischen Rechtsliteratur und –praxis vorherrschender und richtiger Ansicht auch im Schweizer Recht.[367] Das französische Recht knüpft den Gefahrübergang dagegen an den Eigentumswechsel, der für seine Wirksamkeit

364 1. Kapitel. B. I., II.

365 1. Kapitel.B. III., IV.

366 1. Kapitel C. I., II.

367 1. Kapitel C. IV.

keine Übergabe und damit keinen tatsächlichen Sachherrschaftswechsel voraussetzt.[368]

Für den Käufer sind die Rechtsordnungen vorteilhaft, die den Gefahrübergang an den Wechsel der tatsächlichen Sachherrschaft anknüpfen, d.h. also das deutsche, schweizerische Recht und UN-Kaufrecht. Sie stellen einen Gleichlauf zwischen Nutzen und Gefahrtragung her: Wer die Ware nutzen – und tatsächlich beherrschen – kann, soll die Gefahr tragen. Der Verkäufer kann sich vor einer zufälligen Beschädigung oder einen zufälligen Untergang der Ware durch eine Versicherung schützen, solange er dieses Risiko tragen muss.

Das französische Recht missachtet diesen Grundsatz, indem es zum einen die Übergabe an den Eigentumswechsel knüpft und zum anderen eine Übergabe wegen des Konsensprinzipes nicht notwendig ist. Für den Käufer bedeutet die Anwendung französischen Rechts ein großes Risiko, nicht nur, weil die Gefahr der fehlerhaften Rechtsanwendung bei Rechtskonstruktionen, die von der heimischen Rechtsordnung abweichen, besonders groß ist. Es bringt auch große Rechtsdurchsetzungsschwierigkeiten mit sich. Dem Rechtsanwender wird es insbesondere im internationalen Handelsverkehr nur schwer einleuchten, dass er sich vor einem zu schnellen Eigentumsübergang (keine Übergabe, keine Kaufpreiszahlung als Voraussetzung) durch die Vereinbarung einer aufschiebenden Bedingung schützen muss (Eigentumsvorbehalt). Unbehagen im Umgang mit einer fremden Rechtsordnung, Akzeptanzmöglichkeit für (alle) Vertragspartner, Rechtssicherheit, Steuerbarkeit eines Prozesses im Ausland und Bequemlichkeit sind jedoch gerade Argumente, die die Attraktivität einer Rechtsordnung für die Rechtswahl beeinflussen, wie die Auswertung des Fragebogens zeigt.[369] Ferner trägt der Käufer unter Anwendung des französischen Rechts das zusätzliche Risiko, dass die vertragliche Klausel zur Modifizierung des Eigentumsüberganges unwirksam ist, mittels derer er den gesetzlichen Gefahrübergang beeinflussen kann. Auch hier gilt natürlich, dass die Nachteile des Käufers sich als Vorteile des Verkäufers darstellen.

Welche Unterschiede ergeben sich jedoch für den Versendungskauf, den Regelfall des internationalen Handelskaufes und damit die praktisch wichtigste Konstellation? Bei Anwendung des UN-Kaufrechts geht die Gefahr beim Transport der Sache auf den Käufer über, wenn der Verkäufer sie einem „*independent carrier*“ übergibt. Sollte der Verkäufer sie selbst transportieren, verbleibt

---

368 1. Kapitel C. III.

369 S. Auswertung Fragebogen, Anhang 1, XI.ff.

die Gefahr beim Verkäufer.[370] Damit stellt das UN-Kaufrecht den Käufer besser als das deutsche und schweizerische Recht, das die Gefahr auch auf den Käufer übergehen lässt, wenn die Ware einem Mitarbeiter des Verkäufers zum Transport anvertraut wird.[371] Das ist insofern inkonsequent und eine Abweichung vom Prinzip des Gleichlaufs von Beherrschbarkeit der Sache und Gefahrtragung, als sich die Ware in diesem Fall noch in der Herrschaftssphäre des Verkäufers befindet. Im schweizerischen Recht ist dies dadurch zu rechtfertigen, dass hier der Käufer durch sein Einverständnis mit dem Transport durch eigene Leute des Verkäufers die gesetzliche Gefahrtragungsregelung vertraglich modifiziert. Das französische Recht ist ähnlich dem Schweizer Recht ausgestaltet, indem es die Gefahr bei Übergabe der Ware an ein Transportunternehmen auf den Käufer übergehen lässt.[372]

VII. Zwischenergebnis 1. Kapitel

Der Vergleich des Vertragswidrigkeitsbegriffes zeigt, dass das UN-Kaufrecht im Vergleich zu den anderen Rechtsordnungen in diesem Punkt für den unternehmerischen Käufer jedweder Art insgesamt vorteilhafter ist als die anderen Rechtsordnungen. Gleichzeitig benachteiligt es dadurch tendenziell den Verkäufer.

Stärker als andere Rechtsordnungen (insbesondere das französische Recht) strebt das UN-Kaufrecht beim Zeitpunkt des Gefahrübergangs einen Gleichlauf zwischen Nutzen und Gefahrtragung an, indem es einen tatsächlichen Sachherrschaftswechsel voraussetzt. Zudem bürdet es dem Verkäufer das Risiko des zufälligen Untergangs oder der zufälligen Verschlechterung der Sache auf, wenn zwischen den Parteien ein Versendungskauf vereinbart war und die Transportperson aus der Sphäre des Verkäufers stammt. Dabei verlangt das UN-Kaufrecht regelmäßig noch nicht beim Begriff der Vertragswidrigkeit, sondern erst bei den weiteren Voraussetzungen bestimmter Sachmängelgewährleistungsrechte eine erhebliche Beeinträchtigung.

Das UN-Kaufrecht ist dogmatisch und systematisch sehr „anwendungsfreundlich" aufgebaut, was beiden Parteien zugutekommt. Es geht von einem einheitlichen Begriff der Leistungsstörung aus, der nicht zwischen Haftung aus Gewährleistung und anderer Haftung aus dem Kaufvertrag unterscheidet.[373]

---

370 1. Kapitel. C. I.

371 1. Kapitel. C. II., IV.

372 1. Kapitel. C. III.

373 *Voser/Boog*, RIW 2009, 126 (136f.).

Anders sind das Schweizer und das französische Zivilrecht konstruiert. Die dort zu findende Zweigleisigkeit von Gewährleistungshaftung und Nichterfüllungshaftung erhöht die Gefahr der fehlerhaften Rechtsanwendung und verursacht ein hohes Maß an Rechtsunsicherheit für die Parteien und insbesondere den Käufer, weil er häufig nicht sicher wissen kann, ob er aus Erfüllungs- oder Gewährleistungshaftung vorgehen sollte, was den Verkäufer begünstigt. Das UN-Kaufrecht stellt somit eine für den Käufer in diesem Punkt vorteilhafte Regelung bereit.

Ferner kann der Käufer durch eine einseitige Kundgabe des Verwendungszweckes den Begriff der Sollbeschaffenheit modifizieren. Im französischen Recht ist dafür eine beidseitige Vereinbarung zwischen Käufer und Verkäufer notwendig, was letzterem ersichtlich nutzt.

An zweiter Stelle empfiehlt sich das deutsche Recht für den Käufer. Zwar wurde das deutsche Recht durch die am 1.1.2002 in Kraft getretene Schuldrechtsreform dem UN-Kaufrecht – dem Vorbild der Verbrauchsgüterkaufrichtlinie, die ihrerseits Modell für die Schuldrechtsreform stand –, angenähert.[374] Gleichwohl handelt es sich nicht um eine vollständige Übernahme der relevanten Regelungen, so dass auch hier ein Unterschied verbleibt. Anders als im UN-Kaufrecht trägt der Verkäufer nach deutschem Recht die Gefahr nicht mehr, wenn er den Transport durch eigene Mitarbeiter vollzieht, so dass der für das Vorliegen etwaiger Mängel relevante Zeitpunkt des Gefahrüberganges bereits im Zeitpunkt der Übergabe an die Versendungsperson auf den Käufer übergegangen ist. Nach deutschem Verständnis soll der Käufer bei einem Versendungskauf stets die Gefahr tragen, nach UN-kaufrechtlichem nur, wenn ein „*independent carrier*" die Versendung übernimmt. Zwar wird in der Praxis der Fall, dass ein Verkäufer eigene Mitarbeiter zum Transport einsetzt, im internationalen Kauf weniger häufig eintreten als der Fall, das fremde Personen zum Transport engagiert werden. Dennoch ist dies ein nicht zu unterschätzender Faktor, der im Rahmen der Rechtswahl zu berücksichtigen ist, da er die Chancen und Risiken und die Günstigkeit einer Rechtsordnung für eine bestimmte Partei zwar geringfügig, aber dennoch ggf. spürbar beeinträchtigt. Für den Verkäufer kann hierin ein spürbarer Vorteil liegen.

Das als neutrales Recht geltende Schweizer Recht ist wider Erwarten entgegen seinem Nimbus für keine der Vertragsparteien zwingend vorteilhafter als das UN-Kaufrecht oder das deutsche Recht. Für den Käufer ist es dies nicht, weil es ihm zwar im Falle eines Identitäts- und Quantitätsaliuds eine längere

374 *Däubler-Gmelin*, NJW 2001, 2281 (2287f.).

Verjährungsfrist und keine Rügeobliegenheit auferlegt, andererseits aber die Bestimmung der Gattung und die Abgrenzung einer fehlerhaften Gattungssache von einer anderen Gattungssache notwendig macht, was in der Praxis oft nur schwer zu handhaben ist. Zwar hat der Käufer die Möglichkeit, im Wege der zugesicherten Eigenschaft auch rein wirtschaftliche Beziehungen als Beschaffenheitseigenschaft zu definieren, allerdings muss der Verkäufer erst in Form der Zusicherung eine mit hoher Verbindlichkeit ausgestattete Erklärung abgeben. Insgesamt rangiert das Schweizer Recht aus Käufersicht daher auf dem dritten Rang nach dem UN-Kaufrecht und dem deutschen Recht.

Zu zum Teil unverständlichen Lösungen kommt die französische Rechtsordnung bei der Bestimmung der Reichweite einer Gattung, was den Vorteil der Anwendung des Nichterfüllungsrechtes aufgrund der schwierigen Gattungsbegriffsbestimmung aus Käufersicht erheblich reduzieren dürfte.

Auch für den Verkäufer bringt die fehlende Gleichstellung von Qualitäts-, Identitäts- und Quantitätsmangel im schweizerischen und französischen Recht eine erhebliche Rechtsunsicherheit mit sich, weil die Rechtsanwendung nur schwer voraussehbar ist. Während das französische Recht zwar keinen einseitig bekannt gegebenen Verwendungszweck kennt, scheint die französische Rechtsprechung großzügig den Gattungsbegriff zugunsten des Käufers und dem Entstehen etwaiger Nichterfüllungsrechte eng auszulegen. Aus Verkäufersicht ergeben sich deshalb keine Präferenzen zugunsten des schweizerischen oder französischen Rechts, wenngleich beide jedenfalls nachrangig zu UN-Kaufrecht und dem deutschen Recht sind.

Es wäre indes voreilig, eine Rechtsordnung allein aufgrund des Vergleichs des haftungsbegründenden Tatbestandes zu bevorzugen. Maßgeblich sind für Käufer und Verkäufer die sich ihnen im konkreten Konfliktfall im Ergebnis eröffnenden Rechtsfolgen. Deshalb sollen im Folgenden zunächst der gesetzliche Haftungsausschluss und die Mängelrüge als Haftungsbeschränkungen untersucht werden, bevor der Rechtsbehelf der Vertragsaufhebung als Rechtsfolge erörtert wird.

2. Kapitel: Die Mängelrüge

Das Erfordernis einer Rüge schließt die Rechte des Käufers wegen einer Vertragswidrigkeit aus, wenn der Käufer die tatsächliche Sachherrschaft über die Kaufsache erlangt hat und nach Erlangung der tatsächlichen Sachherrschaft Kenntnis von der Vertragswidrigkeit erlangt oder hätte erlangen können und diese nicht dem Verkäufer mitteilt. Damit werden die Rechte geschmälert, die der Käufer aus einer Vertragswidrigkeit grundsätzlich herzuleiten berechtigt wäre. Existenz und Umfang einer Rügeobliegenheit wirken sich also nachteilig für den Käufer aus, so dass dieser bestrebt sein wird, eine Rechtsordnung zu wählen, die ihm eine möglichst laxe entsprechende Pflicht auferlegt. Umgekehrt hat der Verkäufer bei einer relativ scharfen Rügeobliegenheit die Sicherheit, dass er die Transaktion als „erledigt" betrachten kann, ohne Ansprüche wegen Vertragswidrigkeit fürchten zu müssen. Das leistet in erheblich kürzerer Zeit und erheblich klarer einen wesentlichen Beitrag zu seiner rechtlichen und wirtschaftlichen Sicherheit, so dass er leichter seine künftigen Transaktionen ohne das Risiko der Inanspruchnahme aus früheren Geschäften kalkulieren kann. Eine schnelle Rüge ermöglicht ihm zudem, leichter eventuelle Beweise im Hinblick auf die Mangelhaftigkeit der gelieferten Sache zu sichern bzw. die Mangelfreiheit der Sache im Zeitpunkt des Gefahrübergangs zu beweisen.

Obwohl eine Rügeobliegenheit dem Käufer funktional in jeder Rechtsordnung auferlegt wird, ist sie nicht in allen Rechtsordnungen ausdrücklich geregelt, so dass es zunächst ihre dogmatische Verortung zu erforschen gilt (A.). Anschließend sollen ihr Anwendungsbereich (B.) und die spezifischen Anforderungen an die Untersuchung (C.) und die Rüge (D.) verglichen werden.

A. Die dogmatische Grundlage der Mängelrüge

Die Parteien treffen ihre Rechtswahl unter anderem nach Abwägung des Kriteriums, ob die auf sie zukommenden Rechten und Pflichten vorhersehbar sind, um sowohl eine fehlerhafte Rechtsanwendung zu verhindern, als auch das Prozessrisiko zu minimieren. Ein großer Schritt in Richtung Rechtssicherheit für die Rechtsanwender bedeutet die ausdrückliche Kodifikation der Mängelrüge.

I. UN-Kaufrecht

Das UN-Kaufrecht regelt ausdrücklich in den Artt. 38f. CISG eine Untersuchungs- und Rügeobliegenheit für den Käufer. Unterlässt der Käufer die Untersuchung und Rüge, so verletzt er keine Rechtspflicht und wird nicht gegenüber dem Verkäufer schadensersatzpflichtig, sondern geht unter Umständen seiner aus der Vertragswidrigkeit der Ware herrührenden Rechtsbehelfe verlustig.[375]

II. Deutsches Recht

Ebenso kennt das deutsche Recht eine Untersuchungs- und Rügeobliegenheit für Handelskäufe, § 377 HGB, die jedoch ebenfalls keine Rechtspflicht für den Käufer darstellt, da die Erfüllung der Untersuchung und Rüge nur in seinem Interesse liegt.[376]

III. Französisches Recht

Anders ist die Ausgangslage im französischen Recht. Dieses sieht weder eine gesetzliche Untersuchungs- noch eine Rügeobliegenheit vor. Dennoch sind auch dort beide Obliegenheiten zu beachten, so dass der Käufer eigene Rechte wegen der Vertragswidrigkeit der Ware verliert, wenn er Untersuchung und Rüge versäumt.

Hintergrund ist, dass das französische Sachmängelgewährleistungsrecht, Artt. 1641ff. CC, nur auf versteckte Qualitätsmängel („*vice caché*") anwendbar ist. Um herauszufinden, ob der Qualitätsmangel versteckt ist, bedarf es denknotwendig einer Untersuchung, denn das Kriterium der Verstecktheit bezieht sich gerade darauf, ob der Mangel bei einer „*vérification*" der Kaufsache (z. T. auch „*contrôle*"[377] genannt) erkennbar ist oder nicht.

Findet der Käufer keinen Qualitätsmangel im Zeitpunkt der Untersuchung, sondern später, muss er den „*vice caché*" (versteckter Qualitätsmangel) gem. Art. 1648 CC innerhalb von zwei Jahren ab Kenntnis des Mangels durch eine Klage kund tun, um seine Sachmängelgewährleistungsrechte aus den

---

375 Schlechtriem/Schwenzer/*Schwenzer,* UN-Kaufrecht, Art. 38, Rn. 5; *Herber/Czerwenka,* Int. Kaufrecht, Art. 38, Rn. 2; Staudinger/*Magnus,* BGB, Art. 38 CISG, Rn. 12, Art. 39, Rn. 10; *Enderlein/Maskow/Strohbach,* Int. Kaufrecht, Art. 38 CISG, Rn. 1; Honsell/*Magnus,* UN-Kaufrecht, Art. 38, Rn. 2, Art. 39, Rn. 5.

376 Münchener Kommentar HGB/*Grunewald,* § 377, Rn. 12, 27; Haag/Löffler/*Stadie,* Handelsrecht, § 377, Rn. 28, 11; Staub/*Brüggemann,* HGB, § 377, Rn. 2, 60; Baumbach/Hopt/*Hopt,* HGB, § 377, Rn. 21, 32.

377 *Ghestin,* Conformité et garanties, Rn. 219; *Bénabent,* Contrats spéciaux, Rn. 315.

Artt. 1641ff. CC zu wahren.[378] Entdeckt er einen Qualitätsmangel, eine Identitäts- oder Quantitätsabweichung („*vice apparent*“) während der Untersuchung, muss er die Sache sofort zurückweisen („*refus*“ oder „*rejet*“[379]), um sich – und darin besteht nun ein Unterschied zum deutschen Recht und UN-Kaufrecht – seine Nichterfüllungsrechte aus Artt. 1610, 1611 iVm Artt. 1147, 1184 CC zu wahren,[380] vgl. Art. 1642 CC, der ausdrücklich offene Mängel von der Sachmängelgewährleistungsgarantie ausschließt. Obwohl der Käufer gem. Art. 1243 CC nicht verpflichtet ist, eine andere als die geschuldete Kaufsache anzunehmen, stehen dem Käufer keinerlei Rechte wegen nicht vertragskonformer Leistung zu, wenn er die offensichtlich qualitativ schlechte Ware annimmt, weil er die Kaufsache durch die vorbehaltlose Annahme dann als vertragskonform anerkannte („*acceptation sans réserve*“ oder „*reception sans réserve*“).[381] Da also der Käufer durch die Zurückweisung bzw. die Klage seine Nichterfüllungsrechte bzw. Sachmängelgewährleistungsrechte erhalten soll, ist die Zurückweisung bzw. die Klage ein Funktionsäquivalent zur Rüge eines während der Untersuchung oder zu späterem Zeitpunkt entdeckten Mangels nach UN-Kaufrecht und deutschen Recht.

Diese Zurückweisung ist wie die Klage nach Art. 1648 CC ein Kundgabeakt („*dénonciation*“ oder „*protestation*“[382]). Zwar erwähnt der Wortlaut des Art. 1648 Abs. 1 CC nicht die Begriffe „*dénonciation*“ oder „*protestation*“, welche die französische Literatur im Rahmen der Zurückweisung einer mit einem offenen Mangel behafteten Sache und für die Mängelrüge des UN-Kaufrechts verwendet, so dass man meinen könnte, Art. 1648 CC sei eine Verjährungsvorschrift und keine Rügeobliegenheit. Auch ist angesichts der langen Erklärungsfrist von zwei Jahren

---

378 *Ghestin,* Conformité et garanties, Rn. 219; *Ghestin/Huet,* Contrats spéciaux, Rn. 11329; Hehli spricht nur von einer “Pflicht zur Wachsamkeit”: *Hehli,* Rechtsbehelfe des Käufers, S. 176; Gerny spricht von einer „faktischen Untersuchungspflicht“: *Gerny,* Untersuchungs- und Rügepflichten beim Kauf nach schweizerischem, deutschen und US-amerikanischem Recht sowie nach CISG, S. 117f.

379 *Ghestin/Huet,* Contrats spéciaux, Rn. 11259; *Malaurie/Aynès/Gautier,* Contrats spéciaux, Rn. 329; *Collart Dutilleul/Delebecque,* Contrats civil et commerciaux, Rn. 235, 245.

380 *Collart Dutilleul/Delebecque,* Contrats civils et commerciaux, Rn. 273, 275; *Ferid/Sonnenberger,* Frz. Zivilrecht, Rn. 2 G 593; *Ghestin,* Conformité et garanties, Rn. 219.

381 *Ghestin,* Conformité et garanties, Rn. 219; *Ghestin/Desché,* Traités, Vente, Rn. 762; *Sonnenberger/Claasen,* Einführung frz. Recht, Nr. 103.

382 “Dénoncer”: *Ghestin/Desché,* Traités, Vente, Rn. 716; “protester”: *Malaurie/Aynès/Gautier,* Contrats spéciaux, Rn. 321; *Collart Dutilleul/Delebecque,* Contrats civils et commerciaux, Rn. 273.

(Art. 1648 Abs. 1 CC), die ab Entdeckung des versteckten Mangels beginnt, eine schnelle Beweissicherung nicht möglich. Deshalb verpasst der Verkäufer die Chance, Beweise für einen eventuellen Prozess zu sichern, was unter anderem die Mängelrügen der anderen Rechtsordnungen bezwecken. Schließlich können die Rügen in den anderen untersuchten Rechtsordnungen sämtlich formlos mitgeteilt werden[383], während das französische Recht eine Klage voraussetzt, Art. 1648 Abs. 1 CC. Von diesen teils technischen, teils dogmatischen Unterschieden abgesehen, weist die Klagenotwendigkeit nach Art. 1648 Abs. 1 CC nichtsdestotrotz mehrere wichtige Parallelen zu einer Rügeobliegenheit auf, so dass aus rechtsvergleichender Sicht die Klage nach Art. 1648 Abs. 1 CC ein Funktionsäquivalent zu den Mängelrügen aus § 377 Abs. 3 HGB, Art. 201 Abs. 3 OR und Art. 39 Abs. 1 CISG darstellt. Die Klage ist eine Form der Kundgabe versteckter Mängel wie auch die formlose Mitteilung in den anderen Rechtsordnungen. Die Länge der Erklärungsfrist von zwei Jahren spricht angesichts der absoluten Rügefrist von zwei Jahren im UN-Kaufrecht, Art. 39 Abs. 2 CISG, nicht dagegen, dass die Klage eine Funktion der Rüge von versteckten Mängeln übernimmt. Im Gegenteil: Als Art. 1648 Abs. 1 CC a.F.[384] noch einen „*bréf délai*“ statt einer zweijährigen Frist vorsah, definierten französische Gerichte diese als eine Frist mit der Dauer von sechs Monaten bis zu einem Jahr, bisweilen auch zwei oder drei Jahren.[385] Diese Wertung legten sie – dem Ziel einer autonomen Auslegung widersprechend – auch bei der Bestimmung einer „angemessenen Frist“ im Rahmen des Art. 39 Abs. 1 CISG („*délai raisonnable*“) zu Grunde.[386] Vor allem ist Art. 1648 Abs. 1 CC deshalb eine Ausschlussfrist und keine Verjährungsfrist, wie es zum Teil in der französischen und deutschen Literatur und Rechtsprechung vertreten wird.[387]

---

383 Ausführlich dazu 2. Kapitel, D. III.

384 Vor der Ordonnance n°2005-136 du 17 février 2005 – Art. 3 JORF 18 février 2005.

385 Cass. com. 15.11.1971, Légifrance (F) n° 70-11036; Cass. civ. 1ière, 12.11 1975, Légifrance (F) n° 74-12105: das Anzeigen des Brechens einer Haushaltsleiterstufe ist 1 Jahr nach dem Unfall zu spät, 4 Monate danach aber rechtzeitig; Cass. civ. 1ière, 21.11.1995, Légifrance (F) n° 94-10686: 6 Monate für die Anzeige eines Mangels bei einem Kühlgerät; Schlechtriem/Schwenzer/*Schwenzer,* UN-Kaufrecht, Art. 38, Rn. 16; *Ghestin,* Contrats spéciaux, Rn. 11350; *Huet,* J.Cl. Art. 1641 à 1649 CC Fasc. 40, Vente Fasc. 310 Rn. 97.

386 Schlechtriem/Schwenzer/*Schwenzer,* UN-Kaufrecht, Art. 38, Rn. 16; *Ghestin/Desché,* Traités, Vente, Rn. 737.

387 Für eine Verjährung: *Ferid/Sonnenberger,* Frz. Zivilrecht, Rn. 2 G 602; *Hübner/Constantinesco,* Einführung frz. Recht, S. 192, welche insbesondere einen Vergleich zu § 477 BGB a.F. herstellen, wonach das Recht zur Wandelung in 6 Monaten verjährte und damit vergleichbar war mit der Länge der bref délai aus Art. 1648 CC a.F.: § 477

Gestützt werden kann diese Einstufung insbesondere auf einen systematischen Vergleich zwischen Art. 1648 CC und Art. L 211–12 C.cons. Letztere Norm enthält ausdrücklich den Terminus „*se prescrit*", wie es für Verjährungsvorschriften üblich ist[388], während Art. 1648 CC ausschließlich die Formulierung „*intenter une action*" verwendet, die dem deutschen Begriff „klagen" entspricht.

IV. Schweizer Recht

Das Schweizer Recht hingegen legt dem Käufer in Art. 201 OR ausdrücklich eine Prüfungs- und Rügeobliegenheit auf, was beiden Parteien Rechtssicherheit verschafft. Auch hier muss der Käufer die Untersuchung und Rüge nur aus eigenem Interesse durchführen und kundtun, nicht hingegen, um die Verletzung einer Rechtspflicht zu vermeiden.[389]

B. Anwendungsbereich

Die Mängelrüge gilt nicht uneingeschränkt für jede Art von Käufer oder für jede Art von Kaufgegenstand, wie die Analyse des persönlichen und sachlichen Anwendungsbereiches der Mängelrüge zeigen wird.

I. Persönlicher Anwendungsbereich

Vertragsparteien können vielfältig rechtlich qualifiziert werden: Kaufmann, Unternehmer, Verbraucher, Gewerbetreibender. Es stellt sich daher die Frage, woran der persönliche Anwendungsbereich angeknüpft wird: objektiv nur an die Eigenschaft als Käufer/Verkäufer, an eine besondere Eigenschaft der Parteien oder nur funktional an den Verwendungszweck der Kaufsache? Die Frage ist vor allem deshalb relevant, weil dem Schweizer Recht ein Kaufmannsbegriff fremd ist, während das deutsche und französische Recht eine entsprechende Kategorie kennen. In diesem Zusammenhang wird zu definieren sein, wann ein Käufer/

BGB in seiner Fassung, die bis zum 31.12.2001 gültig war, abrufbar unter http://dejure.org/gesetze/0BGB010102/477.html; und die richterliche Gestaltung im Rahmen des Art. 1648 Abs. 1 CC sei nur eine andere Form der Geltendmachung als in § 465 BGB a.F. vorgesehen: § 465 BGB in seiner Fassung, die bis zum 31.12.2001 gültig war, abrufbar unter http://dejure.org/gesetze/0BGB010102/465.html; für eine Ausschlussfrist: *Ghestin,* Conformité et garanties, S. 41; *Kaschefi,* Sachmängelhaftung im frz. Kaufrecht, S. 40, 123.

388 Vgl. *Kaschefi,* Sachmängelhaftung im frz. Kaufrecht, S. 121.

389 *Honsell,* OR BT, S. 88; Basler Kommentar OR/*Honsell,* Art. 201, Rn. 2; Berner Kommentar/*Giger,* Art. 201 OR, Rn. 5.

Verkäufer Unternehmer, Handelskäufer oder Gewerbetreibender ist, wenn daran der jeweilige persönliche Anwendungsbereich der Mängelrüge geknüpft wird.

1. UN-Kaufrecht

Der persönliche Anwendungsbereich des UN-Kaufrechts an sich und damit auch derjenige der Untersuchungs- und Rügeobliegenheit ist sehr weit gefasst, wie sich aus Art. 1 Abs. 3 CISG ersehen lässt. Nach dieser Vorschrift wird nicht berücksichtigt, ob die Parteien den Kaufvertrag in ihrer Eigenschaft als Kaufmann oder Nichtkaufmann geschlossen haben oder ob der Vertrag handelsrechtlicher oder bürgerlich-rechtlicher Art ist.[390] Maßgeblich ist allein der vom Käufer bei Vertragsschluss anvisierte Verwendungszweck des Kaufobjektes. Dieser darf nicht privater Natur sein, was dann der Fall ist, wenn der Vertragsgegenstand für den persönlichen Gebrauch verwendet werden soll, Art. 2 lit. a) CISG, auch wenn der Käufer von Berufs wegen ein Unternehmer ist.[391] Die Eigenschaft des Verkäufers (Verbraucher, Unternehmer, Kaufmann) beeinflusst hingegen angesichts des Wortlautes des Art. 2 lit. a) CISG („kauft") und dessen sachlichen Anknüpfungspunktes („Verwendungszweck") nicht die rechtliche Bewertung.

Ein nicht für den persönlichen Gebrauch bestimmter Verwendungszweck ist ein unternehmerischer, der – wie sich aus Art. 1 Abs. 3 CISG ergibt – nicht kaufmännisch sein muss. Der Begriff unternehmerischer Gebrauch wiederum ist sehr weit gefasst. Er umfasst alle Tätigkeiten, die zur Erzielung von Einkünften betrieben werden, d.h. sowohl eine Tätigkeit kaufmännisch-gewerblicher Art, als auch freiberuflicher, landwirtschaftlicher oder sonstiger Art.[392] Beispiel: Ein im Feinkostwesen tätiger Einzelhändler importiert Lebensmittel für seinen privaten Haushalt. Hat der Käufer sowohl einen privaten als auch einen gewerblichen oder beruflichen Verwendungszweck bei Abschluss des Kaufvertrages anvisiert, so ist das UN-Kaufrecht aufgrund des teilweise professionellen Charakters des Rechtsgeschäftes anwendbar. Art. 2 lit. a) CISG schließt somit nur die Käufe aus, die zu rein privaten Zwecken getätigt werden,[393] sofern dieser private Verwendungszweck bei Vertragsschluss erkennbar war. Sollte es einem objektiven Betrachter in der Situation des Verkäufers nicht möglich sein, den privaten Verwendungszweck zu erkennen, ohne dass seine Unkenntnis auf grob fahrlässigem Verhalten beruhte, oder hatte er keine positive Kenntnis,

---

390 Staudinger/*Magnus,* BGB, Art. 1 CISG, Rn. 126.

391 Staudinger/*Magnus,* BGB, Art. 2 CISG, Rn. 15.

392 *Piltz,* Int. Kaufrecht, § 2, Rn. 2–60.

393 Staudinger/*Magnus,* BGB, Art. 2 CISG, Rn. 17.

ist das UN-Kaufrecht dennoch anwendbar.[394] Im Ergebnis gilt also Folgendes: B2C-Geschäfte und C2C-Geschäfte unterfallen nicht dem Anwendungsbereich des UN-Kaufrechts, weil ein privater Verwendungszweck anvisiert wurde. Auf C2B- und B2B-Geschäfte ist hingegen das UN-Kaufrecht anwendbar, wobei ein Unternehmer im Sinne des Übereinkommens derjenige ist, der Waren zu seinem gewerblichen oder selbstständigen beruflichen Gebrauch kauft.[395]

2. *Deutsches Recht*

Anders als im UN-Kaufrecht ist der persönliche Anwendungsbereich der Rügeobliegenheit im deutschen Recht sehr eng gefasst. Das begünstigt diejenigen (zahlreichen) Käufer, die keiner Untersuchungs- und Rügeobliegenheit unterliegen. § 377 Abs. 1 HGB fordert nämlich, dass der Kauf für beide Teile ein Handelsgeschäft ist. Handelsgeschäfte wiederum sind gem. § 343 HGB nur solche Geschäfte eines Kaufmanns, die zum Betriebe seines Handelsgewerbes gehören. Damit kristallisieren sich also zwei wesentliche, den persönlichen Anwendungsbereich verengende Unterschiede zum UN-Kaufrecht heraus: Zum einen bedarf es zwingend der Kaufmannseigenschaft beider Vertragsparteien – eine Unternehmereigenschaft reicht nicht. Zum anderen müssen beide Vertragsparteien das Geschäft im Betrieb ihres Handelsgewerbes geschlossen haben.

Kaufmann i.S.d. deutschen Handelsgesetzbuches ist anders als der Handelnde im UN-Kaufrecht gerade nicht jeder, der einen Kaufvertrag schließt, um die Kaufsache für seine gewerbliche oder selbstständige berufliche Tätigkeit zu nutzen. Er muss gem. §§ 1 Abs. 1, 2 HGB einen Gewerbebetrieb führen, der nach Art und Umfang einen in kaufmännischer Weise eingerichteten Geschäftsbetrieb erfordert. Dann ist er sog. Ist-Kaufmann.[396] Andernfalls bleibt ihm die

---

394 Cass. civ.1ière, 1.12.2010, Légifrance (F) n° 09–13303 zum privaten Kauf eines Segelbootes; OLG Hamm, IHR 2010, 59 (61); Staudinger/*Magnus*, BGB, Art. 2 CISG, Rn. 20ff.; *Schlechtriem*, Int. UN-Kaufrecht, Rn. 296; *Meyer*, in: Festschrift Peter Hay zum 70. Geburtstag, 297 (305); von Caemmerer/Schlechtriem/*Herber*, UN-Kaufrecht, Art. 2, Rn. 9; die Formulierung „hätte wissen müssen" entspricht der groben Fahrlässigkeit im deutschen Rechtssinne: Witz/Salger/Lorenz/*Lorenz*, Kaufrecht, Art. 2 CISG, Rn. 5.

395 *Schlechtriem*, Int. UN-Kaufrecht, Rn. 29; *Leible*, BB 2008, 1469 (1474) Fßn. 79; Definition eines B2C-Geschäftes: Münchener Kommentar BGB/*St. Lorenz*, § 474, Rn. 18; *Rudolph*, Export- und Importverträge, Art. 2 CISG, Rn. 2.

396 Sollte es sich nicht um eine natürliche Person handeln, sondern um eine Handelsgesellschaft oder eine juristische Person, stellt § 6 Abs. 1 HGB klar, dass diese ebenfalls Kaufleute sind.

Möglichkeit, sich ins Handelsregister einzutragen und dadurch den Status des Kann-Kaufmannes (§§ 1 Abs. 1, 2 HGB) zu erlangen, sofern er jedenfalls einen Gewerbetrieb führt. Das erfordert eine selbstständige Tätigkeit, die nach außen erkennbar auf Dauer angelegt ist, mit Gewinnerzielungsabsicht geführt wird und nicht den freien Berufen, den Künsten oder der Wissenschaft angehört.[397] Freiberufler unterliegen also niemals dem Kaufmannsbegriff und damit der Untersuchungs- und Rügeobliegenheit.[398] Da das Rechtsgeschäft ein Handelsgeschäft sein muss, was nur dann der Fall ist, wenn es zum Betriebe seine Handelsgewerbes gehört (§ 343 BGB), muss auch der Verwendungszweck ein gewerblicher sein. Es reicht also nicht, wenn der Käufer zwar Kaufmann ist, aber die Kaufsache für einen privaten oder sonstigen geschäftlichen Zweck erwirbt. Sollte er sie sowohl für einen privaten als auch geschäftlichen Zweck erwerben (sog. „*dual use*“[399]), ist § 377 HGB anwendbar, wenn die gewerbliche Verwendung überwiegt.[400] Andernfalls gebieten die Regeln des Verbrauchsgüterkaufes zum Schutz des Verbrauchers zwingend eine andere Bewertung. Weil nach deutschem Recht der Kauf für beide ein Handelsgeschäft sein muss, reicht es anders als nach den Regeln des UN-Kaufrechts auch nicht aus, dass nur der Käufer die Kaufsache für seine berufliche (gewerbliche) Tätigkeit erwirbt, der Verkäufer jedoch zu privaten Zwecken handelt.

Was gilt jedoch, wenn die Kaufmannseigenschaft nur zum Schein besteht? Ein Scheinkaufmann auf Verkäuferseite genügt für die Begründung einer Rügeobliegenheit nicht, denn andernfalls würde der Rechtsschein zugunsten des Rechtsscheinträgers wirken, was nicht der Zweck von Rechtsscheinsvorschriften ist.[401] Auf Käuferseite genügt hingegen die Scheinkaufmannseigenschaft, denn es ist der Käufer, der durch die drohende Genehmigungsfiktion des § 377 Abs. 2

397 *Schmidt*, Handelsrecht, S. 279ff.

398 Eine analoge Anwendung des § 377 HGB für Freiberufler oder Kleingewerbebetreibende muss abgelehnt werden, denn diese verfügen schon gar nicht über die Organisationsstruktur zur Vornahme einer Untersuchung, da sie die gekaufte Sache regelmäßig nicht weiterverkaufen: Münchener Kommentar HGB/*Grunewald*, § 377, Rn. 10f.; dazu auch Saenger/Aderhold/Lenkaitis/Speckmann/*Klein*, Handels- und Gesellschaftsrecht, § 2, Rn. 150.

399 Koller/Roth/Morck/*Roth*, HGB, § 377, Rn. 4.

400 Münchener Kommentar HGB/*Grunewald*, § 377, Rn. 7; Koller/Roth/Morck/*Roth*, HGB, § 377, Rn. 4.

401 Koller/Roth/Morck/*Roth*, HGB, § 377, Rn. 4; Münchener Kommentar HGB/*Grunewald*, § 377, Rn. 10.

HGB benachteiligt wird.[402] Zu seinem Vorteil darf sich der Käufer als Scheinkaufmann dagegen nicht auf die Kaufmannseigenschaft berufen.[403]

Das Fazit ist also das Folgende: Nach deutschem Recht unterliegen nur Gewerbetreibende einer Untersuchungs- und Rügeobliegenheit, sofern beide Vertragsparteien den Status eines Kaufmannes innehaben; der Verwendungszweck darf wie im UN-Kaufrecht kein privater sein. Damit engt es den persönlichen Anwendungsbereich der Mängelrüge stark ein, was dem Käufer, der von der Obliegenheit einer Mängelrüge befreit wird, entgegen kommt.

3. *Französisches Recht*

Das französische Recht unterscheidet im Rahmen der Untersuchungs- und Rügeobliegenheit zwischen einem *„acheteur professionnel"* und einem *„acheteur non-professionnel"* statt sich auf Unternehmer (UN-Kaufrecht) oder einen Kaufmann (deutsches Recht) zu beziehen. Die Professionalität eines *„acheteur professionnel"* wird weder objektiv nach dem konkreten Verkaufszweck noch subjektiv anhand der Tatsache bestimmt, ob der Käufer die Sache in Ausübung seines Berufes oder als Privatmann kauft.[404] Vielmehr wird er an seiner Kompetenz gemessen, die Kaufsache technisch auf Mängel zu untersuchen.[405] Deshalb ist zu fragen, ob er im Rahmen der Untersuchung eine „effektive, individuelle Kenntnis vom Mangel erlangen konnte".[406] Das Problem, wie ein doppelter Verwendungszweck (*„dual use"*) zu behandeln ist, stellt sich hier also nicht. Die Qualifikation als *„acheteur professionnel"* setzt allerdings nicht voraus, dass der Verkäufer Kenntnis von der Professionalität des Käufers hat. Drei Beispiele mögen den Begriff des *„acheteur professionnel"* verdeutlichen: Der Chefmechaniker eines Automobilherstellers kauft einen Gebrauchtwagen für seinen privaten

402 Münchener Kommentar HGB/*Grunewald,* § 377, Rn. 10; Koller/Roth/Morck/*Roth,* HGB, § 377, Rn. 4.

403 BGH NJW 1962, 868 (868f.); Ensthaler/*Schmidt,* HGB und UN-Kaufrecht, § 343 HGB, Rn. 4.

404 Für den objektiven Verwendungszweck: Cass. com. 2.10.2007, Légifrance (F) n° 05–14355: „acheteur non-professionnel" auch wenn er die Ware „pour le besoin de son activité professionnelle" kauft; CA de Lyon, 20.3.2012, Légifrance (F) n° 10/04789; *Huet,* J.Cl. Art. 1641 à 1649 CC, Fasc. 50, Vente Fasc. 320, Rn. 90; *Huet,* J.Cl. Art. 1641 à 1649 CC, Fasc. 60, Vente Fasc. 330, Rn. 23.

405 Cass. com. 19.3.2013, Légifrance (F) n° 11–26566; Cass.com. 8.12.1980, Légifrance (F) n° 79–10848; *Ghestin,* Conformité et garanties, Rn. 16; *Collart Dutilleul/Delebecque,* Contrats civils et commerciaux, Rn. 275.

406 *Ferid/Sonnenberger,* Frz. Zivilrecht, Rn. 2 G 595.

Gebrauch. Weder der Verwendungszweck (für privaten Gebrauch) noch die Eigenschaft des Käufers (Privatmann) sind mit seiner beruflichen Tätigkeit verknüpft. Dennoch hat er aufgrund seines Berufes ausreichende Fachkenntnis, um technische Mängel entdecken zu können.[407] Ebenso muss ein Chauffeur von Berufs wegen Mängel am Motor im Zeitpunkt des Vertragsschlusses feststellen.[408] Ein Immobilienunternehmen muss erkennen, dass das Ausstiegsniveau eines Aufzugs um 6,4 Zentimeter von der Stockwerkshöhe abweicht, wenn es den Fahrstuhl installieren lässt.[409]

Im Ergebnis ist das französische Recht bezüglich des persönlichen Anwendungsbereichs der Untersuchungs- und Rügeobliegenheit folglich weiter als das UN-Kaufrecht und das deutsche Recht - zum Nachteil des Käufers, der einer Untersuchungs- und Rügeobliegenheit unterliegt: Es knüpft an den „*acheteur professionnel*" an, der sowohl Kaufmann, als auch Unternehmer sein kann, aber nicht muss[410], und möglicherweise nur zu privaten Zwecken handelt.

4. Schweizer Recht

Das Schweizer Recht zieht – verglichen mit den anderen drei Rechtsordnungen – von Gesetzes wegen den weitesten persönlichen Anwendungsbereich: Art. 201 OR legt grundsätzlich jedem Käufer eine Untersuchungs- und Rügeobliegenheit auf. Das mag insofern nicht verwundern, als dem schweizerischen Recht der Begriff des Kaufmanns fremd ist,[411] so dass es an diesen Begriff nicht anknüpfen kann und damit die Untersuchungs- und Rügeobliegenheit für den kaufmännischen wie nichtkaufmännischen Verkehr gelten muss.[412] Nach Schweizer Recht kommt es also nicht auf den Verwendungszweck der Kaufsache, etwaige Verkäuferqualifikationen und oder die fachlichen Untersuchungskompetenzen des Käufers an.

---

407 *Ghestin,* Conformité et garanties, Rn. 16.

408 Cass.com. 5.10.1965, Légifrance (F) n° N 481; *Ghestin,* Conformité et garanties, Rn. 16.

409 Cass. civ. 3ième, 5.3.1971, Légifrance (F) n° 69-13608; *Ghestin,* Conformité et garanties, Rn. 16.

410 Zum Begriff des Kaufmannes („commerçant") i.S.d. Art. L121-1 Code de commerce: *Schmidt-König,* Introduction langue française, S. 230ff.

411 *Voser/Boog,* RIW 2009, 126 (127).

412 *Schmid/Stöckli,* Schweizer Obligationenrecht BT, Rn. 355, 361; *Honsell,* OR BT, S. 88; *Jung,* Recht-Zeitschrift 2009, 43 (50f.); zur Untersuchungsobliegenheit auch: Tercier/Favre/*Tercier/Favre/Zen-Ruffinen,* Contrats spéciaux, Rn. 773.

II. Sachlicher Anwendungsbereich

1. Die Ware

Die Art der zu importierenden und exportierenden Handelsgüter ist mannigfaltig. Sie reicht von kleinsten Teilen bis hin zu großen Maschinen, von nicht räumlich abgrenzbaren bis hin zu festen, physisch greifbaren Stoffen. Zum Teil muss das gewünschte Produkt erst mit Mitteln des Verkäufers hergestellt werden. Richtigerweise kann es für das Bestehen einer Untersuchungs- und Rügeobliegenheit keinen Unterschied machen, ob die Ware erst noch hergestellt und geliefert werden oder ob eine fertige Sache erworben werden soll, denn in jedem Falle hat der Verkäufer ein legitimes Interesse daran, über Vertragswidrigkeiten rechtzeitig informiert zu werden, um nicht schutzlos den Gewährleistungsansprüchen des Käufers ausgesetzt zu sein. Es stellt sich jedoch die Frage, welche Art von Waren dem sachlichen Anwendungsbereich der Mängelrüge unterfallen und welche Rolle es spielt, dass der Verkäufer die Ware erst mit seinen Mitteln herstellen muss. Problematisch ist auch der Fall, dass der Vertrag nicht ausschließlich kaufrechtliche Elemente enthält oder kein Kaufvertrag, sondern ein kaufähnlicher Vertrag geschlossen wird: Die Güter werden nicht gegen eine Geldzahlung, sondern gegen ein Entgelt in Warenform übereignet (Tauschvertrag, Bartervertrag).

a) UN-Kaufrecht

Die Artt. 38f. CISG beziehen sich auf Waren. Darunter fallen körperliche und unkörperliche Objekte, soweit sie mit einem körperlichen Medium irgendwie verbunden sind, wie zum Beispiel eine Computersoftware auf einer CD.[413] In jedem Falle müssen sie aber beweglich sein, worauf bereits die Fachtermini der Originalvertragssprachen des UN-Kaufrechts hinweisen (im Englischen „*goods*“ bzw. im Französischen „*marchandises*“) und wie es das Einheitliche Kaufgesetz, der Vorgänger des UN-Kaufrechtes, noch ausdrücklich forderte, Art. 1 Abs. 1 EKG.[414] Diese Eigenschaft wird im Zeitpunkt der Lieferung beurteilt.[415] Gesetzlich sind allerdings folgende, in Art. 2 CISG aufgeführte Kaufvertragsinhalte oder Kaufvertragsanlässe ausgenommen: Waren für den persönlichen Gebrauch, Gebrauch der Familie oder Gebrauch im Haushalt (lit. a)), Versteigerungen (lit. b)), Zwangsvollstreckungs- oder andere gerichtliche Maßnahmen

413 *Piltz,* Int. Kaufrecht, § 2, Rn. 2–47.

414 Art. 1 Abs. 1 EKG, BGBl I 1973, 856 (856); von Caemmerer/Schlechtriem/*Herber*, UN-Kaufrecht, Art. 1, Rn. 20; *Herber/Czerwenka,* Int. Kaufrecht, Art. 1, Rn. 7.

415 *Reinicke/Tiedtke,* Kaufrecht, Rn. 1151.

(lit. c)), Wertpapiere oder Zahlungsmittel (lit. d)), Seeschiffe, Binnenschiffe, Luftkissenfahrzeuge oder Luftfahrzeuge (lit. e)), oder elektrische Energie (lit. f)).

Sofern der Kaufvertrag neben kaufrechtlichen auch andere Elemente enthält (sog. gemischter Vertrag), ist dies ausreichend, sofern die kaufrechtlichen Elemente überwiegen. Dies ergibt sich aus Art. 3 CISG. Gem. Art. 3 Abs. 1 CISG wird der Vertrag, der die Lieferung herzustellender oder zu erzeugender Waren zum Inhalt hat, einem Kaufvertrag gleichgesetzt. Somit unterfällt auch ein sog. Werklieferungsvertrag (in der Terminologie vor der Schuldrechtsreform) dem UN-Kaufrecht. Der sachliche Anwendungsbereich des UN-Kaufrechts ist jedoch nicht eröffnet, wenn der überwiegende Teil der Pflichten der Partei, welche die Ware liefert, in der Ausführung von Arbeiten oder anderen Dienstleistungen besteht.[416] Ein kaufähnlicher Vertrag wie der Tauschvertrag unterfällt nicht dem sachlichen Anwendungsbereich des UN-Kaufrechts.[417]

b) Deutsches Recht

Wie die Artt. 38f. CISG fordert auch § 377 HGB, dass eine Ware Kaufgegenstand ist. Der Begriff „Ware“ meint im Handelsgesetzbuch bewegliche Sachen und ist damit enger als § 433 BGB, der auch Immobilien umfasst.[418] Weiter setzt § 377 HGB wie das UN-Kaufrecht voraus, dass ein Kaufvertrag oder ein kaufähnlicher Vertrag vorliegt.[419] Ein kaufähnlicher Vertrag ist ein Vertrag, der wie ein Kaufvertrag auf die Verpflichtung zu einer dauerhaften Eigentumsübertragung an einer Sache gerichtet ist. Beispiel für einen kaufähnlichen Vertrag ist der Tauschvertrag oder ein Vertrag, der die Lieferung herzustellender oder zu erzeugender Sachen zum Gegenstand hat (§ 381 Abs. 2 HGB).[420] Ebenso reicht ein typengemischter Vertrag aus, d.h. ein Vertrag, der unter anderem kaufvertragliche Elemente enthält.[421]

Wenngleich also das deutsche Mängelrügerecht einen engeren persönlichen Anwendungsbereich hat als das UN-Kaufrecht, hat es nun zum Nachteil des

416 OLG München, 3.12.1999, CISG-Online (CH) Nr. 585; *Gildeggen/Willburger*, Internationale Handelsgeschäfte, S. 31.

417 Von Caemmerer/Schlechtriem/*Herber*, UN-Kaufrecht, Art. 1, Rn. 18; *Reinicke/Tiedtke*, Kaufrecht, Rn. 1152; *Piltz*, Int. Kaufrecht, Rn. 2–22.

418 Ensthaler/*Achilles*, HGB und UN-Kaufrecht, vor §§ 373–382 HGB, Rn. 5.

419 Haag/Löffler/*Stadie*, Handelsrecht, § 377, Rn. 9; Baumbach/Hopt/*Hopt*, HGB, § 377, Rn. 2.

420 Baumbach/Hopt/*Hopt*, HGB, § 377, Rn. 2.

421 Zur Behandlung typengemischter Verträge anhand der Absorptions- oder Kombinationstheorie: Staudinger/*Löwisch/Feldmann*, BGB, § 311, Rn. 31, 35ff.

Käufers einen größeren sachlichen Anwendungsbereich als das UN-Kaufrecht, weil ein größerer Kreis von Vertragstypen – insbesondere auch Tauschverträge – umfasst ist.

c) Französisches Recht

Auch nach französischem Verständnis reicht ein Mischvertrag mit kaufrechtlichen Elementen aus.[422] Allerdings muss das kaufrechtliche Element nicht überwiegen, sondern es genügt, wenn eine *„mélange"* gegeben ist.[423] In jedem Falle ist der Erwerb beweglicher Sachen von Nöten, um ein kaufrechtliches Element bejahen zu können. Für bestimmte bewegliche Kaufgegenstände sieht das französische Recht jedoch Spezialregelungen gegenüber den allgemeinen Kaufbestimmungen des Code civil vor, so etwa für den Kauf von Tieren (Artt. L. 213-1ff. Code rural et de la pêche maritime).[424] Erweitert wird die Anwendbarkeit der allgemeinen Kaufrechtsregelungen grundsätzlich auf den Tausch („échange"), Art. 1707 CC – vorbehaltlich bestehender Sonderregelungen der Artt. 1702ff. CC, wie etwa für den Vertragsinhalt, die Folgen bei fehlendem Eigentum einer Partei und teilweise für bestimmte Arten der Vertragsverletzung – und auf die Lieferung einer herzustellenden oder zu erzeugenden Sache.[425]

d) Schweizer Recht

Schließlich ist auch Art. 201 OR nur auf einen Kaufvertrag über eine bewegliche Sache anwendbar, denn Art. 201 OR befindet sich im Abschnitt Fahrniskauf (Artt. 187ff. OR). Dabei handelt es sich um einen Kauf, der nicht auf eine Liegenschaft oder ein in das Grundbuch als Grundstück aufgenommenes Recht gerichtet ist, Art. 187 Abs. 1 OR. Allerdings existieren unter anderem für den Tierkauf (Art. 202 OR) und bestimmte Verkaufsformen (Kauf nach Muster, Art. 222 OR, Kauf nach Probe, Artt. 223ff. OR, Versteigerung, Artt. 185ff. OR) besondere Regelungen. Auf einen kaufähnlichen Vertrag sind die kaufrechtlichen Vorschriften

---

422 *Ghestin/Huet,* Contrats spéciaux, Rn. 11314; ausgenommen sind jedoch folgende spezielle Kaufarten: die Zwangsversteigerung („ventes faites par autorité de justice"), ein Kauf, der risikovertragliche Elemente („contrat aléatoire", Art. 1964ff. CC) enthält (sog. „vente aléatoire"), die öffentliche Versteigerung („enchère publique): *Bénabent,* Contrats spéciaux, Rn. 356; *Malaurie/Aynès/Gautier,* Contrats spéciaux, Rn. 386.

423 *Ghestin/Huet,* Contrats spéciaux Rn. 11314.

424 *Bénabent,* Contrats spéciaux, Rn. 356; *Collart Dutilleul/Delebecque,* Contrats civils et commerciaux, Rn. 266.

425 *Mainguy,* Contrats spéciaux, Rn. 119.

ebenso anwendbar, sofern dies gesetzlich angeordnet wurde.[426] Dies gilt im Falle der Untersuchungs- und Rügeobliegenheit beispielsweise für einen Tauschvertrag nach Art. 237 OR. Ebenso reicht ein typengemischter Vertrag mit kaufrechtlichen Elementen.[427] Anders jedoch als in den anderen Rechtsordnungen unterliegt ein Werklieferungsvertrag trotz gemischter Elemente vollständig den Regeln des Werkvertragsrechts, sofern nicht der kaufrechtliche Teil überwiegt, Art. 365 Abs. 1 OR.[428]

2. *Die Vertragswidrigkeit*

Wie im ersten Kapitel erwähnt, differenzieren das schweizerische und französische Recht je nach Art der Abweichung vom vertraglichen Erfüllungsprogramm zwischen Sachmängelgewährleistungs- und Nichterfüllungsrechten. Das deutsche Recht und das UN-Kaufrecht kennen dagegen ausschließlich Sachmängelgewährleistungsrechte. Diese Unterscheidung im schweizerischen und französischen Recht ist deshalb von besonderer Bedeutung, weil sie den sachlichen Anwendungsbereich der Untersuchungs- und Rügeobliegenheit begrenzt, wie sich im Folgenden zeigen wird.

a) UN-Kaufrecht

Die Untersuchungsobliegenheit aus Art. 38 CISG gilt für alle Vertragswidrigkeiten gem. Art. 35 CISG. Dies ergibt sich aus der systematischen Stellung der Artt. 38f. CISG. Art. 38 CISG ist im „Abschnitt II., Vertragsmäßigkeit der Ware sowie Rechte oder Ansprüche Dritter" verankert und folgt systematisch dem Art. 35 CISG, der die Vertragsmäßigkeit inhaltlich näher ausfüllt. Für den Verkäufer ist vorteilhaft, dass der UN-kaufrechtliche Mangelbegriff sehr weit gefasst ist (und kein separater Nichterfüllungstatbestand existiert), was sich naturgemäß auf den Anwendungsbereich der Artt. 38f. CISG auswirkt: Art. 35 CISG definiert jede Qualitäts-, Quantitäts- und Identitätsabweichung und ebenso jede Abweichung betreffend die Verpackung oder das Behältnis von den vertraglichen Anforderungen als Vertragswidrigkeit. Den Käufer trifft damit in der Regel stets eine Untersuchungs- bzw. Rügeobliegenheit.

---

426 Basler Kommentar OR/*Koller*, Vor Artt. 184–236, Rn. 4.

427 Basler Kommentar OR/*Koller*, Vor Artt. 184–236, Rn. 4; zur Anwendung der Absorptions- oder Kombinationstheorie: Basler Kommentar OR/*Amstutz/Morin/Schluep*, Einl. vor Artt. 184ff., Rn. 13ff.

428 *Voser/Boog*, RIW 2009, 126 (127); Basler Kommentar OR/*Zindel/Pulver*, Art. 365, Rn. 27.

b) Deutsches Recht

Ähnlich wie das UN-Kaufrecht sieht es das deutsche Recht. § 377 HGB knüpft die Untersuchungs- und Rügeobliegenheit ausdrücklich an einen Mangel. Da das Handelsrecht als Sonderrecht nur das BGB ergänzt, ist auf das Bürgerliche Gesetzbuch zurückzugreifen, wenn ein Terminus im Handelsgesetzbuch nicht legal definiert ist, Art. 2 Abs. 1 EGHGB. Maßgeblich ist also der Mangelbegriff des § 434 BGB, der ähnlich weit gefasst ist wie derjenige des UN-Kaufrechts, weil er ebenfalls eine Qualitäts-, Quantitäts- oder Identitätsabweichung verlangt. Eine Quantitätsabweichung ist dabei nur in Form der Zuwenig-Lieferung, nicht der Zuviel-Lieferung relevant, vgl. § 434 Abs. 3 BGB. In diesem Punkt unterscheidet sich das deutsche Recht vom UN-Kaufrecht, das auch bei einer Zuviel-Leistung eine Vertragswidrigkeit i.S.d. Art. 35 CISG annimmt.[429]

c) Französisches Recht

Der Begriff der Vertragswidrigkeit ist im französischen Recht wesentlich enger gefasst als im deutschen und im UN-Kaufrecht. Die Untersuchungs- und Rügeobliegenheit betrifft nämlich nur das Sachmängelgewährleistungsrecht nach Artt. 1641ff. CC, die wiederum einen versteckten Qualitätsmangel („*vice caché*") voraussetzen. Jede quantitäts- und identitätsbezogene sowie offen erkennbare Qualitätsvertragswidrigkeit hingegen löst nur Nichterfüllungsrechte aus, keine Sachmängelgewährleistungsrechte.[430] Einerseits ist also der persönliche Anwendungsbereich der Untersuchungs- und Rügeobliegenheit zugunsten des Verkäufers vergleichsweise weit gefasst, indem der Käufer als „*acheteur professionnel*" eingeordnet wird, weil er unabhängig von seinem Beruf, dem Verwendungszweck der Kaufsache oder der Verkäufereigenschaft die notwendige Fachkompetenz aufweist, um die Kaufsache zu untersuchen. Andererseits wird dieser Vorteil für den Verkäufer zugunsten des Käufers nun erheblich relativiert, weil der Begriff der Vertragswidrigkeit im Vergleich zum UN-Kaufrecht und dem deutschen Recht extrem eng gefasst ist.

d) Schweizer Recht

Wie das französische Recht statuiert das Schweizer Recht Nichterfüllungsrechte bei Identitäts- und Quantitätsabweichungen.[431] Die Untersuchungs- und Rügeobliegenheit des Art. 201 OR trifft den Käufer aber nur, wenn ihm

---

429 S. 1. Kapitel A. I. 2. b).

430 S. 1. Kapitel A. II. 3., 2. Kapitel A.III.

431 S. dazu 1. Kapitel A. II. 4.

Sachmängelgewährleistungsrechte zustehen[432], d.h. wenn ein qualitativer Mangel vorliegt oder eine zugesicherte Eigenschaft nach Art. 197 OR fehlt. Anders als das französische Recht wird das Schweizer Recht jedoch mit einem noch weiteren persönlichen Anwendungsbereich verknüpft, da jeder Käufer nach schweizerischem Recht einer Untersuchungs- und Rügeobliegenheit unterliegt. Dadurch hat das Schweizer Recht im Ergebnis einen größeren Anwendungsbereich als das französische Recht.

C. Die Untersuchung der Kaufsache

Sofern der Käufer die Ware untersuchen muss, sieht er sich im internationalen Handelskauf oft mit dem Umstand konfrontiert, dass die Ware viele Zwischenstationen durchläuft, bis sie beim Endkäufer angelangt ist. Nicht selten hat der Zwischenhändler gar nicht die Zeit, die Ware auf Mängel zu untersuchen, da er sie sofort weitertransportieren muss. Der folgende Beispielsfall soll die Untersuchungsthematik veranschaulichen, bevor die einzelnen Teilbereiche der Untersuchung erörtert werden – zum Teil erneut anhand themenbezogener Beispiele.

Eine Händlerin aus München kauft bei einem Schweizer Unternehmen mit Sitz in Bern telefonisch am 22.5.1947 280 Stück Kunstseidenstoffe „Crêpe lingerie rayonne" zu Fr. 3.70 den Meter, lieferbar im ersten Quartal 1948.[433] Die Münchener Händlerin verkauft die Ware weiter an eine Firma mit Sitz in Zürich, ohne die Ware durch eine Inaugenscheinnahme oder eine Probeverarbeitung zu untersuchen. Am 4.8.1948 schickt die Zürcher Firma Unterröcke, die aus dem von dem aus München bezogenen Stoff hergestellt wurden, an die Münchener Händlerin zurück, weil einige bei der Anprobe rissen. Am 23.8.1948 leitet die Münchener Händlerin die Beanstandung an das Berner Unternehmen weiter. Veranlasst durch das Bestreiten der Qualitätsmängel schickt die Münchener Händlerin auch Stoffproben zur Untersuchung an die „Eidgenössische Materialprüfungsgesellschaft" in St. Gallen (EMPA), welche Qualitätsabweichungen beim Stoff mit Bericht vom 23.9.1948 feststellt. Am 27.9.1948 bestätigt die Münchener Händlerin ihre provisorische Rüge vom 23.8.1948 endgültig. Das Berner Unternehmen meint, die Rüge sei verspätet gewesen und die Käuferin habe daher keine Mängelrechte gegen sie gehabt. Die Frist habe bereits im Zeitpunkt der Auslieferung an die Käuferin begonnen, woraufhin diese eine Probeverarbeitung hätte vornehmen müssen. In diesem Fall wäre der Qualitätsmangel aufgefallen.

---

432 Im Falle einer Aliud-Leistung: BGE 121 III 453, 453ff.; *Koller*, in: Festschrift Ernst Kramer, 532 (536, 539).

433 Nach BGE 76 II 221.

Die Münchener Händlerin wendet ein, dass eine Probeverarbeitung nicht branchenüblich gewesen sei, lediglich eine „Handprobe“ sei durchzuführen gewesen, bei der jedoch die Qualitätsmängel nicht aufgefallen wären. Es handele sich um versteckte Mängel, von denen sie erst durch den Bericht des Sachverständigen erfuhr. Erst zu diesem Zeitpunkt habe die Rügefrist begonnen, welche sie durch Mitteilung am 27.9.1948 gewahrt habe.

Es stellt sich daher die Frage, wer und wann zur Durchführung der Untersuchung verpflichtet ist, insbesondere wenn der Käufer die Ware sofort weiterverkauft und diese nur kurzzeitig oder gar nicht in seiner Sachherrschaft hat, bevor er die Ware weiterversendet.

I. Untersuchungsort

Hat der Käufer die Ware bereits dann zu untersuchen, sobald sie an einen bestimmten Punkt eingetroffen ist und der Verkäufer seine Leistungshandlung erbracht hat oder ist maßgeblich, dass der Käufer die tatsächliche Sachherrschaft über die Kaufsache innehatte? Dabei ist möglicherweise bedeutsam, ob der Käufer Endabnehmer oder Zwischenhändler ist.

Folgendes Beispiel zur Einführung in die Thematik: Ein Unternehmen aus Deutschland verkauft 1000 kg des Arzneimittels Novalgin an ein schweizerisches Handelsunternehmen.[434] Dieses wiederum verkauft das importierte Arzneimittel an einen Abnehmer in Argentinien. Das Unternehmen mit Sitz in Deutschland ist der Meinung, mit Übergabe an den Transporteur habe es seine Lieferpflicht erfüllt. Das Schweizer Unternehmen habe die Ware bereits am Ablieferungsort Basel überprüfen müssen. Dieses entgegnet, es könne die Ware nicht bereits in Basel untersuchen, da es dort nicht die Möglichkeiten habe, die Untersuchung durchzuführen. Zudem wolle es sie ohnehin sofort nach Buenos Aires weiterverschicken, so dass es gar keine Zeit habe, die Ware zu untersuchen. Die Ware sei damit erst am Bestimmungsort zu prüfen gewesen, nämlich in Argentinien. Das deutsche Unternehmen erwidert, dass die Schweiz auch der Bestimmungsort sei, weil das Schweizer Unternehmen sein Vertragspartner sei. Von einem anschließenden Weiterverkauf sei ihm nichts bekannt.

1. UN-Kaufrecht

Das UN-Kaufrecht ist, was die Regelungen des Untersuchungsortes anbelangt, im Allgemeinen grundsätzlich verkäuferfreundlich gestaltet, denn der Käufer

434 Leicht abgewandelter Sachverhalt zu BGE, 11.9.1962, 88 II 346.

muss die Ware am sog. Lieferort untersuchen, Art. 38 Abs. 1 CISG iVm Art. 31 CISG. Das ist nicht etwa der Ort, an dem Käufer die tatsächliche Sachherrschaft über die Ware erlangt, sondern vielmehr der Ort, an dem der Verkäufer seine Lieferpflicht erfüllt und die Verantwortung für die Ware vom Verkäufer auf den Käufer übergeht.[435] Je nachdem, ob eine Holschuld oder ein Versendungskauf vorliegt, muss der Käufer die Ware am Niederlassungsort des Verkäufers (Art. 31 lit. c) CISG) bzw. an einem besonderen Abholort (Art. 31 lit. b) CISG) untersuchen (Holschuld) oder an dem Ort, an dem der Verkäufer die Ware dem ersten Beförderer zur Übermittlung übergibt (Art. 31 lit. a) CISG, Versendungskauf).[436]

Für den Käufer hat das vor allem für den im internationalen Kaufrecht häufigsten Fall, dass der Verkäufer die Ware an den Käufer versenden muss (sog. Versendungskauf, Art. 31 lit. a) CISG[437]), scheinbar die unglückliche Konsequenz, dass er die Ware zu untersuchen hätte, obwohl er noch gar nicht die tatsächliche Sachherrschaft über die Ware hat. Er müsste Vorkehrungen treffen, wie etwa Dritte zur Durchführung der Untersuchung anweisen. Eine Untersuchung am Lieferort ist ihm also in der Regel nicht möglich und zumutbar. Deshalb sieht Art. 38 Abs. 2 CISG für den Falle des Versendungskaufes i.S.d. Art. 38 Abs. 2 CISG vor, dass er mit der Untersuchung warten darf, bis die Ware am Bestimmungsort eingetroffen ist, d.h. den Ort, an den die Ware gelangen soll.[438] Da Art. 38 Abs. 2 CISG an keine weiteren Voraussetzungen gebunden ist, außer dass ein Versendungskauf i.S.d. Art. 31 lit. a) CISG vorliegt,[439] und ein Versendungskauf der häufigste Fall im internationalen Handelskauf ist, ist das UN-Kaufrecht auf diese Weise im Ergebnis letztlich doch entgegen dem ersten Anschein käuferfreundlich.

Ein Versendungskauf i.S.d. Art. 31 lit. a) CISG ist vereinbart, wenn ein unabhängiges Beförderungsunternehmen die Ware tatsächlich übernimmt, um sie an einen bestimmten Ort zu transportieren. Sollte der Verkäufer die Ware selbst durch eigene Mitarbeiter transportieren, liegt keine Beförderung i.S.d. Art. 31 lit. a) CISG vor, weil er nicht die Sachherrschaft an der Ware aufgibt. Lieferort

---

435 *Piltz,* Int. Kaufrecht, Rn. 4–45.

436 Honsell/*Ernst/Lauko,* UN-Kaufrecht, Art. 31, Rn. 1.

437 Ferrari/Kieninger/Mankowski/*Saenger,* Int. Vertragsrecht, Art. 31 CISG, Rn. 4; Honsell/*Ernst/Lauko,* UN-Kaufrecht, Art. 31, Rn. 14.

438 Staudinger/*Magnus,* BGB, Art. 38 CISG, Rn. 51, 53; Schlechtriem/Schwenzer/*Schwenzer,* UN-Kaufrecht, Art. 38, Rn. 22; Soergel/Lüderitz/Schüßler-Langeheine, BGB, Art. 38 CISG, Rn. 3.

439 Honsell/*Magnus,* UN-Kaufrecht, Art. 38, Rn. 25f.

(und Untersuchungsort) ist dann der Bestimmungsort.[440] Der Käufer kann und darf die Ware also am Bestimmungsort untersuchen, wenn der Verkäufer die Ware mit eigenem Personal oder durch ein fremdes Beförderungsunternehmen versendet.

Sollte ausnahmsweise eine Bringschuld vorliegen, müssen die Parteien den Untersuchungsort – ggf. auch konkludent – vereinbaren, weil ein Lieferort für die Bringschuld im UN-Kaufrecht nicht vorgesehen ist.[441]

Ist der Käufer kein Endabnehmer, sondern ein Zwischenhändler, der die Ware an einen Abnehmer umleitet oder weiterversendet, dann besteht die Möglichkeit, dass er die Ware am neuen Bestimmungsort untersuchen kann, d.h. an dem Ort, an den die Ware endgültig gelangen soll, und nicht am ursprünglichen Bestimmungsort. Während ein Umleiten das Umdirigieren bereits auf dem Transport befindlicher Waren an einen neuen Bestimmungsort ist, liegt eine Weiterversendung erst vor, wenn die Ware ihren ursprünglichen Bestimmungsort erreichte und von dort aus weiterverschickt wird.[442]

Voraussetzung für die Untersuchung am neuen Bestimmungsort ist, dass der Verkäufer die Möglichkeit der Umleitung oder der Weiterversendung der Ware im Zeitpunkt des Vertragsschlusses kannte oder kennen musste und dass der Käufer keine ausreichende Möglichkeit hat, die Ware bei ihrer Ankunft am ursprünglichen Ziel zu untersuchen, Art. 38 Abs. 3 CISG. Diese Anforderungen sind jedoch relativ lax, so dass der Käufer leicht die Chance erhält, die Ware am neuen Bestimmungsort zu untersuchen. Kennenmüssen wird dabei im Einklang mit der allgemeinen Terminologie des CISG lediglich als fahrlässige Unkenntnis verstanden[443]; grob fahrlässige Unkenntnis wird nicht verlangt. Fahrlässige Unkenntnis liegt bereits dann vor, wenn sich konkrete Anhaltspunkte bieten, aus denen ein durchschnittlicher Verkäufer bei Vertragsschluss schließen kann, dass die Ware umgeleitet oder weiterversandt werden soll. Dafür genügt es, dass der Käufer ein Handelsunternehmer ist oder dass der Käufer dem Verkäufer besondere Verpackungshinweise aufgibt, wie etwa „seefeste Verpackung“, obwohl der Verkäufer an den Käufer nur auf dem Landweg transportieren muss.[444]

---

440 LG Freiburg, 13.5.2005, CISG-Online (CH) Nr. 1199.

441 Honsell/*Magnus,* UN-Kaufrecht, Art. 31, Rn. 1.

442 Staudinger/*Magnus,* BGB, Art. 38 CISG, Rn. 57f.; Honsell/*Magnus,* UN-Kaufrecht, Art. 38, Rn. 30.

443 Honsell/*Magnus,* UN-Kaufrecht, Art. 38, Rn. 32.

444 Schlechtriem/Schwenzer/*Schwenzer,* UN-Kaufrecht, Art. 38, Rn. 24; *Enderlein/Maskow/Strohbach,* Int. Kaufrecht, Art. 38, Rn. 6; Honsell/*Magnus,* UN-Kaufrecht, Art. 38, Rn. 32 m.w.N.

Auch die Anforderungen daran, dass dem Käufer keine ausreichende Möglichkeit verbleibt, die Ware vor Ankunft am endgültigen Ziel zu untersuchen, sind niedrig. Muss der Käufer die Verpackung zerstören, die für den Gesamttransport notwendig ist, oder verbleibt ihm nicht genügend Zeit, eine ausreichende Anzahl an Stichproben zu nehmen, muss er keine Untersuchung am zunächst vorgesehenen Bestimmungsort durchführen.[445] Für das obige Beispiel bedeutet das zum Beispiel, dass der Käufer die Ware grundsätzlich am Bestimmungsort in der Schweiz hätte untersuchen müssen, da ein Versendungskauf vorlag. Da jedoch das Schweizer Unternehmen ein Handelsunternehmen war, durfte der Käufer die Ware in Argentinien untersuchen, weil eine Untersuchung in der Schweiz für den Käufer nicht möglich war und der Verkäufer fahrlässig darüber in Unkenntnis war, dass das Schweizer Handelsunternehmen die Ware an einen Abnehmer weiterverkaufen würde.

2. Deutsches Recht

Auch im deutschen Recht ist die Ware grundsätzlich an dem Ort zu untersuchen, an dem der Verkäufer seine Leistungshandlung erbringt (Ablieferungsort).[446] Die Leistungshandlung wird ähnlich wie im UN-Kaufrecht definiert: Der Ort, an dem der Verkäufer die Ware aus objektiver Sicht aus seiner Verfügungsgewalt entlässt und so in den Machtbereich des Käufers verbringt, dass dieser sie dort, wo sie sich befindet, untersuchen kann.[447]

Wie im UN-Kaufrecht hat der Käufer die Ware bereits zu untersuchen, auch wenn er noch nicht zwangsläufig die tatsächliche Sachherrschaft inne hat.[448] Die Ablieferung und das Erlangen der tatsächlichen Sachherrschaft durch den Käufer können, aber müssen nicht zusammenfallen, denn der Begriff der Ablieferung ist nicht gleichbedeutend mit der Übergabe, wie sich schon aus § 438 Abs. 2 BGB ergibt, der beide Begriffe nebeneinander verwendet. Ablieferung bezieht

---

445 LG Lübeck, 30.12.2010, CISG-Online (CH) Nr. 2292; Schlechtriem/Schwenzer/*Schwenzer*, UN-Kaufrecht, Art. 38, Rn. 25; Honsell/*Magnus*, UN-Kaufrecht, Art. 38, Rn. 31; Staudinger/*Magnus*, BGB, Art. 38 CISG, Rn. 60.

446 Münchener Kommentar HGB/*Grunewald*, § 377, Rn. 46; Staub/*Brüggemann*, HGB, § 377, Rn. 74; Baumbach/Hopt/*Hopt*, HGB, § 377, Rn. 24; Ensthaler/*Achilles*, HGB und UN-Kaufrecht, § 377 HGB, Rn. 38.

447 BGH NJW 1986, 316 (317); OLG Köln NJW-RR 1999, 565 (566); Münchener Kommentar HGB/*Grunewald*, § 377, Rn. 18; Staub/*Brüggemann*, HGB, § 377, Rn. 25; Baumbach/Hopt/*Hopt*, HGB, § 377, Rn. 5; Koller/Roth/Morck/*Roth*, HGB, § 377, Rn. 5.

448 Münchener Kommentar HGB/*Grunewald*, § 377, Rn. 24.

sich nur auf den Ort, an dem der Schuldner seine Leistungshandlung erbringt. Dieser Ort variiert je nach Inhalt der Leistungshandlung, der sich danach richtet, ob eine Hol-, Schick- oder Bringschuld vorliegt. In den Fällen der Hol- und Bringschuld liegt eine Ablieferung (zeitlich) vor der Übergabe vor, wenn der Verkäufer dem Käufer die Möglichkeit der Ausübung der tatsächlichen Sachherrschaft gewährt[449], etwa durch Aussondern und Bereitstellen (Holschuld) oder durch Anbieten der Kaufsache gegenüber dem Käufer oder einer anderen empfangsbereiten Person. Die Kaufsache wird nämlich erst übergeben, wenn der Verkäufer jeglichen Besitz an ihr aufgibt und der Käufer gleichgültig welche Art von Besitz an ihr auf Veranlassung des Verkäufers erlangt.[450] Die Ablieferung ist daher gewissermaßen ein Oberbegriff, unterteilt in die Unterarten Bereitstellen und Übergabe im Sinne eines Gewahrsamswechsels (Erlangung des unmittelbaren Besitzes (§ 854 Abs. 1 BGB) durch Wechsel der tatsächlichen Sachherrschaft). Eine Ablieferung kann deshalb bereits vorliegen, wenn der Käufer noch keinen Besitz irgendeiner Art erhalten hat, sondern der Verkäufer ihm die Kaufsache bereitstellte. Beispiel: A und B vereinbaren, dass B die Kaufsache beim Lagerhalter C abholen soll. A verbringt die Sache zu C und entlässt die Kaufsache damit aus seiner Verfügungsgewalt. Weil es nun die Aufgabe des B ist, sich einseitig Besitz an der Sache zu verschaffen, liegt eine Ablieferung der Kaufsache bereits jetzt vor.[451] Holt B die Kaufsache nicht vereinbarungsgemäß ab, erlangt er keinerlei Besitz an der Kaufsache und die Zeitpunkte der Ablieferung und Übergabe fallen auseinander.

Bei einer Schickschuld oder einem Versendungskauf ist zu unterscheiden, ob die Kaufsache so in den Machtbereich des Käufers gelangt, dass er die Möglichkeit erlangt, die tatsächliche Sachherrschaft zu erlangen und die Kaufsache zu untersuchen.[452] Dies ist der Fall, wenn der Transporteur berechtigt ist, für den Käufer zu handeln. In der Regel ist der Transporteur jedoch nur zur Durchführung des Transports berechtigt, so dass er auch keine Untersuchungsbefugnis hat.[453] Die Übergabe an die Transportperson stellt dann keine Ablieferung i.S.d. § 377 Abs. 1 HGB dar.

---

449 Münchener Kommentar HGB/*Grunewald,* § 377, Rn. 24ff.; a.A. Baumbach/Hopt/*Hopt,* HGB, § 377, Rn. 7ff., Koller/Roth/Morck/*Roth,* HGB, § 377, Rn. 6b.

450 *Prütting,* Sachenrecht, Rn. 375ff.

451 BGH, NJW 1995, 3381 (3382); Baumbach/Hopt/*Hopt,* HGB, § 377, Rn. 7.

452 Münchener Kommentar HGB/*Grunewald,* § 377, Rn. 21ff.

453 Münchener Kommentar HGB/*Grunewald,* § 377, Rn. 23.

Will der Käufer die Ware am Bestimmungsort, d.h. an dem Ort, an dem der Erfolg der Leistungshandlung des Verkäufers eintritt,[454] wie etwa der Niederlassung oder dem Wohnort des Käufers,[455] untersuchen, muss er dies mit dem Verkäufer vertraglich vereinbaren, sofern ein entsprechendes Verhalten nicht ohnehin dem Handelsbrauch entspricht.[456]

Ein Weiterverkauf durch den Käufer, etwa in Form eines Streckengeschäfts, ist grundsätzlich nicht anders zu behandeln als wenn der Käufer Letztkäufer wäre. Ein Streckengeschäft ist eine Folge aus zwei oder mehr Versendungskäufen: A verkauft an B, dieser verkauft an C weiter und wird von B angewiesen, direkt an C zu liefern.[457] Die Untersuchungs- und Rügeobliegenheit kann dem Abnehmer (C) des Käufers (B) übertragen werden, wenn der Käufer sonst keine Möglichkeit hat, die Ware zu untersuchen.[458] In jedem Falle setzt dies jedoch eine vertragliche Vereinbarung zwischen dem Käufer und dem Verkäufer voraus. Die bloße Tatsache, dass die Ware weiterverkauft werden soll, ändert nichts daran, dass grundsätzlich der Ablieferungsort der Untersuchungsort ist.[459] Etwaige Mängel muss der Endabnehmer dem Käufer mitteilen, der diese Information wiederum seinem Verkäufer weiterzuleiten hat. Daraus erwächst naturgemäß das Problem, ob die Rügefrist des Käufers gegenüber dem Verkäufer verlängert wird, da der Käufer erst auf die Information durch seinen Endabnehmer warten muss. Diese Frage soll jedoch aus Gründen des Sachzusammenhangs erst unter D. II. 1. b) „Dauer der Rügefrist“ erörtert werden.

3. *Französisches Recht*

Eine gesetzliche Regelung über den Untersuchungsort fehlt im französischen Recht. Einen Hinweis liefert jedoch die rechtliche Konstruktion der vorbehaltlosen Annahme: Der Käufer geht seiner Rechte wegen Nichterfüllung verlustig, wenn er die Sache trotz offener Mängel vorbehaltlos annimmt. Eine solche Annahme wiederum setzt zwingend eine „*délivrance*“ voraus.[460] Von einer

---

454 Zur Definition des Erfolgsortes *Looschelders,* Schuldrecht AT, Rn. 269.

455 Staudinger/*Beckmann,* BGB, § 447, Rn. 11.

456 BGH NJW 1986, 316 (317); Baumbach/Hopt/*Hopt,* HGB, § 377, Rn. 23.

457 BGH, NJW 1978, 2394 (2394f.); OLG Köln, NJW-RR 1995, 28 (28f.); Ebenroth/Boujong/Joost/Strohn/*Müller,* HGB, § 377, Rn. 67.

458 Ensthaler/*Achilles,* HGB und UN-Kaufrecht, § 377 HGB, Rn. 39.

459 OLG Köln, NJW-RR 1999, 565 (566).

460 *Ghestin,* Conformité et garanties, Rn. 219; *Bénabent,* Contrats spéciaux, Rn. 315; die “délivrance” wird von Collart Dutilleul/Delebecque der Lieferung nach Art. 31 CISG gleichgestellt: *Collart Dutilleul/Delebecque,* Contrats civils et commerciaux, Rn. 231.

„délivrance“ spricht man, wenn der Verkäufer dem Käufer Besitz (*„possession“*) und Gewalt (*„puissance“*) an der Kaufsache verschafft, Art. 1604 CC. Während der Begriff *„délivrance“* also die Überführung in den Besitz beschreibt, steht der Begriff *„livraison“* für die Beendigung der Tätigkeit des Verkäufers, damit der Besitz an der Kaufsache auf den Käufer übergehen kann (aus schuldrechtlicher Sicht, ohne Einbeziehung der sachenrechtlichen Konsequenzen).[461] Der Begriff *„livraison“* steht also für die Lieferung als rein tatsächliche Handlung, der Begriff *„délivrance“* für den Gefahrübergang und die Besitzeinräumung.[462] Nach französischem Verständnis muss der Käufer somit eine tatsächliche Verfügungsgewalt über die Kaufsache erlangen. Der räumliche Endpunkt der Verkäuferpflicht (*„livraison“*), wie ihn das UN-Kaufrecht vorsieht, reicht im französischen Recht nicht aus. Damit schützt das französische Recht den Käufer, der im Zeitpunkt der *„livraison“* noch nicht der Gefahr ausgesetzt wird, einen offensichtlichen Mangel verspätet zu rügen.

Die *„obligation de délivrance“* kann bei einer beweglichen Sache auf drei Arten erfüllt werden: Durch die tatsächliche Besitzeinräumung (etwa durch die Übergabe der Sache, Art. 1606 CC), durch das Bereitstellen (Übergabe der Schlüssel, Art. 1606 CC) oder durch eine bloße Willenseinigung, Art. 1606 CC.[463] Der Begriff der Übergabe (*„remise“*) ist also nicht deckungsgleich mit dem der *„délivrance“*, weil diese auch ohne körperliche Übergabe erfolgen kann, beispielsweise durch ein einverständliches Bereitstellen.[464]

Die *„délivrance“* erfolgt nach Art. 1609 CC an dem Ort, an dem sich der Kaufgegenstand zum Zeitpunkt des Vertragsabschlusses befindet, sofern die Parteien nichts anderes vereinbarten (*„la délivrance doit se faire au lieu où était, au*

461 *Ferid/Sonnenberger*, Frz. Zivilrecht, 2 G 525.

462 Das französische Recht kennt nicht das dem deutschen Recht zu Grunde liegende Trennungsprinzip: Der Kaufvertrag hat sowohl schuldrechtliche als auch dingliche Wirkung. Der Gefahrübergang ist an die Eigentumsübertragung geknüpft; das Eigentum geht bei Vertragsschluss oder spätestens bei Übergabe über: *Mainguy*, Contrats spéciaux, Rn. 130f.; 117f.

463 *Ferid/Sonnenberger*, Frz. Zivilrecht, 2 G 523; von Westphalen/*Wenner/Schödel*, Kaufvertragsrecht, Frankreich, Rn. 51.

464 *Ferid/Sonnenberger*, Frz. Zivilrecht, 2 G 510; von Westphalen/*Wenner/Schödel*, Kaufvertragsrecht, Frankreich, Rn. 51; zum Teil werden die Begriffe délivrance, livraison und Übergabe jedoch in der Rechtsanwendung nicht im streng dogmatischen Sinne verwendet, so zum Beispiel Cass. civ. 3ième, 11.10.2000, Légifrance (F) n° 98-21826 über die Konkretisierung eines herzustellenden Bauwerks durch Übergabe, hier als „livraison“ bezeichnet.

temps de la vente, la chose qui en a fait l'objet, s'il n'en a été autrement convenu").[465] Art. 1609 CC besagt also, dass der Leistungs- und Erfolgsort an einem Ort sind, was einer Holschuld im Sinne des deutschen Rechts entspricht, wenn die Sache sich noch beim Verkäufer befindet. Vergleichbar ist Art. 1609 CC also mit § 269 Abs. 1 BGB, der im Zweifel von einer Hol- oder Schickschuld ausgeht, sofern die Parteien nichts anderes vereinbarten.

Die Parteien können allerdings übereinkommen, dass der Ort der Untersuchung der Ort der Aussonderung („*lieu d'expedition*") ist, wie etwa der Verkaufsraum des Verkäufers oder eine Fabrik, sofern sich die Kaufsache nicht schon bei Vertragsschluss dort befunden hat.[466] Dem international tätigen Käufer kommt dabei sehr entgegen, dass er die Kaufsache nicht persönlich untersuchen muss, sondern einen Dritten beauftragen oder sich vertreten lassen kann.[467] Im Falle eines Versendungskaufes kann der Käufer zum Beispiel den Transporteur mit der Untersuchung beauftragen, so dass die „*délivrance*" bereits mit Übergabe an den Transporteur vorliegt.[468] Eine Ware etwa, die nur kurz haltbar ist, kann er somit sofort zurückweisen. Gleichermaßen können die Parteien den Bestimmungsort („*lieu de l'arrivée*" bzw. „*lieu de destination du produit*") als Ort der Untersuchung auswählen. Dies bietet sich an, wenn es sich um eine Sache handelt, die einen Probelauf erfordert, um die Funktionsfähigkeit festzustellen (wie etwa eine Maschine).[469]

Die französische Literatur behandelt einen Weiterverkauf durch den Käufer grundsätzlich nicht anders als den Fall, in dem der Käufer Endkäufer ist. Das ergibt sich daraus, dass nur vom Kauf in allgemeiner Form ohne weitere Spezifikation gesprochen wird. Folglich muss der Käufer nach französischem Verständnis (im Grundsatz dem deutschen Recht ähnlich) warten, bis sein Abnehmer ihm den versteckten Mangel gerichtlich anzeigt[470], Art. 1648 CC.[471] Wenn die Ware einen offenen Mangel hat, soll eine Billigkeitsentscheidung getroffen werden, ob

---

465 Eigene Übersetzung der Verfasserin.

466 *Malaurie/Aynès/Gautier*, Contrats spéciaux, Rn. 321; *Ghestin*, Conformité et garanties, Rn. 220.

467 *Malaurie/Aynès/Gautier*, Contrats spéciaux, Rn. 321.

468 Cass. com. 17.2.1998, Légifrance (F) n° 95–15952 (Versendung thailändischer Kleidung als Importware).

469 *Ghestin*, Conformité et garanties, Rn. 220.

470 Zur Form der Rüge ausführlich 2. Kapitel. D. III. 3.

471 Cass. com. 20.3.1984, Légifrance (F) n° 83–11876; *Gerny*, Untersuchungs-und Rügepflichten beim Kauf nach schweiz., frz. und US-amerik. Recht sowie nach CISG, S. 94.

sich der Untersuchungsbeginn verschiebt. Diese fällt zugunsten des Käufers aus, wenn der Verkäufer vom Weiterverkauf des Käufers wusste.[472] Unbenommen bleibt es den Parteien freilich in jedem Falle, den Untersuchungsbeginn beim Weiterverkauf vertraglich zu fixieren.

4. *Schweizer Recht*

Art. 201 Abs. 1 OR setzt wie das französische Recht den Empfang der Kaufsache voraus. „Eine Empfangnahme ist das tatsächliche Ansichnehmen des Kaufgegenstandes; ein Vorgang, der dem Käufer die Möglichkeit gewährt, über die Sache tatsächlich zu verfügen und deren Beschaffenheit zu prüfen."[473] Tatsächlich hat der Käufer die Kaufsache angenommen, wenn er Besitzer wird – unmittelbarer oder mittelbarer Besitz, indem ein anderer für ihn besitzt.[474] Dementsprechend ist Prüfungsort grundsätzlich der Ablieferungsort, d.h. der Ort, an dem der Käufer die tatsächliche Verfügungsgewalt über die Sache erlangt, so dass er in die Lage versetzt wird, die Beschaffenheit der Ware selber zu prüfen oder durch einen Dritten prüfen zu lassen.[475] Soll die Ware versendet werden (Versendungskauf), so genügt ihre Übergabe an den Spediteur oder Frachtführer grundsätzlich nicht, weil dadurch der Käufer noch nicht die tatsächliche Verfügungsgewalt über die Sache inne hat, es sei denn, der Käufer muss sich die Übergabe an den Transporteur zurechnen lassen, zum Beispiel nach dem Vertretungsrecht des Schweizer Obligationenrechts.[476] Ansonsten ist es nicht die Pflicht des Transporteurs, die Ware zu untersuchen, sondern nur, sie zu transportieren.[477] Im Einzelfall kann sich aus dem üblichen Geschäftsgang der Parteien (Gepflogenheit)

---

472 *Gerny,* Untersuchungs-und Rügepflichten beim Kauf nach schweiz., frz. und US-amerik. Recht sowie nach CISG, S. 94; *Alter,* L'obligation de délivrance, Rn. 97.

473 BGE 26 II 791 (793f.).

474 *Gerny,* Untersuchungs- und Rügepflichten beim Kauf nach schweiz., frz. und US-amerik. Recht sowie nach CISG, S. 25.

475 Basler Kommentar OR/*Honsell,* Art. 201, Rn. 8; Handkommentar zum Schweizer Privatrecht/*Müller-Chen,* Vertragsverhältnisse Teil 1, Art. 201 OR, Rn. 7; BGE 88 II 364 (366); Tercier/Favre/*Tercier/Favre/Zen-Ruffinen,* Contrats spéciaux, Rn. 785; *Gerny,* Untersuchungs- und Rügepflichten beim Kauf nach schweiz., frz. und US-amerik. Recht sowie nach CISG, S. 22.

476 Basler Kommentar OR/*Honsell,* Art. 201, Rn. 8.

477 BGE 38 II 542 (547).

oder einer Parteivereinbarung etwas anderes ergeben.[478] Zum Beispiel können die Parteien den Bestimmungsort als Untersuchungsort festlegen.[479]

Auch im schweizerischen Recht ändert ein Weiterverkauf der Kaufsache durch den Erstkäufer (Streckengeschäft) grundsätzlich nichts am Prüfungsort. Der Ablieferungsort bleibt also Prüfungsort, sofern der Erstkäufer einmal die tatsächliche Verfügungsgewalt erlangt hat.[480] Schließlich bleibt die Möglichkeit, durch eine Parteivereinbarung zwischen Erstverkäufer und Erstkäufer den Ablieferungsort beim Zweitkäufer als Untersuchungsort zu bestimmen. Davon zu unterscheiden ist der Fall, dass der Erstkäufer keine tatsächliche Verfügungsgewalt über die Kaufsache erlangt hat oder dass eine Prüfung für ihn nicht möglich ist, etwa weil die Kaufsache original verpackt weiterverkauft werden soll. Hier ist es faktisch nur dem Zweitkäufer als Endkäufer möglich, die Kaufsache zu überprüfen. Damit der Erstkäufer seine Pflichten erfüllt, müssen er und der Erstverkäufer in ihrem Kaufvertrag bestimmen, dass die Prüfung beim Abnehmer des Erstkäufers stattfinden solle. Man nimmt an, dass die Parteien in der Regel eine dahin gehende (regelmäßig) stillschweigende Vereinbarung getroffen haben, wenn die Ware originalverpackt weiterverkauft werden soll.[481] Wie eine vertragliche Vereinbarung wirkt der übliche Geschäftsgang der Parteien („Geschäftsusanz").[482]

II. Beginn

Sobald die Ware am Untersuchungsort eingetroffen ist, muss der Käufer mit der Untersuchung beginnen. Der Wortlaut der einschlägigen Normen in den Rechtsordnungen differenziert zwischen „unverzüglich", „sofort", „sobald es nach dem üblichen Geschäftsgange tunlich ist" und „innerhalb so kurzer Zeit, wie es die Umstände erlauben". Sind diese verschiedenen Formulierungen i. S. einer unterschiedlichen Anzahl von Tage zu verstehen, die zwischen Eintreffen der Ware und dem Beginn der Untersuchung verstreichen dürfen?

---

478 BGE 81 II 56 (59); Handkommentar des Schweizer Privatrechts/*Müller-Chen,* Vertragsverhältnisse Teil 1, Art. 201 OR, Rn. 9; *Honsell,* OR BT, S. 89.

479 *Tannò,* Die Berechnung der Rügefrist im schweiz., dt. und UN-Kaufrecht, S. 38f.

480 BGE 88 II 364 (366).

481 *Gerny,* Untersuchungs- und Rügepflichten beim Kauf nach schweiz., frz. und US-amerik. Recht sowie nach CISG, S.23; *Tannò,* Die Berechnung der Rügefrist im schweiz., dt. und UN-Kaufrecht, S. 37.

482 BGE 40 II 480 (487); *Gerny,* Untersuchungs- und Rügepflichten beim Kauf nach schweiz., frz. und US-amerik. Recht sowie nach CISG, S. 23.

1. UN-Kaufrecht

In zeitlicher Hinsicht muss die Untersuchung im UN-Kaufrecht „innerhalb so kurzer Frist wie es die Umstände erlauben“ vorgenommen werden, Art. 38 Abs. 1 CISG. In Literatur und Rechtsprechung fehlen pauschale Angaben zur genaueren Eingrenzung dieses Zeitraums. Vielmehr hängt dieser vom Einzelfall ab. Mit der Probeverarbeitung einer selbstklebenden Folie darf zum Beispiel nach Ansicht eines deutschen Gerichts drei bis vier Tage nach Erhalt der Lieferung begonnen werden.[483] Ein Untersuchungsbeginn zwei Wochen nach Erhalt der Lieferung ist nach Ansicht eines französischen Gerichts ebenfalls ausreichend.[484] Jedenfalls beginnt mit dem Eintreffen der Ware am richtigen Lieferort bzw. Bestimmungsort[485] zum fristgerechten Termin (Art. 33 CISG) die Untersuchungsfrist, sofern eine sachgerechte Untersuchung vorgenommen werden kann, d.h. beispielsweise wenn die Lieferung vollständig war.[486] Eine Lieferung vor Termin oder an den falschen Lieferort lässt die Untersuchungsfrist nicht beginnen.[487]

2. Deutsches Recht

Sobald die Ware am Untersuchungsort eingetroffen ist, muss der Käufer sie nach deutschem Recht „unverzüglich“ untersuchen, § 377 Abs. 1 HGB, denn aufgrund seiner systematischen Stellung vor dem Wort „Untersuchung“ bestimmt dieses Adjektiv den gesamten Lauf der Untersuchung, d.h. deren Beginn und Dauer. Unverzüglich bedeutet gemäß der Legaldefinition des § 121 Abs. 1 BGB „ohne schuldhaftes Zögern“. Im Unterschied zu dem Wort „sofort“ lässt „unverzüglich“ Verzögerungen zu, sofern sie nicht schuldhaft, d. h. vorsätzlich oder fahrlässig verursacht wurden.[488] In Literatur und Rechtsprechung finden sich folgende Richtwerte: Bei Waren, die mittels einer ersten Betrachtung oder einer groben Überprüfung untersucht werden können, muss die Untersuchung innerhalb eines Tages nach der

---

483 OLG Karlsruhe, BB 1998, 393 (393).

484 Cass.civ. 1ière, 26.5.1999, CISG-Online (CH) Nr. 487 zu gewälzten Blechen.

485 Vgl. die eben unter dem Punkt 2. Kapitel C. I.1. gemachten Ausführungen.

486 *Gerny,* Untersuchungs- und Rügepflichten beim Kauf nach schweiz., frz. und US-amerik. Recht sowie nach CISG, S. 191; von Caemmerer/Schlechtriem/*Schwenzer,* UN-Kaufrecht, Art. 38, Rn. 19; Honsell/*Magnus,* UN-Kaufrecht, Art, 38, Rn. 21, 34.

487 Schlechtriem/Schwenzer/*Schwenzer,* UN-Kaufrecht, Art. 38, Rn. 20; von Caemmerer/Schlechtriem/*Schwenzer,* UN-Kaufrecht, Art. 38, Rn. 20; Staudinger/*Magnus,* BGB, Art. 38 CISG, Rn. 36ff.; *Enderlein/Maskow/Strohbach,* Int. Kaufrecht, Art. 38 CISG, Rn. 2.

488 Vergleiche die Ausführungen zu dem Wort „unverzüglich“ der Rüge nach § 377 Abs. 1 HGB in Koller/Roth/Morck/*Roth,* HGB, § 377, Rn. 16.

Ablieferung stattfinden. Bei Waren, welche eine komplexere Untersuchung erfordern, soll zwischen Ablieferung und Untersuchung eine Woche verstreichen dürfen.[489]

3. *Französisches Recht*

Der Käufer muss nach französischem Recht die Kaufsache sofort („*immédiat*") untersuchen[490], sobald der Verkäufer die Kaufsache dem Käufer abgeliefert hat („*délivrance*").[491] Konkrete Zeitangaben sind nicht verfügbar, sondern vom Einzelfall abhängig. Je nach Art der Ware kann sich der Untersuchungsbeginn nach hinten verschieben. Ein Mähdrescher beispielsweise ist erst im Sommer gebrauchsfähig, so dass sich Gebrauchsbeeinträchtigungen erst dann zeigen.[492] Bei Blumen kann es notwendig sein, die Blütezeit abzuwarten.[493] Sofern der Käufer nicht wegen der Art der Kaufsache auf einen bestimmten Zeitpunkt warten muss, scheint das französische Recht allein durch den Wortlaut „sofort" die strengsten Anforderungen an den Untersuchungsbeginn zu stellen, weil diese Formulierung keinen Aufschub bei unverschuldeten Umständen zulässt. Im Gegensatz zu den sonstigen Tatbestandsmerkmalen ist diese Fristbestimmung also nicht flexibel.

4. *Schweizer Recht*

Im Schweizer Recht hat die Untersuchung „der empfangenen Sache" zu erfolgen, „sobald es nach dem üblichen Geschäftsgange tunlich ist", Art. 201 Abs. 1 OR, sofern die Ware am Untersuchungsort (Ablieferungs- oder Bestimmungsort[494]) eingetroffen ist.[495] Abgesehen davon, dass ein Aufschub des Untersuchungsbeginns bei Sachen, die kraft Natur der Sache erst zu einer bestimmten

---

489 Münchener Kommentar HGB/*Grunewald*, § 377, Rn. 34; Baumbach/Hopt/*Hopt*, HGB, § 377, Rn. 23.

490 Cass. com. 13.4.1999, Légifrance (F) n° 96–14083 zu einem Motorboot; *Ghestin/Huet*, Contrats spéciaux, Rn. 11327.

491 „Délivrance" oder „réception" Cass. com. 13.4.1999, Légifrance (F) n° 96–14083 zum Verkauf eines erst herzustellenden Motorbootes, da die Annahme infolge der Übergabe („remise") nur eine Form der „délivrance" ist, siehe auch einleitende Begriffsbestimmung.

492 Cass. com. 22.6.1967, Légifrance (F) n° N 261.

493 Cass. com. 15.11.1971, Légifrance (F) n° 70–11036.

494 Siehe obige Ausführungen zum Ort der Untersuchung, 2. Kapitel C. I. 4.

495 Handkommentar zum Schweizer Privatrecht/*Müller-Chen*, Vertragsverhältnisse Teil 1, Art. 201 OR, Rn. 8; Berner Kommentar/*Giger*, Art. 201 OR, Rn. 33f.

Zeit geprüft werden können – Schneepflüge können erst im Winter geprüft werden,[496] landwirtschaftliche Maschinen wie Mäh- oder Dreschmaschinen erst im Sommer[497], Wein erst wenige Tage nach Ablieferung, weil er eine Weile liegen muss, bevor die Untersuchung durchgeführt werden kann[498] – notwendig ist, erlaubt der Wortlaut auch einen gewissen (verschuldeten) Aufschub, wenn dieser dem üblichen Geschäftsgang entspricht. Es ist daher möglich, das Kaufgeschäft unter Kaufleuten strenger zu behandeln als das unter Privaten,[499] wobei der Begriff der Kaufleute mangels gesetzlicher Definition in diesem Zusammenhang nicht technisch zu verstehen ist. Der Terminus des Schweizer Rechts entspricht damit weitestgehend der UN-kaufrechtlichen Wendung.

III. Art und Weise

Die Art und Weise der Untersuchung muss geeignet sein, Mängel bzw. Vertragswidrigkeiten aufzudecken, damit der Käufer diese dem Verkäufer anzeigen kann. In Anbetracht der Mannigfaltigkeit der einzelnen Produktarten und -beschaffenheiten und der vom jeweiligen Händler erworbenen Produktmenge stellt sich die Frage, welche Anforderungen an eine Untersuchung gestellt werden können. Zum einen soll der Verkäufer über etwaige Defizite der Ware rasch informiert werden, zum anderen kann eine Untersuchung aufgrund der Komplexität des Produktes oder der Größe der Lieferung eine gewisse Zeit in Anspruch nehmen. Es ist deshalb zu fragen, ob bei Massengütern Stichproben reichen und wie umfangreich diese eventuell auszufallen haben. Außerdem gilt es zu klären, welcher Maßstab bei der Durchführung der Untersuchung angelegt wird: Ein objektiver, aus Sicht des durchschnittlichen fachmännischen Käufers, oder ein subjektiver, der auf die individuelle Kenntnis und Fähigkeit des Erwerbers abstellt. Dabei spielt auch eine Rolle, wer die Untersuchung durchzuführen hat: Der Käufer persönlich oder ein Dritter? Denkbar ist auch, dass ein Käufer, der nicht über die notwendige Kenntnis zur Untersuchung des Produktes verfügt, sich durch einen sachverständigen Dritten unterstützen lassen darf.

Welche Untersuchungshandlung im konkreten Einzelfall geschuldet ist, richtet sich nach der jeweiligen Art der Ware. Insbesondere bei Qualitätsmängeln bzw. die Qualität betreffende Vertragswidrigkeiten wird vom Käufer regelmäßig

---

496 BGE 81 II 56 (60); BGE 72 II 405 (417).

497 BGE 72 II 405 (417).

498 BGE 20 I, 491 (499).

499 Guhl/*Koller*, Schweizerisches Obligationenrecht, § 42, Rn. 24.

nicht verlangt, jeden ungewöhnlichen Defekt zu entdecken. Geschuldet sind lediglich typisierte Untersuchungsformen, um die gängigsten Mängel/Vertragswidrigkeiten zu entdecken. Am Beispiel der Kategorien verderbliche Ware, technische Waren und zur Weiterverarbeitung bestimmte Textilien sollen im Folgenden die jeweils notwendigen Untersuchungshandlungen erläutert und verglichen werden.

1. Allgemeines

a) UN-Kaufrecht

Grundsätzlich können die Parteien die Art und Weise der Untersuchung vertraglich vereinbaren (Art. 6 CISG)[500]; hilfsweise wird sie am handelsüblichen Brauch ausgerichtet, sofern die Parteien diesen Brauch kennen oder kennen müssen, Art. 9 Abs. 2 CISG. Anderenfalls ist die Untersuchung nach objektiven Maßstäben durchzuführen.[501]

Im Rahmen eines objektiven Maßstabes ist eine „handelsübliche Untersuchung" geschuldet, „die bei entsprechender Fachkunde gründlich und fachmännisch sein muss."[502] Wie dieser Maßstab ausgefüllt wird, ist weder gesetzlich geregelt noch war dies Gegenstand der Verhandlungen, die zur Ausarbeitung des UN-Kaufrechts geführt wurden.[503] In jedem Falle muss die Prüfung der Eigenart der Ware entsprechen und geeignet sein, etwaige Vertragswidrigkeiten aufzudecken.[504] Ein derartiger Check ist erst dann möglich, wenn die Sache in ihrem vertraglich geschuldeten Zustand untersucht wird. Unter Umständen muss sie

---

500 Schlechtriem/Schwenzer/*Schwenzer*, UN-Kaufrecht, Art. 38, Rn. 11; *Herber/Czerwenka*, Int. Kaufrecht, Art. 38, Rn. 4.

501 Schlechtriem/Schwenzer/*Schwenzer*, UN-Kaufrecht, Art. 38, Rn. 13; von Caemmerer/Schlechtriem/*Schwenzer*, UN-Kaufrecht, Art. 38, Rn. 13; Bianca/Bonell/*Bianca*, CISG, Art. 38, Rn. 2.3; zum objektiven Maßstab auch: *Enderlein/Maskow/Strohbach*, Int. Kaufrecht, Art. 38 CISG, Rn. 3; von Caemmerer/Schlechtriem/*Schwenzer*, UN-Kaufrecht, Art. 38, Rn. 11.

502 Schlechtriem/Schwenzer/*Schwenzer*, UN-Kaufrecht, Art. 38, Rn. 13; *Herber/Czerwenka*, Int. Kaufrecht, Art. 38, Rn. 5; Staudinger/*Magnus*, BGB, Art. 38 CISG, Rn. 31; *Enderlein/Maskow/Strohbach*, Int. Kaufrecht, Art. 38, Rn. 1; Honsell/*Magnus*, UN-Kaufrecht, Art. 38, Rn. 15.

503 *Honnold*, History, S. 23f., 35, 124, 144, 154, 200, 224, 237, 246, 332 (als Art. 22), 386, 398, 425, 648, 681, 718, 743.

504 Honsell/*Magnus*, UN-Kaufrecht, Art. 38, Rn. 4, 15; *Herber/Czerwenka*, Int. Kaufrecht, Art. 38, Rn. 5; Schlechtriem/Schwenzer/*Schwenzer*, UN-Kaufrecht, Art. 38, Rn. 13; *Enderlein/Maskow/Strohbach*, Int. Kaufrecht, Art. 38 CISG, Rn. 1.

also erst zusammengebaut werden[505] oder auftauen, um zum Beispiel eine Stichprobe bei gefrorenem Fleisch nehmen zu können.[506]

Für die Kenntnis bzw. Erkennbarkeit von Mängeln gilt ein objektiver Maßstab. Hat der Käufer jedoch von für die Untersuchung relevanten Faktoren Kenntnis oder hätten sie ihm bekannt sein sollen, ist ein subjektiver Maßstab anzulegen, so dass ihm seine persönlichen Fähigkeiten zuzurechnen sind.[507]

Bei Massenwaren, d.h. bei Lieferungen größeren Umfangs, reicht es aus, dass der geleisteten Ware Stichproben entnommen werden, um eine qualitative Abweichung festzustellen.[508] Es wäre unverhältnismäßig, wenn die gesamte Ware überprüft werden müsste. Eine Lieferung größeren Umfangs liegt beispielsweise bei 2000 Lammfelljacken vor.[509] Die angemessene Zahl der Stichproben bestimmt sich nach dem Einzelfall. Ist die Ware zum Weiterverkauf bestimmt, kann die Zahl der Stichproben geringer als sonst ausfallen, denn die Ware kann in der Regel nur originalverpackt weiterverkauft werden. In diesem und in anderen Fällen, in denen die Ware durch die Stichprobe unbrauchbar wird, genügt eine Entnahme im Promillebereich.[510] Um Quantitätsabweichungen festzustellen, müssen jedoch selbst größere Stückzahlen gezählt werden, z. B. müssen bei einer Lieferung von 8000 Textil-Einzelteilen alle 8000 Einzelteile gezählt werden.[511]

Grundsätzlich ist bei der Untersuchung auch an selten auftretende Qualitätsabweichungen zu denken. Allerdings ändern sich damit nicht sofort die Untersuchungsmethoden. Der Grundsatz, dass die Untersuchung der Oberfläche (Aussehen, Form) bzw. einfache Handlungen (Öffnen der Verpackung) ausreichen, bleibt gültig. Zeigt sich jedoch ein Verdacht auf entfernter liegende,

---

505 OLG Dresden, 8.11.2007, CISG-Online (CH) Nr. 1624.

506 Chicago Prime Packers, Inc. v. Northam Food Trading Co., IHR 2004, 156 (159ff.).

507 *Gerny,* Untersuchungs- und Rügepflichten beim Kauf nach schweiz., frz. und US-amerik. Recht sowie nach CISG, S. 184 Fn 912; Schlechtriem/Schwenzer/*Schwenzer,* UN-Kaufrecht, Art. 38, Rn. 13.

508 OLG Saarbrücken, 13.1.1993, CISG-Online (CH) Nr. 83 (Türen); OLG Köln, IHR 2007, 200 (205); HG Kanton Zürich, 30.11.1998, CISG-Online (CH) Nr. 415; Staudinger/*Magnus,* BGB, Art. 38 CISG, Rn. 30.

509 HG Kanton Zürich, 30.11.1998, CISG-Online (CH) Nr. 415.

510 *Gerny,* Untersuchungs- und Rügepflichten beim Kauf nach schweiz., frz. und US-amerik. Recht sowie nach CISG, S. 188; Schlechtriem/Schwenzer/*Schwenzer,* UN-Kaufrecht, Art. 38, Rn. 14; von Caemmerer/Schlechtriem/*Schwenzer,* UN-Kaufrecht, Art. 38, Rn. 14.

511 LG Landshut, 5.4.1995, 54 O 644/94, UNILEX; vgl. auch Staudinger/*Magnus,* BGB, Art. 38 CISG, Rn. 30.

qualitative Vertragswidrigkeiten, muss eine tiefer gehende, den normalen Maßstab übersteigende Untersuchungsmethode angewandt werden. So kann bei entsprechenden Verdachtsmomenten die chemische Analyse eines Weines geboten sein.[512] Ist die Vertragswidrigkeit gewöhnlich nicht anders feststellbar, ist eine chemische Analyse hingegen sogar zwingend. Es ist artbestimmend, dass eine Chlortablette einen bestimmten Chlorgehalt aufweist. Dieser ist jedoch nur durch eine chemische Untersuchung feststellbar, so dass eine Laboranalyse notwendig ist, um die chemische Zusammensetzung eines Produkts überprüfen zu können.[513] Ein weiteres Beispiel: Soll ein Matratzendrell (Matratzenbezugsstoff) auf seine Nahtschiebefestigkeit überprüft werden, so ist ebenfalls eine chemische Untersuchung notwendig, da die Nahtschiebefestigkeit durch eine physische Begutachtung (Tasten, Ziehen) nicht feststellbar ist.[514] Allerdings ist die Grenze der Untersuchung erreicht, wenn für sie ein unverhältnismäßig hoher Aufwand erforderlich ist und die entstehenden Kosten angesichts des aus der Vertragswidrigkeit möglicher Weise drohenden Schadens nicht zumutbar sind.[515] Ein elektronisches Gerät muss nicht auf seine elektrische Betriebssicherheit getestet werden.[516] Es genügt vielmehr, wenn seine Funktionsfähigkeit durch einen Probelauf getestet wurde. Paprikapulver muss nicht auf Strahlenbelastung untersucht werden.[517] Auch ist der Käufer nicht verpflichtet, Prüfverfahren einzusetzen, über die er in seinem Staat nicht verfügt, selbst wenn sie im Ausland bereits üblich sind.[518]

Der Käufer kann die Untersuchung selbst durchführen oder von einem Dritten, z. B. seinem Angestellten oder einem beauftragten Experten, durchführen lassen.[519] Das ergibt sich aus der Formulierung „untersuchen lassen", Art. 38 Abs. 1 CISG. Bei besonders komplexen Gütern, die schwer überprüfbare Eigenschaften haben, müssen nach Ansicht einiger Autoren sogar Sachverständige

---

512 LG Trier, NJW-RR 1996, 564 (565) zur chemischen Analyse eines Weins.

513 Siehe Sachverhalt und rechtliche Wertung des OLG Köln, 31.8.2006, CISG-Online (CH) Nr. 1406.

514 LG Aschaffenburg, 20.4.2006, CISG-Online (CH) Nr. 1446.

515 OLG Dresden, 8.11.2007, CISG-Online (CH) Nr. 1624.

516 LG München, CISG-Online (CH) Nr. 654.

517 BGH, IHR 2004, 201 (201ff.); Honsell/*Magnus*, UN-Kaufrecht, Art. 38, Rn. 17.

518 Staudinger/*Magnus*, BGB, Art. 38 CISG, Rn. 32; Honsell/*Magnus*, UN-Kaufrecht, Art. 38, Rn. 17.

519 OLG Koblenz, 18.11.1999, CISG-Online (CH) Nr. 570; Schlechtriem/Schwenzer/*Schwenzer*, UN-Kaufrecht, Art. 38, Rn. 10.

beauftragt werden.[520] Richtigerweise wird es darauf ankommen, ob der Käufer selbst hinreichend sachverständig ist, um die Untersuchung durchzuführen. Eine pauschale Verpflichtung, einen Sachverständigen hinzu zu ziehen, wäre eine unnötig kostspielige, zeitraubende und daher nicht interessengerechte Förmelei. Schließlich soll die Untersuchung dazu dienen, den Käufer vor einem unbekannten Beginn der Rügefrist zu warnen. Dem ist in gleicher Weise Genüge getan, wenn er selbst statt eines Dritten die Untersuchung ausführt.

b) Deutsches Recht

Gem. § 377 Abs. 1 HGB hat der Käufer die Ware zu untersuchen, soweit dies „nach ordnungsgemäßem Geschäftsgang tunlich ist". Der Maßstab des „nach einem ordnungsgemäßen Geschäftsgang Tunlichen" ist objektiv aus Sicht eines sorgfältigen, ordentlichen und gewissenhaften Kaufmannes in seiner Funktion als branchentypischer Abnehmer zu bestimmen.[521] Die Art und Weise der Untersuchung ist an der Beschaffenheit, der Menge und dem Verwendungszweck der Ware auszurichten.[522] Gegebenenfalls muss deshalb der Verbrauch oder die Umgestaltung der Ware in Kauf genommen werden, etwa bei tiefgefrorenen Walnusskernen, die erst nach dem Auftauen auf ihre Beschaffenheit überprüft werden können.[523] Auch die konkrete Qualifikation des Käufers ist zu berücksichtigen, die davon beeinflusst ist, in welcher Branche der Käufer tätig ist und welcher Größe und Art sein Betrieb (Groß- oder Kleinhandel; Fachhandel) ist.[524] Die Art der Ware beeinflusst ebenfalls den objektiven Untersuchungsmaßstab: Bei einer Markenware ist die Wahrscheinlichkeit der Fehlerhaftigkeit geringer als bei einem Nichtmarkenartikel.[525] Subjektive Umstände, die nicht zum ordnungsgemäßen Handeln eines Käufers dieser bestimmten Art gehören, wie zum Beispiel mangelnde Personalressourcen zur Durchführung der Untersuchung, können dagegen nicht berücksichtigt werden.[526] Ein ordentlicher Kaufmann

---

520 *Gerny,* Untersuchungs- und Rügepflichten beim Kauf nach schweiz., frz. und US-amerik. Recht sowie nach CISG, S. 187; *Herber/Czerwenka,* Int. Kaufrecht, Art. 38, Rn. 5; Staudinger/*Magnus,* BGB, Art. 38 CISG, Rn. 31; Honsell/*Magnus,* UN-Kaufrecht, Art. 38, Rn. 17.

521 OLG Oldenburg, NJW 1988, 388 (388); Münchener Kommentar HGB/*Grunewald,* § 377, Rn. 33; Haag/Löffler/*Stadie,* Handelsrecht, § 377, Rn. 13; Staub/*Brüggemann,* HGB, § 377, Rn. 77; Baumbach/Hopt/*Hopt,* HGB, § 377, Rn. 23, 25.

522 Münchener Kommentar HGB/*Grunewald,* § 377, Rn. 38.

523 OLG Köln, OLGZ 1975, 454 (458).

524 BGH WM 1970, 1400 (1402); Baumbach/Hopt/*Hopt,* HGB, § 377, Rn. 25.

525 Ebenroth/Boujong/Joost/Strohn/*Müller,* HGB, § 377, Rn. 62.

526 Münchener Kommentar HGB/*Grunewald,* § 377, Rn. 33.

hätte in diesem Fall einen Dritten beauftragt. Gegenüber dem objektiven Maßstab der Art und Weise der Untersuchung sind Individualvereinbarungen oder Handelsbräuche nach dem Grundsatz der Vertragsfreiheit vorrangig.[527]

Ziel der Untersuchung ist es, existierende Mängel aufzudecken. Unmögliches wird vom Käufer nicht erwartet, schließlich muss die Untersuchung aus objektiver Sicht „tunlich" sein.[528] Allerdings ist die Ware auch auf seltene oder schwierig festzustellende Fehler hin zu untersuchen.[529] Im Ergebnis sind komplizierte und zeitraubende, d.h. länger als eine Woche dauernde Untersuchungsmaßnahmen für den Käufer ebenso unzumutbar wie solche, die außer Verhältnis zum Zweck der Untersuchung stehen, dem Verkäufer und dem Rechtsverkehr schnell Gewissheit über die Geltendmachung von Gewährleistungsansprüchen zu verschaffen.[530] Beispiel: A verkauft an B Strümpfe, die aus Perlongarn gefertigt sein sollen. Tatsächlich waren sie aus Nylongarn hergestellt. Die Art des verwendeten Garns ist jedoch nur durch eine chemische Analyse feststellbar, deren Durchführung im Falle eines Strumpfkaufes für den Käufer unzumutbar ist.[531]

Bei einer großen Mengenlieferung ist die Stichprobenanzahl auf eine verhältnismäßige, aussagekräftige Anzahl zu reduzieren.[532] Führt die Stichprobenentnahme dazu, dass der geprüfte Warenteil wertlos und unverkäuflich wird, etwa weil der Erhalt der Originalverpackung für einen Weiterverkauf notwendig ist, so sind nur kleine Mengen zu untersuchen. Im Einzelfall kann eine Untersuchung sogar unzumutbar sein.[533] Zur Orientierung: Das Reichsgericht entschied, dass bei 5.000 Dosen Apfelmus die Qualitätsprüfung von zehn Dosen ausreichend war.[534] Diesen Maßstab aufgreifend entschied der BGH, dass bei 2.400 Dosen Champignons fünf Dosen überprüft werden müssten.[535] Disketten, die auf ihre Lesbarkeit getestet werden, büßen durch die Untersuchung nicht

---

527 Baumbach/Hopt/*Hopt*, HGB, § 377, Rn. 56.

528 OLG München, BeckRS 2009, 22695; Ebenroth/Boujong/Joost/Strohn/*Müller*, HGB, § 377, Rn. 51.

529 OLG München, NJOZ 2006, 861 (865); Münchener Kommentar HGB/*Grunewald*, § 377, Rn. 42.

530 Ebenroth/Boujong/Joost/Strohn/*Müller*, HGB, § 377, Rn. 52; Münchener Kommentar HGB/*Grunewald*, § 377, Rn. 45.

531 So BGH, NJW 1959, 1081 (1082).

532 OLG Köln, NJW-RR 1999, 565 (566); Staub/*Brüggemann*, HGB, § 377, Rn. 81; Baumbach/Hopt/*Hopt*, HGB, § 377, Rn. 27.

533 OLG Köln, NJW-RR 1999, 565 (566); Münchener Kommentar HGB/*Grunewald*, § 377, Rn. 41; Ebenroth/Boujong/Joost/Strohn/*Müller*, HGB, § 377, Rn. 63.

534 RGZ 106, 359 (359ff.).

535 BGH, BB 1977, 1019 (1019).

Wert oder Verkäuflichkeit ein. Demnach reichen 15 bis 20 Stichproben bei einer Liefermenge von 20.000 Stück nicht aus; vielmehr wären 200 Stichproben angemessen gewesen.[536]

Die Untersuchung kann wie im UN-Kaufrecht vom Käufer oder einem Dritten durchgeführt werden, denn es reicht aus, dass der Käufer auf andere Weise als durch eigene Prüfung Kenntnis vom Mangel erhält. Fachlich spezialisierte Untersuchungen müssen nicht generell von einem Experten vorgenommen werden. Jedoch ist er zu Rate zu ziehen, wenn der Käufer nicht über ausreichende Kenntnisse verfügt, weil er die Untersuchung „mit fachmännischer Sorgfalt" durchzuführen hat.[537] Zusätzliche Zeit zur Überlegung, ob ein Experte hinzu gezogen wird, soll es nach Ansicht von *Grunewald* nicht geben, so dass sich die Untersuchungs- und Rügefrist verkürzt, wenn der Käufer lange überlegt.[538] Nach Ansicht des BGH hingegen – jedenfalls zu Art. 38 CISG – kann der Käufer eine einwöchige Bedenkzeit nehmen, welche den Beginn der Untersuchungsfrist nach hinten verschiebt.[539] Dem ist zuzustimmen. Oftmals sind die Waren und deren Mängel so komplex, dass der Käufer nicht auf Anhieb entscheiden kann, ob er über den für die Untersuchung notwendigen Sachverstand verfügt.

c) Französisches Recht

Ziel der Untersuchung ist es, Mängel aufzuspüren, um die Rechte des Käufers aus der Sachmangelgewährleistungsgarantie wegen eines versteckten Mangels bzw. wegen Nichterfüllung aufgrund eines offen zu Tage tretenden, die Gebrauchsfähigkeit beeinträchtigenden Mangels zu erhalten. Mangels gesetzlicher Regelung entwickelten Rechtsprechung und Lehre einige Grundsätze zur konkreten Untersuchung der Ware, welche sich stark an der Eigenschaft des Käufers orientieren. Ein *„acheteur non-professionnel"* bzw. *„acheteur occasionnel"* muss mit den normal wachsamen Augen eines gewöhnlichen Käufers (*„examen normalement attentif de la chose avec des yeux d'un acheteur profane"*[540]), d.h. mit einem

---

536 OLG Köln, NJW-RR 1999, 565 (566).

537 Baumbach/Hopt/*Hopt*, HGB, § 377, Rn. 28; Ebenroth/Boujong/Joost/Strohn/*Müller*, HGB, § 377, Rn. 50.

538 Münchener Kommentar HGB/*Grunewald*, § 377, Rn. 43.

539 BGH, NJW-RR 2000, 1361 (1362).

540 *Bénabent*, Contrats spéciaux, Rn. 362; *Malaurie/Aynès/Gautier*, Contrats spéciaux, Rn. 391; *Collart Dutilleul/Delebecque*, Contrats civils et commerciaux, Rn. 275; *Gerny*, Untersuchungs- und Rügepflichten beim Kauf nach schweiz., frz. und US-amerik. Recht sowie nach CISG, S. 61, 69f.

durchschnittlichen Sorgfaltsmaßstab („*diligence moyenne*“[541]) die Sache oberflächlich („*examen superficiel*“[542]) und elementar („*verification elementaire*“[543]), aber dennoch sorgfältig untersuchen.[544] Der im Einzelfall an ihn angelegte Sorgfaltsmaßstab leitet sich aus seiner fachlichen Kompetenz, der Natur der Kaufsache, des Mangels und den Begleitumständen ab.[545] Ihm wird deshalb sogar ein gewisses Recht zur Nachlässigkeit zugestanden („*un certain droit à la légèrté*“).[546] Für den Käufer ist der Fehler nur dann nicht versteckt, wenn er „besonders offensichtlich („*particulièrement évident*“) ist und selbst die elementarste Überprüfung („*vérification élémentaire*“) ihn sichtbar gemacht hätte.[547] Der Sorgfaltsmaßstab wird stark reduziert, weil es ihm im Allgemeinen an der fachlichen Kompetenz für die Prüfung der Kaufsache fehlt. Offensichtlich als Vertragswidrigkeit erkennbar ist für den „*acheteur non-professionnel*“ beispielsweise das Leck einer Yacht.[548] Dazu bedarf es keinerlei Fachwissen. Das setzt allerdings voraus, dass die Vertragswidrigkeit physisch leicht erkennbar ist. Mehr als ein Auspacken der Ware oder der Probelauf einer Maschine wird vom „*acheteur non-professionnel*“ nicht erwartet.[549] Der „*acheteur non-professionnel*“ wird dabei selbst dann nicht als „*acheteur professionnel*“ eingeordnet, wenn er die für die

541 *Bihl,* Droit de la vente, Rn. 515.

542 Cass. civ. 1ière, 7.1.1982, Légifrance (F) n° 80–16530; *Malaurie/Aynès/Gautier,* Contrats spéciaux, Rn. 391; *Collart Dutilleul/Delebecque,* Contrats civils et commerciaux, Rn. 276.

543 CA Paris, 3.2.1987, D. 1987, IR, 52; *Malaurie/Aynès/Gautier,* Contrats spéciaux, Rn. 391; *Collart Dutilleul/Delebecque,* Contrats civils et commerciaux, Rn. 276.

544 Cass. Ass. plén. 27.10.2006, Légifrance (F) n° 05–18977; *Collart Dutilleul/Delebecque,* Contrats civils et commerciaux, Rn. 275; im Ergebnis auch *Antonmattei/Raynard,* Contrats spéciaux, Rn. 214.

545 *Ghestin,* Conformité et garanties, Rn. 16ff.; *Ghestin/Huet,* Contrats spéciaux, Rn. 11329, 11331; *Malaurie/Aynès/Gautier,* Contrats spéciaux, Rn. 393; *Collart Dutilleul/Delebecque,* Contrats civils et commerciaux, Rn. 274; *Gerny,* Untersuchungs- und Rügepflichten beim Kauf nach schweiz., frz. und US-amerik. Recht sowie nach CISG, S. 61.

546 Cass. civ. 3ième, 21.7.1998, Légifrance (F) n° 96–21503; *Bénabent,* Contrats spéciaux, Rn. 362; *Collart Dutilleul/Delebecque,* Contrats civils et commerciaux, Rn. 276.

547 Zur Berücksichtigung der Eigenschaft des Käufers allgemein: Cass. civ. 1ière, 24.2.1964, Légifrance (F) n° N 105; *Ghestin,* Conformité et garanties, Rn. 18; *Malaurie/Aynès/Gautier,* Contrat spéciaux, Rn. 391.

548 Cass. civ. 1ière, 7.1.1982, Légifrance (F) n° 80–16530.

549 Cass. com. 26.9.2012, Légifrance (F) n° 11–22399: Die Durchführung eines Probelaufs kann von jedem Käufer unabhängig von seiner Qualifikation verlangt werden, *Malaurie/Aynès/Gautier,* Contrats spéciaux, Rn. 391.

Einordnung notwendige Fachkenntnis mit Hilfe des Fachwissens eines Dritten erlangt, zum Beispiel einem Experten, der die Kaufsache für ihn untersucht.[550] Es kommt folglich allein auf seine originäre Fachkenntnis an. Er ist auch nicht verpflichtet, einen Experten hinzuzuziehen.[551] Ein *„acheteur professionnel"* hingegen muss die Kaufsache minutiös nach den Maßstäben untersuchen, die objektiv üblich sind.[552] Beispielsweise muss der Käufer als Händler von Maschinen, die für Straßenbauarbeiten verwendet werden, beim Probelauf Funktionsstörungen einer Planierraupe erkennen.[553] Importiert ein französisches Unternehmen aus Belgien Tannin (Gerbstoff, hier bei der Weinherstellung zur Aromatisierung, Farbstoffstabilisierung und Konservierung des Weins verwendet), um es weiterzuverkaufen, so muss es als *„acheteur professionnel"* den schlechten Geschmack und den unnormalen Geruch des Tannins feststellen können.[554] Leicht erkennbar soll für einen geschäftsmäßigen Transporteur sein, dass bei einem LKW der Außenluftfilter fehlt.[555] Hat der *„acheteur professionnel"* selbst keine ausreichende Kenntnis zur Durchführung der Untersuchung, muss er einen Experten beauftragen.[556] In sonstigen Fällen besteht allerdings keine Pflicht, einen Experten zu konsultieren.[557]

Bei Warenlieferungen größeren Umfangs reicht es, dass er Stichproben entnimmt.[558] Allerdings kann hier keine genaue Zahlenangabe gemacht werden.

Zusammenfassend lässt sich feststellen, dass von einem *„acheteur professionnel"* erwartet wird, dass er all diejenigen Vertragswidrigkeiten aufdeckt, welche mit technischem Fachwissen erkennbar sind.[559]

---

550 Cass. civ. 1ière, 24.2.1964, Légifrance (F) n° N 105.

551 *Bénabent,* Contrats spéciaux, Rn. 362; anders Stimmen der Literatur bis Mitte des 20. Jahrhunderts: *Bihl,* Droit de la vente, Rn. 514.

552 Cass. com. 27.11.1961, Légifrance (F) n° N 439; *Malaurie/Aynès/Gautier,* Contrats spéciaux, Rn. 392; *Ghestin,* Conformité et garanties, Rn. 19; *Ghestin/Huet,* Contrats spéciaux, Rn. 11329.

553 Cass. com. 16.12.1981, Légifrance (F) n° 80–12216.

554 Cass. civ. 1ière, 23.2.1982, Légifrance (F) n° 80–16922.

555 CA Rouen, 24.9.1971, Gaz. Pal. 1972, Som. 39; *Bihl,* Droit de la vente, Rn. 517.

556 Cass. com. 18.10.1992, Légifrance (F) n° 81–11195.

557 *Ghestin,* Conformité et garanties, Rn. 220; *Ghestin/Huet,* Contrats spéciaux, Rn. 11329.

558 CA d'Agen, 29.1.2004, Légifrance (F) n° 02/809; CA de Versailles, 19.6.2003, Légifrance (F) n° 2001–2270.

559 *Huet,* J. Cl. Art. 1641 à 1649 CC, Fasc. 30, Vente Fasc. 300, Rn. 72, 75f.

d) Schweizer Recht

Die Art und Weise richtet sich nach dem „üblichen Geschäftsgang", in concreto der Verkehrssitte und den Handelsusancen oder der Branchenübung, sofern sie existiert.[560] Der Käufer muss die Untersuchung mit der in der Branche üblichen, fachlichen Sorgfalt vornehmen.[561] Dabei kann er auch einem Dritten die Untersuchung anvertrauen.[562] Einen Experten muss er nicht konsultieren, sofern nicht besondere Verdachtsmomente vorliegen, die Branchenübung es erzwingt oder ihm die notwendige Fachkenntnis fehlt.[563] Bei einem geschäftsunerfahrenen Käufer fehlt es an der Branchenübung oder der Fachkenntnis, so dass er seine Untersuchung mit der Sorgfalt eines durchschnittlichen, aufmerksamen Käufers vorzunehmen hat.[564] Hat der Käufer überdurchschnittliche Sachkenntnis oder Erfahrung, so ist dies im Sorgfaltsmaßstab zu berücksichtigen.[565]

Der Käufer muss die gesamte Reichweite des Mangels feststellen. Dabei spielt es keine Rolle, ob der Mangel häufig oder selten auftritt.[566] Bei umfangreicheren Lieferungen reicht eine Stichprobe aus, sofern die Zahl der entnommenen Proben zu der Zahl der Gesamtlieferung angemessen und geeignet ist, um qualitative Mängel aufzuspüren.[567] Die qualitative Überprüfung von 70 Stück Siphons bei einer Gesamtmenge von 1202 Siphons ist ausreichend, was eine Prü-

---

560 Kantonsgericht des Kanton Wallis, ZWR 2010, 158 (161); BGer 14.12.2000, Nr. 4C 280/2000; Handkommentar zum Schweizer Privatrecht/*Müller-Chen*, Vertragsverhältnisse Teil 1, Art. 201 OR, Rn. 11; *Honsell*, OR BT, S. 89; BGE 76 II 221 (223); Basler Kommentar OR/*Honsell*, Art. 201, Rn. 5; Berner Kommentar/*Giger*, Art. 201 OR, Rn. 45.

561 Handkommentar zum Schweizer Privatrecht/*Müller-Chen*, Vertragsverhältnisse Teil 1, Art. 201 OR, Rn. 11; Basler Kommentar OR/*Honsell*, Art. 201, Rn. 5; Berner Kommentar/*Giger*, Art. 201 OR, Rn. 46.

562 Tercier/Favre/*Tercier/Favre/Zen-Ruffinen*, Contrats spéciaux, Rn. 781.

563 Kantonsgericht des Kanton Wallis, ZWR 2010, 158 (161, 167); *Honsell*, UN-Kaufrecht, S. 89; Basler Kommentar OR/*Honsell*, Art. 201, Rn. 5; Handkommentar zum Schweizer Privatrecht/*Müller-Chen*, Vertragsverhältnisse Teil 1, Art. 201 OR, Rn. 11; *Keller/Siehr*, Kaufrecht, S. 83; Berner Kommentar/*Giger*, Art. 201 OR, Rn. 46f.; Guhl/*Koller*, Schweizerisches Obligationenrecht, § 42, Rn. 24.

564 BGE 63 II 401 (408); 59 II 309 (313); 46 II 36 (37); Basler Kommentar OR/*Honsell*, Art. 201, Rn. 5; Handkommentar zum Schweizer Privatrecht/*Müller-Chen*, Vertragsverhältnisse Teil 1, Art. 201 OR, Rn. 13; Berner Kommentar/*Giger*, Art. 201 OR, Rn. 48.

565 *Keller/Siehr*, Kaufrecht, S. 83.

566 *Tannò*, Rügefrist im schweiz., dt. und UN-Kaufrecht, S. 41.

567 BGer, 14.12.2000, Nr. 4C 280/2000; *Honsell*, OR BT, S. 89; BGE 52 II 362 (367f.); Basler Kommentar OR/*Honsell*, Art. 201, Rn. 5.

fung von ca. 6% des Gesamtumfanges darstellt.[568] Soll die Ware originalverpackt weiterverkauft werden, so kann die Stichprobenentnahme auf wenige Proben begrenzt werden, beispielsweise ein bis zwei Packungen Orangenblütentee bei einer Gesamtliefermenge von 3500 Packungen oder zehn Dosen von 5000 gelieferten Dosen.[569] Ansonsten kann die Untersuchung je nach Natur der Kaufsache in der Benutzung, dem Verbrauch oder in der Verarbeitung eines Teils der Sache bestehen.[570] Die Entfernung der Verpackung kann verlangt werden, sofern es sich nicht um eine Sache handelt, die originalverpackt weiterverkauft werden soll.[571] Sofern jedoch ein Verdacht auf das Vorliegen eines bestimmten qualitativen Mangels vorliegt, kann eine chemische Untersuchung geboten sein, wo normalerweise eine oberflächliche Untersuchung, gerichtet auf das Besehen, Betasten oder Beriechen der Ware genügend würde, so etwa wenn der Verdacht besteht, dass der Wein verfälscht wurde. Dann ist die Analyse eines Lebensmittelchemikers notwendig.[572]

Die folgenden Fallgruppen mögen beispielhaft eine Orientierung für verschiedene Warentypen geben, wobei die verschiedenen Rechtsordnungen zusammen behandelt werden.

2. *Verderbliche Waren (frische Lebensmittel, Pflanzen)*

Lebensmittel und Pflanzen sind nach deutschem Recht grundsätzlich anhand ihres Aussehens, Geschmacks und/oder Geruchs auf die Existenz von qualitätsbezogenen, quantitätsbezogenen oder identitätsbezogenen Mängeln zu überprüfen.[573] Auch nach UN-Kaufrecht kann eine Inaugenscheinnahme genügen, sofern die Vertragswidrigkeit i.S.d. Art. 35 CISG leicht festzustellen ist.[574] Diese besteht in jedem Fall aus dem Besehen, Betasten, Zählen, Wiegen und Messen der Ware – kann aber unter Umständen weitergehende Untersuchungsmethoden erfordern.[575] Es kann jedoch auch notwendig sein, das Obst in einzelne Stücke zu

568 BGE 34 II 701 (707ff.); *Tannò*, Rügefrist im schweiz., dt. und UN-Kaufrecht, S. 47.

569 RGZ 106, 359 (359ff.); Basler Kommentar OR/*Honsell*, Art. 201, Rn. 5.

570 BGE 81 II 56 (59); BGE 118 II 142 (148); *Keller/Siehr*, Kaufrecht, S. 83; Berner Kommentar/*Giger*, Art. 201 OR, Rn. 49.

571 *Keller/Siehr*, Kaufrecht, S. 83.

572 BGE 26 II 791 (795).

573 BGH NJW 1991, 2633 (2634f.); Ebenroth/Boujong/Joost/Strohn/*Müller*, HGB, § 377, Rn. 57; Baumbach/Hopt/*Hopt*, HGB, § 377, Rn. 26.

574 Staudinger/*Magnus*, BGB, Art. 38 CISG, Rn. 29.

575 OLG München, 11.3.1998, CISG-Online (CH) Nr. 310; LG München, 23.6.1997, CISG-Online (CH) Nr. 394; Ferrari/Kieninger/Mankowski/*Ferrari*, Int. Vertragsrecht, Art. 38 CISG, Rn. 11.

zerschneiden und eine Verkostung vorzunehmen.[576] Auch das Schweizer Recht erfordert eine Überprüfung der äußeren Oberfläche durch Besehen, Messen oder Riechen.[577] Im Einzelfall ist eine Kostprobe möglich.[578] Das französische Recht begnügt sich mit einem *„coup d'oeil"* bei *„choses simples"*.[579]

Sollte ein Verdacht bezüglich eines konkreten Mangels bestehen, kann nach deutschem Recht auch eine chemische oder technische Untersuchung der Lebensmittel notwendig sein, um den Mangel zu verifizieren.[580] Im Einzelfall kann auch im französischen Recht eine tiefer gehende Untersuchungsmethode von Nöten sein. So kann bei der Untersuchung von Chrysanthemen eine Expertenbefragung geboten sein, auch wenn der Käufer selbst Fachwissen (*„acheteur professionnel"*) hat.[581] Gleiches gilt für das Schweizer Recht.[582] Ebenso ist die Rechtslage im UN-Kaufrecht, das eine erhöhte Aufmerksamkeit und eingehendere Untersuchung vom gewarnten Käufer verlangt.[583]

3. *Technische Waren*

Bei Maschinen bzw. sonstigen technischen Waren ist in allen untersuchten Rechtsordnungen in der Regel ein Probelauf (*„essai de fonctionnement"*) durchzuführen.[584]

---

576 Honsell/*Magnus,* UN-Kaufrecht, Art. 38, Rn. 16; Münchener Kommentar HGB/*Benicke,* Art. 38 CISG, Rn. 4a.

577 BGE 41 II 732 (736) (Betrachten eines Käses); BGE 22 I, 844 (848) (Anschauen von Weizen); *Tannò,* Rügefrist im schweiz., dt. und UN-Kaufrecht, S. 51.

578 *Tannò,* Rügefrist im schweiz., dt. und UN-Kaufrecht, S. 52.

579 *Malaurie/Aynès/Gautier,* Contrats spéciaux, Rn. 321.

580 BGH, NJW 1991, 2633 (2633).

581 Cass. com. 15.11.1971, Légifrance (F) n° 70–11036.

582 BGE 59 II 309 (313); BGE 63 II 401 (408); *Tannò,* Rügefrist im schweiz., dt. und UN-Kaufrecht, S. 74.

583 LG Stuttgart, RIW 1989, 984; Schlechtriem/Schwenzer/*Schwenzer,* UN-Kaufrecht, Art. 38, Rn. 13; a.A. Honsell/*Magnus,* UN-Kaufrecht, Art. 38, Rn. 18.

584 Zum deutschen Recht: OLG Oldenburg, 5.12.2000, CISG-Online (CH) Nr. 618; LG Bayreuth,11.12.1997, CISG-Online (CH) Nr. 476; Baumbach/Hopt/*Hopt,* HGB, § 377, Rn. 26; zum französischen Recht: Cass. com. 19.6.2012, Légifrance (F) n° 11–13176; Cass.com. 17.2.1976, Légifrance (F) n° 74–13472; *Ghestin,* Conformité et garanties, Rn. 220; *Malaurie/Aynès/Gautier,* Contrats spéciaux, Rn. 321; Ghestin/Huet, Contrats spéciaux, Rn. 11329; zum UN-Kaufrecht: Ferrari/Kieninger/Mankowski/*Ferrari,* Int. Vertragsrecht, Art. 38 CISG, Rn. 13f.; Honsell/*Magnus,* UN-Kaufrecht, Art. 38, Rn. 15; zum Schweizer Recht: Basler Kommentar OR/*Honsell,* Art. 201, Rn. 6.

4. Zur Weiterverarbeitung bestimmte Textilien

Im UN-Kaufrecht und im französischen Recht muss die Ware zur Probe verarbeitet werden, wenn der Käufer beabsichtigt, diese weiterzuverarbeiten.[585] Auf diese Weise kann ein Qualitätsmangel festgestellt werden – zum Beispiel muss ein „*acheteur professionnel*" auf diese Weise erkennen, dass das von ihm gefertigte Kleidungsstück beim Tragen Farbe verliert.[586] Ein Probeverarbeiten beinhaltet bei Textilien, die Ware zur Probe zu waschen – um die Farbechtheit zu prüfen und ein eventuelles Einlaufen festzustellen –, zur Probe zu bügeln und eventuell probeweise zu färben.[587] Im schweizerischen Recht ist nicht zwangsläufig eine Probeverarbeitung notwendig. Dort genügt grundsätzlich eine sog. Handprobe, also die Inaugenscheinnahme und Betastung der Ware. Eine Probeverarbeitung muss nur dann vorgenommen werden, wenn es die Branchenüblichkeit verlangt.[588] Auch nach deutschem Recht müssen Textilstoffe vor der Verarbeitung zur Probe verarbeitet werden. Der Käufer darf sich nicht darauf verlassen, dass der vom Verkäufer geleistete Stoff mit dem als Verkaufsprobe angebotenen mangelfreien Stoff übereinstimmt, denn hypothetisch hätte der Käufer ab dem Zeitpunkt der unterlassen Probeverarbeitung Kenntnis vom Mangel, so dass die Rüge in der Regel nicht mehr rechtzeitig erklärt wird, wenn der Käufer erst von seinem Abnehmer über die Mängel informiert wird.[589] Der Umfang der geschuldeten Prüfung entspricht dem anderer Rechtsordnungen: Die Probeverarbeitung muss der vom Käufer anvisierten späteren Verarbeitung entsprechen. Der zur Probe zu verarbeitende Stoff muss daher zum Beispiel konfektioniert und eingefärbt werden.[590] Eine Probeverarbeitung ist nach deutschem Recht jedoch entbehrlich, wenn die Beschaffenheit der Sache durch den Käufer bereits einmal getestet wurde und er darauf vertrauen darf, dass die Beschaffenheit sich nicht verändert hat. Diese Voraussetzungen sind erfüllt, wenn Käufer und Verkäufer etwa in einer langjährigen Geschäftsbeziehung stehen, in welcher der Käufer

585 Zur Probeverarbeitung nach UN-Kaufrecht OLG Karlsruhe, LSK 1998, 090608.

586 Cass. com. 2.3.1993, Légifrance (F) n° 90-19977.

587 LG Berlin, 25.5.1999, UNILEX; LG Berlin, IHR 2003, 228 (229); AG Kehl, RIW 1996, 957 (958); Kantonsgericht Schaffhausen, 27.1.2004, CISG-Online (CH) Nr. 960; Ferrari/Kieninger/Mankowski/*Ferrari,* Int. Vertragsrecht, Art. 38 CISG, Rn. 13; Münchener Kommentar HGB/*Benicke,* Art. 38 CISG, Rn. 5; Schlechtriem/Schwenzer/*Schwenzer,* UN-Kaufrecht, Art. 38, Rn. 14; Cass. com. 27.11.1961, Légifrance (F) n° N 439 (zur Probe bügeln).

588 BGE 76 II 221 (224f.).

589 OLG München, BeckRS 2009, 22695.

590 OLG München, BeckRS 2009, 22695.

regelmäßig eine gleichartige, mangelfreie Ware bezieht. Eine Untersuchungsobliegenheit mit dem Ziel, Beschaffenheitsänderungen und ihre Auswirkungen auf den vertraglich vorgesehenen Gebrauch aufzuspüren, besteht für den Käufer in diesem Fall nicht.[591]

Sollte sich die Beschaffenheit der Ware aufgrund eines Handeln des Verkäufers verändern, muss der Verkäufer demzufolge den Käufer auf diesen Umstand hinweisen: Ein mittelständischer Schuhfabrikant bezieht seit zehn Jahren das Leder „B Bergleder vollimprägniert“ zur Herstellung von Jagd-, Berg- und Wanderschuhen. Zu einem „Wassertropfenechtheitstest“, einem Standardtest zur Prüfung der wasserabweisenden Qualität des Leders, war der Fabrikant nicht verpflichtet, solange er darauf vertrauen durfte, dass die Beschaffenheit des „B Bergleder vollimprägniert“ gleich blieb. Ändert Verkäufer die Zurichtung des Leders mit der Folge, dass das jetzt geleistete Leder nicht mehr feuchtigkeitsabweisend ist, muss er dies dem Käufer mitteilen.[592]

IV. Dauer

Die Dauer der Untersuchung ist naturgemäß von der Art der Kaufsache und der vorzunehmenden Prüfungshandlung abhängig, doch sind dies nicht die einzigen Kriterien. Insbesondere können eine Reihe weiterer Elemente die Untersuchungsdauer beeinflussen, wie etwa individuelle Hindernisse aus der Sphäre des Käufers (geringe Personalkapazität, Betriebsgröße, Organisationsverschulden) oder die persönlich-fachliche Untersuchungskompetenz. Muss ein Experte beigezogen werden, verlängert sich notwendig die Untersuchung. An den Kategorien „verderbliche Ware“ und „unverderbliche Ware“ soll nach einer allgemeinen Einführung die Untersuchungsdauer beispielhaft für beide Warentypen aufgezeigt werden. Unverderbliche Waren werden unterteilt in Waren, die eine einfache, mittlere oder hohe Komplexität aufweisen.

1. Allgemeines

a) UN-Kaufrecht

Art. 38 Abs. 1 CISG sieht vor, dass der Käufer die Ware innerhalb einer so kurzen Frist zu untersuchen hat, wie es die Umstände erlauben. Die Dauer der „kurzen Frist“ ist objektiv unter Berücksichtigung mehrerer Anhaltspunkte zu bestimmen, sofern keine vorrangige vertragliche Fristsetzung getroffen und die

591 BGH, NJW 1996, 1537 (1538).

592 BGH, NJW 1996, 1537 (1537ff.).

Fristdauer nicht durch einen Handelsbrauch bestimmt werden kann.[593] Insgesamt ist bei der Auslegung der Tatbestandsmerkmale der Artt. 38f. CISG zu berücksichtigen, dass das UN-Kaufrecht gegenüber dem Haager Einheitlichen Kaufrecht, das ähnlich dem deutschen Handelsgesetzbuch (HGB) ausgestaltet war, insgesamt käuferfreundlicher gestaltet werden sollte.[594]

Im Rahmen einer objektiven Fristbestimmung ist zunächst in Erwägung zu ziehen, ob der Käufer eine ausreichende fachliche Kompetenz hat, die Untersuchung selbst durchzuführen oder ob ein Sachverständiger beauftragt werden muss. Individuelle Probleme, die in der Sphäre des Käufers auftreten können – wie etwa eine Krankheit des Käufers oder internes Organisationsverschulden[595] – mit denen der Verkäufer jedoch nicht rechnen muss, werden in der Untersuchungsdauer nicht berücksichtigt.[596] In derartigen Fällen bleibt die Möglichkeit einer Entschuldigung nach Art. 44 CISG, um die Rechtsfolge einer unterlassenen oder verspäteten Rüge zu vermeiden.[597] Es zählen (fast) ausschließlich objektive Faktoren wie die „Art der Ware, die Notwendigkeit aufwendiger Untersuchungsmethoden, das Erfordernis einer vorangegangenen Verarbeitung, die Notwendigkeit von Probeläufen bei Maschinen“[598], die geringfügig erweitert werden um subjektive Faktoren wie die „Stellung des Käufers im Wirtschaftsleben (Wiederverkäufer, Endverbraucher oder Familienbetrieb)“ sowie kulturelle Unterschiede, um die Untersuchungsfrist zu bestimmen.[599] Ein Streik im

593 Schlechtriem/Schwenzer/*Schwenzer*, UN-Kaufrecht, Art. 38, Rn. 13; *Gerny*, Untersuchungs- und Rügepflichten beim Kauf nach schweiz., frz. und US-amerik. Recht sowie nach CISG, S. 195; von Caemmerer/Schlechtriem/*Schwenzer*, UN-Kaufrecht, Art. 38, Rn. 28ff.

594 Schlechtriem/Schwenzer/*Schwenzer*, UN-Kaufrecht, Art. 38, Rn. 1, Art. 39, Rn. 1.

595 Staudinger/*Magnus*, BGB, Art. 38 CISG, Rn. 49; Schlechtriem/Schwenzer/*Schwenzer*, UN-Kaufrecht, Art. 38, Rn. 18; *Enderlein/Maskow/Strohbach*, Int. Kaufrecht, Art. 38 CISG, Rn. 2; Honsell/*Magnus*, UN-Kaufrecht, Art. 38, Rn. 23.

596 *Gerny*, Untersuchungs- und Rügepflichten beim Kauf nach schweiz., frz. und US-amerik. Recht sowie nach CISG, S. 193.

597 Dazu jedoch unter dem Punkt „Ausnahmen der Rechtsfolge einer unterlassenen Rüge“ mehr, 2. Kapitel D. IV. 2. a).

598 *Gerny*, Untersuchungs- und Rügepflichten beim Kauf nach schweiz., frz. und US-amerik. Recht sowie nach CISG, S. 193; Honsell/*Magnus*, UN-Kaufrecht, Art, 38, Rn. 22; Schlechtriem/Schwenzer/*Schwenzer*, UN-Kaufrecht, Art. 38, Rn. 15; von Caemmerer/Schlechtriem/*Schwenzer*, UN-Kaufrecht, Rn. 15ff.; *Honnold*, Uniform Law for International Sales, Art. 38, Rn. 252; Staudinger/*Magnus*, BGB, Art. 38 CISG, Rn. 40.

599 *Gerny*, Untersuchungs- und Rügepflichten beim Kauf nach schweiz., frz. und US-amerik. Recht sowie nach CISG, S. 194; Schlechtriem/Schwenzer/*Schwenzer*,

Unternehmen des Käufers ist ein objektiver Faktor, der zu berücksichtigen ist, weil er für den Geschäftspartner in der Regel erkennbar ist.[600] Feiertage während der Untersuchung verlängern die Untersuchungsdauer.[601]

Als Richtmaß für die Dauer der Prüfungsfrist können ein bis zwei Wochen angenommen werden, von der je nach den Umständen des Einzelfalls (Art der Ware, Art des Mangels, Notwendigkeit der Untersuchung) abgewichen werden kann.[602] Grundsätzlich enthalten sich jedoch Rechtsprechung und Literatur ausdrücklich davon, ein starres Richtmaß festzulegen, da die Dauer zu sehr vom Einzelfall abhänge.[603]

b) Deutsches Recht

Der Maßstab „unverzüglich" in § 377 Abs. 1 HGB gilt nicht nur für den Beginn, sondern auch für die Dauer der Untersuchung und ist einzelfallabhängig.[604] Er wird zunächst wie im UN-Kaufrecht objektiv aus Sicht eines sorgfältigen Kaufmannes bestimmt, abhängig von der am Erfüllungsort des Käufers herrschenden Übung im betreffenden Geschäftszweig.[605] Dabei sind mehrere Kriterien zu berücksichtigen: Die Größe des Betriebs, d.h. ob der Betrieb so groß ist, dass er eine eigene, also von eigenen Arbeitnehmern besetzte Qualitätsprüfungsabteilung einrichten kann, die naturgemäß eine schnellere Kontrolle als ein externer Dienstleister ermöglicht[606]; ob der Käufer ausreichend fachliche Kompetenz hat, die Untersuchung selbst durchzuführen, oder ob ein Sachverständiger beauftragt

---

UN-Kaufrecht, Art. 38, Rn. 18; von Caemmerer/Schlechtriem/*Schwenzer*, UN-Kaufrecht Art. 38, Rn. 18.

600 *Herber/Czerwenka*, Int. Kaufrecht, Art. 38, Rn. 7.

601 OLG Köln, RIW 1985, 404 (404f.): Allerdings war eine Untersuchung von Schutzmatten oder Teppichen nach 11 Tagen selbst unter Einschluss der Weihnachtsfeiertage nach dem Recht des Käufers zu lang; LG Aachen, IPRax 1985, 45 (45); *Tannò*, Rügefrist im schweiz., dt. und UN-Kaufrecht, S. 273.

602 Kantonsgericht des Kantons Schaffhausen, 27.1.2004, CISG-Online (CH) Nr. 960; LG Lübeck, 30.12.2010, CISG-Online (CH) Nr. 2292: ein bis zwei Wochen.

603 Obergericht des Kanton Luzern, 12.5.2003, CISG-Online (CH) Nr. 846, wobei strikt zwischen der Untersuchungs- und der Rügefrist zu trennen ist und die Rügefrist ein Monat betragen soll.

604 Haag/Löffler/*Stadie*, Handelsrecht, § 377, Rn. 27.

605 Münchener Kommentar HGB/*Grunewald*, § 377, Rn. 33; Haag/Löffler/*Stadie*, Handelsrecht, § 377, Rn. 13, 25; Staub/*Brüggemann*, HGB, § 377, Rn. 77; Baumbach/Hopt/*Hopt*, HGB, § 377, Rn. 23, 25; Ebenroth/Boujong/Joost/Strohn/*Müller*, HGB, § 377, Rn. 50, 90.

606 Ebenroth/Boujong/Joost/Strohn/*Müller*, HGB, § 377, Rn. 93.

werden muss; die Art der Ware und deren Verwendungszweck.[607] Weitere Kriterien sind subjektive Elemente im Betrieb des Käufers, wie zum Beispiel eine zeitweilige Überlastung, die kurze Abwesenheit des Käufers oder ein geplanter Streik im Betrieb des Käufers, sofern sie den Ablauf der Untersuchung verzögern und der Verkäufer Kenntnis von diesen Umständen hat.[608] Dadurch unterscheidet sich das deutsche Recht vom UN-Kaufrecht, das Umstände aus der individuellen Sphäre des Käufers unberücksichtigt lässt.

Unverzüglich heißt „ohne schuldhaftes Zögern", § 121 Abs. 1 BGB; die Schuld wiederum basiert auf persönlich vorwerfbaren Elementen.[609] Allerdings ist nicht jeder subjektive Hinderungsgrund zu berücksichtigen, da der Käufer als sorgfältig handelnder Kaufmann seinen Betrieb so zu organisieren hat, dass vorhersehbare Ausfälle aufgefangen werden können, wie etwa eine ausreichende Vertretung im Falle seiner Abwesenheit.[610] Feiertage am Untersuchungsort während der Untersuchung werden zu der Untersuchungsdauer addiert.[611]

Der BGH billigt dem Käufer zudem, falls eine Untersuchung durch einen Experten notwendig ist, dem Käufer eine einwöchige Überlegungsfrist zu.[612] Der Experte kann sich dann zwei Wochen für die Untersuchung Zeit lassen.[613] Diese Rechtsprechung stößt indes auf Kritik: Zwei bis drei Werktage würden durchaus zur Entscheidungsfindung genügen, denn Maßstab dieser Entscheidung muss die in § 347 Abs. 1 HGB vorgesehene Sorgfalt eines ordentlichen Kaufmannes sein, so *Müller*.[614] Richtig dürfte es sein, nach der Komplexität diverser Güter zu differenzieren, denn bei manchen Waren dürfte deshalb eine Frist von nur zwei Werktagen deutlich zu kurz sein. Fehlerquellen können gerade bei technischen Geräten oft nur nach eingehenden Untersuchungen identifiziert werden, selbst wenn der dann gefundene Fehler leicht durch den Käufer behoben werden kann. Um die Fehlerquelle ausfindig zu machen und für die Entscheidung, ob der Fehler nur durch einen Experten beseitigt werden kann, bedarf es zumindest bei komplexen Gütern einer Woche.

---

607 Baumbach/Hopt/*Hopt*, HGB, Rn. 25ff.

608 Ebenroth/Boujong/Joost/Strohn/*Müller*, HGB, § 377, Rn. 106; Münchener Kommentar HGB/*Grunewald*, § 377, Rn. 34.

609 Ebenroth/Boujong/Joost/Strohn/*Müller*, HGB, § 377, Rn. 106.

610 Ebenroth/Boujong/Joost/Strohn/*Müller*, HGB, § 377, Rn. 106.

611 Münchener Kommentar HGB/*Grunewald*, § 377, Rn. 34.

612 BGH NJW-RR 2000, 1361 (1362).

613 BGH NJW-RR 2000, 1361 (1362); Ebenroth/Boujong/Joost/Strohn/*Müller*, HGB, § 377, Rn. 96.

614 Ebenroth/Boujong/Joost/Strohn/*Müller*, HGB, § 377, Rn. 96.

Für die Dauer der eigentlichen Untersuchung geht das deutsche Recht (wie das UN-Kaufrecht) zum Teil von einem Richtwert von einer Woche aus,[615] andere Stimmen in der Literatur nennen als Richtwert drei bis vier Tage.[616] Im Einzelfall kann sich die Dauer reduzieren, sofern die Ware nur eine erste Betrachtung erfordert, die Ware verderblich ist oder großen Preisschwankungen unterliegt.[617] Erfordert sie die Heranziehung eines Sachverständigen, oder gibt es dem Verkäufer bekannte Umstände im Betrieb des Käufers, so verlängert sich die Untersuchungsdauer entsprechend.[618] Bei Streckengeschäften (A verkauft an B, B verkauft an C, A wird von B angewiesen, direkt an C zu leisten) oder Weiterverkäufen (A verkauft an B, B verkauft an C, A leistet an B, B leistet an C) ist umstritten, ob sich die Untersuchungsfrist durch die besonderen Gegebenheiten des Einzelfalls verlängert.[619] Da die Ware im Falle des Streckengeschäfts an den Zweitkäufer übergeben wird und der Erstkäufer tatsächlich in der Lage sein muss, die Ware auf Fehler zu untersuchen, kann die Untersuchungsfrist des Erstkäufers gegenüber dem Erstverkäufer zumindest vertraglich verändert werden. Ein Indiz für eine Parteivereinbarung über Modifikation oder Abbedingung der Untersuchungs- und/oder Rügefrist ist die Verbrauchereigenschaft des Zweitkäufers[620], da dieser nicht an § 377 HGB gebunden ist. In anderen Fällen, d.h. wenn die Parteien keine Frist(en) vertraglich modifizierten, muss man davon ausgehen, dass sich die Frist nicht verlängert.[621] Insbesondere widerspricht es § 377 HGB, das gesetzliche Tatbestandsmerkmal der Untersuchungsdauer dahingehend auszulegen, dass die Dauer wegen eines Streckengeschäftes um ca. zwei Tage verlängert wird.[622] § 377 HGB betrifft ausschließlich das Vertragsverhältnis zwischen zwei Parteien und berücksichtigt nicht ein etwaiges Vertragsverhältnis des Handelskäufers zu einem Dritten, was auch die sonstigen im Rahmen der Bestimmung der Untersuchungsdauer zu berücksichtigenden Umstände verdeutlichen. Es ist nicht nachvollziehbar, dass der Erstverkäufer auf seinen Schutz durch

---

615 Münchener Kommentar HGB/*Grunewald,* § 377, Rn. 34; RGZ 47, 20, 21; Baumbacht/Hopt/*Hopt,* HGB, § 377, Rn. 23.

616 Koller/Roth/Morck/*Roth,* HGB, § 377, Rn. 17.

617 OLG München, BB 1955, 748 (748); Münchener Kommentar HGB/*Grunewald,* § 377, Rn. 34; Staub/*Brüggemann,* HGB, § 377, Rn. 78.

618 Münchener Kommentar HGB/*Grunewald,* § 377, Rn. 34.

619 Im Ergebnis auch: Münchener Kommentar HGB/*Grunewald,* § 377, Rn. 35, 64.

620 Ebenroth/Boujong/Joost/Strohn/*Müller,* HGB, § 377, Rn. 70.

621 Ebenroth/Boujong/Joost/Strohn/*Müller,* HGB, § 377, Rn. 70.

622 Münchener Kommentar HGB/*Grunewald,* § 377, Rn. 64.

§ 377 HGB verzichten sollte, weil sein Vertragspartner den Kaufgegenstand an einen Dritten weiterverkauft.[623] Da der Verkäufer im Regelfall nicht sein Einverständnis zur Fristerweiterung und Reduktion seines Schutzes geben würde, wird aus diesem Grund auch eine konkludente modifizierende Parteivereinbarung abzulehnen sein. Nach der BGH-Rechtsprechung ist deshalb die Annahme einer konkludenten modifizierenden Parteivereinbarung eine inakzeptable Fiktion.[624]

c) Französisches Recht

Für die Dauer der Untersuchungsfrist findet sich kein gesetzlicher Hinweis. Auch in Literatur und Rechtsprechung wird diese Thematik nur stiefmütterlich behandelt. Das lässt vermuten, dass diese Frage im französischen Recht nur eine untergeordnete Rolle spielt und ein Rechtsbehelf selten an einer verspäteten Untersuchung scheitert.

Die Dauer muss jedenfalls so lang bemessen sein, dass das Ziel der Untersuchung mittels der unter dem Punkt „Art und Weise der Untersuchung"[625] beschriebenen Methoden erreicht werden konnte. Eindeutig zu lang wäre sie allerdings, wenn ein *„acheteur non-professionnel"* mehrere Stunden mit einem speziellen Material das Material einer Maschine untersuchen müsste, um Fehler am Material der Maschine festzustellen,[626] denn eine solch tiefgehende Untersuchung kann vom *„acheteur non-professionnel"* für oberflächliche Mängel entsprechend der Ausführungen zu der Art und Weise der Untersuchung für einen *„acheteur professionnel"* im Umkehrschluss nicht erwartet werden. Jedenfalls wird sie in der Regel sehr kurz sein, weil der Käufer die Kaufsache mit offensichtlichen Mängeln (offensichtliche Qualitätsabweichung, Identitäts- oder Quantitätsaliud) nicht als Erfüllung annehmen darf, sondern sofort zurückweisen muss, um nicht seiner Nichterfüllungsrechte verlustig zu gehen.[627]

---

623 BGH, NJW 1990, 1290 (1292): Eine Entscheidung zur Rügeobliegenheit beim Handelskauf und Leasingvertrag, bei welchem er auch zum Streckengeschäft Bezug nimmt; offen lassend noch derselbe in NJW 1978, 2394 (2394).

624 BGH, NJW 1990, 1290 (1292).

625 S. oben 2. Kapitel C. III. 1. c).

626 Cass. civ. 1ière, 11.1.1989, Légifrance (F) n° 87-16346 über eine Maschine mit fehlerhaftem, gebrauchten Material.

627 Vgl. die Ausführungen zur dogmatischen Verortung der Mängelrüge, 2. Kapitel A. III.

Sollte jedoch die Unterstützung durch einen Experten zur Durchführung der Untersuchung herangezogen werden, verlängert sich die Untersuchungsfrist um den Zeitraum, bis der Experte den Mangel feststellen konnte.[628]

d) Schweizer Recht

Die Dauer der Untersuchung bestimmt sich auch im Schweizer Recht danach, was nach dem üblichen Geschäftsgang tunlich ist, Art. 201 Abs. 1 OR.[629] Er muss zweckorientiert aufgrund der „herrschenden Übung im betreffenden Geschäftszweig"[630] oder der „Handelsusancen"[631] ausgelegt werden. Je nach Natur der Sache und Art des Mangels kann dies zu einer unterschiedlichen Länge führen, damit der Zweck der Untersuchung – dem Käufer umfassende Kenntnis vom Mangel zu verschaffen, um inhaltlich substantiiert zu rügen – erfüllt werden kann.[632] Folglich existiert keine starre Frist[633], sondern die Umstände des Einzelfalls sind maßgeblich. Als Richtwerte für die Prüfungsfrist können folgende Angaben dienen: Bei einfacher Prüfungsmethode kann die Untersuchung maximal eine Woche dauern, bei Anwendung umfangreicherer Prüfungsmethoden mehrere Wochen.[634] Im Einzelfall sind diese Fristen zu verlängern oder zu verkürzen.

Erfordert die Untersuchung, den Rat eines Sachverständigen einzuholen oder eine Expertise zu erstellen, so verlängert sich die Frist allgemein um die hierfür notwendige Zeit.[635]

Im Folgenden sollen fallgruppenorientierte Beispiele einen Überblick über die jeweilige Untersuchungsdauer in den untersuchten Rechtsordnungen geben.

---

628 Cass. com. 15.11.1971, Légifrance (F) n° 70-11036; Cass. com. 18.10.1992, Légifrance (F) n° 81-11195.

629 „Üblicher Geschäftsgang" soll sich auch auf die Dauer der Untersuchung beziehen: Handkommentar zum Schweizer Privatrecht/*Müller-Chen*, Vertragsverhältnisse Teil 1, Art. 201 OR, Rn. 9; Berner Kommentar/*Giger*, Art. 201 OR, Rn. 37; *Tannò*, Rügefrist im schweiz., dt. und UN-Kaufrecht, S. 40.

630 Berner Kommentar/*Giger*, Art. 201 OR, Rn. 39.

631 Berner Kommentar/*Giger*, Art. 201 OR, Rn. 39.

632 BGE 81 II 56 (59); Berner Kommentar/*Giger*, Art. 201 OR, Rn. 37.

633 Handkommentar zum Schweizer Privatrecht/*Müller-Chen*, Vertragsverhältnisse Teil 1, Art. 201 OR, Rn. 9.

634 *Tannò*, Rügefrist im schweiz., dt. und UN-Kaufrecht, S. 56.

635 Berner Kommentar/*Giger*, Art. 201 OR, Rn. 37.

2. *Verderbliche Waren*

Die folgenden Fristangaben setzen voraus, dass der Mangel leicht feststellbar ist. Sollte im Einzelfall eine umfangreichere Untersuchungsmethode (z.B. eine chemische Analyse) notwendig sein, verlängert sich die Frist um die dafür notwendige Zeit.

Im UN-Kaufrecht muss bei Obst, Gemüse und Blumen die Untersuchung noch am Tag der Übergabe erfolgen.[636] Gleiches gilt im deutschen Recht.[637] Ähnliche Regeln gelten im Schweizer Recht. Dort kann die Frist von ein paar Stunden[638] bis hin zu den allernächsten Tagen[639] reichen, wenn eine Untersuchung durch einfachste, schnelle Prüfungsmethoden wie die bloße Besichtigung durchzuführen ist. Demzufolge ist eine Untersuchung von frischen Erbsen innerhalb von drei bis vier Tagen noch rechtzeitig.[640] Jedenfalls aber ist eine achttägige Untersuchung zur Überprüfung von frischem Obst zu lang.[641] Im französischen Recht genügt bei einfachen Waren die Untersuchung in der Dauer eines Blickes.[642]

3. *Unverderbliche Waren*

a) UN-Kaufrecht

Als Richtmaß für die Dauer der Prüfungsfrist bei dauerhaften Waren legt ein deutsches Gericht einen Mittelwert von drei bis vier Tagen fest.[643] Diese Frist

---

636 Entscheidung des OLG Saarbrücken in NJW-RR 1999, 780 (780) zu Art. 39 CISG, wonach im Blumenhandel eine eintägige Rügefrist logisch zwingend eine ebenso kurze Untersuchungsdauer voraussetzt; OLG-Düsseldorf, NJW-RR 1993, 999 (1000); Ebenroth/Boujong/Joost/Strohn/*Müller*, HGB, § 377, Rn. 95.

637 OLG München, BB 1957, 663 (663); OLG München, NJW 1955, 1560 (1561) zum Südfrüchtehandel; OLG München, BB 1955, 748 (748); die Fundstelle OLG Saarbrücken, NJW-RR 1999, 780 (780) zum UN-Kaufrecht wird auch zu § 377 HGB zitiert: Ebenroth/Boujong/Joost/Strohn/*Müller*, HGB, § 377, Rn. 95; a.A. RGZ 47, 20 (21): 4 Tage zur Untersuchung von Getreide.

638 Kantonsgericht des Kantons Graubünden, SJZ 1965, 327 (327ff.): Salat im Gemüsehandel.

639 BGE 18 I 348 (353).

640 Vorausgesetzt, die Rüge bedarf maximal 2 Tage, da das Schweizer Bundesgericht von einer Gesamtrügefrist von 5–6 Tagen ausging BGE 38 II 542 (548).

641 So das Bundesgericht in seiner Entscheidung zur Untersuchung von Cesme-Rosinen (Südfrüchten), von denen ein Teil der Säcke graue und ältere Ware enthielt: BGE 18 I 348 (353); Basler Kommentar OR/*Honsell*, Art. 201, Rn. 9.

642 *Malaurie/Aynès/Gautier*, Contrats spéciaux, Rn. 321.

643 OLG Karlsruhe, BB 1998, 393 (393).

erscheint angesichts der Tatsache, dass das UN-Kaufrecht gerade nicht so streng wie das Haager Einheitliche Kaufrecht ausgelegt werden soll – bei welchem man immerhin von einer regelmäßigen Untersuchungsfrist von einer Woche ausging – sehr kurz.[644] *Piltz* schlägt einen grundsätzlichen Ausgangswert von fünf Arbeitstagen für dauerhafte Waren vor, bei denen die in Betracht kommende Vertragswidrigkeit ohne besondere Schwierigkeiten feststellbar ist.[645] *Honsell* hingegen räumt eine Untersuchungsfrist von ein bis zwei Wochen selbst für einen professionellen Käufer ein.[646]

Im Einzelfall wird von diesen Richtwerten sehr stark abgewichen, was einige Beispiele veranschaulichen mögen:

- Waren, bei denen Vertragswidrigkeiten durch die bloße Inaugenscheinnahme erkennbar sind, wie etwa ausgefräste Aussparungen am Boden eines Containers, hätten spätestens elf Tage nach der Auslieferung entdeckt werden müssen.[647]
- Leicht feststellbare Vertragswidrigkeiten bei Lammfelljacken sind innerhalb einer einwöchigen bis zehn Tage dauernden Untersuchungsfrist zu erkennen, auch wenn eine einzelne Lieferung 2000 Stück umfasst, weil nur Stichproben zu entnehmen sind.[648]
- Für Fehler, die durch bloßes Aufrollen der Ware erkennbar werden, sollen innerhalb einer Woche untersucht werden.[649]
- Die Überprüfung von Möbeln sollte nicht länger als zehn Tage dauern, weil Fehler durch das bloße Besichtigen identifizierbar sind.[650]
- Musik-CDs können auf ihre Anzahl und Gattungszugehörigkeit innerhalb weniger Tage untersucht werden.[651]

Hingegen ist die Untersuchungsdauer bei dauerhaften Waren länger, welche eine etwas umfangreichere Untersuchung erfordern oder weil der Käufer mit

644 *Herber/Czerwenka,* Int. Kaufrecht, Art. 38, Rn. 7 m.w.N.
645 *Piltz,* Int. Kaufrecht, Rn. 5–77.
646 Honsell/*Magnus,* UN-Kaufrecht, Art. 38, Rn. 24.
647 LG Hamburg, 6.9.2004, CISG-Online (CH) Nr. 1085.
648 HG Kanton Zürich, 13.11.1998, CISG-Online (CH) Nr. 415.
649 OLG Koblenz, 18.11.1999, CISG-Online (CH) Nr. 570.
650 LG Darmstadt, 29.5.2001, CISG-Online (CH) Nr. 686; ebenso LG München, 16.11.2000, CISG-Online (CH) Nr. 667.
651 Kantonsgericht des Kanton St. Gallen, 11.2.2003, CISG-Online (CH) Nr. 900; Schlechtriem/Schwenzer/*Schwenzer,* UN-Kaufrecht, Art. 38, Rn. 17.

der Ware nicht vertraut ist.[652] Beispielsweise darf die Untersuchung mit dem Ziel der Prüfung, ob eine Oberflächenfolie selbstklebend ist und sich restlos von einem Blech entfernen lässt, nach Ansicht eines deutschen Gerichts zehn bis elf Tage in Anspruch nehmen, da eine Probeverarbeitung bzw. die Durchführung eines Klebeversuchs notwendig ist, um diese Eigenschaft festzustellen.[653] Für die Untersuchung von Kleidern veranschlagt ein Schweizer Gericht eine Prüfungsfrist von zwei Wochen.[654] Ein französisches Gericht nahm an, dass eine Untersuchung (Probewaschen) eines Textilstückes (Judokleidung) drei Monate nach Erhalt noch rechtzeitig sei.[655] Die Untersuchung eines Rohrofens darf nach Ansicht eines Schweizer Gerichtes nicht ganz volle zwei Wochen dauern, denn zwei Wochen betrage die Gesamtdauer von Prüfung und Rüge.[656] Komplizierte technische Anlagen oder sonstige komplexe Kaufgegenstände sollen innerhalb eines Monats untersucht werden[657], nach anderer Ansicht in zwei Wochen[658], nach wiederum abweichender Auffassung in zwei Wochen bis zu einem Monat.[659] Bei der Überprüfung einer Mahlgarnitur, die zur Herstellung von Feuchttuch-Krepp-Fertigfabrikaten (Hygienetücher) mittels einer Papiermaschine verwendet werden soll, ist eine Untersuchungsdauer von drei Wochen, bestehend aus einer einwöchigen Überlegungsfrist, ob ein Experte zur Durchführung der Untersuchung beauftragt wird, und einer zweiwöchigen Untersuchungsfrist durch den Experten, ausreichend.[660] Sie kann sogar unter Umständen Monate dauern.[661]

---

652 Schlechtriem/Schwenzer/*Schwenzer*, UN-Kaufrecht, Art. 38, Rn. 17.

653 OLG Karlsruhe, BB 1998, 393 (393).

654 Obergericht des Kantons Appenzell Ausserrhoden, 18.8.2008, CISG-Online (CH) Nr. 1838; derselbe so auch schon: 6.9.2007, CISG-Online (CH) Nr. 1781.

655 Tribunal de Commerce de Besancon 19.1.1998, CISG-Online (CH) Nr. 557 über den Verkauf von Sportbekleidung an einen Schweizer Judoclub, der sie an seine Mitglieder weiterverkaufte, welche erst nach 3 Monaten feststellten, dass die Kleidung durch das Waschen 6–8 Zentimeter einlief.

656 Kantonsgericht des Kanton Zug, 19.12.2006, CISG-Online (CH) Nr. 1427.

657 So der BGH zu Art. 39 CISG in NJW 1995, 2099; Ebenroth/Boujong/Joost/Strohn/*Müller*, HGB, § 377, Rn. 96.

658 OLG Oldenburg, BeckRS 2000, 30147861 zu Art. 39 CISG; Ebenroth/Boujong/Joost/Strohn/*Müller*, HGB, § 377, Rn. 102.

659 OLG München in seiner Entscheidung zur Rüge i.S.d. Art. 39 CISG von Bio-Ware in NJW-RR 2003, 849; Ebenroth/Boujong/Joost/Strohn/*Müller*, HGB, § 377, Fßn. 246.

660 BGH, 3.11.1999, CISG-Online (CH) Nr. 475.

661 Schlechtriem/Schwenzer/*Schwenzer*, UN-Kaufrecht, Art. 38, Rn. 17; Honsell/*Magnus*, UN-Kaufrecht, Art. 38, Rn. 24.

Vier Monate zur Untersuchung von Motoren, die in Pressen eingebaut wurden, seien jedoch zu lang.[662] Die Untersuchung einer Maschine, bei der sich am dritten Tag der Ingebrauchnahme eine Funktionsstörung feststellen lässt, ist folglich nicht zu lang.[663] Dieses Panoptikum zeigt, wie schwierig es ist, die maßgebliche Rügefrist zu bestimmen. Diese Unsicherheit hilft weder Verkäufer noch Käufer.

b) Deutsches Recht

Bei Waren mittlerer Komplexität sollte nach einem Urteil des OLG Hamm die Untersuchung eines Thermodruckers höchstens drei Wochen dauern.[664] Andererseits zeigt ein Urteil des OLG Düsseldorf, wie wenig zuverlässig derartige Faustregeln tatsächlich sind: Es entschied, dass ein Ventilator spätestens innerhalb von zwei Monaten nach Lieferung daraufhin untersucht werden muss, ob er die vertraglich vereinbarten Leistungsdaten einhält.[665] Dies erscheint angesichts der Kürze der Untersuchung eine lange Zeit. Nach Ansicht des OLG Köln ist eine stichprobenartige Untersuchung von 400 Kartons Walnusskernbruch innerhalb einer Woche durchzuführen.[666] Die Durchführung einer Neocarminprobe bei einem Garn darf nur etwas weniger als vierzehn Tage in Anspruch nehmen, da die Gesamtfrist von Untersuchung und Rüge in diesen Fall vierzehn Tage beträgt.[667] Bei technisch kompliziertem Gerät – hier eines Rechners – dürfen fünf Wochen für die Untersuchung verstreichen.[668] Die Rüge eines Mangels betreffend die Funktionsfähigkeit einer Rechenmaschine erfolgte knapp vierzehn Tage nach Ablieferung rechtzeitig, so dass die Untersuchungsfrist hier etwas kürzer als diese Zeitspanne war.[669]

c) Französisches Recht

Bedarf der „*acheteur professionnel*“ bei der Untersuchung eines Textilstoffes, den er weiterverkaufen möchte, der Hilfe eines Experten mittels einer Analyse, ist es ausreichend, wenn zwischen Ablieferungsdatum und Klage vier Monate vergehen.[670] Ohne eine konkrete Zeitangabe zu machen, gehen Rechtsprechung

---

662 LG Düsseldorf, 23.6.1994, CISG-Online (CH) Nr. 179.

663 Cass.com. 13.2.2007, Légifrance (F) n° 05–10424 zur Untersuchung einer Funktionsstörung eines Geldautomaten.

664 OLG Hamm, NJOZ 2005, 2220 (2222).

665 OLG Düsseldorf, NJW-RR 1999, 1714 (1714).

666 OLG Köln, OLGZ 1975, 454 (457).

667 BGH, MDR 1971, 128 (128f.).

668 OLG München, NJW-RR 1999, 331 (331).

669 OLG Hamburg, MDR 1974, 577 (578).

670 Cass. com. 18.10.1992, Légifrance (F) n° 81–11195.

und Lehre davon aus, dass bei komplexen Waren – wie etwa einem EDV-System – die Untersuchung einige Zeit dauert und eine gewisse Probezeit ablaufen muss, damit die Vertragsgemäßheit festgestellt werden kann.[671]

d) Schweizer Recht

Die Untersuchung von 1202 Siphons ermöglicht eine Anzeige nach wenigen Tagen, da nur Stichproben für die Untersuchung zu entnehmen sind.[672] Die Kontrolle des Fassungsvermögens von Glasröhrchen kann innerhalb von acht bis zehn Tagen stattfinden.[673] Die Gattungsabweichung bei Hemden ist in kurzer Zeit festzustellen; zumindest ist die vertraglich vereinbarte Untersuchungsdauer von acht Tagen ausreichend.[674]

In den Fällen, die von Natur aus einen umfangreicheren Untersuchungsaufwand nach sich ziehen – etwa die Untersuchung komplexer technischer Geräte –, verlängert sich die Frist um den Zeitraum, der für die Untersuchung notwendig ist.[675] Die Prüfung eines Warenlagers von Feuerwerkskörpern und anderen Basarwaren darf rund fünfzehn Tage in Anspruch nehmen[676], ebenso wie die Überprüfung von Fensterhebeapparaten eines Personen-Anhängewagens.[677] Im Einzelfall kann die Untersuchung auch mehrere Wochen und sogar Monate dauern.[678]

D. Die Rüge

Die Anforderungen an die Mitteilung des Mangels an den Verkäufer werden nachfolgend in den Abschnitten Beginn (I.), Dauer (II.), Inhalt (III.) und Unterlassen (IV.) analysiert.

I. Beginn

In diesem Abschnitt soll untersucht werden, ob die Rügefrist erst dann beginnt, wenn der Käufer tatsächliche Kenntnis von der Vertragswidrigkeit hat oder ob ein Verdacht bzw. eine hypothetische Kenntnis ausreichen. Dabei ist auch

---

671 Tribunal Paris, 3.12.1976, JCP, 1977.II.18579, 2ième esp.; *Malaurie/Aynès/Gautier,* Contrats spéciaux, Rn. 321.

672 BGE 34 II 701 (707ff.); *Tannò,* Rügefrist im schweiz., dt. und UN-Kaufrecht, S. 47.

673 *Tannò,* Rügefrist im schweiz., dt. und UN-Kaufrecht, S. 54.

674 *Tannò,* Rügefrist im schweiz., dt. und UN-Kaufrecht, S. 55.

675 Basler Kommentar OR/*Honsell,* Art. 201, Rn. 9 mit zahlreichen Beispielen.

676 BGE 107 II 419 (422f.).

677 Handelsgericht, GVP 1968, Nr. 15.

678 *Tannò,* Rügefrist im schweiz., dt. und UN-Kaufrecht, S. 56.

denkbar, dass die tatsächliche Kenntnisnahme vom Mangel in einer Rechtsordnung vermutet wird.

1. *UN-Kaufrecht*

Die Rügefrist beginnt für offene Vertragswidrigkeiten zu dem Zeitpunkt, in dem der Käufer die Vertragswidrigkeit feststellte (in der Untersuchung oder ohne Untersuchung, weil die Vertragswidrigkeit ohne weiteres sichtbar war) oder hätte feststellen können, d.h. wenn der Käufer die Vertragswidrigkeit hypothetisch in einer Untersuchung entdeckt hätte (Art. 39 Abs. 1 CISG).[679]

Sollte die Vertragswidrigkeit nicht durch eine Untersuchung feststellbar sein (versteckte Vertragswidrigkeit), gilt aufgrund Art. 39 Abs. 1 CISG nichts anderes. Der Käufer muss also nicht die Vertragswidrigkeit tatsächlich feststellen, sondern es genügt, dass sie für ihn objektiv erkennbar war und er hypothetisch Kenntnis von ihr erlangte.[680] Das bedeutet für den Käufer ferner, dass die Rügefrist beginnt, sobald sich „ernsthafte Anhaltspunkte für einen Fehler" zeigen und er Verdacht schöpfen muss.[681]

2. *Deutsches Recht*

Anders als das UN-Kaufrecht lässt es das deutsche Recht nicht genügen, dass der Käufer den Mangel hätte feststellen können, um die Rügefrist in Gang zu setzen. Sowohl offene Mängel, d.h. solche, die im Rahmen einer Untersuchung der Kaufsache erkennbar sind, als auch versteckte Mängel sind unverzüglich anzuzeigen, nachdem sie sich zeigen (§ 377 Abs. 1 HGB für offene Mängel)[682] bzw. der Käufer sie entdeckt hat (§ 377 Abs. 3 HGB, versteckte Mängel). Erforderlich ist also eine genaue Kenntnis des Mangels.[683]

---

679 Honsell/*Magnus,* UN-Kaufrecht, Art. 39, Rn. 16.

680 BGH, NJW-RR 2000, 1361 (1362); Schlechtriem/Schwenzer/*Schwenzer,* UN-Kaufrecht, Art. 39, Rn. 19; *Gerny,* Untersuchungs- und Rügepflichten beim Kauf nach schweiz., frz. und US-amerik. Recht sowie nach CISG, S. 201; *Tannò,* Rügefrist im schweiz., dt. und UN-Kaufrecht, S. 277; *Enderlein/Maskow/Strohbach,* Int. Kaufrecht, Art. 39, Rn. 4.

681 Honsell/*Magnus,* UN-Kaufrecht, Art. 39, Rn. 17; Ferrari/Kieninger/Mankowski/*Ferrari,* Int. Vertragsrecht, Art. 39 CISG, Rn. 20.

682 Münchener Kommentar HGB/*Grunewald,* § 377, Rn. 32, 59; Haag/Löffler/*Stadie,* Handelsrecht, § 377, Rn. 20, 22; Staub/*Brüggemann,* HGB, § 377, Rn. 61ff.; Baumbach/Hopt/*Hopt,* HGB, § 377, Rn. 35, 38.

683 LG Oldenburg 6.7.1994, CISG-Online (CH) Nr. 114 (Pritschen); *Klaedtke,* Mängelrügefrist UN-Kaufrecht, S. 34.

Freilich darf der Käufer nicht vorsätzlich die Augen vor einem Mangel verschließen. Hätte ein sorgfältig agierender Kaufmann den Mangel bereits entdeckt, ist der jeweilige Käufer so zu stellen, als hätte er den Mangel entdeckt. Wenngleich eine hypothetische Kenntnisnahme dementsprechend nicht ausreicht, wird das Tatbestandsmerkmal der „Entdeckung" nach § 377 Abs. 3 HGB dennoch weniger streng ausgelegt als es der Wortlaut „Entdeckung" auf den ersten Blick zu fordern erscheint. Denn der Käufer hat den Mangel bereits entdeckt i.S.d. § 377 Abs. 3 HGB, wenn ein sorgfältig agierender Kaufmann aufgrund konkreter Anhaltspunkte einen Verdacht hegt, dass ein Mangel vorliegt und er eine sachdienliche, sich aufdrängende Nachuntersuchung unterlässt.[684] Ein sonstiger, auf geringeren oder unsichereren Momenten beruhender Verdacht stellt hingegen keine Entdeckung i.S.d. § 377 Abs. 3 HGB dar. Somit verschwimmen im deutschen Recht – wohl vor allem aus Gründen der Beweisbarkeit – die Grenzen von positiver Kenntnis und grober Fahrlässigkeit ein wenig.

3. *Französisches Recht*

Anders als das deutsche Recht ist das französische Recht konstruiert. Während nach deutschem Recht ein Mangel sich tatsächlich zeigen muss (sei es in Form konkreter Anhaltspunkte, die einen Verdacht auf einen Mangel begründen, sei es in seiner vollständigen oder einer teilweisen Form), erfordert das französische Recht keine tatsächliche Kenntnisnahme vom „*vice apparent*".

Die Rechtsprechung entwickelte nämlich eine Beweislast/Vermutungsregel: Es wird widerleglich vermutet, dass der „*acheteur professionnel*" den Mangel aufgrund seiner fachlichen Kompetenz entdeckte („*présomption de découverte*"), es sei denn, er kann nachweisen, dass der Mangel aufgrund seiner Art per se unauffindbar war (sog. „*vice indécelable*")[685], dass der Mangel zwar seiner Art nach, aber im konkreten Fall trotz der Eigenschaft des Käufers als „*acheteur professionnel*" nicht hätte entdeckt werden können[686], oder dass der Verkäufer ihn arglistig („*dol vendeur*") über die Existenz des Mangels täuschte.[687] Voraussetzung

684 OLG München, NJW 1955, 1560 (1560); Ebenroth/Boujong/Joost/Strohn/*Müller*, HGB, § 377, Rn. 120; Oetker/*Koch*, HGB, § 377, Rn. 89.

685 Cass.civ. 1ième, 18.12.1962, Légifrance (F) n° N 554; Cass.com. 15.11.1983, Légifrance (F) n° 82–11310; Cass.com. 21.2.1966, Légifrance (F) n° N 109.

686 Cass. com. 15.11.1983, Légifrance (F) n° N 11310; Cass.com. 16.12.1981, Légifrance (F) n° 80–12216.

687 *Antonmattei/Raynard*, Contrats spéciaux, Rn. 214; *Collart Dutilleul/Delebecque*, Contrats civils et commerciaux, Rn. 278; *Ghestin/Huet*, Contrats spéciaux, Rn. 11331; *Bénabent*, Contrats spéciaux, Rn. 362; *Malaurie/Aynés/Gautier*, Contrats spéciaux, Rn. 392.

ist, dass der Beruf des Käufers es tatsächlich möglich gemacht hätte, den Mangel zu entdecken. Die Eigenschaft des Verkäufers – ob „*professionnel*“ oder „*non-professionnel*“, und wenn *professionnel*, ob „*de même spécialité*“ wie der Käufer oder nicht – beeinflusst die Beurteilung der Fachkenntnis des Käufers nicht und hat keine Auswirkung auf das Eingreifen der Vermutungsregel.[688] „*Indécelable*“ und damit unauffindbar im Zeitpunkt der Ablieferung ist ein Mangel, der nur mit außergewöhnlichen Untersuchungsmethoden, nur durch eine spezialisierte Sachverständigenbegutachtung oder nur nach Ablauf einer gewissen Zeit (erst bei Gebrauch zum Beispiel) aufgespürt werden kann.[689] So muss selbst ein „*acheteur professionnel*“ nicht Teile eines Seeschiffes abmontieren, damit Mängel im Maschinenraum sichtbar werden.[690] Ein Zwischenhändler, der ein direkt vom Hersteller gekauftes chemisches Produkt an einen Endkunden weiterverkauft, muss die unnormale Zusammensetzung des Produkts, dessen Gebrauch zu Schäden an Wäschetrocknern führte, nicht erkennen, da dies nur durch eine spezielle Laboranalyse festzustellen gewesen wäre.[691] Dem Käufer ist auch nicht das Zerstören der Ware zuzumuten, etwa in Form des Zersägens eines automatischen Entlüftungsventils, selbst wenn durch die bloße Beobachtung die Fehlerhaftigkeit des Produktes nicht festgestellt werden kann.[692] Erst recht gilt dieser Maßstab dann, wenn der Käufer beabsichtigt, die Ware weiter zu verkaufen.[693] Eine zerstörte Ware kann er nicht weiter verkaufen.

Die Cour de Cassation scheint die Vermutungsregel sehr streng anzuwenden und bejaht Fachkenntnis nur nach der Überschreitung einer hohen Schwelle. Sie hat manch untergerichtliche Entscheidung aufgehoben, weil diese die Reichweite der fachlichen Kompetenz zu weit einschätzten: Eine als Kosmetikerin tätige Käuferin muss eine versteckte Gebrauchsbeeinträchtigung der geleisteten Kosmetik nicht erkennen, auch dann nicht, wenn sie ihrerseits selbst Kosmetika verkauft.[694] Selbst ein Händler für landwirtschaftliche Ausrüstung und Material

---

688 So auch *Bénabent*, Contrats spéciaux, Rn. 362; a.A. *Gerny*, Untersuchungs- und Rügepflichten beim Kauf nach schweiz., frz. und US-amerik. Recht sowie nach CISG, S. 78f.

689 Cass.civ. 1ière, 24.2.1964, Légifrance (F) n° N 105; *Ghestin/Huet*, Contrats spéciaux, Rn. 11331.

690 Cass. com. 20.4.1970, Légifrance (F) n° 69–11567; *Ghestin/Huet*, Contrats spéciaux, Rn. 11331; *Malaurie/Aynès/Gautier*, Contrats spéciaux, Rn. 393; *Ghestin*, Conformité et garanties, Rn. 18.

691 Cass. com. 30.11.1982, Légifrance (F) n° 81–11644.

692 Cass. com. 15.11.1983, Légifrance (F) n° 82–11310.

693 Cass. com. 25.2.1952, Bull. civ. III, n° 94.

694 Cass. com. 26.2.1979, Légifrance (F) n° 77–14616.

muss Materialschäden an Traktoren nicht erkennen, obwohl er sich beruflich auf den Handel mit dieser Ware spezialisiert hatte.[695] Dies gilt erst recht für einen Unternehmer im Öffentlichen Dienst („*entrepreneur des travaux publics*"), der von einer KfZ-Werkstatt einen gebrauchten LKW kauft und dabei die Abnutzung des Schleifrings der Drehachse nicht erkennt.[696] Andererseits müssen KfZ-Mechaniker, welche ihrerseits Traktoren weiterverkaufen, Fehler am gekauften Traktor erkennen. Auf die Zusicherung des Verkäufers (hier eines Landwirts), dass der Traktor in gutem Zustand sei, dürfen sie sich nicht verlassen.[697] Kauft ein Unternehmen A von einem anderen Unternehmen B einen Apparat, den es an das Unternehmen C weiterverkauft, muss das Unternehmen A versteckte Mängel bei diesem Apparat feststellen, wenn es selbst den gleichen Apparat herstellt.[698] Ein Transportunternehmer, der einen LKW für sein Unternehmen kauft, hätte einen Motorfehler entdecken müssen.[699] Erwirbt ein Unternehmen von einem Hersteller eine Eismaschine und die alleinigen Vertriebsrechte über diese Maschine für ein bestimmtes Land, dann muss er in der Lage sein, Fabrikationsmängel zu entdecken.[700] *Ghestin/Huet* interpretieren diese Urteile so, dass die Fachkenntnis insofern durch das Gericht strenger bewertet wird, als der Käufer die Ware weiterverkauft oder sie für die Ausübung seines Berufes gebraucht.[701] Allerdings liefern die Urteilsgründe keinen direkten Hinweis darauf, dass das Gericht dies unmittelbar bei der Urteilsfindung berücksichtigt hätte. Angesichts der traditionell sehr kurz gefassten Begründungen der Cour de Cassation ist dies aber auch nicht zu erwarten. Man wird wohl davon ausgehen müssen, dass nicht die Tatsache des Weiterverkaufs die Fachkenntnis objektiv erhöht, sondern die jeweilige Warenart, wenn der Käufer beruflich mit ihr handelt. Dann hätte der „*acheteur professionnel*" den Mangel in der Tat entdecken müssen, so dass eine Vermutungsregel hier gerechtfertigt erscheint. Vielmehr kann man sogar behaupten, dass das Nichtentdecken auf grob fahrlässigem Verhalten des Käufers beruht. Im Einzelfall kann die Beurteilung der Fachkenntnis jedoch schwierig werden, wenn man berücksichtigt, dass Richter die Reichweite fremden beruflichen Fachwissens einschätzen sollen. *Ghestin/Huet* sind deshalb der Ansicht,

695 Cass. com. 25.5.1982, Légifrance (F) n° 80–14368.
696 Cass. civ. 1ière, 20.12.1983, Légifrance (F) n° 82–15191.
697 Cass. civ. 1ière, 18.12.1962, Légifrance (F) n° N 554.
698 Cass. com. 8.12.1980, Légifrance (F) n° 79–10848.
699 Cass. com. 5.10.1965, Légifrance (F) n° N 481.
700 Cass. civ. 1ière, 18.11.1981, Légifrance (F) n° 80–13692.
701 *Ghestin/Huet,* Contrats spéciaux, Rn. 11330.

dass die Urteile, die die Fachkenntnis des „*acheteur professionnel*" betreffen, „episodisch und schwierig zu interpretieren" seien.[702]

Die Folge der Vermutungsregel ist, dass der Mangel als offener Mangel eingestuft wird, so dass die sofortige Zurückweisung notwendig ist, um die allgemeinen Rechte aus Nichterfüllung wegen nicht vertragskonformer Leistung zu erhalten.

Auf die Vermutungsregel ist jedoch nicht zurückzugreifen, wenn der Käufer den Mangel tatsächlich entdeckte. Dies ist bereits dann der Fall, wenn sich erste Zeichen eines Mangels zeigen. Das gesamte Ausmaß, also zum Beispiel eventuell zukünftig eintretende Verschlechterungen, müssen noch nicht vorhersehbar sein.[703] So muss der Käufer Mandarinen sofort zurückweisen, falls sie bereits einen Fleck aufweisen, weil dieser dafür spricht, dass das Obst demnächst verfaulen wird, so dass es nicht mehr gebrauchstauglich sein wird.[704]

Anders sieht es das französische Recht bei einem versteckten Mangel. Die Mängelrügefrist beginnt erst mit der Entdeckung („*découverte*") des Mangels, wie es der Wortlaut des Art. 1648 CC ausdrücklich vorsieht.[705] Anders als bei offenen Mängeln reicht es jedoch nicht, wenn nur die Existenz des Mangels feststeht bzw. vermutet wird. Die Frist beginnt erst, wenn der Mangel in seiner gesamten Reichweite („*amplitude*") bekannt ist.[706] Es setzt die Kenntnis über die genaue Art des Mangels („*nature exacte du vice*") voraus[707], sog. „*découverte effective*".[708]

Folglich reicht auch ein Verdacht nicht aus. Der Käufer muss von der Existenz des Mangels überzeugt sein.[709] Dafür kann auch eine Untersuchung durch einen Experten erforderlich sein, um das Vorliegen eines Mangels genau festzustellen. Ist sie das, so ist abzuwarten, bis der Käufer durch das Ergebnis der Expertise vollständig über den Mangel informiert ist.[710] Ausschließlich dieser Zeitpunkt

---

702 „Les décisions relatives à l'acquéreur professionnel demeurent épisodiques et difficiles à interpréter": *Ghestin/Huet,* Contrats spéciaux, Rn. 11330.

703 *Ghestin/Huet,* Contrats spéciaux, Rn. 11328; sinngemäß auch Cass. com. 8.2.1994, Légifrance (F) n° 91–16896.

704 Cass. com. 15.2.1982, Légifrance (F) n° 80–12826.

705 *Ghestin/Desché,* Traités, Vente, Rn. 716; *Malaurie/Aynès/Gautier,* Contrats spéciaux, Rn. 321.

706 Cass. civ. 3ième, 14.3.2012, Légifrance (F) n° 10–861; Cass.com, 21.1.1992, Légifrance (F) n° 90–12115; Cass.civ. 3ième, 14.6.1989, Légifrance (F) n° 87–19312; *Bénabent,* Contrats spéciaux, Rn. 366.

707 *Ghestin,* Conformité et garanties, Rn. 25.

708 *Malaurie/Aynès/Gautier,* Contrats spéciaux, Rn. 400; *Ghestin,* La Vente, Rn. 737.

709 Cass. com. 15.11.1971, Légifrance (F) n° 70–11036.

710 CA de Limoges, 21.3.2013, Légifrance (F) n° 10/00477; *Bénabent,* Contrats spéciaux, Rn. 366; *Collart Dutilleul/Delebecque,* Contrats civils et commerciaux, Rn. 284.

markiert den Beginn der Rügefrist für versteckte Mängel, auch wenn die Untersuchung durch den Sachverständigen ein Jahr andauert.[711]

Gleichwohl darf der Käufer die Augen vor der Existenz des Mangels nicht verschließen. Hätte ein sorgfältig handelnder Käufer den Mangel entdecken können, ist er so zu behandeln, als hätte er den Mangel entdeckt.[712]

Der Beginn der Rügefrist für versteckte Mängel ist allerdings in den folgenden drei Fällen ausgesetzt: Erstens, wenn es eine gütliche Einigung zwischen den Parteien gibt („*règlement amiable*"), wenn der Kaufpreis noch nicht gezahlt ist und der Käufer Widerklage erheben kann („*invoquer le vice à titre reconventionnel*"), und drittens, wenn der Käufer eine „*action récursoire*" (Rückgriffsklage[713]) erhoben hat, dann beginnt die Frist des Art. 1648 CC gar nicht oder erst mit Erhebung der Hauptklage („*action principale*").[714] Letzteres ist allerdings umstritten. Nach der Meinung von *Mainguy* beginnt die Frist auch in diesem Fall gegenüber dem Verkäufer, wenn der eigene Käufer den Mangel entdeckt hat oder hätte entdecken können.[715] Eine Rückgriffsklage wird typischerweise im Streckengeschäft erhoben, d.h. wenn der Käufer die Kaufsache an einen Dritten weiterverkauft.[716] Allerdings erscheint es überzeugender, die Frist auszusetzen, da der Käufer statt einer Rückgriffsklage gegenüber dem eigenen Verkäufer auch Gewährleistungsrechte gegenüber jedem Verkäufer der Verkäuferkette erheben kann (sog. „*action directe*"), so dass beide Klageformen gleich behandelt werden müssen und die eine den Käufer nicht benachteiligen darf.

4. *Schweizer Recht*

Das Schweizer Recht ist ähnlich dem deutschen Recht konzipiert. So beginnt die Rügefrist zu dem Zeitpunkt, in dem Mängel bei der Untersuchung auffallen (Art. 201 Abs. 1 OR) oder der Käufer später Mängel entdeckt (Art. 201 Abs. 3 OR, versteckte Mängel[717]).

---

711 Zur qualitativen Untersuchung von Chrysanthemen: Cass. com. 15.11.1971, Légifrance (F) n° 70-11036.

712 *Malaurie/Aynès/Gautier,* Contrats spéciaux, Rn. 400.

713 *De Schlichting/Oellers-Frahm,* Einführung frz. Rechtssprache, S. 61.

714 Cass. com., 17.2.1987, Bull. IV, n° 47; Cass. com. 11.5.1981, Bull. IV, n° 219; Cass. civ. 1ière, 16.7.1987, Bull. I, n° 230; *Bénabent,* Contrats spéciaux, Rn. 366.

715 *Mainguy,* Contrats spéciaux, Rn. 182.

716 Cass. civ. 3ième, 20.10.2004, RDC 2005, 345, note *Collart-Dutilleul*; Cass. com. 24.3.2004, RDC 2004, 976, note *Collart-Dutilleul*; *Mainguy,* Contrats spéciaux, Rn. 182.

717 BGE 67 II 132 (135); Handkommentar zum Schweizer Privatrecht/*Müller-Chen,* Vertragsverhältnisse Teil 1, Art. 201 OR, Rn. 22.

Allerdings löst anders als im deutschen Recht ein Verdacht nicht den Beginn der Rügefrist aus. Von einer Entdeckung i.S.d. Art. 201 Abs. 3 OR kann nämlich nach schweizerischem Verständnis erst gesprochen werden, wenn der Käufer die Existenz und die Tragweite des Mangels zweifelsfrei festgestellt hat oder sichere und zuverlässige Kenntnis vom Mangel erlangte.[718] Erste Anzeichen für das Vorliegen eines Mangels reichen nicht, sofern sich der „ernsthafte Charakter" durch Schadenserweiterung erst später auswirkt.[719] Zeigen sich dem Käufer erste Anzeichen, die den Verdacht auf einen Mangel aufkommen lassen, muss er den Kaufgegenstand beobachten, um die Vertragswidrigkeit sodann rechtzeitig bei ihrer Feststellung rügen zu können.[720]

II. Dauer

Mit der Rüge soll der Verkäufer über das Bestehen der Vertragswidrigkeit in Kenntnis gesetzt werden und der Käufer seine Rechte wegen der Vertragswidrigkeit erhalten können. Der Verkäufer hat demnach eher ein Interesse an einer kurzen Rügefrist, während dem Käufer an einer langen Rügefrist gelegen ist, um sie möglichst nicht zu versäumen. Die Länge der Rügefrist ist angesichts der kalendarischen Vergleichbarkeit damit ein besonders augenfälliges Indiz dafür, ob eine Rechtsordnung die Interessen des Käufers oder Verkäufers stärker gewichtet.

1. *Allgemeines*

a) UN-Kaufrecht

Gem. Art. 39 Abs. 1 CISG hat der Käufer dem Verkäufer die Vertragswidrigkeit innerhalb einer angemessenen Frist anzuzeigen, sog. „relative Rügefrist"[721],

---

718 BGE 117 II 425 (427); BGE 118 II 142 (148); Obergericht des Kantons Luzern, 27.1.1992, OG 1992, 16; *Honsell*, OR BT, S. 88; BGE 107 II 172 (175); Berner Kommentar/*Giger*, Art. 201 OR, Rn. 79, 81; Oser/Schönenberger/*Schönle/Higi*, ZGB, Art. 201 OR, Rn. 29; Basler Kommentar OR/*Honsell*, Art. 201, Rn. 11; Kren Kostkiewicz/Nobel/*Kren Kostkiewicz*, OR, Art. 201, Rn. 9.

719 BGE 118 II 142 (148f.); Kren Kostkiewicz/Nobel/*Kren Kostkiewicz*, OR, Art. 201, Rn. 9.

720 BGer, 28.7.2000, Nr. 4C 159/1999; BGer, 17.11.2003, Nr. 4C 205/2003; BGer, 6.10.2004, Nr. 4C 242/2004; *Akikol*, Sachmängelhaftung OR und UN-Kaufrecht, S. 325.

721 *Gerny*, Untersuchungs- und Rügepflichten beim Kauf nach schweiz., frz. und US-amerik. Recht sowie nach CISG, S. 201; *Herber/Czerwenka*, Int. Kaufrecht, Art. 39, Rn. 10; *Enderlein/Maskow/Strohbach*, Int. Kaufrecht, Art. 39 CISG, Rn. 3.

spätestens jedoch nach zwei Jahren, sog. „absolute Rügefrist“[722], Art. 39 Abs. 2 CISG. Die absolute Frist soll dem Verkäufer die Sicherheit zu verschaffen, dass er nach einem bestimmten Zeitpunkt nicht mehr mit Reklamationen zu rechnen braucht und das Geschäft endgültig zur Seite legen kann.[723] Bei der Auslegung der beiden Fristtypen ist die Entstehungsgeschichte des UN-Kaufrechts zu berücksichtigen: Mit der Abkehr vom Einheitlichen Kaufgesetz (EKG) wollte man die strenge Auslegung – u.a. des Art. 39 EKG – hinter sich lassen, zu dessen Auslegung man die Legaldefinition der „kurzen“ Frist in Art. 11 EKG heranzog. Diese wiederum wurde im Sinne der scharfen Maßstäbe des Art. 201 OR oder des ebenso strengen § 377 HGB interpretiert.[724] Im UN-Kaufrecht wollte man hingegen eine käuferfreundlichere Haltung walten lassen. Art. 11 EKG[725] wurde deshalb nicht in das UN-Kaufrecht übernommen. Die UNCITRAL-Arbeitsgruppe[726] vertrat die Auffassung, dass der Käufer durch den schnellen Eintritt der Genehmigungsfiktion nach Ablauf einer kurzen Frist zu sehr benachteiligt würde. „Die unverzügliche Anzeige sei allenfalls dann tauglich, wenn der Käufer den Vertrag aufheben und die vertragswidrigen Waren zurückweisen wolle.“[727] Stattdessen führte man in Art. 39 Abs. 1 CISG das Kriterium der „angemessenen“ Frist ein. Ziel war es nun, dem Käufer mehr Zeit einzuräumen, da gerade im internationalen Handel oftmals viel Zeit benötigt wird, um die Sach- und Rechtslage verlässlich zu überblicken.[728] Im Ergebnis sind also insbesondere die Artt. 38f. CISG käuferfreundlicher auszulegen als ihr Pendant im EKG.[729] Ob dieses Verständnis im Zeitalter schneller elektronischer Kommunikationsformen (Email, Fax, Sms) noch zeitgemäß ist, bleibt allerdings fraglich.

---

722 Cass.civ. 1ière, 8.4.2009, Légifrance (F) n° 08–10678 in einer Entscheidung zu Rissen in verlegten Kachelfliesen; Cass. com. 3.2.2009, Légifrance (F) n° 07–21827 (Spritzlack); *Herber/Czerwenka,* Int. Kaufrecht, Art. 39, Rn. 10; *Enderlein/Maskow/Strohbach,* Int. Kaufrecht, Art. 39 CISG, Rn. 3.

723 OGH, 19.12.2007, CISG-Online (CH) Nr. 1628; *Siller,* Int. UN-Kaufrecht, Rn. 154.

724 Honsell/*Magnus,* UN-Kaufrecht, Art. 39, Rn. 19; zu § 377 HGB: Schlechtriem/Schwenzer/*Schwenzer,* UN-Kaufrecht, Art. 39, Rn. 15.

725 BGBl I 1973, 856 (857).

726 Die UNCITRAL- Arbeitsgruppe wurde beauftragt, ein gemeinsames Kaufrechtsübereinkommen vorzubereiten, das von Ländern verschiedener Rechts-, Sozial- und Wirtschaftssysteme akzeptiert werden sollte: *Klaedtke,* Mängelrügefrist UN-Kaufrecht, S. 3; *Honnold,* History, S. 3.

727 *Honnold,* History, S. 104, C 39.

728 *Resch,* ÖJZ 1992, 470 (476); *Klaedtke,* Mängelrügefrist UN-Kaufrecht, S. 11.

729 Schlechtriem/Schwenzer/*Schwenzer,* UN-Kaufrecht, Art. 38, Rn. 1, Art. 39, Rn. 1.

Bei der Auslegung der Rügevorschriften ist ihr Zweck zu berücksichtigen: Der Verkäufer soll die Chance bekommen, die Vertragswidrigkeit zu beseitigen bzw. Beweismaterial zu sichern.[730] Ob die Dauer der Rügefrist angemessen ist, ist primär eine Frage der vertraglichen Vereinbarung, sekundär der objektiven und subjektiven Umstände des Einzelfalls.[731] Das zweitgenannte Kriterium betrifft vor allem die Art der Ware, d.h. ob es sich um verderbliche Ware oder Saisonware handelt, deren Mängel innerhalb kürzerer Zeit zu rügen sind als bei dauerhaften Waren.[732]

In Rechtsprechung und Literatur der jeweiligen Rechtsordnungen haben sich ungefähre (vergleichsweise käuferfreundliche) Richtwerte herausgebildet, die entgegen des anzustrebenden Ziels einer autonomen Auslegung aufgrund nationaler Einflüsse divergieren (können).

Aus deutscher Sicht wird zum Teil vertreten, dass die Rügefrist rund eine Woche beträgt und je nach Einzelfall verkürzt oder verlängert wird.[733] Nach anderer Ansicht soll sich „als ein grober Anhaltswert für die gesamte Untersuchungs- und Rügefrist eine Dauer von etwa 14 Tagen bis zu einem Monat ergeben.“[734] Diese soll dann noch je nach Sonderumständen verkürzt oder verlängert werden.[735] Nach wiederum anderer Ansicht beträgt der Richtwert für unverderbliche Ware etwa acht Tage, für verderbliche Ware wenige Stunden.[736] Der BGH und einige Autoren nehmen einen Mittelwert von einem Monat an.[737] Insbesondere der BGH betont

730 Schlechtriem/Schwenzer/*Schwenzer,* UN-Kaufrecht, Art. 38, Rn. 4; *Herber/Czerwenka,* Int. Kaufrecht, Art. 29, Rn. 2; Staudinger/*Magnus,* BGB, Art. 39 CISG, Rn. 3.

731 OGH, 31.8.2010, CISG-Online (CH) Nr. 2236; LG Gießen, NJW-RR 1995, 438 (439); Honsell/*Magnus,* UN-Kaufrecht, Art. 39, Rn. 19f.; Schlechtriem/Schwenzer/*Schwenzer,* UN-Kaufrecht, Art. 39, Rn. 16; von Caemmerer/Schlechtriem/*Schwenzer,* UN-Kaufrecht, Art. 39, Rn. 16.

732 u.a. OLG Koblenz, 19.10.2006, CISG-Online (CH) Nr. 1407; AG Kehl, NJW-RR 1996, 565 (565f.).

733 Honsell/*Magnus,* UN-Kaufrecht, Art. 39, Rn. 21; *Herber/Czerwenka,* Int. Kaufrecht, Art. 39, Rn. 9.

734 OLG Hamburg, 25.1.2008, CISG-Online (CH) Nr. 1681; Honsell/*Magnus,* UN-Kaufrecht, Art. 39, Rn. 22; *Magnus,* ZEuP 2002, 523 (536).

735 OLG Hamburg, 25.1.2008, CISG-Online (CH) Nr. 1681.

736 OLG Karlsruhe, BB 1998, 393 (394).

737 BGH, NJW 1995, 2099 (2099); BGH, NJW-RR 2000, 1361 (1362); OLG Hamm, NJW-RR 2010, 708 (710); OLG Hamm, 30.11.2010, CISG-Online (CH) Nr. 2217; OLG Koblenz, 19.10.2006, CISG-Online (CH) Nr. 1407; LG Hamburg, 6.9.2004, CISG-Online (CH) Nr. 1085; LG Bamberg, 23.10.2006, CISG-Online (CH)

dabei, dass es sich um eine reine Rügefrist handele. Die für die Untersuchung benötigte Zeit ist zu der einmonatigen Rügefrist zu addieren, so dass in einem Fall des BGH insgesamt sieben Wochen ab der Übergabe bis zur Rüge verstreichen konnten, ohne dass der Käufer gegen die Rügeobliegenheit verstoßen hätte.[738]

Die Schweizer Rechtsprechung zum UN-Kaufrecht geht in der Regel von einer einmonatigen Rügefrist aus.[739] Dazu kann noch eine ein- oder zweiwöchige Untersuchungsfrist kommen, so dass insgesamt auch von einer fünf- oder sechswöchigen Rügefrist gesprochen wird.[740] Eine Rüge zwei Monate nach Erhalt der Lieferung erfolgt bei einem im Zeitpunkt der Lieferung bekannten Fehler jedoch zu spät.[741] Nicht unerwähnt bleiben darf, dass es auch in der Schweiz Stimmen gibt, welche von zwei Wochen als gesamter Untersuchungs- und Rügefrist ausgehen, die dann bei Notwendigkeit im Einzelfall korrigiert werden soll.[742] Wieder

---

Nr. 1400; LG Münster, 29.8.2008, CISG-Online (CH) Nr. 2167; von Caemmerer/Schlechtriem/*Schwenzer*, UN-Kaufrecht, Art. 39, Rn. 17.

738 BGH, NJW-RR 2000, 1361 (1362): Der Totalschaden bei einer Mahlgarnitur einer Papiermaschine, aufgetreten nach der ersten Ingebrauchnahme, führt zu einer einwöchigen Überlegungsfrist, ob ein Sachverständiger für die Untersuchung hinzugezogen werden soll, einer zweiwöchigen Untersuchungsfrist für den Experten und eine vierwöchige Rügefrist für den Käufer.

739 Cour de Justice de Genève, 20.1.2006, CISG-Online (CH) Nr. 1504; Obergericht des Kantons Luzern, 8.1.1997, CISG-Online (CH) Nr. 228 zu Vorrichtungen von Bluttransfusionen; bestätigend dasselbe am 12.5.2003, CISG-Online (CH) Nr. 846, wobei dies eine reine Rügefrist ist, da es ausdrücklich zwischen einer Untersuchungs-und Rügefrist unterscheidet; Kantonsgericht des Kantons Zug, 30.8.2007, CISG-Online (CH) Nr. 1722.

740 Zur einwöchigen Untersuchungsfrist: BGer, 13.11.2003, 4C 198/2003; zur zweiwöchigen Untersuchungsfrist: Obergericht des Kantons Appenzell Ausserrhoden, 18.8.2008, CISG-Online (CH) Nr. 1838; dasselbe so auch schon: 6.9.2007, CISG-Online (CH) Nr. 1781; *Stalder*, AJP 2004, 1472 (1473).

741 Kantonsgericht Glarus, 6.11.2008, CISG-Online (CH) Nr. 1996: „schlechtschmeckenden Seitenfaltenbeuteln".

742 Staudinger/*Magnus*, BGB, Art. 39 CISG, Rn. 49, der auch in der Schweizer Rechtsprechung als abweichende Lehrmeinung zitiert wird: Obergericht des Kantons Bern, 11.2.2004, CISG-Online (CH) Nr. 1191; Handelsgericht des Kantons Zürich, 30.11.1998, CISG-Online (CH) Nr. 415 zu Lammfelljacken; Kantonsgericht des Kantons Schaffhausen, 27.1.2004, CISG-Online (CH) Nr. 960: eine Woche Prüfungsfrist, eine Woche Rügefrist für offene Mängel; Kantonsgericht des Kantons Zug, 19.12.2006, CISG-Online (CH) Nr. 1427; OGH, 27.9.1999, CISG-Online (CH) Nr. 485 (zwei Wochen Gesamtfrist für Untersuchung und Rüge obwohl Weiterverkauf, so dass Rügebeginn erst bei Eintreffen beim Endabnehmer).

andere sehen den abänderbaren Mittelwert für die Rügefrist bei ein bis zwei Wochen.[743] In jedem Falle soll das UN-Kaufrecht auch aus Schweizer Sicht aus Gründen der „Fairness" gegenüber den Entwicklungsländern käuferfreundlicher sein als Art. 201 OR.[744]

Die französische Rechtsprechung legt das Wort „angemessen" in Art. 39 Abs. 1 CISG sehr weit aus. Ein offener Mangel kann innerhalb eines Monats angezeigt werden[745], spätestens jedoch nach zwei Monaten.[746] Ausnahmsweise sind auch sechs Monate bzw. ein Jahr zulässig.[747] Die Rügefrist kann nach anderer Ansicht sogar zwei Jahre ab Entdeckung des Mangels betragen.[748] Jedenfalls ist die Rüge eines einfach festzustellenden Mangels nach zwei Tagen nicht verspätet.[749] Eine Rüge 20 Tage nach der Untersuchung, welche selbst erst zwei Wochen nach der Übergabe erhoben wird, ist fristgemäß i.S.d. Art. 39 Abs. 1 CISG.[750]

Das UN-Kaufrecht enthält in Art. 39 Abs. 2 CISG im Gegensatz zu den anderen untersuchten Rechtsordnungen die weitere Besonderheit einer starren Fristgrenze, bis zu der die Rüge auch bei versteckten Mängeln erhoben werden muss. Nach dieser Vorschrift verliert der Käufer in jedem Fall das Recht, sich auf die Vertragswidrigkeit zu berufen, wenn er sie nicht spätestens innerhalb von zwei Jahren, nachdem ihm die Ware tatsächlich übergeben worden ist, dem Verkäufer anzeigt, es sei denn, dass diese Frist mit einer vertraglichen Garantiefrist

743 Obergericht des Kantons Bern, 11.2.2004, CISG-Online (CH) Nr. 1191; *Siller*, Internationales UN-Kaufrecht, Rn. 144.

744 Obergericht des Kantons Bern, 11.2.2004, CISG-Online (CH) Nr. 1191.

745 CA de Grenoble 13.9.1995, CISG-Online (CH) Nr. 157 zur fehlerhaften Verpackung von Käse; *Klaedtke*, Mängelrügefrist UN-Kaufrecht, S. 103.

746 CA de Paris 6.11.2001, CISG-Online (CH) Nr. 677 zu Drahtseilen; *Klaedtke*, Mängelrügefrist UN-Kaufrecht, S. 106f.

747 CA de Versailles, 29.1.1998, CISG-Online (CH) Nr. 337 zu defekten Maschinen: Rüge für die Lieferung von Ende Sept./Anfang Okt. 1992 und Ende Januar 1993 erfolgte am 6.4.1992 und 11.12.1992; *Klaedtke*, Mängelrügefrist UN-Kaufrecht, S. 106f.

748 Tribunal de Commerce de Besançon 19.1.1998, CISG-Online (CH) Nr. 557 zu dem Fall eines Verkaufs von Sportbekleidung an einen Schweizer Judoclub, der sie an seine Mitglieder weiterverkaufte, diese erst nach 3 Monaten (15.12.1995) feststellten, dass die Kleidung durch das Waschen 6–8 Zentimeter einging, der Judoclub am 5.2.und am 18.3.1996 dies dem französischen Hersteller mitteilte, woraufhin das Gericht urteilte, dass der Judoclub zwei Jahre Zeit gehabt habe, diese Vertragswidrigkeit dem Verkäufer anzuzeigen.

749 Cass.com. 13.2.2007, Légifrance (F) n° 05–10424 zur Rüge einer Funktionsstörung eines Geldautomaten.

750 Cass.civ.1ière, 26.5.1999, CISG-Online (CH) Nr. 487 zu gewälzten Blechen.

unvereinbar ist.[751] Letzteres ist der Fall, wenn eine vertragliche Garantiefrist die Frist des Art. 39 Abs. 2 CISG verlängern oder verkürzen würde.[752] Die Frist aus Art. 39 Abs. 2 CISG ist von Amts wegen zu beachten.[753] Angesichts der langen Dauer könnte man annehmen, Art. 39 Abs. 2 CISG sei eine Verjährungsregelung, doch ist dies ein Trugschluss, weil die Frist weder gehemmt noch unterbrochen werden kann.[754] Somit handelt es sich um eine Ausschlussfrist.

Die Einführung des Art. 39 Abs. 2 CISG war sehr umstritten. Die Industrienationen empfanden sie als „willkürlich und v.a. in Bezug auf Maschinen als unangemessen."[755] Art. 39 Abs. 2 CISG ist neben Art. 44 CISG ein Kompromiss zur Rügepflicht, weil diese die Parteien aus Entwicklungsländern oft mangels hinreichender Spezialisierung in Bezug auf hochkomplexe Güter besonders hart trifft.

b) Deutsches Recht

„Unverzüglich" (§§ 377 Abs. 1, 3 HGB) heißt gem. § 121 BGB „ohne schuldhaftes Zögern".[756] Der Begriff ist anhand eines objektiven Maßstabs streng auszulegen.[757] Anders als „sofort" lässt „unverzüglich" keine schuldhaften Verzögerungen zu, wobei im Rahmen der schuldhaften Verzögerung jede Fahrlässigkeit und jedes vorsätzliche Handeln berücksichtigt werden.[758] Die strenge Auslegung ist dem Zweck der Rügefrist geschuldet. Die Kürze der Rügefrist soll es dem Verkäufer erleichtern, Beweise für seine Pflichterfüllung zu „retten", welche mit zunehmendem Zeitablauf verloren gehen.[759] Des Weiteren soll dem Interesse des

---

751 Zur tatsächlichen Auslieferung: Cass. civ. 1ière, 8.4.2009, CISG-Online (CH) Nr. 1977.

752 Schlechtriem/Schwenzer/*Schwenzer,* UN-Kaufrecht, Art. 39, Rn. 26.

753 *Gerny,* Untersuchungs- und Rügepflichten beim Kauf nach schweiz., frz. und US-amerik. Recht sowie nach CISG, S. 206.

754 Cass.com. 3.2.2009, CISG-Online (CH) Nr. 1843; abweichend: CA d'Amiens, 27.9.2007, CISG-Online (CH) Nr. 1934.

755 Von Caemmerer/Schlechtriem/*Schwenzer,* UN-Kaufrecht, Art 39, Rn. 22.

756 *Klaedtke,* Mängelrügefrist UN-Kaufrecht, S. 15; Ensthaler/*Achilles,* HGB und UN-Kaufrecht, §§ 377f. HGB, Rn. 40, S. 1637.

757 *Klaedtke,* Mängelrügefrist UN-Kaufrecht, S. 15; von Westphalen/*Röhrich,* Deutschland, § 377, Rn. 38; Münchener Kommentar HGB/*Grunewald,* § 377, Rn. 33; Ebenroth/Boujong/Joost/Strohn/*Müller,* HGB, § 377, Rn. 110.

758 Ebenroth/Boujong/Joost/Strohn/*Müller,* HGB, § 377, Rn. 89, 110; Koller/Roth/Morck/*Roth,* HGB, § 377, Rn. 16.

759 BGH, NJW 1996, 2228 (2228).

Handelsverkehrs an Promptheit und Einfachheit Rechnung getragen werden.[760] Der Handelsverkehr strebt nach Sicherheit in Organisation und Kalkulation.[761] Um die Rügefrist zu bestimmen, sind verschiedene Kriterien zu berücksichtigen: Die Notwendigkeit einer vorherigen Untersuchung, die Art der Ware (verderblich, komplexes Industrieprodukt), die Notwendigkeit der Beiziehung eines Sachverständigen, die Existenz eines Streckengeschäftes, die Vollständigkeit der Ware, welche die Untersuchung überhaupt erst möglich macht.[762] Bei den folgenden Fristangaben ist zu beachten, dass in der Regel nur Werktage gezählt werden. Allerdings entschied der BGH, dass beim Dazwischentreten von Feiertagen „die Untersuchung und die Rüge zu beschleunigen" sind.[763]

Ohne Untersuchung erkennbare Mängel sind innerhalb von ein bis zwei Tagen anzuzeigen, denn bei diesen ist die Frist eine reine Erklärungsfrist, die nur am Aufwand einer „sachgemäßen Abwicklung der eigenen Geschäftskorrespondenz" zu messen ist[764]; eine Untersuchung, bei der die konkreten Umstände des Einzelfalls zu berücksichtigen sind, ist gerade nicht notwendig.[765]

Bei Mängeln, die erst durch die Untersuchung erkennbar werden, verlängert sich die Erklärungsfrist um die Zeit, die für eine erste grobe Untersuchung notwendig ist oder hypothetisch wäre, falls eine Untersuchung unterlassen wird.[766] Unter einer „ersten groben Untersuchung" ist das Nehmen von Stichproben, der Vergleich mit Begleitpapieren oder das Öffnen der Verpackung zu verstehen.[767] Eine intensivere Untersuchung kann sich der ersten groben Untersuchung anschließen, sofern sie notwendig ist. Als Richtwert für die Dauer einer ersten

---

760 Münchener Kommentar HGB/*Grunewald*, § 377, Rn. 3; Baumbach/Hopt/*Hopt*, HGB, § 377, Rn. 1.

761 Saenger/Aderhold/Lenkaitis/Speckmann/*Klein*, Handels- und Gesellschaftsrecht, § 2, Rn. 147.

762 Koller/Roth/Morck/*Roth*, HGB, § 377, Rn. 17; Ebenroth/Boujong/Joost/Strohn/*Müller*, HGB, § 377, Rn. 96.

763 BGH, MDR 1964, 412 (412).

764 OLG Koblenz, NJW-RR 2004, 1553 (1553); BGH, NJW-RR 1986, 52 (53); BGH, NJW 1986, 3136 (3138) zu einem verdeckten Materialfehler; a.A. OLG München (NJW-RR 1992, 1523 (1524)), das einen im April bekannt gewordenen Mangel am 24.4. als rechtzeitig gerügt ansieht.

765 OLG Koblenz, NJR-RR 2004, 1553 (1553).

766 RGZ 106, 359 (360f.); Koller/Roth/Morck/*Roth*, HGB, § 377 Rn. 17; *Klaedtke*, Mängelrügefrist UN-Kaufrecht, S. 15; Münchener Kommentar zum HGB/*Grunewald*, § 377, Rn. 62.

767 BGH, NJW 1991, 2633f.; OLG Karlsruhe, NZG 09, 395 (396); Koller/Roth/Morck/*Roth*, HGB, § 377, Rn. 17.

groben Untersuchung geht man von einer Woche aus.[768] Das OLG Köln entschied, dass eine Rüge nach 20 Tagen selbst gegenüber einem ausländischen Abnehmer zu spät erklärt wurde, obwohl eine Untersuchung notwendig war.[769] Der BGH sah eine Rüge nach 20 Tagen ebenfalls als verspätet an.[770]

Ist die Ware unvollständig – etwa weil Begleitdokumente fehlen, und kann eine Untersuchung noch nicht erfolgen, weil nur durch den Zugriff auf alle Dokumente festgestellt werden kann, ob ein offener oder versteckter Mangel vorliegt, verlängert sich die Rügefrist bis zu dem Zeitpunkt, zu dem die Untersuchung durchgeführt werden kann, etwa auf 10 Tage, wie der BGH in einem Urteil entschied.[771]

Liegt ein Streckengeschäft oder ein sonstiger Fall des Weiterverkaufs vor, sind die Meinungen gespalten, ob sich die Rügefrist aufgrund der besonderen Umstände des Einzelfalls verlängert. Wie bereits bei der Untersuchungsfrist erwähnt, ist sie nach einer Ansicht im Wege der ergänzenden Vertragsauslegung, §§ 133, 157 BGB, zu verlängern.[772] Der BGH lehnt eine Veränderung der Fristen wegen eines Streckengeschäftes oder eines sonstigen Weiterverkaufs mit dem Hinweis ab, die modifizierende Parteivereinbarung sei eine Fiktion.[773] Es gilt folglich die normale Rügefrist. Diese wird beim Streckengeschäft nur dann eingehalten, wenn der Abnehmer den Käufer über den Mangel informiert und dieser die Information an den Verkäufer weitergibt.[774]

c) Französisches Recht

Ein offensichtlicher Mangel („*vice apparent*“) ist sehr schnell („*très rapidement*“) dem Verkäufer anzuzeigen.[775] Nach anderer Meinung muss der Protest („*protestation*“) innerhalb einer kurzen Frist („*bref délai*“) seit der Übergabe („*remise*“,

---

768 Zwei oder drei Wochen jedenfalls zu lang, so der BGH, NJW 1987, 2235 (2237); Münchener Kommentar HGB/*Grunewald,* § 377, Rn. 56.

769 OLG Köln, NJW-RR 1995, 28 (29) zum Export von Trenn- und Fiberscheiben nach Jemen und Saudi-Arabien, wobei statt des Typs A Scheiben des Typs C geliefert wurden.

770 BGH, NJW 2000, 1145 (1417) zu einer nachgebesserten Software.

771 BGH, NJOZ 2003, 867 (869) zu Absperrarmaturen.

772 Ebenroth/Boujong/Joost/Strohn/*Müller,* HGB, § 311, Rn. 112; im Ergebnis auch: Saenger/Aderhold/Lenkaitis/Speckmann/*Klein,* Handels- und Gesellschaftsrecht, § 2, Rn. 173.

773 BGH, NJW 1990, 1290 (1292): Eine Entscheidung zur Rügeobliegenheit beim Handelskauf und Leasingvertrag, bei welchem er auch zum Streckengeschäft Bezug nimmt; offen lassend noch derselbe in NJW 1978, 2394 (2394).

774 BGH, NJW 1978, 2394 (2394); OLG Köln, NJW-RR 1995, 28 (29).

775 *Ghestin,* Conformité et garanties, Rn. 222.

z.T. auch „*réception*") erfolgen.[776] Ist eine Untersuchung von Nöten, so verlängert sich die Frist um die für die Untersuchung notwendige Dauer.[777] Verkauft der Käufer die Ware weiter, ohne dass er die Möglichkeit zur Untersuchung gehabt hätte (Streckengeschäft), soll schon gar keine Annahme durch den Käufer vorliegen.[778]

Um einen versteckten Mangel anzuzeigen, muss der Käufer seit der Ordonnance vom 17.2.2005[779] innerhalb von 2 Jahren Klage erheben („*action en garantie*"). Bis zum in Kraft treten dieser Verordnung hatte dies innerhalb einer kurzen Frist („*bref délai*") zu erfolgen, deren Bestimmung in der Rechtsprechung sehr unklar war, jedoch auf ca. zwei bis drei Jahre bemessen wurde.[780]

d) Schweizer Recht

Offenkundige Mängel und solche, die durch die Untersuchung entdeckt werden können, müssen sofort mitgeteilt werden, Art. 201 Abs. 1 OR. Gleiches gilt für versteckte Mängel, Art. 201 Abs. 3 OR. Ein Mangel ist versteckt, wenn er nicht augenfällig ist und nicht während der Untersuchung entdeckt wurde bzw. werden konnte.[781] „Sofort" ist hier mit „unverzüglich" gleichzusetzen.[782] Im französischsprachigen Lehrbuch zu Art. 201 OR findet sich die Übersetzung: „sans délai" - ohne Verzögerung.[783] Der Zeitraum „sofort" gewährt dem Käufer eine gewisse Zeit der Reflektion, die dennoch kurz zu halten ist.[784] Das Wort „sofort"

776 *Gerny,* Untersuchungs- und Rügepflichten beim Kauf nach schweiz., frz. und US-amerik. Recht sowie nach CISG, S. 98.

777 *Ghestin,* Conformité et garanties, Rn. 222.

778 *Gerny,* Untersuchungs- und Rügepflichten beim Kauf nach schweiz., frz. und US-amerik. Recht sowie nach CISG, S. 94; *Alter,* L'obligation de délivrance, Rn. 97.

779 Ordonnance n° 2005–136 vom 17.2.2005, veröffentlicht im JORF (Journal Officiel de la République Française) vom 18.2.2005, n°41, S. 2778, Rn. 26; *Bénabent,* Contrats spéciaux, Rn. 365; *Malaurie/Aynès/Gautier,* Contrats spéciaux, Rn. 400; *Collart Dutilleul/Delebecque,* Contrats civils et commerciaux, Rn. 282.

780 *Ghestin,* Conformité et garanties, Rn. 25; *Collart Dutilleul/Delebecque,* Contrat spéciaux, Rn. 283.

781 BGE 76 II 221 (223).

782 Dies ergibt ein Vergleich mit der französischen Ausgabe des Art. 201 OR „sans délai": Berner Kommentar/*Giger,* Art. 201 OR, Rn. 77; so auch: Tercier/Favre/*Tercier/Favre/Zen-Ruffinen,* Contrats spéciaux, Rn. 794.

783 Tercier/Favre/*Tercier/Favre/Zen-Ruffinen,* Contrats spéciaux, Rn. 787; bestätigend Handkommentar zum Schweizer Privatrecht/*Müller-Chen,* Vertragsverhältnisse Teil 1, Art. 201 OR, Rn. 20.

784 Oser/Schönenberger/*Schönle/Higi,* ZGB, Art. 201 OR, Rn. 29a.

wird „im Sinne der branchentypischen Usanzen bzw. den Gepflogenheiten des nichtkaufmännischen Verkehrs“ ausgelegt[785], so dass von einem Kaufmann (wiederum untechnisch verstanden) eine schnellere Reaktion werden kann als von einem Geschäftsunerfahrenen.[786] Die Dauer für die Rügefrist setzt sich zusammen aus der Frist für die ggf. notwendige Untersuchung und die Dauer der Erklärung und Übermittlung.[787] In der Regel werden dies nur wenige Tage sein[788], für den nichtkaufmännischen Verkehr werden jedoch sieben Kalendertage als angemessen erachtet.[789] Um dem Verkehr Rechtssicherheit zu gewähren[790], ist die Rügefrist entsprechend kurz zu halten.

2. *Verderbliche Waren*

Mängel an verderblichen Waren wie Blumen, Obst oder Gemüse müssen nach UN-Kaufrecht innerhalb weniger Stunden oder wenigstens innerhalb weniger Tage gerügt werden.[791] Gleiches gilt für das deutsche Recht.[792] Im französischen Recht beträgt die die Rügefrist für versteckte Mängel unabhängig von der Art der Ware zwei Jahre, Art. 1648 CC. Für offene Mängel findet sich keine Zeitangabe, ebensowenig wie für das Schweizer Recht.

3. *Unverderbliche Waren*

a) UN-Kaufrecht

Bei dauerhaften Waren, bei denen eine Vertragswidrigkeit leicht festzustellen ist, wie etwa bei Lammfelljacken, soll die Rügefrist nur eine Woche bis maximal

---

785 Handkommentar zum Schweizer Privatrecht/*Müller-Chen,* Vertragsverhältnisse Teil 1, Art. 201 OR, Rn. 20.

786 Berner Kommentar/*Giger,* Art. 201 OR, Rn. 77; *Schmid/Stöckli,* Schweizer Obligationenrecht BT, Rn. 361.

787 *Keller/Siehr,* Kaufrecht, S. 85; Berner Kommentar/*Giger,* Art. 201 OR, Rn. 75.

788 BGer, 28.7.2000, Nr. 4C 159/1999 und BGer, 11.9.2007, Nr. 4A 51/2007: beim Werkvertragsrecht sieben Tage, wenn ein Zuwarten mit der Rüge zu keiner Vergrösserung des Schadens führt.

789 *Schmid/Stöckli,* Schweizer Obligationenrecht BT, Rn. 361.

790 BGer, 17.11.2003, Nr. 4C 205/2003; BGer, 28.5.2001, Nr. 4C 395/2001; BGE 88 II 364 (365); *Bieger,* Mängelrüge im Vertragsrecht, S. 6ff.

791 LG München I, 18.5.2009, CISG-Online (CH) Nr. 1998.

792 Entscheidung des OLG München zum Südfrüchtehandel: NJW 1955, 1560 (1561) (Tag der Ablieferung); OLG München, BB 1957, 663 (663): Rüge bei Tomaten innerhalb weniger Stunden, am zweiten Tag verspätet; *Klaedtke,* Mängelrügefrist UN-Kaufrecht, S. 15.

vierzehn Tage betragen.[793] Vertragswidrigkeiten bei Hemden hätten innerhalb weniger Tage gerügt werden müssen, so das OLG Düsseldorf.[794] Nach anderer Ansicht soll der Richtwert bei unverderblichen, ohne Aufwand zu untersuchenden Waren regelmäßig etwa vierzehn Tage sein, soweit nicht besondere Umstände für eine kürzere oder längere Frist sprechen[795], doch auch hier können zwölf Tage zu spät sein.[796] Jedenfalls soll eine Rüge nach Monaten auch bei dauerhaften Gütern nicht mehr angemessen sein, wenn die Vertragswidrigkeit – eine „gewaltige Übermengenlieferung an Kunststoffumhüllungen für Mobiltelefone (Handy-Cover) im Wert von 90.000,00 €" – leicht zu erkennen war.[797] Das OLG München vertritt die Auffassung, dass eine Rüge innerhalb von acht Tagen in der Regel noch zeitgemäß ist – auch bei dauerhaften Gütern.[798] Die französische Cour de Cassation urteilte, dass eine Rüge bezüglich der Quantität und Qualität von gewälzten Blechen drei Wochen nach deren Erhalt rechtzeitig sei.[799]

b) Deutsches Recht

Die Rüge eines Mangels an einem Sandentwässerungssilo ist zwei Wochen nach seiner Entdeckung verspätet[800], ebenso wie an einem Drucker zehn Tage nach Ablieferung.[801] Ebenso ist die Rüge von Spinnfehlern an einem Kammgarn vierzehn Tage nach ihrer Entdeckung zu spät.[802] Ist die Qualitätsabweichung bei Alben leicht erkennbar ist, so ist eine Rüge elf bzw. sechs Tage nach Erhalt der ersten und zweiten Lieferung noch rechtzeitig, wenn diese mit der dritten Lieferung eine Gesamtlieferung darstellen, welche wiederum einen Tag vor der Rüge eingegangen ist.[803]

Sollte ein offener Mangel vorliegen, so gilt hinsichtlich der Rügefristdauer nichts anderes. Die Rüge von offen erkennbaren Qualitätsmängeln bei einem Wanderschuh ist acht Tage nach Ablieferung verspätet.[804]

---

793 HG Kanton Zürich, 13.11.1993, CISG-Online (CH) Nr. 415.

794 OLG Düsseldorf, DB 1994, 2492 (2494).

795 Staudinger/*Magnus*, BGB, Art. 39 CISG, Rn. 49; AG Kehl, NJW-RR 1996, 565 (566): offensichtlicher Mangel bei Saisonware ist nach drei Wochen zu spät gerügt.

796 Fehlmengen von Textilien bedürfen einer Rügefrist von maximal 12 Tagen: LG Landshut, 5.4.1995, 54 O 644/94, UNILEX.

797 So der Sachverhalt und die rechtliche Würdigung des LG Köln, 5.12.2006, CISG-Online (CH) Nr. 1440; so auch der BGH in TranspR-IHR 2000, 1.

798 OLG München, 8.2.1995, 7 U 3758/94.

799 Cass. civ. 1ière 26.5.1999, CISG-Online (CH) Nr. 487.

800 BGHZ 93, 338 (348f.).

801 *Tannò*, Rügefrist im schweiz., dt. und UN-Kaufrecht, S. 219.

802 RGZ 73, 165 (167f.).

803 RGZ 43, 64 (65ff.).

804 BGH, WM 1985, 975 (977).

c) Französisches Recht

Im französischen Recht beträgt die Rügefrist für versteckte Mängel unabhängig von der Art der Ware zwei Jahre, Art. 1648 CC. Für offene Mängel kann keine Zeitangabe gegeben werden. Schrifttum und Lehre sehen davon ab, eine konkrete Zeitbestimmung zu nennen.

d) Schweizer Recht

Die Rüge des Mangels einer Schneidemaschine einen Tag nach Erhalt der Ware erfolgt rechtzeitig.[805] Gleiches gilt für die Rüge eines mangelhaften Weins oder bezüglich eines Mangels an einem Fahrrad am Tag nach Erhalt der Lieferung.[806] Die Rüge eines Weinkäufers erfolgt rechtzeitig, wenn er sie am dritten Tag nach Erhalt der chemischen Untersuchungsergebnisse erklärt.[807] Die Rüge der Mangelhaftigkeit von Kunststoff vier Tage nach Erhalt des Untersuchungsergebnisses war in einem konkreten Falle rechtzeitig, weil innerhalb der Rügefrist ein Sonntag lag.[808] Wartet der Käufer sieben Tage, um die Mängel an einem Fahrzeug mitzuteilen, rügt er zu spät.[809] Müssen Stoffe auf das Maß und Design untersucht werden, um Fabrikationsmängel zu entdecken, so ist eine Rüge, die frühestens im siebten Monat erklärt wird, zu spät, wenn der Mangel bereits bei einer Untersuchung, die sofort nach Ablieferung hätte erfolgen müssen, ersichtlich gewesen wäre.[810]

III. Inhalt und Form

Allgemeingesprochen reichen die Arten der Willensäußerung von formlosen Mitteilungen bis zu förmlichen Schriftstücken wie Klageschriften. Auch der Inhalt einer Mitteilung über Mängel kann variieren. Von der Kundgabe der Vertragswidrigkeit an sich bis hin zur detaillierten Wiedergabe der Erscheinungsform der Vertragswidrigkeit samt ihrer Auswirkungen wird die denkbare Bandbreite an Anforderungen ausgeschöpft. Welche Form und welcher Inhalt die Mitteilung einer Vertragswidrigkeit aufweisen muss, ist freilich von enormer praktischer Bedeutung. Immerhin hängt von der Einhaltung der ggf. gebotenen Form die Existenz umfassender Rechte ab. Dieser Aspekt soll daher im Folgenden für die ins Auge gefassten Rechtsordnungen untersucht werden.

---

805 BGE 22, 498 (500).

806 BGE 32 II 294 (298f.); BGE 24, 62 (68).

807 BGE 26 II 791 (794f.).

808 BGE 76 II 221 (225).

809 BGE 105 II 90 (91).

810 BGE 107 II 419 (422f.); *Tannò*, Rügefrist im schweiz., dt. und UN-Kaufrecht, S. 53.

1. UN-Kaufrecht

Art. 39 Abs. 1 a.E. CISG verpflichtet den Käufer, die Art der Vertragswidrigkeit genau zu bezeichnen, denn Ziel der Rüge ist es, dem Verkäufer ausreichende Kenntnis über die Vertragswidrigkeit zu verschaffen, damit er angemessen auf die Vertragswidrigkeit reagieren kann.[811] Der Käufer kann auf jede erdenkliche Art und Form die Vertragswidrigkeit dem Verkäufer anzeigen.[812] Was einer „genaue Bezeichnung" i.S.d. Art. 39 Abs. 1 a.E. CISG entspricht, kann von Fall zu Fall variieren, da „die Stellung des Käufers im Wirtschaftsverkehr, eventuelle kulturelle Unterschiede sowie die Art der Ware" berücksichtigt werden müssen, ebenso wie die Tatsache, ob der Käufer ein Fachkundiger ist oder nicht, da von einem Fachunkundigen unter Umständen nicht dasselbe wie von einem Fachmann erwartet werden darf.[813] Obwohl das UN-Kaufrecht durch die Verwendung der Worte „die Art der Vertragswidrigkeit genau bezeichnen" einen strengen Maßstab anzulegen scheint, wird dieser Eindruck in gewisser Weise durch folgende zwei Feststellungen relativiert: Zunächst werden in der englischen und französischen Version des UN-Kaufrechts die Worte *„specify"* und *„préciser"* verwendet, welche im Deutschen mit dem Wort „bezeichnen" oder „angeben" wiedergegeben werden würden, nicht jedoch mit „genau bezeichnen", wie es in Art. 39 Abs. 1 CISG deutscher Fassung tatsächlich der Fall ist.[814] Die Übersetzung in die deutsche Sprache[815] ist also mindestens ungenau.

Überdies war eine Abkehr von der zur Mangelrüge im Haager Einheitlichen Kaufrecht ergangenen deutschen Rechtsprechung gewollt.[816] Da die Rüge jedoch

---

811 Honsell/*Magnus,* UN-Kaufrecht, Art. 39, Rn. 9; *Herber/Czerwenka,* Int. Kaufrecht, Art. 39, Rn. 6; Schlechtriem/Schwenzer/*Schwenzer,* UN-Kaufrecht, Art. 39, Rn. 6; *Enderlein/Maskow/Strohbach,* Int. Kaufrecht, Art. 39 CISG, Rn. 5.

812 Honsell/*Magnus,* UN-Kaufrecht, Art. 39, Rn. 24; Staudinger/*Magnus,* BGB, Art. 39 CISG, Rn. 51; *Honnold,* Uniform Law of International Sales, Art. 39, Rn. 257.

813 Schlechtriem/Schwenzer/*Schwenzer,* UN-Kaufrecht, Art. 39, Rn. 7; von Caemmerer/Schlechtriem/*Schwenzer,* UN-Kaufrecht, Art. 39, Rn. 7.

814 BGE 130 III 258 (261f.); Schlechtriem/Schwenzer/*Schwenzer,* UN-Kaufrecht, Art. 39, Rn. 6f.; vgl. auch Honsell/*Magnus,* UN-Kaufrecht, Art. 39, Rn. 10, obwohl Art. 39 Abs. 1 CISG a.E. ebenfalls den terminus der „genauen Bezeichnung" verwendet in der deutschen Übersetzung. Jedoch wird das CISG autonom unter Einfluss verschiedener Rechtsordnungen ausgelegt; *Gerny,* Untersuchungs- und Rügepflichten beim Kauf nach schweiz., frz. und US-amerik. Recht sowie nach CISG, S. 199.

815 Authentische Sprachen des CISG sind die UNO-Amtsprachen, also Arabisch, Englisch, Chinesisch, Französisch, Russisch und Spanisch.

816 Schlechtriem/Schwenzer/*Schwenzer,* UN-Kaufrecht, Art. 39, Rn. 6.; Staudinger/*Magnus,* BGB, Art. 39 CISG, Rn. 4f.

u.a. den Zweck erfüllen soll, den Verkäufer zu informieren, inwieweit er mit der Geltendmachung von Gewährleistungsrechten durch den Käufer rechnen muss, soll sie dennoch mittels eines objektiv-subjektiven Maßstabes so substantiiert dargelegt werden, dass der Verkäufer keine weiteren Nachforschungen anstellen muss.[817] Dementsprechend reichen ganz allgemein gehaltene Beanstandungen nicht aus.[818] Einem substantiierten Darstellungserfordernis ist mit der Aussage, dass „die Chrysanthemen und Hortensien schlecht gewachsen seien", nicht Genüge getan, denn ein schlechter Wuchs kann sowohl die Größe als auch das Aussehen betreffen.[819] Gleiches gilt, wenn der objektive Empfänger aus Sicht des Verkäufers in der Aussage des Käufers „nur eine Mahnung sieht, die Maschinen aufzustellen, nicht aber eine Rüge der sachlichen Beschaffenheit des Inventars".[820] Gelieferte Ware wird nicht dadurch beanstandet, dass der Käufer nur neue Ware bestellt, selbst wenn er Gründe für die Neubestellung nennt.[821] Ausreichend ist aber, wenn der Käufer das „Maß und die Quantität" rügt.[822] Ebenso reicht die Aussage aus, dass die gelieferten Felle der Lammfelljacken „nicht farbgerecht zusammengesetzt" und „gewichtsmäßig weit über der Norm" seien, weil diese Beschreibung ausreichend präzise ist, um eine Auslegung des vertragsgemäß geschuldeten Zustands zuzulassen.[823] Sollten mehrere Vertragswidrigkeiten entdeckt worden sein, so ist jede separat anzuzeigen.[824]

---

817 OGH, IHR 2011, 85 (88); LG Marburg, 12.12.1995, CISG-Online (CH) Nr. 148; *Herber/Czerwenka,* Int. Kaufrecht, Art. 39, Rn. 6; *Reinhart,* UN-Kaufrecht, Art. 39, Rn. 6; Honsell/*Magnus,* UN-Kaufrecht, Art. 39, Rn. 9; *Piltz,* NJW 1996, 2768 (2772).

818 OLG Düsseldorf, 9.7.2010, CISG-Online (CH) Nr. 2171: unkommentierte Übersendung von Untersuchungsprotokollen über Orangensaft; OLG Hamm, NJW-RR 2010, 708 (710): „erhebliche Mängel am Fahrzeug; nicht fachmännisch repariert"; LG Stuttgart, IHR 2010, 207 (208); HG Kanton Zürich 21.9.1998 zu einem Druckfehler im Katalog, CISG-Online (CH) Nr. 416.

819 OLG Saarbrücken, NJW-RR 1999, 780 (780).

820 OLG Hamburg, 25.1.2008, CISG-Online (CH) Nr. 1681: Betriebsbereite Aufstellung von Maschinen für die Eisproduktion und den Eisbetrieb.

821 OLG Saarbrücken, BeckRS 2007, 15076.

822 Cass. civ. 1ière, 26.5.1999, CISG-Online (CH) Nr. 487 zu gewälzten Blechen.

823 HG Kanton Zürich, 30.11.1998, CISG-Online (CH) Nr. 415; *Akikol,* Sachmängelhaftung OR und UN-Kaufrecht, S. 310f.

824 *Herber/Czerwenka,* Int. Kaufrecht, Art. 39, Rn. 8.

2. *Deutsches Recht*

Das deutsche Recht ähnelt dem UN-Kaufrecht in dieser Hinsicht. Die Rüge kann formlos erhoben werden[825], muss inhaltlich jedoch substantiiert sein, d.h. der konkrete Mangel muss deutlich bezeichnet werden.[826] Nicht notwendig ist es, die Ursache des Mangels zu nennen.[827] Ebenso dürfen keine übertriebenen Anforderungen an die Beschreibung des Mangels gestellt werden – wie etwa eine „in alle Einzelheiten gehende, genaue und fachlich richtig bezeichnete Rüge“[828], denn Sinn und Zweck der Rüge ist es, dem Verkäufer eine Hilfestellung zu geben, damit er den Mangel identifizieren kann und weiß, was er gegebenenfalls nachzuerfüllen hat bzw. ob und hinsichtlich was der Käufer Gewährleistungsrechte geltend macht.[829] Zudem soll er die notwendigen Beweise für den Fall eines Prozesses sammeln können, so dass das spätere Nachschieben von angeblich alten Mängeln unterbunden werden kann.[830] Aufgrund des oben Gesagten ist die Aussage „das Gerät sei nicht einsatzbereit“ oder „nicht funktionsfähig“ nicht ausreichend[831], denn daraus kann der Verkäufer aus seiner Sicht über die Tatsachenlage nicht ableiten, in welchen Punkten und in welchem Umfang der Käufer die gelieferte Ware als nicht vertragsgemäß beanstandet.[832] Ebenfalls nicht ausreichend ist die Aussage, dass die Übergabe der Kaufsache „vorbehaltlich der Klärung der Differenz effektiver Nutzlast und vereinbarter Nutzlast erfolge“[833] – also, dass eventuell in dieser Hinsicht ein Mangel bestehen könnte. Der Mangel muss konkret bezeichnet werden und jede Mehrdeutigkeit muss ausgeschlossen werden können.[834] In diesem Sinne reicht es auch nicht aus, dass „die meisten Türen mangelhaft seien und nicht die richtige Größe hätten“[835] oder dass „die

---

825 BGE 101 II 83 (85); Münchener Kommentar HGB/*Grunewald,* § 377, Rn. 75; Haag/Löffler/*Stadie,* Handelsrecht, § 377, Rn. 32; Staub/*Brüggemann,* HGB, § 377, Rn. 139; Baumbach/Hopt/*Hopt,* HGB, § 377, Rn. 43.

826 Staub/*Brüggemann,* HGB, § 377, Rn. 130 ff.

827 Münchener Kommentar HGB/*Grunewald,* § 377, Rn. 66.

828 BGH, NJW 1996, 2228 (2228).

829 Haag/Löffler/*Stadie,* Handelsrecht, § 377, Rn. 37; BGH, NJW 1991, 2633 (2634).

830 Baumbach/Hopt/*Hopt,* HGB, § 377, Rn. 42; BGH, NJW 1996, 2228 (2228).

831 OLG Hamm, NJOZ 2005, 2220 (2222).

832 BGH, NJW 1996, 228 (2228).

833 BGH, NJW 1996, 228 (2228).

834 BGH, NJW-RR 1997, 690 (691).

835 OLG Saarbrücken, 13.1.1993, 1 U 69/92, unveröff.; LG Saarbrücken, 23.3.1992, 9 O 4084/89, unveröff.; *Klaedtke,* Mängelrügefrist UN-Kaufrecht, S. 20.

Schuhe fehlerhaft sind, indem sie innen abfärben und innen zu rau sind.“[836] Hier wurde nicht konkret die Abweichung des Ist- vom Sollzustand dargelegt. Welche Mängelrechte der Käufer geltend machen möchte, muss er dem Verkäufer im Zeitpunkt der Mangelrüge noch nicht mitteilen[837], denn Zweck der Mangelrüge ist es, den Verkäufer zu informieren, dass überhaupt Gewährleistungsrechte geltend gemacht werden.

3. *Französisches Recht*

Beim offenen Mangel („*vice apparent*“) muss der Käufer dem Verkäufer kundtun, dass die gelieferte Sache nicht der gekauften Sache entspricht.[838] Die Kundgabe kann in jedweder Form erfolgen.[839] Ob allerdings ein Schweigen genügt, ist umstritten[840] und angesichts der daraus resultierenden rechtlichen Unsicherheit in der Praxis möglichst zu vermeiden. Nach *Gerny* ist bei der Kundgabe zu beachten, dass sie zumindest implizit die Aufforderung enthält, den Mangel zu beheben.[841] Jedenfalls muss der Käufer dem Verkäufer mitteilen, dass die Ware ihm nicht vertragsgemäß erscheint, denn nach Art. 1243 CC kann der Käufer nicht gezwungen werden, eine andere als die ihm geschuldete Sache abzunehmen („*recevoir*“), selbst wenn der Wert gleich oder sogar größer ist.[842] Inhaltlich muss der Käufer diese Zurückweisung nicht derart präzise substantiieren wie im UN-Kaufrecht oder im deutschen Recht, wo der Verkäufer erkennen können muss, weshalb die Kaufsache nicht vertragsgemäß ist. Die Zurückweisung ist eine einfache Verweigerung, die Kaufsache anzunehmen („*refuser purement et simplement*“).[843]

Beim versteckten Mangel („*vice caché*“) muss die Rüge inhaltlich und formell einer Klage entsprechen, da der Käufer nur in dieser Form rügen darf, Art. 1648 CC. Da durch die „*action en justice*“ das Gericht über die

---

836 LG Hannover, 1.12.1993, CISG-Online (CH) Nr. 244; *Klaedtke,* Mängelrügefrist UN-Kaufrecht, S. 29.

837 BGH, NJW 1996, 2228 (2229).

838 *Ghestin,* Conformité et garanties, Rn. 219.

839 *Malaurie/Aynès/Gautier,* Contrats spéciaux, Rn. 321.

840 Ablehnend *Gerny,* Untersuchungs- und Rügepflichten beim Kauf nach schweiz., frz. und US-amerik. Recht sowie nach CISG, S. 91; *Ghestin/Huet,* Contrats spéciaux, Rn. 11259a).

841 *Gerny,* Untersuchungs- und Rügepflichten beim Kauf nach schweiz., frz. und US-amerik. Recht sowie nach CISG, S. 89.

842 *Ghestin,* Conformité et garanties, Rn. 219.

843 *Malaurie/Aynès/Gautier,* Contrats spéciaux, Rn. 329.

Erfolgsaussichten eines Schadensersatz-, Minderungs- oder Wandelungsbegehrens entscheidet, muss der Käufer im Zeitpunkt der Klageeinreichung bereits seinen Rechtsbehelf wählen. Keinesfalls stellt das Gericht nur fest, dass die Rüge rechtzeitig erklärt wurde. Dies ist im Vergleich zum UN-Kaufrecht und zum deutschen Recht eine Besonderheit: Dort muss der begehrte konkrete Rechtsbehelf noch nicht in der Rüge benannt werden. Dieses für den Käufer nachteilige Erfordernis wird allerdings in der Praxis durch die lange Dauer der Rügefrist für einen versteckten Mangel (zwei Jahre, Art. 1648 CC) ausgeglichen, weil der Käufer genügend Überlegungszeit erhält, um zu entscheiden, welcher Rechtsbehelf seiner Interessenlage entspricht. Welche Klageart er erhebt, steht dem Käufer frei: Der Rechtsbehelf kann in einer „*action au fond*" (Hauptsacheverfahren), einer „*action en référé*" (Eilverfahren) oder einer „*demande reconventionelle*" (Gegenforderung) geltend gemacht werden.[844] Vom Formerfordernis einer Klageerhebung kann allerdings abgesehen werden, wenn der Verkäufer eine Entschädigung verspricht oder den Mangel anerkennt („*promesse de dédommagement ou d'une reconnaissance de l'existence du vice par le vendeur*").[845] Dies sind jedoch Fälle, in denen der Verkäufer auf den Erhalt der Rüge gänzlich verzichtet, denn eine formlose Rüge ist im französischen Recht nicht möglich.[846] Insbesondere ist jede gütliche Einigung („*réclamation amiable*") wirkungslos („*inefficace*").[847]

Die inhaltlichen Anforderungen an eine Klage (Inhalt einer Klageschrift, korrelierend mit dem Dispositions- und Beibringungsgrundsatz) richten sich nach Art. 4ff., 6ff., 9.ff., 53ff. NCPC. Obwohl diese Frage in der französischen Zivilprozessordnung geregelt ist, handelt es sich nach deutschem IPR-Verständnis doch um ein Problem des materiellen Rechts. Konkret wird nicht unbedingt eine inhaltlich profunde Begründung der Rechtslage gefordert, weshalb die Ware mit einer „*vice caché*" behaftet sei. Beispielsweise sah es die erste Kammer der Cour de Cassation als ausreichend an, dass der Käufer vorbrachte, der Pelzmantel – ein Luxuskleidungsstück – entspreche nicht der Qualität, die der Käufer beim Kauf in einem Luxusgeschäft erwarten dürfe, denn dort dürfe er erwarten, dass er „einen Mantel von einem der

844 Cass. civ. 1ière, 21.11.1995, Légifrance (F) n° 94–110686 (action en référé); *Ghestin/Huet,* Contrats spéciaux, Rn. 11349.

845 Cass. civ. 1ière, 19.6.1961, Légifrance (F) n° N 325; *Ghestin/Huet,* Contrats spéciaux, Rn. 11349.

846 *Ferid/Sonnenberger,* Frz. Zivilrecht, Rn. 2 G 609.

847 *Malaurie/Aynès/Gautier,* Contrats spéciaux, Rn. 400; ablehnend auch *Ghestin/Huet,* Contrats spéciaux, Rn. 11348.

berühmtesten Pariser Kürschner ohne Tadel" erhalte. Die Natur des versteckten Mangels und die Bedeutung der vom Verkäufer vorzunehmenden Änderungen müsse der Käufer nicht darlegen.[848]

4. *Schweizer Recht*

Die Rüge kann wie im UN-Kaufrecht und im deutschen Recht in jeder Form erklärt werden.[849] Inhaltlich muss sie so substantiiert sein, dass der Verkäufer erkennen kann, dass die Sache bzw. welche konkrete Lieferung mangelhaft ist.[850] Der Käufer muss aufzeigen, weshalb und inwieweit die geleistete Sache von der geschuldeten Sache abweicht und er deshalb die Ware nicht annehmen oder Gewährleistungsrechte geltend machen möchte.[851] Dabei hat der Käufer die Mängel (möglichst) genau anzugeben.[852] Deshalb genügt es nicht, wenn der Käufer dem Verkäufer seine allgemeine Unzufriedenheit kund tut oder die Kaufsache pauschal beanstandet, ohne konkrete Mängel zu nennen.[853] Vielmehr müssen die Wesensart und die Bedeutung des Mangels sowie seine Tragweite für den Verkäufer erkennbar sein.[854] Welchen konkreten Rechtsbehelf der Käufer begehrt, muss er im Zeitpunkt der Rüge noch nicht mitteilen.[855] Er muss auch nicht die Entstehung des Mangels (Ursache)[856] oder den Mangel an sich erklären können. Auf die Bezeichnung des konkreten Mangels kann also verzichtet werden, wenn der Verkäufer auf ihn durch die Schilderung der Wirkungsweise

---

848 Cass. civ. 1ière, 4.10.1989, Légifrance (F) n° 88–11185 (eigene Übersetzung der Verfasserin).

849 Basler Kommentar OR/*Honsell,* Art. 201, Rn. 10; Handkommentar zum Schweizer Privatrecht/*Müller-Chen,* Vertragsverhältnisse Teil 1, Art. 201 OR, Rn. 16; *Keller/Siehr,* Kaufrecht, S. 85.

850 BGE 21 I 570 (577): die exakte Lieferung und die genaue Anzahl der fehlerhaften Käselaibe muss angegeben werden; *Honsell,* OR BT, S. 88; Handkommentar zum Schweizer Privatrecht/*Müller-Chen,* Vertragsverhältnisse Teil 1, Art. 201 OR, Rn. 17.

851 *Honsell,* OR BT, S. 88f.; Basler Kommentar OR/*Honsell,* Art. 201, Rn. 10; Handkommentar zum Schweizer Privatrecht/*Müller-Chen,* Vertragsverhältnisse Teil 1, Art. 201 OR, Rn. 17; *Keller/Siehr,* Kaufrecht, S. 85.

852 BGE 107 II 172 (175).

853 BGer, 28.5.2002, Nr. 4C.395/2001; BGE 22, 566 (573); *Honsell,* OR BT, S. 89; *Akikol,* Sachmängelhaftung OR und UN-Kaufrecht, S. 302.

854 BGE 130 III 258 (262); Berner Kommentar/*Giger,* Art. 201 OR, Rn. 65.

855 Handkommentar zum Schweizer Privatrecht/*Müller-Chen,* Vertragsverhältnisse Teil 1, Art. 201 OR, Rn. 19.

856 Berner Kommentar/*Giger,* Art. 201 OR, Rn. 67.

schließen kann. Infolgedessen wurde es als ausreichend gewertet, wenn der Käufer äußerte, dass „die Ware so schlecht ist, dass sie nicht verarbeitet werden kann“[857] oder, dass die Ware nicht derjenigen entspricht, wie sie im Verkaufsprospekt versprochen war und nicht weiter verarbeitet werden kann.[858] In einem anderen Fall entschied das Bundesgericht jedoch, dass die Bemerkung „nicht katalogs- und vertragskonform“ zu unbestimmt sei.[859] Hingegen kann bei der Mitteilung, dass die Ware „nach der Untersuchung 0,174% zu viel flüchtige Säure enthalte, so dass die Ware als Verschnittwein ungeeignet sei“ oder dass „die Erbsen Fliegen enthalten“ der Verkäufer die Art des Mangels und dessen Reichweite verstehen.[860] Diese Haltung behielt das Bundesgericht in der Folgezeit bei, wie ein unveröffentlichtes Urteil aus dem Jahr 2002 belegt: „Die gekauften Ahorn-Rundhölzer liegen qualitativ weit unter früheren Lieferungen, viele Stämme weisen lediglich Emballage-Qualität auf und können deshalb nicht mehr weiterverarbeitet werden.“[861]

IV. Eintritt der Rechtsfolge bei unterlassener oder nicht rechtzeitiger Rüge und deren Ausnahmen

Unterlässt der Käufer die Rüge oder kommt sie beim Verkäufer nicht an, verliert er in allen betrachteten Rechtsordnungen das Recht, Sachmängelgewährleistungsrechte geltend zu machen. Es stellt sich daher die Frage, zu wessen Lasten das Übermittlungs- oder Verlustrisiko geht, d.h. wenn die Mitteilung zu spät oder gar nicht beim Verkäufer ankommt. Außerdem möchte der Käufer regelmäßig wissen, wie er die eingetretenen Rechtsfolgen wieder beseitigen kann.

1. Rechtsfolge bei unterlassener oder nicht rechtzeitiger Rüge

a) UN-Kaufrecht

Gem. Art. 39 Abs. 1 CISG verliert der Käufer das Recht, sich auf eine Vertragswidrigkeit zu berufen, wenn er nicht innerhalb einer angemessenen Frist die Rüge erklärt, d.h. entweder sich gar nicht oder zu spät äußert, spätestens jedoch zwei Jahre nach Übergabe der Kaufsache, Art. 39 Abs. 2 CISG. Allerdings genügt es, dass der Käufer die Rüge absendet, um seine Rechte zu wahren, sog. „Absendetheorie“: Die Rüge entfaltet auch dann ihre Wirkung, wenn sie beim

857 *Honsell*, OR BT, S. 89.
858 BGE 22, 498 (503f.).
859 BGE 24 II 62 (68).
860 BGE 32 II 294 (296) Wein; BGE 38 II 542 (544, 549) Fliegen.
861 BGer, 28.5.2002, Nr. 4C 395/2001 (Ahornrundholz).

Verkäufer nicht, verspätet oder mit anderem Inhalt zugeht[862], vorausgesetzt, die Rüge war „zugangsfähig", d.h. dass sie unter normalen Umständen zugehen konnte.[863] Das sogenannte „Übermittlungs- und Verlustrisiko" trägt demnach der Verkäufer, Art. 27 CISG.[864]

Den Käufer trifft die Genehmigungsfiktion des Art. 39 Abs. 1 CISG also nur, wenn er gar nicht oder nach Fristablauf rügt. Diese soll dann sogar nach umstrittener Ansicht auch Ausstrahlungswirkung auf die Rechtsbehelfe aus nationalem Deliktsrecht haben.[865] Dieser Ansicht ist jedoch nicht zu folgen, denn das UN-Kaufrecht kann nicht materielles nationales Recht präkludieren, weil es dann über seinen Anwendungsbereich (Vertragsrecht) hinaus Wirkung entfalten müsste.[866] Allerdings muss der Käufer einen höheren Kaufpreis zahlen, wenn der Verkäufer eine höherwertige Sache geliefert hat als geschuldet war und der Käufer die Ware genehmigt. Dogmatisch wird dieses Ergebnis durch eine analoge Anwendung des Art. 52 Abs. 2 CISG begründet.[867]

b) Deutsches Recht

Rügt der Käufer nicht rechtzeitig, kann er sich nicht mehr auf das Vorliegen eines Mangels berufen, § 377 Abs. 2 HGB. Davon unberührt bleiben die Rechte wegen später aufgetretener, anderer Mängel[868] oder auch – anders als im UN-Kaufrecht – Ansprüche aus unerlaubter Handlung.[869] Für den Käufer ist überdies von Vorteil, dass er stets nur den vereinbarten Kaufpreis zu zahlen hat[870], selbst

---

862 Schlechtriem/Schwenzer/*Schwenzer,* UN-Kaufrecht, Art. 39, Rn. 11.

863 Schlechtriem/Schwenzer/*Schwenzer,* UN-Kaufrecht, Art. 39, Rn. 11; *Herber/Czerwenka,* Int. Kaufrecht, Art. 39, Rn. 12; *Schlechtriem,* Int. UN-Kaufrecht, Rn. 110.

864 *Schlechtriem,* Int. UN-Kaufrecht, Rn. 153; Schlechtriem/Schwenzer/*Schwenzer,* UN-Kaufrecht, Art. 39, Rn. 11; *Heber/Czerwenka,* Int. Kaufrecht, Art. 39, Rn. 11; Staudinger/*Magnus,* BGB, Art. 39 CISG, Rn. 53.

865 Schlechtriem/Schwenzer/*Schwenzer,* UN-Kaufrecht, Art. 39, Rn. 30; *Herber/Czerwenka,* Int. Kaufrecht, Art. 39, Rn. 14.

866 Im Ergebnis auch: Staudinger/*Magnus,* BGB, Art. 39 CISG, Rn. 62.

867 Honsell/*Magnus,* UN-Kaufrecht, Art. 39, Rn. 27; von Caemmerer/Schlechtriem/*Schwenzer,* UN-Kaufrecht, Art. 39, Rn. 30; *Herber/Czerwenka,* Int Kaufrecht, Art. 39, Rn. 15.

868 Staub/*Brüggemann,* HGB, § 377, Rn. 167; Baumbach/Hopt/*Hopt,* HGB, § 377, Rn. 45.

869 BGH, NJW-RR 1988, 41; Münchener Kommentar HGB/*Grunewald,* § 377, Rn. 113; Baumbach/Hopt/*Hopt,* HGB, § 377, Rn. 50.

870 BGH, NJW 1984, 1964 (1965).

im Falle einer Zuviel-Leistung.[871] Hier sind freilich Ansprüche aus ungerechtfertigter Bereicherung denkbar.

Im Unterschied zum UN-Kaufrecht muss der Käufer jedoch das Verlustrisiko tragen. Das Risiko, dass die Mitteilung überhaupt nicht beim Verkäufer ankommt, trägt also der Käufer, weil die Rüge als empfangsbedürftige, geschäftsähnliche Handlung genauso zu behandeln ist wie eine empfangsbedürftige Willenserklärung.[872] Das Übermittlungsrisiko bezüglich einer verspäteten Rüge, die „Verzögerungsgefahr"[873], trägt hingegen – wie im UN-Kaufrecht – nach § 377 Abs. 4 HGB der Verkäufer, sofern der Käufer die Rüge ordnungsgemäß abgegeben hat.[874]

c) Französisches Recht

Unterlässt es der Käufer, eine mit einem „*vice apparent*" behaftete Sache sofort zurückzuweisen, verliert er seine Rechte wegen Nichterfüllung, da er die Ware als vertragskonform annahm. Eine gesetzliche Genehmigungsfiktion tritt anders als im UN-Kaufrecht und im deutschen Recht nicht ein. Allerdings wirkt die vorbehaltlose Annahme wie ein Rechtsverzicht durch den Käufer, denn hat er die Ware in Empfang genommen und als Erfüllung akzeptiert, obwohl er die Annahme der Sache hätte verweigern können. Folglich scheint er nach außen hin zufrieden mit der Leistung des Verkäufers zu sein und erweckt den Eindruck, er verzichte darauf, die Leistung zu kritisieren.[875] Da er nach außen hin also einen entsprechenden Rechtsschein setzt, verliert er seine Rechte wegen Nichterfüllung.

Zeigt der Käufer einen versteckten Mangel nicht innerhalb von zwei Jahren gerichtlich durch eine Klage an, so sind seine Rechte aus Artt. 1641ff. CC ausgeschlossen, weil Art. 1648 CC eine Ausschlussfrist ist. Lässt der Käufer diese Fristen verstreichen, und hat der Verkäufer eine höherwertige Sache geleistet, so steht dem Verkäufer gleichwohl kein höherer Kaufpreis zu. Dieses Ergebnis ist Literatur und Rechtsprechung zwar nicht eindeutig zu entnehmen, jedoch

---

871 Saenger/Aderhold/Lenkaitis/Speckmann/*Klein*, Handels- und Gesellschaftsrecht, § 2, Rn. 157.

872 BGH, NJW 1987, 2235 (2236f.); Münchener Kommentar HGB/*Grunewald*, § 377, Rn. 72; Baumbach/Hopt/*Hopt*, HGB, § 377, Rn. 41; Koller/Roth/Morck/*Roth*, HGB, § 377, Rn. 18.

873 Staub/*Brüggemann*, HGB, § 377, Rn. 142.

874 Münchener Kommentar HGB/*Grunewald*, § 377, Rn. 74; Baumbach/Hopt/*Hopt*, HGB, § 377, Rn. 40.

875 *Malaurie/Aynès/Gautier*, Contrats spéciaux, Rn. 321.

folgt es aus den allgemeinen Regeln des französischen Zivilrechts: Die Ware ist weiterhin als fehlerhaft und nicht als vertragskonform zu qualifizieren. Lediglich die Gewährleistungsrechte des Käufers sind ausgeschlossen. Der Anspruch auf einen erhöhten Kaufpreis bedürfte einer Vertragsänderung, denn auch im französischen Recht ist grundsätzlich nur der Kaufpreis geschuldet, den die Parteien vereinbarten.[876] Zu einer Vertragsänderung wird der Käufer sein Einverständnis jedoch regelmäßig nicht geben.

Anders als im deutschen Recht steht dem Käufer indes kein deliktischer Anspruch zu, denn im französischen Recht gilt hinsichtlich der Konkurrenz von vertraglichem und deliktischem Anspruch, dass sich beide Ansprüche in einem Ausschließlichkeitsverhältnis gegenüber stehen und nicht kombinierbar sind („*non cumul*").[877]

Unklar ist, wer das Übermittlungsrisiko bei der Zurückweisung trägt. Selbst wenn die Zurückweisung eine Willenserklärung („*déclaration de volonté*") ist, d.h. eine auf die Herbeiführung einer Rechtsfolge gerichtete Willensäußerung[878], bleibt damit die Frage des Übermittlungsrisikos ungeklärt, da das französische Recht offen lässt, ob es für die Wirksamkeit einer Willenserklärung die Absendung, den Zugang oder die Kenntnisnahme für maßgeblich erachtet. Eine gesetzliche Regelung der Definition einer Willenserklärung und ihres Wirksamwerdens fehlt – die Artt. 1109 bis 1118 CC behandeln ausschließlich Fragen der Willensmängel.[879] Bis 1932 entschied die Cour de Cassation, dass dies eine tatsächliche Frage sei („*question de fait*"), 1981 wandte sie hingegen die Absendetheorie („émission") auf einen gegenseitigen Vertrag an.[880] Es scheint daher, dass die Absendung genügt und der Verkäufer das Übermittlungsrisiko zu tragen hat. Da jedoch die Rechtsnatur der Zurückweisung in französischen Lehrbüchern nicht behandelt wird ist, kann die Frage, wer das Übermittlungsrisiko zu tragen hat, nicht abschließend beantwortet werden.

---

876 *Collart Dutilleul/Delebecque,* Contrats civils et commerciaux, Rn. 336.

877 *Fabre-Magnan,* Droit des obligations 2, Responsabilité civile et quasi-délictuelle, S. 15; zur Unterscheidung zwischen vertraglicher („responsabilité contractuelle") und deliktischer Haftung („responsabilité délictuelle"): *Starck/Roland/Boyer,* Obligations, Responsabilité délictuelle, S. 9f.; *Sonnenberger/Autexier,* Einführung frz. Recht, S. 122.

878 Zur Definition einer Willenserklärung: *Ferid/Sonnenberger,* Frz. Zivilrecht, Rn. 1 F 91ff.; *Terré/Simler/Lequette,* Droit civil, les obligations, Rn. 93.

879 *Terré/Simler/Lequette,* Droit civil, les obligations, Rn. 90.

880 Cass. com. 7.1.1981, Légifrance (F) n° 79–13499; *Ferid/Sonnenberger,* Frz. Zivilrecht, 1 F 90, 1 F 120, 1 F 206, 1 F 233.

d) Schweizer Recht

Falls die Rüge für offene oder versteckte Mängel nicht oder nicht rechtzeitig abgegeben wird, gilt die gekaufte Sache als genehmigt, Art. 201 Abs. 2 OR (sog. „Genehmigungsfiktion“[881]). Diese unwiderlegliche Rechtsvermutung[882] schließt alle Mängelgewährleistungsansprüche aus.[883] Ebenso sind auch Schadensersatzansprüche nach Artt. 97ff. OR[884] und – nach umstrittener Ansicht – auch deliktische Ansprüche (Artt. 41ff. OR) ausgeschlossen, nachdem das Bundesgericht die Anwendbarkeit des Art. 201 OR zunächst offen gelassen[885], dann jedoch bejaht hat.[886]

Leistet der Verkäufer mehr oder weniger als geschuldet war, so hat er dennoch nur einen Anspruch auf den vereinbarten Kaufpreis. Für einen höheren oder niedrigeren Kaufpreis bedarf es zweier übereinstimmender Willenserklärungen (Angebot und Annahme), wozu der Käufer zumeist sein Einverständnis nicht erteilen wird. Ein Vertragsabschluss allein durch tatsächliche Handlungen statt durch Willenserklärungen (sog. faktischer Vertrag) wird im Schweizer Recht nur im Bereich des Massenverkehrs und in Vollzug gesetzter Dauerschuldverhältnisse als wirksam erachtet.[887] Diese Position wird aus rechtsvergleichender Sicht bestärkt, da das deutsche Recht, das Vorbild des Schweizer Rechts war und zur Auslegung nach rechtsvergleichender Methodik herangezogen werden darf,[888] die Figur des faktischen Vertrags ablehnt.[889]

Die Verlustgefahr für die Rüge trägt der Käufer.[890] Hat der Käufer die Rüge ordnungsgemäß abgesandt, trägt der Verkäufer freilich das Übermittlungsrisiko.[891]

---

881 Basler Kommentar OR/*Honsell*, Art. 201, Rn. 12.

882 *Keller/Siehr*, Kaufrecht, S. 86.

883 *Keller/Siehr*, Kaufrecht, S. 86; *Bieger*, Mängelrüge im Vertragsrecht, S. 4: Die Genehmigungsfiktion ist als Leistungsbefreiung formelles Hindernis.

884 *Honsell*, OR BT, S. 89.

885 BGE 67 II 132 (137f.).

886 BGE 90 II 86 (88); Basler Kommentar OR/*Honsell*, Art. 201, Rn. 3; Tercier/Favre/*Tercier/Favre/Zen-Ruffinen*, Contrats spéciaux, Rn. 715; *Honsell*, OR BT, S. 89; a.A. Berner Kommentar/*Giger*, Art. 201 OR, Rn. 103.

887 *Schwenzer*, OR AT, Rn. 28.58ff.; zum Vertragsabschluss nach Schweizer Recht: *Berger*, Allgemeines Schuldrecht, Rn. 646ff.; *Huguenin*, Obligationenrecht, Rn. 201ff., 2400.

888 S. dazu oben bereits 1. Kapitel A. I. 4.

889 Staudinger/*Olzen*, BGB, § 241, Rn. 99; Palandt/*Ellenberger*, BGB, Einf v § 145, Rn. 25.

890 Basler Kommentar OR/*Honsell*, Art. 201, Rn. 10; a.A. Giger, der § 377 Abs.4 HGB anwenden möchte mit der Konsequenz, dass der Verkäufer das Verlustrisiko trägt: Berner Kommentar/*Giger*, Art. 201 OR, Rn. 91.

891 Berner Kommentar/*Giger*, Art. 201 OR, Rn. 92.

2. *Ausnahmen von der Rechtsfolge*

Die Rechtsfolge einer unterlassenen oder nicht rechtzeitigen Rüge kann weitreichende Konsequenzen für den Käufer haben. Vor allem ist zu überlegen, ob und inwieweit die Rechtsfolgen eintreten sollen, wenn der Verkäufer Kenntnis von Tatsachen über eine Vertragswidrigkeit hatte, d.h. ob und welcher Kenntnis-/Unkenntnismaßstab dem Verkäufer schadet, so dass er sich nicht auf die Genehmigung oder den Verzicht des Käufers berufen kann.

Folgender Fall zur Einführung: Ein niederländisches Unternehmen verkauft an eine französische Société Anonyme 25 Tonnen Kartoffeln.[892] Nach Erhalt der Ware stellt die Käuferin eine Kontamination mit dem Bakterium „ralstonia solanacearum" fest. Hatte das niederländische Unternehmen Kenntnis von der Vertragswidrigkeit oder konnte es darüber nicht in Unkenntnis sein? Es wusste, dass der Hersteller der Pflanzen zwei chemische Analysen hatte durchführen lassen, bei denen ein Ergebnis negativ war und bei der anderen Analyse zwei Proben positiv auf das Bakterium „clavibacter" getestet worden waren. Allerdings wurden die Kartoffelproben nicht auf das Bakterium „ralstonia solanacearum" geprüft. Zudem wusste das niederländische Unternehmen, dass die Pflanze in einem kontaminierten Boden herangezogen wurde.

Rechtfertigende Umstände aus der Sphäre des Käufers können dazu führen, dass er trotz erteilter Genehmigung/eingetretenen Verzichts Rechte wegen der Vertragswidrigkeit ableiten kann (Entschuldigung). Denkbar ist auch, dass der Verkäufer sich nicht auf den Eintritt der Rechtsfolge beruft oder wegen widersprüchlichen Verhaltens berufen darf.

a) UN-Kaufrecht

Das UN-Kaufrecht räumt dem Käufer mehrere Möglichkeiten ein, die eingetretene Rechtsfolge bzw. die Berufung des Verkäufers auf sie zu umgehen.

Zum einen kann sich der Verkäufer gem. Art. 40 CISG nicht auf die Artt. 38f. berufen, wenn die Vertragswidrigkeit auf Tatsachen beruht, die er kannte oder über die er nicht in Unkenntnis sein konnte und die er dem Käufer nicht offenbart hat.[893] Fehlende Kenntnis bzw. Nicht-Kennen-Können des Verkäufers

---

892 Fall nach Cass. com. 16.9.2008, CISG-Online (CH) Nr. 1821.

893 Dazu auch Cass. com, 16.9.2008, CISG-Online (CH) Nr. 1821 zur groben Unkenntnis des Verkäufers von den mit dem Bakterium „ralstonia solanacearum" infizierten Kartoffeln; so auch die Vorinstanz: CA de Rouen, 19.12.2007, CISG-Online (CH) Nr. 1933; Cass. civ. 1ière, 4.10.2005, Légifrance (F) n° N 02–15981 zu fehlerhaften

wirkt sich erst dann aus, wenn er grob fahrlässig die Vertragswidrigkeit nicht entdeckt[894], weil einfache Fahrlässigkeit im UN-Kaufrecht mit dem Begriff „wissen/kennen musste" umschrieben wird.[895] Die Intensität der Wachsamkeit steht freilich in Korrelation zu der Art der Ware und der Vertragswidrigkeit sowie der Stellung des Käufers im Wirtschaftsverkehr.[896] Ein fachlich versierter Käufer findet einen versteckten Mangel leichter. Manche Ware bedarf einer chemischen Untersuchung, manche einer bloßen Kontrolle der sichtbaren Oberflächenstruktur. Letztlich genügt es aber, dass der Verkäufer erhebliche und offensichtliche Mängel entdeckt und nicht oberflächlich handelt.[897] Im Regelfall wird er indes Quantitätsabweichungen, Aliud-Lieferungen und besonders auffällige Qualitätsabweichungen erkennen.[898] Eine Untersuchungspflicht trifft den Verkäufer nämlich nicht.[899]

Maßgeblicher Zeitpunkt für die Beurteilung der Kenntnis oder Unkenntnis ist nicht der Zeitpunkt, zu dem die Kaufsache dem Käufer zur Verfügung steht (zumeist die Übergabe)[900], sondern der Ablauf der Anzeigefrist[901], weil Art. 40 CISG verhindern soll, dass sich der Verkäufer auf die Artt. 38f. CISG beruft, was wiederum voraussetzt, dass der Käufer die Kaufsache überhaupt untersuchen und eventuelle Mängel rügen konnte.

Achsen; Shanghai First Immediate People's Court, 25.12.2008, CISG-Online (CH) Nr. 2059 zu Spirituosen.

894 OGH, 14.2.2012, CISG-Online (CH) Nr. 2308; OLG München, NJW 1978, 499 (500); *Herber/Czerwenka*, Int. Kaufrecht, Art. 40, Rn. 2; Staudinger/*Magnus*, BGB, Art. 40 CISG, Rn. 5; Honsell/*Magnus*, UN-Kaufrecht, Art. 40, Rn. 4; *Schlechtriem*, Int. UN-Kaufrecht, Rn. 156; a.A. Schwenzer, wonach es sich um eine ins Auge springende Vertragswidrigkeit handeln muss: Schlechtriem/Schwenzer/*Schwenzer*, UN-Kaufrecht, Art. 40, Rn. 4; von Caemmerer/Schlechtriem/*Schwenzer*, UN-Kaufrecht, Art. 39, Rn. 4.

895 Staudinger/*Magnus*, BGB, Art. 40 CISG, Rn. 5; *Reinhart*, UN-Kaufrecht, Art. 40, Rn. 1.

896 Schlechtriem/Schwenzer/*Schwenzer*, UN-Kaufrecht, Art. 40, Rn. 5.

897 *Gerny*, Untersuchungs- und Rügepflichten beim Kauf nach schweiz., frz. und US-amerik. Recht sowie nach CISG, S. 208; Honsell/*Magnus*, UN-Kaufrecht, Art. 40, Rn. 4 mit zahlreichen Beispielen.

898 Schlechtriem/Schwenzer/*Schwenzer*, UN-Kaufrecht, Art. 40, Rn. 5; zur krassen Aliud-Lieferung auch Staudinger/*Magnus*, BGB, Art. 40 CISG, Rn. 6.

899 Schlechtriem/Schwenzer/*Schwenzer*, UN-Kaufrecht, Art. 40, Rn. 5.

900 *Herber/Czerwenka*, Int. Kaufrecht, Art. 40, Rn. 4; Honsell/*Magnus*, UN-Kaufrecht, Art. 40, Rn. 5; *Enderlein/Maskow/Strohbach*, Int. Kaufrecht, Art. 40 CISG, Rn. 2.

901 Schlechtriem/Schwenzer/*Schwenzer*, UN-Kaufrecht, Art. 40, Rn. 8; von Caemmerer/Schlechtriem/*Schwenzer*, UN-Kaufrecht, Art. 40, Rn. 8.

Ferner gibt Art. 44 CISG dem Käufer die Möglichkeit, durch eine „vernünftige Entschuldigung" den Preis nach Artikel 50 CISG herabzusetzen oder Schadensersatz für entgangenen Gewinn zu verlangen, auch wenn die Genehmigungsfiktion nach Art. 39 Abs. 1 CISG eingetreten ist. Art. 39 Abs. 2 CISG bleibt von der Entschuldigung jedoch unberührt, denn Art. 44 CISG nennt ausschließlich Art. 39 Abs. 1 CISG als Rechtsfolge einer Entschuldigung.[902]

Art. 44 CISG ist eine Ausnahmevorschrift[903], die notwendig war, um das zwischen den verschiedenen Vertragsstaaten bestehende Gefälle (paradigmatisch: reiche Industriestaaten vs. arme Entwicklungsländer) auszugleichen. Gerade in den sog. Entwicklungsländern bestehen zum Teil große Rechtsinformationsdefizite, so dass die Gefahr besteht, dass Vertragsparteien aus diesen Staaten ihre Rechte zu spät oder gar nicht wahrnehmen.[904] Ihnen soll durch Art. 44 CISG deshalb ermöglicht werden, Rechtsanwendungsprobleme zu verringern.[905]

Eine vernünftige Entschuldigung liegt vor, wenn ein durchschnittlicher Käufer für sein nicht vorschriftsmäßiges Verhalten Verständnis und Nachsicht im redlichen Geschäftsverkehr erweckt.[906] Dadurch wird das nicht vorschriftsmäßige Verhalten allerdings nicht legitimiert, denn es ist eine Billigkeitsentscheidung aufgrund tatrichterlicher Würdigung, die Rechtsfolgen einer verspäteten Rüge nicht eintreten zu lassen.[907] Ob ein Verhalten entschuldbar ist, bleibt demzufolge eine Abwägungsfrage zwischen dem Interesse des Verkäufers an einer rechtzeitigen Rüge und dem Interesse des Käufers an einer Entschuldigung.

In der Regel wird die verspätete Rüge eines Einzelhändlers, eines Handwerkers, eines Landwirtes oder eines Freiberuflers leichter zu entschuldigen sein als die eines Großkaufmanns. Ebenso ist bei leicht verderblichen Waren das Interesse

---

902 *Herber/Czerwenka,* Int. Kaufrecht, Vor Art. 38, Rn. 3, 39 Rn. 10; Staudinger/*Magnus,* BGB, Art. 44 CISG, Rn. 7; *Reinhart,* UN-Kaufrecht, Art. 44, Rn. 6.

903 *Reinhart,* UN-Kaufrecht, Art. 44, Rn. 2; Honsell/*Magnus,* UN-Kaufrecht, Art. 44, Rn. 7.

904 Bianca/Bonell/*Sono,* CISG, Art. 44, Rn. 2.2; Schlechtriem/Schwenzer/*Schwenzer,* UN-Kaufrecht, Art. 44, Rn. 2; Enderlein/Maskow/*Strohbach,* Int. Kaufrecht, Art. 44, Rn. 1.

905 Honsell/*Magnus,* UN-Kaufrecht, Art. 44, Rn. 2.; Schlechtriem/Schwenzer/*Schwenzer,* UN-Kaufrecht, Art. 44, Rn. 2.; *Herber/Czerwenka,* Int. Kaufrecht, Art. 44, Rn. 1; *Reinhart,* UN-Kaufrecht, Art. 38, Rn. 1.

906 Honsell/*Magnus,* UN-Kaufrecht, Art. 44, Rn. 5; von Caemmerer/Schlechtriem/*Schwenzer,* UN-Kaufrecht, Art. 44, Rn. 5; Staudinger/*Magnus,* BGB, Art. 44 CISG, Rn. 10; Ebenroth/Boujong/Joost/Strohn/*Müller,* HGB, § 377, Rn. 109.

907 Ebenroth/Boujong/Joost/Strohn/*Müller,* HGB, § 377, Rn. 109; Schlechtriem/Schwenzer/*Schwenzer,* UN-Kaufrecht, Art. 44, Rn. 4f.

des Verkäufers an einer alsbaldigen Beweissicherung schutzwürdiger als das Interesse des Käufers, seine Rechte zu wahren.[908] Auch wird es entschuldbar sein, wenn offensichtliche Vertragswidrigkeiten aus Unerfahrenheit oder aufgrund fehlender technischer Untersuchungsmöglichkeiten des Käufers übersehen werden; wenn die Rüge aufgrund einer Krankheit, wegen Organisationsschwierigkeiten im Betrieb, wegen der Übermittlung an den bisherigen (aber falschen) Vertreter des Verkäufers verspätet ist oder wenn im Rechtskreis des Käufers das Instrument der Rüge vollkommen unbekannt ist.[909] Hingegen genügt es nicht, wenn der Käufer behauptet, er habe die Ware nicht testen können, weil ihm kein Testgelände zur Verfügung gestanden habe, weil er notfalls ein solches hätte anmieten müssen.[910]

Die dritte Möglichkeit, den Eintritt der Genehmigungsfunktion zu umgehen, ist der Verzicht des Verkäufers, den Verspätungseinwand zu erheben.[911] Verhaltensweisen, die einen Verzicht nahe legen, sind „die vorbehaltlose Anerkennung der Vertragswidrigkeit, die Rücknahme der Ware, die Bereiterklärung zur Nachbesserung oder Ersatzlieferung oder die vorbehaltlose Einlassung auf die sachliche Prüfung der gerügten Mängel."[912]

Schließlich gilt auch im UN-Kaufrecht das Prinzip des *venire contra factum proprium*. Erweckte der Verkäufer beim Käufer das berechtigte Vertrauen, er werde sich nicht auf eine Rügeversäumung berufen, und hat der Käufer deshalb die Vornahme anderer Schritte unterlassen, so handelt der Verkäufer zu seinem eigenem Verhalten widersprüchlich, wenn er sich auf die Genehmigungsfiktion beruft.[913]

b) Deutsches Recht

Anders als im UN-Kaufrecht kann sich der Verkäufer gem. § 377 Abs. 5 HGB nicht auf die Genehmigungsfiktion des § 377 HGB berufen, wenn er den Mangel

---

908 Ebenroth/Boujong/Joost/Strohn/*Müller*, HGB, § 377, Rn. 109.

909 *Siller*, Int. UN-Kaufrecht, Rn. 167; *Gerny*, Untersuchungs- und Rügepflichten beim Kauf nach schweiz., frz. und US-amerik. Recht sowie nach CISG, S. 213; Honsell/*Magnus*, UN-Kaufrecht, Art. 44, Rn. 8; *Herber/Czerwenka*, Int. Kaufrecht, Art. 44, Rn. 2.

910 OLG Oldenburg, 5.12.2000, CISG-Online (CH) Nr. 618; *Siller*, Int. UN-Kaufrecht, Rn. 168.

911 BGer, 16.7.2012, CISG-Online (CH) Nr. 2371; *Herber/Czerwenka*, Int. Kaufrecht, Art. 39, Rn. 17.

912 OGH, 2.4.2009, CISG-Online (CH) Nr. 1889; Schlechtriem/Schwenzer/*Schwenzer*, UN-Kaufrecht, Art. 39, Rn. 33; Staudinger/*Magnus*, BGB, Art. 39 CISG, Rn. 18.

913 Schlechtriem/Schwenzer/*Schwenzer*, UN-Kaufrecht, Art. 39, Rn. 33a.

arglistig verschwiegen hat. Grob fahrlässige Unkenntnis schadet dem Verkäufer also anders als im UN-Kaufrecht nicht. Ferner sind die Anforderungen an eine Arglist hoch. Ein solcher Einwand ist erst gerechtfertigt, „wenn der Verkäufer von einem Fehler weiß oder ihn für möglich hält, und wenn er weiß oder es für möglich hält, dass der Käufer diesen Fehler nicht kennt und wenn der Verkäufer weiß oder es für möglich hält, dass die Annahme, dass die Ware fehlerfrei ist, für den Entschluss des Käufers zu Annahme erheblich ist.“[914] Hat der Verkäufer den Käufer nicht durch ein aktives Tun, sondern durch ein Unterlassen arglistig getäuscht, muss den Verkäufer zudem eine Aufklärungs- bzw. Offenbarungspflicht aufgrund von Treu und Glauben gegenüber dem Käufer treffen.[915] Zeitlich maßgeblich hierfür ist der Moment des Gefahrübergangs.[916]

Kann der Käufer dem Verkäufer keine Arglist nachweisen, so verbleibt dem Käufer nur, abzuwarten, ob der Verkäufer auf das Erfordernis der Rüge im Nachhinein verzichtet[917], indem er beispielsweise vorbehaltlos die Mängelgewährleistungsrechte erfüllt oder es unterlässt, auf die verspätete Mangelrüge hinzuweisen. Sollte der Verkäufer zwar eine Nachbesserung anbieten, aber auf die sofortige Zahlung des Kaufpreises bestehen[918], reicht dies ebenso wenig, einen Verzicht anzunehmen, wie wenn er mit der Käufer über die Mangelbehebung bloß verhandelt.[919] Aus derartigen Verhaltensweisen lässt sich nicht der Wille des Verkäufers entnehmen, dem Käufer Mängelgewährleistungsrechte trotz eingetretener Genehmigungsfiktion zu gewähren. Schließlich bleibt auch die Möglichkeit, dass der Verkäufer widersprüchlich handelt (*venire contra factum proprium*, § 242 BGB).[920] Widersprüchlich handelt der Verkäufer etwa, wenn er trotz Ablaufs der Rügefrist mit dem Käufer über eine Nachbesserung verhandelt und bei deren Scheitern einwendet, die Rügefrist sei verstrichen.

---

914 Münchener Kommentar HGB/*Grunewald,* § 377, Rn. 89; Baumbach/Hopt/*Hopt,* HGB, § 377, Rn. 53.

915 Baumbach/Hopt/*Hopt,* HGB, § 377, Rn. 52.

916 Münchener Kommentar HGB/*Grunewald,* § 377, Rn. 90.

917 Münchener Kommentar HGB/*Grunewald,* § 377, Rn. 84; Baumbach/Hopt/*Hopt,* HGB, § 377, Rn. 47; Staub/*Brüggemann,* HGB, § 377, Rn. 147.

918 BGH, NJW 1978, 2394 (2395).

919 BGH, NJW 1991, 2633 (2634).

920 Zu dem Grundsatz des venire contra factum proprium allgemein: ErmanI*Saenger/G. Hohloch,* BGB, § 242, Rn. 106ff.

c) Französisches Recht

Im französischen Recht bieten sich dem Käufer weitgehend die gleichen Möglichkeiten wie im deutschen Recht: Wenn der Verkäufer den Käufer arglistig („*dol vendeur*") über die Existenz des Mangels täuschte, ist es unschädlich, dass der Käufer den Mangel nicht entdeckt hat. Auch die Vermutungsregel, dass der „*acheteur professionnel*" den offenen Mangel entdeckt, greift nicht.[921] Der Begriff „*dol*" („Vorsatz" bzw. „Arglist") wird in Art. 1116 CC definiert als „*une cause de nullité de la convention lorsque les manoeuvres pratiquées par l'une des parties sont telles, qu'il est évident que, sans ces manoeuvres, l'autre partie n'aurait pas contracté. Il ne se présume pas et doit être prouvé.*" Der Täuschende muss also die andere Partei zum Vertragsschluss veranlasst haben. Früher wurde das Wort „*manoeuvre*" sehr eng ausgelegt. Nur tatsächliche Maßnahmen, die darauf gerichtet waren, dem Geschäftsgegner die Wahrheit zu verheimlichen, wurden darunter subsumiert („*l'emploi de certaines artifices ou l'organisation d'une certaine mise en scène*").[922] Seit den siebziger Jahren reicht den französischen Gerichten eine einfache, nicht durch externe Handlungen unterstützte Lüge aus („*un simple mensonge, non appuyé d'actes extérieurs peut constituer un dol*").[923]

Indem die Regeln über die „*garantie de vice caché*" abdingbar („*supprimer*") oder modifizierbar („*organiser*") sind[924] – mit Ausnahme des Falles, dass der Verkäufer bösgläubig („*mauvaise foi*") ist, d. h. wenn er Kenntnis vom Mangel an der Sache hat, die er verkauft, hat, vgl. Art. 1643 CC e contrario[925] – und die Klausel in diesem Falle unwirksam (*sans valeur*) ist,[926] kann in einem Erst-Recht-Schluss gefolgert werden, dass es dem Verkäufer in den Grenzen des Art. 1643 CC auch einseitig möglich sein muss, auf die „Rüge" zu verzichten.[927] Obwohl auch das französische Recht den Grundsatz von *Treu und Glauben* kennt, Art. 1134 CC, wird der Grundsatz des *venire contra factum proprium* kaum angewendet. Stattdessen wird von der französischen Rechtsprechung ein (konkludenter)

---

921 *Collart Dutilleul/Delebecque,* Contrats civils et commerciaux, Rn. 278; *Ghestin/Huet,* Contrats spéciaux, Rn. 11331; *Bénabent,* Contrats spéciaux, Rn. 362; *Malaurie/Aynés/Gautier,* Contrats spéciaux, Rn. 392.

922 *G. Wagner,* in: *Zimmermann,* Willensbildung bei Vertragsschluss, S. 72.

923 Cass. civ. 3ième, 6.11.1970, Légifrance (F) n° 69–11665; *G. Wagner,* in: *Zimmermann,* Willensbildung bei Vertragsschluss, S. 72.

924 *Bénabent,* Contrats spéciaux, Rn. 357; *Ghestin/Huet,* Contrats spéciaux, Rn. 11388.

925 *Bénabent,* Contrats spéciaux, Rn. 357.

926 *Bénabent,* Contrats spéciaux, Rn. 357.

927 Das Ergebnis bestätigend *Hübner/Constantinesco,* Einführung frz. Recht, S. 177.

Verzicht angenommen.[928] *Ranieri* etwa betont jedoch zu Recht, dass sich zwar die formelle Begründung eines französischen Richters von der eines deutschen Richters unterscheide, indem der französische Richter sich auf einen Verzicht stütze, während der deutsche Richter direkt auf den Grundsatz des *venire contra factum proprium* oder eine Verwirkung verweise, im Ergebnis jedoch in beiden Rechtsordnungen das widersprüchliche Verhalten nicht toleriert werde – nur mit anderer dogmatischer Begründung.[929]

d) Schweizer Recht

Das Schweizer Recht ähnelt dem deutschen und französischen Recht. Täuscht der Verkäufer den Käufer absichtlich, werden die Rechte des Käufers trotz der in Folge unterlassener Rüge eingetretenen Genehmigungsfiktion nicht beschränkt, Art. 203 OR.[930] Eine absichtliche Täuschung liegt vor, wenn der Verkäufer dem Käufer den Mangel arglistig verschweigt oder die Mangelfreiheit der Sache vorspiegelt.[931]

Schließlich ist die Genehmigungsfiktion wegen unterlassener oder verspäteter Rüge auch dann für den Käufer unschädlich, wenn der Verkäufer auf eine Rüge verzichtet hat.[932] Gleiches gilt, wenn der Verkäufer widersprüchlich handeln würde, Art. 2 Abs. 1, 2 ZGB.[933] Hier gelten ähnliche Grundsätze, wie sie bereits zum deutschen und UN-Kaufrecht geschildert wurden.

E. Vergleich und Bewertung

I. Dogmatische Grundlagen

Erhebliche Rechtssicherheit für den internationalen Kaufvertrag – auch im Interesse des Verkäufers – könnte geschaffen werden, wenn das dem Käufer abverlangte Verhalten rechtlich klar definiert wäre – und zwar sowohl bezüglich der grundsätzlichen Notwendigkeit einer bestimmten Handlungsweise, als auch

---

928 *Hübner/Constantinesco,* Einführung frz. Recht, S. 177; *Ranieri,* Eur. Obligationenrecht, S. 693.

929 *Ranieri,* Eur. Obligationenrecht, S. 693; s. auch *Hübner/Constantinesco,* Einführung frz. Recht, S. 177.

930 Basler Kommentar OR/*Honsell,* Art. 203, Rn. 2.

931 Basler Kommentar OR/*Honsell,* Art. 203, Rn. 1.

932 Kein Rügeverzicht liegt dann vor, wenn der Verkäufer das Vorhandensein eines Mangels bestreitet: BGE 117 II 259 (268).

933 Venire contra factum proprium als Teil des Grundsatzes von Treu und Glauben: *Honsell* in: Festschrift Mayer-Maly zum 65. Geburtstag, 369 (370).

bezüglich ihres genauen Umfangs. Das UN-Kaufrecht, das deutsche und das Schweizer Recht tragen dem Rechnung, indem der Wortlaut der jeweiligen Vorschriften (§ 377 HGB, Art. 201 OR und Artt. 38f. CISG) keinen Zweifel an der Notwendigkeit der Durchführung einer Untersuchung und der Erklärung einer Rüge lässt.[934] Im französischen Recht ist eine Untersuchungs- und Rügeobliegenheit gesetzlich nicht angeordnet; allerdings ist die Zurückweisung offener Mängel und die Klage nach Art. 1648 CC bei versteckten Mängeln ein Funktionsäquivalent zu den § 377 HGB, Art. 201 OR, Art. 39 CISG.[935]

Insbesondere Händler mit mäßiger Rechtskenntnis können von der Anwendung des UN-Kaufrechts, des deutschen und schweizerischen Rechts allein durch die Lektüre des Gesetzestextes profitieren. Literatur- und Rechtsprechungsquellen zum französischen Recht sind nur im begrenzten Maße in ausländischer Sprache zugänglich, was die Recherchearbeit für Nichtfrankophone erheblich erschwert. Zudem kann von einem „normalen" Teilnehmer des Rechtsverkehrs kaum eine genaue Kenntnis der häufig kryptischen französischen Rechtsprechung verlangt werden. Es erfordert ein intensives Studium der französischen Literatur und Rechtsprechung, um die Voraussetzungen einer Untersuchung und Rüge zu erforschen. Der damit verbundene Zeit- und Kostenaufwand macht das französische Recht ebenso wenig konkurrenzfähig wie die Sprachbarrieren und die Quellenknappheit, die in der Praxis einen echten Wettbewerbsnachteil für die französische Rechtsordnung darstellen.

II. Anwendungsbereich

1. Persönlicher Anwendungsbereich

Die persönlichen Anwendungsvoraussetzungen für die Untersuchungs- und Rügeobliegenheit sind im deutschen Recht im Vergleich zu den anderen untersuchten Rechtsordnungen am engsten, weil beide Teile Kaufleute sein müssen.[936] Das UN-Kaufrecht hingegen fordert lediglich eine einseitige Unternehmereigenschaft auf Seiten des Käufers, welche bereits dann vorliegt, wenn der Käufer die Ware nicht zu seinem persönlichen Gebrauch erwirbt.[937] Der Käufer muss also anders als im deutschen Recht kein Gewerbetreibender sein, um dem Anwendungsbereich des UN-Kaufrechts zu unterfallen. Vielmehr ist der Unternehmerbegriff des UN-Kaufrechts weiter gefasst als der deutsche Kaufmannsbegriff, weil

934 2. Kapitel A. I., II., IV.

935 2. Kapitel A. III.

936 2. Kapitel B. I. 2.

937 2. Kapitel B. I. 1.

das UN-Kaufrecht die Unternehmereigenschaft lediglich negativ zum privaten Erwerb abgrenzt. Das französische Recht erfordert einen *„acheteur professionnel"*, um eine Untersuchungs- und Rügeobliegenheit zu statuieren.[938] Sie existiert bereits dann, wenn der Käufer technischen Sachverstand hat, um eine Untersuchung durchzuführen. Das ist unabhängig von seiner etwaigen Kaufmanns- oder Unternehmereigenschaft oder dem Verwendungszweck der Kaufsache, so dass dieses Merkmal rein subjektiv bestimmt wird. Den weitesten persönlichen Anwendungsbereich aller untersuchten Rechtsordnungen zieht das schweizerische Recht, das jedem Käufer eine Untersuchungs- und Rügeobliegenheit unabhängig von seiner persönlichen Qualifikation oder Sachkenntnis auferlegt.[939]

Das UN-Kaufrecht empfiehlt sich dennoch für den Käufer, denn in dem ihm zu Grunde liegenden Regelfall, dass ein Hersteller oder ein Händler eine Ware gleich welcher Art (dauerhafte oder verderbliche Waren, fertige oder zu verarbeitende Teile) an einen Käufer verkauft, der die Ware im Zeitpunkt des Vertragsschlusses (gewohnheitsmäßig) weiterzuverkaufen beabsichtigt, ergibt sich trotz der bestehenden Unterschiede im sachlichen Anwendungsbereich der Untersuchungs- und Rügeobliegenheit zwischen den Rechtsordnungen eine gleichmäßige Rechtsanwendung. In der Regel wird der Käufer als Zwischenhändler in allen untersuchten Rechtsordnungen einer Untersuchungs- und Rügeobliegenheit unterfallen, weil er die Ware nicht für den persönlichen Gebrauch kauft und er zumeist ausreichenden technischen Sachverstand haben wird, um die Ware zu untersuchen, wenn er sie gewerbsmäßig weiterverkauft.

Dennoch sollte darauf hingewiesen werden, dass das französische Recht aus folgendem Gesichtspunkt besonders nachteilig für den Käufer – und damit vorteilhaft für den Verkäufer – zu sein erscheint: Der Begriff des *„acheteur professionnel"* ist nicht legal definiert. Zwar trifft dies ebenso auf den UN-kaufrechtlichen Unternehmerbegriff zu, jedoch ist dieser durch seine negative Abgrenzung zum persönlichen Gebrauch nicht konturenlos. Der Begriff des *„acheteur professionnel"* führt hingegen in der Praxis zu zahlreichen Auslegungsschwierigkeiten, weil die Reichweite der Untersuchungskompetenz des Käufers nur schwer abschätzbar ist, wie folgendes Beispiel erweisen mag: Die Cour d'Appel de Lyon urteilte, dass der Käufer als Bauunternehmer die Frostempfindlichkeit gelieferter Dachziegel hätte erkennen können. Die Cour de Cassation hob diese Entscheidung auf, da der Käufer im Zeitpunkt der Leistung diesen Mangel trotz seines

938 2. Kapitel B. I. 3.

939 2. Kapitel. B. I. 4.

fachlichen Wissens als Bauunternehmer nicht hätte kennen können.[940] Auch wenn unterschiedliche Auffassungen von Berufungs- und Kassations- bzw. Revisionsgericht nicht ungewöhnlich sind, zeigt dieser Fall gleichwohl, dass bei einer vergleichsweise einfachen Frage der an Sach- und Fachkenntnis anzulegende Maßstab entscheidend variieren kann. Die erwünschte Transaktionssicherheit kann durch solche Unterschiede jedenfalls nur schwer erreicht werden.

2. *Sachlicher Anwendungsbereich*

a) Kaufvertrag über eine Ware

Die Darstellung zum sachlichen Anwendungsbereich zeigt, dass es auf die Natur des Vertragsgegenstandes nicht ankommt. Erwirbt der Käufer eine bewegliche Sache, die vom Verkäufer noch hergestellt werden muss, bevor sie an den Käufer ausgeliefert werden kann, oder war sie bereits fertig hergestellt im Zeitpunkt des Vertragsschlusses, unterliegt er stets einer Untersuchungs- und Rügeobliegenheit. Nach deutschem, französischem und schweizerischem Verständnis kann der Käufer auch dann nicht der Untersuchungs- und Rügeobliegenheit entgehen, wenn er einen beispielsweise einen kaufähnlichen Vertrag wie den Tauschvertrag abschließt.[941] Anderes gilt im UN-Kaufrecht, das auf Tauschverträge nicht anwendbar ist.[942]

b) Vertragswidrigkeit

Entsprechend dem weiten Vertragswidrigkeitsbegriff des UN-Kaufrechts bzw. dem Mangelbegriff des deutschen Rechts muss der Käufer jede Abweichung in Qualität, Quantität und Identität rügen.[943] Im Schweizer Recht werden Sachmängelgewährleistungsrechte nur bei Qualitätsabweichungen bzw. Fehlen zugesicherter Eigenschaften eröffnet; im französischen Recht nur für versteckte Mängel.[944]

Nun könnte man annehmen, dem Käufer zu raten, das Recht zu wählen, das den sachlichen Anwendungsbereich möglichst gering hält, um der Gefahr eines Rechtsverlustes vorzubeugen. So würden sich im Falle einer Identitäts- und Quantitätsabweichung das französische und das Schweizer Recht als vorteilhaft erweisen, weil diese Rechtsordnungen rechtstechnisch keine Untersuchungs- und Rügeobliegenheit für Quantitäts- und Identitätsabweichungen

940 Cass. civ. 3ième, 7.2.1972, Bull. civ. III, n° 109.
941 2. Kapitel B. II. 1. b) bis d).
942 2. Kapitel B. II. 1. a).
943 2. Kapitel B. II. 2. a), b).
944 2. Kapitel B. II. 2. c), d).

kennen. Das Schweizer Recht wendet auf Quantitäts- und Identitätsabweichungen die Regelungen des Schuldnerverzuges an, mit der Konsequenz, dass es keine Prüfungs- und Rügeobliegenheit und keine kurze Verwirkungsfrist kennt sowie die zehnjährige allgemeine Verjährungsfrist des Art. 127 OR anzuwenden ist statt der kurzen zweijährigen aus Art. 210 Abs. 1 OR.[945] Für das französische Recht wäre dies jedoch zum Teil zu kurz gegriffen. Dort muss der Käufer zumindest einen formlosen Vorbehalt erklären oder die Kaufsache vor der Annahme zurückweisen, um zu vermeiden, dass er bei einer Lieferung einer mit einem offenen Mangel behafteten Sache durch eine vorbehaltlose Annahme seiner ihm aus einer Nichterfüllung zustehenden Rechte (Erfüllung oder Rücktritt) verliert.[946]

III. Untersuchungsort

Sofern der Käufer ein Endabnehmer ist, muss er nach französischem und schweizerischem Verständnis die Kaufsache untersuchen, wenn er die tatsächliche Verfügungsgewalt erlangt hat.[947] In der Regel wird dieser Zeitpunkt mit dem Zeitpunkt, zu dem der Verkäufer die Kaufsache aus seiner Verfügungsgewalt entlässt und in den Machtbereich des Käufers verbringt, identisch sein, wie es das UN-Kaufrecht und das deutsche Recht vorsehen.[948] Dennoch muss dies nicht der Fall sein. Weil das UN-Kaufrecht und das deutsche Recht den Untersuchungsort nicht stets mit der tatsachlichen Sachherrschaft verknüpfen, scheinen beide Rechtsordnungen für den Verkäufer günstiger zu sein. Immerhin muss der Käufer in diesem Fall Vorkehrungen für die Durchführung der Untersuchung treffen.

Für das UN-Kaufrecht muss man diesen Eindruck jedoch zumindest dann relativieren, wenn der Käufer ein Weiterverkäufer ist. Im Vergleich zu den anderen untersuchten Rechtsordnungen würdigt das UN-Kaufrecht sein Interesse am nachhaltigsten. Während nach deutschem, französischem und schweizerischem Recht die Parteien vereinbaren müssen, dass der Abnehmer des Käufers die Ware statt des Käufers untersuchen solle, unabhängig davon, ob ein allgemeiner Weiterverkauf oder ein Streckengeschäft vorliegt, bei welchem der Verkäufer direkt an den Endabnehmer leistet und der Käufer gar nicht die Möglichkeit erhält, die Kaufsache zu untersuchen, reicht es nach den Regeln des UN-Kaufrechts aus,

945 *Koller,* in: Festschrift Ernst Kramer, 532 (539).
946 2. Kapitel A. III.
947 2. Kapitel C. I. 3., 4.
948 2. Kapitel C. I. 1., 2.

dass der Verkäufer keine fahrlässige Unkenntnis darüber hat, dass der Käufer die Ware weiterverkauft.[949] Eine vertragliche Vereinbarung ist also nicht notwendig. Etwaige Hilfskonstruktionen einer „konkludenten Parteivereinbarung", derer sich die anderen Rechtsordnungen bedienen, sind wenig praxisgerecht, denn es bleibt die Notwendigkeit einer Vereinbarung, die im Zweifelsfalle aufgrund ihrer formlosen Gestalt nur schwer bewiesen werden kann. Dem internationalen Sachverhalt, bei welchem in der Regel ein Weiterverkauf vorliegt, wird das UN-Kaufrecht eher als die nationalen Rechtsordnungen gerecht.

Überdies ist zu berücksichtigen, dass fehlende ausdrückliche gesetzliche Regelungen (beispielsweise im französischen Recht) zu einem Informationsdefizit führen und die Informationsbeschaffungskosten erhöhen. In diesen Fällen empfiehlt es sich, eine vertragliche Vereinbarung zur Zeit des Vertragsabschlusses zu treffen, um Abweichungen bei der einzelfallabhängigen Bestimmung des Untersuchungsortes durch die Rechtsprechung zu umgehen. Es ist der Käufer, der beweisen muss, dass die Untersuchung am Ablieferungsort für ihn nicht möglich oder unzumutbar war. Muss er erst zum Ablieferungsort reisen, so erhöhen sich die Untersuchungskosten, welche er regelmäßig zu tragen hätte.

IV. Beginn der Untersuchung

Der zeitliche Beginn der Untersuchung lässt sich nur schwer exakt festlegen, weil er von Einzelfall zu Einzelfall variiert. Bereits aus dem Wortlaut der Begriffe lässt sich jedoch erahnen, dass das UN-Kaufrecht wesentlich kulanter dem Käufer gegenüber ist als das deutsche und das französische Recht. Nach dem UN-Kaufrecht muss der Käufer mit der Untersuchung der Ware innerhalb einer „so kurzen Frist beginnen, wie es die Umstände erlauben". Diese Definition erlaubt es, zahlreiche näher- und fernliegende Umstände zu berücksichtigen, um im Einzelfall eine gerechte Entscheidung zu treffen. Günstiger ist für den Verkäufer das deutsche Recht, dass einen „unverzüglichen" Beginn fordert und damit nur nicht schuldhafte Verzögerungen (§ 121 BGB) ausschließt. Auch das französische Recht fordert einen „sofortigen" Beginn, das Schweizer Recht immerhin einen Beginn, „sobald es nach dem üblichen Geschäftsgang tunlich ist". Das schweizerische Recht ist vom Terminus her vergleichbar mit dem UN-Kaufrecht, weil es auch einen (verschuldeten) Aufschub des Untersuchungsbeginns ermöglicht, sofern dies nach dem üblichen Geschäftsgang tunlich ist. Konkret hat der Käufer einer wenig komplexen Ware nach UN-Kaufrecht mehrere Tage zur Verfügung, um mit der Untersuchung zu beginnen, während das deutsche Recht die

949 2. Kapitel C. I. 1. bis. 4.

Untersuchung spätestens einen Tag nach Eintreffen am Untersuchungsort verlangt. Bei komplexeren Waren darf nach deutschem Recht maximal eine Woche verstreichen, im UN-Kaufrecht hingegen eine Woche oder etwas mehr.

V. Art und Weise der Untersuchung

Die Art und Weise der Untersuchung richtet sich in allen vier Rechtsordnungen nach objektiven Kriterien wie die Art des Mangels und die Art der Ware, mit einem subjektiven Einschlag durch die Fachkenntnis des Käufers. Dabei besteht grundsätzlich in keiner der verglichenen Rechtsordnungen die Pflicht, einen Experten heranzuziehen. Besitzt der Käufer nicht die ausreichende fachliche Kompetenz, die Ware zu untersuchen, so hat er jedoch einen Spezialisten zu konsultieren. Bei Massenwaren genügt in jeder Rechtsordnung die Entnahme einer Stichprobe. Sofern eine ungefähre Zahl genannt werden konnte, ergeben sich keine Unterschiede. Ferner legten die Rechtsordnungen dem Käufer hinsichtlich der Unterprüfung der kategorisierten Warenarten vergleichbare Untersuchungshandlungen auf. Verderbliche Waren müssen oberflächlich auf ihr Aussehen und ihren Geruch untersucht werden. Bei technischen Waren ist stets ein Probelauf geschuldet. Außerdem muss der Käufer eine Probeverarbeitung, -waschung oder ein Probebügeln durchführen, möchte er ein zur Weiterverarbeitung vorgesehenes Textil auf Mängel/Vertragswidrigkeiten untersuchen.

VI. Dauer der Untersuchung

Im UN-Kaufrecht ist hinsichtlich der Dauer der Untersuchung wie auch in den anderen untersuchten Rechtsordnungen eine stark einzelfallbezogene Wertung vorzunehmen. Eine Gegenüberstellung der Untersuchungsfristen für verderbliche Waren ergibt, dass diese immer innerhalb weniger Tage nach Ablieferung zu untersuchen sind, sofern der Mangel leicht feststellbar ist. Komplexe Waren hingegen, die eine schwierige, langwierige Untersuchung erfordern, sind nach deutschem, schweizerischen und UN-Kaufrecht in ca. einem Monat zu untersuchen.[950] Um der Vielfalt an Waren im Handelsverkehr Rechnung zu tragen, haben sich zur Orientierung und Schaffung von Rechtssicherheit „grobe Daumenregeln“ herausgebildet. Dort zeigt sich, dass sich das UN-Kaufrecht deutlich von den anderen Rechtsordnungen unterscheidet, indem es dem Käufer eine Untersuchungsfrist von grundsätzlich ein bis zwei Wochen zugesteht,

---

950 2. Kapitel C. IV. 1. a), b), d).

von der im Einzelfall nach oben oder unten abgewichen werden kann.[951] Das deutsche Recht legt hingegen einen Richtwert von ca. einer Woche zu Grunde, je nach Umstand des Einzelfalls.[952] Das Schweizer Recht ist aus Käufersicht gar noch strenger und geht von einer Untersuchungsdauer von einem Tag bis einer Woche aus, sofern nur einfache Untersuchungsmethoden angewendet werden müssen.[953] Freilich steht diese Wertung unter dem Vorbehalt der zu addierenden Rügefrist, denn letztlich kommt es darauf an, ob der Käufer rügte, mag er dabei die Ware untersucht haben oder von einem Dritten Kenntnis erlangt haben und deshalb die Untersuchung unterlassen haben. Da verwundert es wenig, dass französische Gerichte und die französische Lehre ihren Blick in erster Linie auf die Dauer der Rügefrist beschränken.

Nachteilig im Blick auf das UN-Kaufrecht ist jedoch, dass sich bei der Auslegung des Art. 38 CISG nur schwer eine einheitliche Linie der Gerichte erkennen lässt, weil sie sich oft von ihrem unvereinheitlichtem Recht inspirieren lassen, wenngleich das UN-Kaufrecht wegen seines völkerrechtlichen Ursprungs autonom, d.h. losgelöst vom nationalen Recht,[954] ausgelegt werden müsste. Da sich dieser Grundsatz in der Praxis bisweilen nur schwer umsetzen lässt, ist bei der Frage, ob das UN-Kaufrecht als das anzuwendende Recht empfehlenswert sei, stets der Blick auf den oder die im Einzelfall relevanten Gerichtsstände zu richten, um die Rechtsanwendung für die Marktakteure bestmöglich zu prognostizieren.

In der deutschen Literatur wird gelegentlich der Einwand erhoben, dass „grobe Daumenregeln" über die Dauer der Untersuchungs- oder Rügefrist völlig außer Acht gelassen werden sollten, weil sie die Gefahr mit sich brächten, dass sie von den Marktteilnehmern zu schematisch angewendet werden würden[955], indem sie sich an eine vorgegebene Zahl „klammerten". Damit werde die im Einzelfall gebotene Differenzierung außer Acht gelassen. Diese Auffassung hätte jedoch zur Folge, dass die Rechtsanwender verstärkt eine kasuistische Forschung betreiben müssten, was zumindest auf internationaler Ebene eine erhebliche Beeinträchtigung verursachen würde und den grenzüberschreitenden Handel auf der Basis des UN-Kaufrechts spürbar verringern würde. Die Sprachenvielfalt und der Zeitmangel würden verhindern, dass

951 2. Kapitel C. IV. 1. a)

952 2. Kapitel C. IV. 1. b).

953 2. Kapitel C. IV. 1. d).

954 Zum Begriff der autonomen Auslegung: *Piltz*, NJW 2009, 2258 (2259).

955 Koller/Roth/Morck/*Roth*, HGB, § 377, Rn. 15; *Thamm/Möffert*, NJW 2004, 2710 (2710).

Marktakteure ernsthaft Urteile um des Erkenntnisgewinnes studierten bzw. diese in die Beratungspraxis einflössen. Grobe Richtwerte sind angesichts der geschilderten unterschiedlichen Maßstäbe gerade im internationalen Handelsverkehr von erheblicher Bedeutung, um rechtsgeschäftliches Handeln für den Laien vorhersehbar zu gestalten.

VII. Beginn der Rügefrist

In allen untersuchten Rechtsordnungen beginnt die Rügefrist für offene wie versteckte Mängel jedenfalls mit der Entdeckung des Mangels. Im deutschen Recht und im UN-Kaufrecht reicht jedoch auch ein Verdacht über das Vorliegen eines versteckten Mangels aus, um die Rügefrist in Gang zu setzen[956]; im französischen und schweizerischen Recht ist dies nicht der Fall. Sollte beim Käufer ein Mangelverdacht aufkeimen, muss er nach schweizerischem Recht lediglich die Kaufsache im Auge behalten, damit er – sollte tatsächlich ein Mangel auftreten – rechtzeitig rügen kann.[957] Der frühere Beginn der Rügefrist des UN-Kaufrechts und des deutschen Rechts macht diese beiden Rechtsordnungen insbesondere für diejenigen Käufer unattraktiv, die über geringen eigenen technischen Sachverstand verfügen, um die Ware auf Mängel zu untersuchen. Das gilt auch für Käufer, welche die Untersuchung nicht selbst durchführen und sich etwaige Unkenntnis/fahrlässige Unkenntnis eines Dritten zurechnen lassen müssen.

Das UN-Kaufrecht ist aber auch deshalb in dieser Hinsicht für den Käufer unattraktiv, weil es die hypothetische Kenntnisnahme genügen lässt.[958] Die Rügefrist beginnt also zu dem Zeitpunkt, in dem der Käufer die Vertragswidrigkeit hätte feststellen können.

Wenig bietet sich im Ergebnis das französische Recht für den Käufer an. Es geht noch einen Schritt weiter als die weiteren Rechtsordnungen, wenn es zum Nachteil des „*acheteur professionnel*" widerleglich vermutet, dass dieser den Mangel aufgrund seiner Fachkompetenz entdeckte.[959] Der Verkäufer muss damit nicht mehr beweisen, dass der Käufer Kenntnis vom Mangel hat, sondern der Käufer muss die Vermutung widerlegen. Wenngleich die französischen Gerichte die Anforderungen an die Fachkompetenz sehr hoch ansiedeln, wird der Käufer nach französischem Recht dennoch deutlich schlechter gestellt als in den

956 2. Kapitel D.I. 1., 2.
957 2. Kapitel D. I. 4.
958 2. Kapitel D. I. 1.
959 2. Kapitel D. I. 3.

anderen Rechtsordnungen, weil er das Risiko tragen muss, den widerleglichen Beweis nicht zu erbringen. Gelingt dem Käufer die Widerlegung nicht, so gilt der Mangel als offensichtlich („*apparent*"). Zumeist wird er die sich anschließende Rügefrist versäumt haben, so dass ihm wegen vorbehaltloser Annahme der Kaufsache keine Rechte wegen Nichterfüllung mehr zustehen.

VIII. Dauer der Rügefrist

Der Wortlaut des Art. 39 Abs. 1 CISG erzwingt eine Rüge innerhalb einer „angemessenen Frist", während im deutschen Recht die Rüge „unverzüglich", § 377 Abs. 1, 3 HGB, im schweizerischen Recht „sofort", Art. 201 Abs. 1, 3 OR, zu erfolgen hat und das französische Recht die Rügefrist je nach Art des Mangels differenziert: Offene Mängel müssen sehr schnell oder innerhalb kurzer Zeit mitgeteilt werden, versteckte Mängel innerhalb von zwei Jahren angezeigt werden, Art. 1648 CC. Schon dieser sprachliche Vergleich zeigt, dass der Käufer bei Anwendung des UN-Kaufrechts und des französischen Rechts besser gestellt ist als im deutschen oder schweizerischen Recht. Tatsächlich wird die Rügefrist im deutschen und Schweizer Recht als eine reine Erklärungsfrist verstanden, weshalb sie nur wenige Tage beträgt, unabhängig davon, ob ein Streckengeschäft vorlag und der Käufer erst die Benachrichtigung über die Mangelhaftigkeit der Ware von seinem Abnehmer erhalten muss.[960] Die Rügefrist nach UN-Kaufrecht und französischem Recht ist demgegenüber erheblich länger. Nach UN-kaufrechtlichem Verständnis dauert die Rügefrist in der Regel einen Monat, nach französischem Recht für versteckte Mängel zwei Jahre und für offene Mängel eine „kurze Zeit".[961] Für den Käufer empfiehlt sich im Hinblick auf den Aspekt der Rügefristdauer also, das UN-Kaufrecht oder das französische Recht zu wählen. Für den Verkäufer gilt selbstredend das Gegenteil.

Wie die Analyse zeigte, variiert die Auslegung der Rügefristlänge unter den nationalen Gerichten, weil diese das UN-Kaufrecht entgegen seinem Anspruch nicht autonom und völlig losgelöst vom Heimatrecht anwenden. Während deutsche und schweizerische Gerichte eine einmonatige Rügefrist annehmen, soll nach Ansicht französischer Gerichte diese auch mehrere Monate bis hin zu ein oder gar zwei Jahren dauern dürfen. Da im Einzelfall die Anwendung des UN-Kaufrechts stark vom erkennenden Gericht abhängt, führt dies zwar zu einer wenig vorhersehbaren Rechtsanwendung durch die Gerichte, was die Parteien

960 2. Kapitel D. II. 1. b), d).
961 2. Kapitel D. II. 1. a), c).

bei einer Rechtswahl durchaus zu vermeiden suchen[962], aber dennoch wird das UN-Kaufrecht von deutschen, schweizerischen und französischen Gerichten stets käuferfreundlicher ausgelegt als das jeweilige nationale Recht. Den Grundkonsens bei Schaffung des UN-Kaufrechts, dieses käuferfreundlicher zu gestalten als das Haager Einheitliche Kaufrecht, wird in der Praxis von den Gerichten konsequent umgesetzt. Das Risiko einer schwerer vorhersehbaren Gerichtsentscheidung ist für den Käufer daher im Ergebnis vergleichsweise gering.

Bei verderblichen Waren wie Blumen, Obst oder Gemüse wirkt sich der Vorteil der Wahl des UN-Kaufrechts oder des französischen Rechts für den Käufer nicht aus. Die Rügefrist beträgt dort stets maximal wenige Tage. Anders ist dies bei unverderblichen Waren. Sofern der Mangel oder die Vertragswidrigkeit leicht feststellbar gewesen wäre, muss der Käufer nach deutschem und schweizerischem Recht innerhalb weniger Tage rügen. Bei Anwendung des UN-Kaufrechts beträgt die Rügefrist ca. eine bis zwei Wochen, nach französischen Gerichten sogar noch länger, wie etwa das Beispiel zur Rüge von Quantitäts- und Qualitätsabweichungen bei gewälzten Blechen zeigte, wonach eine Rügefrist von drei Wochen nicht zu lange war, obwohl die Vertragswidrigkeiten leicht erkennbar waren.[963]

Längere Rügefristen sind für jeden Käufer vorteilhaft, denn das Risiko, dem Verkäufer zu spät den Mangel mitzuteilen, verringert sich umso mehr, je länger die Frist dauert. Sollte die Ware – zum Beispiel Rohstoffe – einem schwankendem Marktpreis unterworfen sein, besteht sogar die Möglichkeit, dass der Käufer ein Absinken der Preise abwartet, um sich dann durch eine nachgeschobene Rüge vom nachteiligen Geschäft zu befreien.[964] Dies setzt freilich voraus, dass es sich um einen zur Vertragsaufhebung berechtigenden, mithin schwerwiegenden Mangel handelt, weil der Verkäufer sonst das Recht zur Nacherfüllung zu den bisherigen Konditionen hat.

Im Vergleich zum französischen Recht hat das UN-Kaufrecht jedoch für den Käufer den Nachteil, dass es eine absolute Rügefrist von zwei Jahren kennt, Art. 39 Abs. 2 CISG. Der Käufer muss also spätestens innerhalb von zwei Jahren nach tatsächlicher Übergabe der Ware die Vertragswidrigkeit dem Verkäufer anzeigen. Damit stehen dem Käufer keine Rechte wegen der Vertragswidrigkeit zu, wenn diese sich erst zwei Jahre nach dem Übergabedatum zeigt. Art. 39 Abs. 2 CISG ist eine Ausschlussfrist. Das französische Recht kennt hingegen keine

962 S. die Auswertung des Fragebogens, Anhang 1, XII.

963 2. Kapitel D. II. 3. a), S. 155.

964 *U. Huber*, ZHR 161 (1997), 160 (182, 184).

solche Frist. Die Frist des Art. 1648 CC beträgt zwar auch zwei Jahre, ist jedoch eine reine Rügeerklärungsfrist, da der Käufer innerhalb von zwei Jahren ab Entdeckung des Mangels Klage einreichen muss. In der Praxis stellt die absolute Rügefrist ein erhebliches Risiko für den Käufer von den Produkten dar, deren qualitative Fehlbeschaffenheit erst nach Ablauf einer gewissen Zeit zum Tragen kommt. Vor allem bei elektronisch gesteuerten Produkten werden häufig Bauteile verwendet, die schnell verschleißen.[965] Im Grunde ist dieser Mangel bereits bei Gefahrübergang angelegt, da er im elektronischen Steuerungsteil verbaut wurde. Bis der Defekt auftritt, können jedoch leicht zwei Jahre vergehen.

IX. Inhalt und Form der Rüge

Bei Inhalt und Form der Rüge zeichnet sich eine Allianz zwischen dem UN-Kaufrecht, dem deutschen und dem schweizerischen Recht ab.[966] Alle drei Rechtsordnungen lassen zwar zu Gunsten des Käufers eine formlose Rüge genügen, erfordern auf der anderen Seite aber, dass der Käufer dem Verkäufer den Mangel so substantiiert darlegt, dass dieser keine Nachforschungen mehr anstellen muss, sondern weiß, warum und auf welche Weise die Kaufsache vertragswidrig ist.[967]

Das französische Recht wählt eine andere Lösung. Der Käufer muss die Kaufsache wegen eines offenen Mangels zurückweisen und dem Verkäufer dadurch vermitteln, dass die Kaufsache nicht vertragsgemäß ist.[968] Genauere Anforderungen werden in Literatur und Rechtsprechung nicht an die Rüge eines offenen Mangels gestellt. Einen versteckten Mangel muss der Käufer hingegen im Klagewege dem Verkäufer anzeigen.[969] Das bringt zum einen mit sich, dass der Käufer den Mangel zwar nicht derart genau bezeichnen muss wie in den anderen Rechtsordnungen, weil es ausreicht, dass der Käufer mitteilt, dass und weshalb er die Kaufsache für vertragswidrig hält. Er muss seine Ansicht nicht detailliert

---

965 http://www.sueddeutsche.de/geld/studie-zu-elektrogeraeten-geplanter-verschleiss-ist-ein-massenphaenomen-1.1628942.

966 Zur Vergleichbarkeit der inhaltlichen Anforderungen der Rüge im deutschen und im schweizerischen Recht: BGE 101 II 83 (85): „Das Handelsgericht hält also in den beiden prozessentscheidenden Fragen, ob der Beklagte seine (formlos gültigen) Mängelrügen ausreichend begründet und rechtzeitig erhoben habe, deutsches Recht für anwendbar, tröstet aber den Beklagten damit, dass die Anwendung des schweizerischen Rechts zu keinem anderen Ergebnis führen würde."

967 2. Kapitel D. III. 1., 2., 4.

968 2. Kapitel D. III. 3.

969 2. Kapitel D. III. 3.

begründen. Zum anderen muss der Käufer wie erwähnt bereits mit der Rüge einen Rechtsbehelf (Wandelung, Minderung oder Schadensersatz) wählen.

Die Rügeerklärung in Form einer Klage nach französischem Recht ist für den Käufer noch aus weiteren Gründen nachteilig. Ihm entstehen erhebliche Kosten, wie beispielsweise Verfahrenskosten, Anwaltskosten und sonstige Auslagen. Der Käufer erleidet unter Umständen einen Verdienstausfall, wenn er einen Anwalt aufsuchen oder beim Prozess persönlich anwesend sein muss. Nicht zu unterschätzen ist auch der psychologische Effekt, den die Erhebung einer Klage, insbesondere für gerichtsunerfahrene Parteien, mit sich bringt. Es droht die Gefahr, dass sich die „Fronten verhärten", die Tatsachenlage stärker bestritten wird, weil die Parteien das Gefühl haben, der Staat als Souverän urteile über sie in einem Gerichtsverfahren. Sie fühlen sich „unterworfen". Dieses beklemmende Gefühl entfiele möglicherweise, wenn etwa der Käufer dem Verkäufer die Rüge am Arbeitsplatz in einer kurzen Email oder persönlich hätte mitteilen können.

Ein nicht mit dem französischen Recht vertrauter Käufer muss ferner hohe Rechtsinformationskosten einkalkulieren, da er sich meist an spezialisierte Fachkundige für einen Rechtsrat wenden muss. Überdies dauert es länger, die Rechtswirkung einer Klage als die einer formlosen Gestaltungserklärung herbeizuführen. Für das Erfordernis einer Klageerhebung ist es im Übrigen auch irrelevant, an welchem Gerichtsstand der Käufer klagt. Obwohl die Notwendigkeit der Klageerhebung für die Erklärung der Rüge eines versteckten Mangels als ein Institut mit prozessrechtlichen und materiellrechtlichen Zügen, jedenfalls nicht rein materiellrechtlich, zu qualifizieren ist, und jedes Gericht sein eigenes Prozessrecht anwendet,[970] so hat dennoch jedes Gericht das Formerfordernis für die Rüge eines versteckten Mangels zu beachten, sofern es für das Gericht der jeweiligen lex fori nicht wesensfremd ist.

X. Rechtsfolge bei unterlassener oder nicht rechtzeitiger Rüge

Während das deutsche, schweizerische Recht und das UN-Kaufrecht eine Genehmigungsfiktion eintreten lassen, schließt das französische Recht die Gewährleistungsrechte aus. Der Mangel besteht dort weiter. Allerdings hat der Käufer mindestens konkludent darauf verzichtet, Rechte daraus abzuleiten.

Gerade unter Anwendung des UN-Kaufrechts sollte der Käufer jedoch ein besonderes Augenmerk auf die Einhaltung der Rügefrist legen: Anders als in den sonstigen Rechtsordnungen muss der Käufer im Falle der Genehmigung einer

---

970 Lex-fori-Grundsatz: *von Hoffmann/Thorn*, Internationales Privatrecht, § 1, Rn. 15–16.

Zuviel-Leistung einen höheren als den ursprünglich vereinbarten Kaufpreis bezahlen.[971] In den anderen Rechtsordnungen verbleibt dem Verkäufer lediglich der ursprüngliche Kaufpreisanspruch, wenn er eine höherwertige, andere Kaufsache leistet. Diese erhebliche Belastung wird für den Käufer jedoch dadurch nivelliert, dass die Rügefrist deutlich länger ausfällt.

Andererseits bleiben deliktische Ansprüche nach deutschem Verständnis und nach richtiger Ansicht auch im UN-Kaufrecht vom Eintritt der Genehmigungsfiktion unberührt.[972] Im französischen Recht und im Schweizer Recht sind deliktische Ansprüche hingegen bei fehlender Rüge ausgeschlossen.[973]

Dennoch bietet sich dem Käufer das UN-Kaufrecht im Ergebnis an: Hier trägt der Verkäufer das Übermittlungsrisiko (Verzögerungs- und Verlustrisiko). Nach deutschem, Schweizer und französischem Recht trägt hingegen der Käufer das Übermittlungsrisiko.[974] Für das französische Recht setzt dies freilich voraus, dass die Regelungen über die Willenserklärung anwendbar sind.

Für deutsche Juristen mag es ungewohnt sein, dass im UN-Kaufrecht (Art. 27 CISG) bei Willenserklärungen die Versendung ausreicht und der Zugang für das Wirksamwerden der Erklärung nicht notwendig ist (anders § 130 BGB). Es entsteht die Gefahr, dass deutsche Gerichte die Rechtslage schon aus Unkenntnis der anzuwendenden Rechtsordnung falsch einschätzen und das Übermittlungsrisiko unter Anwendung des UN-Kaufrechts auf den Käufer übertragen und somit fälschlicherweise die Rechte des Käufers mangels Zugang der Rüge verneinen, weil der Verkäufer den Zugang bestreitet. Bei ordnungsgemäßer Anwendung des Art. 27 CISG wird jedoch der Käufer gerade vor der „Schutzbehauptung“ des Verkäufers geschützt, die Rüge sei nicht zugegangen. Das ist gerade im internationalen Handel von Vorteil, weil die Rüge auf postalischem Wege durch die Beförderung von mehreren Zustellunternehmen verloren werden kann. Sie kann aufgrund langer Zustellwege auch zu spät zugehen. Nach UN-Kaufrecht ist für die Einhaltung der rechtzeitigen Rüge jedoch nur die Absendung entscheidend, während im deutschen Recht, das den Zugang voraussetzt, die Übermittlungsdauer in die Rügefrist einfließt.[975] Dauert die Übermittlung im Einzelfall aus unbestimmten Gründen zu lang, trägt der Käufer nach deutschem Recht das Risiko der nicht rechtzeitigen Rüge. Dies

---

971 2. Kapitel D. IV. 1. a).

972 2. Kapitel D. IV. 1. a. b).

973 2. Kapitel D. IV. 1. c), d).

974 2. Kapitel D. IV. 1. a) bis d).

975 *Siller*, Int. UN-Kaufrecht, Rn. 156; unzutreffend LG Trier, 28.6.2001, CISG-Online Nr. 673.

sollte insbesondere der wenig liquide Käufer bei der Wahl des Vertragspartners im Hinterkopf behalten, der das Risiko, keine Rechte aus vertragswidriger Ware wegen zu später Rüge geltend machen zu können, u.a. aus finanziellen Gründen aufs Geringste minimieren muss.

XI. Ausnahmen von der Rechtsfolge

Bei der Frage, wann ausnahmsweise die Genehmigungsfiktion nicht eintritt, zeigt sich die käuferfreundliche Haltung des UN-Kaufrechts am stärksten. Das zeigt sich an zwei Indizien: Zum einen aufgrund des strengen wissensorientierten Haftungsmaßstabes für den Verkäufer (bei Kenntnis oder grob fahrlässiger Unkenntnis kann er sich nicht auf die Genehmigungsfiktion berufen), zum anderen aufgrund der großzügigen Eröffnung von Sachmängelgewährleistungsrechten trotz Eintritts der Genehmigungsfiktion (Entschuldigung durch den Käufer).

Einen strengen Haftungsmaßstab des Verkäufers, der eine Berufung des Verkäufers auf die Genehmigungsfiktion verhindert, kennen auch die anderen Rechtsordnungen. Allerdings legen sie einen schärferen Haftungsmaßstab als das UN-Kaufrecht an. Das deutsche und das schweizerische Recht verbieten dem Verkäufer nämlich erst dann, sich auf den Eintritt der Genehmigungsfiktion zu berufen, wenn er den Käufer arglistig (deutsches Recht) oder absichtlich (Schweizer Recht) getäuscht hat.[976] Im UN-Kaufrecht hingegen schadet ihm bereits grob fahrlässige Unkenntnis.[977] Im französischen Recht gibt es immerhin einen Anwendungsausschluss der Vermutungsregelung bezüglich der Entdeckung des Mangels durch den *„acheteur professionnel“*, sofern der Verkäufer den Käufer arglistig über die Existenz des Mangels täuschte.[978] Für jede Art von Käufer ist das UN-Kaufrecht vorteilhaft, denn die Kluft zwischen grober Fahrlässigkeit und Arglist/Absicht als der stärksten Form des Vorsatzes ist immens. Insbesondere ist das Vorliegen von grober Fahrlässigkeit für den Käufer leichter nachzuweisen als arglistiges Täuschen oder Absicht, da letzteres Kriterium ausschließlich anhand des Willens des Verkäufers beurteilt wird und kaum jemals nachweisbar sein wird. Vielmehr wird immer von äußeren Umständen auf den inneren Willen geschlossen werden müssen.

Sollte dennoch im Einzelfall die Genehmigungsfiktion eingetreten sein, kann der Käufer nach UN-Kaufrecht ihre Wirkung umgehen, wenn er eine vernünftige

976 2. Kapitel D. IV. 2. b), d).
977 2. Kapitel D. IV. 2. a).
978 2. Kapitel D. IV. 2. c).

Entschuldigung für die Nichteinhaltung der Rügefrist vorbringen kann. Das UN-Kaufrecht gewährt Rechtsunerfahrenen damit eine besondere Hilfestellung, die andere Rechtsordnungen nicht bieten. Insbesondere Käufer aus wenig industrialisierten Ländern können davon profitieren, da aufgrund der dortigen schlechten Infrastruktur die Voraussetzungen einer Entschuldigung eher vorliegen als in industrialisierten Ländern. Gleiches gilt für Kaufleute, die im Falle der Anwendbarkeit deutschen Sachrechts als Vertragsstatut andernfalls der strengen Regelung des § 377 HGB unterfallen.

Davon unberührt bleibt natürlich in allen untersuchten Rechtsordnungen die Möglichkeit, dass der Verkäufer auf eine Rüge verzichtet oder dass der Käufer die Einrede des *venire contra factum proprium* erhebt (im deutschen, schweizerischen Recht und UN-Kaufrecht) bzw. im widersprüchlichen Verhalten des Verkäufers einen konkludenten Verzicht des Verkäufers zu sehen (französisches Recht).

XII. Zwischenergebnis 2. Kapitel

Die vorangegangenen Ausführungen zeigen, dass das UN-Kaufrecht käuferfreundlicher als die anderen untersuchten Rechtsordnungen gestaltet ist. Es lässt eine deutlich längere Untersuchungs- und Rügefrist zu, was sich insbesondere im Bereich der unverderblichen Waren auswirkt. Sollte der Käufer dennoch die Rügefrist versäumt haben, besteht die Möglichkeit einer Entschuldigung. Einzig das französische Recht privilegiert auch den Käufer mit einer zweijährigen Rügefrist für versteckte Mängel. Allerdings erklärt sich diese Privilegierung mit dem Umstand, dass die Rügefrist in Form einer Rechtsbehelfsklage konkludent eingelegt werden muss. Eine solche Rechtsordnung ist der Praxis nicht zu empfehlen, da dieser Rechtsbehelf Kosten und Zeitverlust verursacht. Eine längere Rügefrist ist dabei vor allem für einzelne Kaufleute und kleinere Unternehmen vorteilhaft, welche keine eigenständige „Mängelbearbeitungsabteilung“ haben. Bei denen besteht die Gefahr einer nicht rechtzeitigen Rüge, weil sie neben der Rüge zahlreiche weitere Aufgaben erfüllen müssen.

Das deutsche und das schweizerische Recht sind ähnlich ausgestaltet im Bereich der Mängelrüge, so dass keine der beiden Rechtsordnungen der anderen vorzuziehen ist.

3. Kapitel: Die Vertragsaufhebung

A. Auflösungsberechtigung: Schwere der Vertragsverletzung

Die Vertragsaufhebung ist ein sehr starker Rechtsbehelf des Berechtigten, insbesondere des Käufers. Er führt zur Rückabwicklung der erbrachten Leistungen und nimmt dem Verkäufer die Chance, sich die vertragliche Gegenleistung zu verdienen bzw. sie einzufordern. Deshalb ist diese Rechtsfolge in allen untersuchten Rechtsordnungen an besondere Bedingungen geknüpft, wie etwa die besondere Schwere der Vertragsverletzung.

Ein Einführungsbeispiel: Die X AG mit Sitz in Basel verkauft eine Abfüll- und Verpackungsanlage an die Y SA mit Sitz in Madrid.[979] Die Y SA nimmt an, dass die Anlage 180 Flacons pro Minute herstelle. Beim Abnahmelauf stellt sie jedoch eine geringere Leistungsfähigkeit fest. Sie erklärt die „Auflösung" des Vertrags und begehrt Rückzahlung des Kaufpreises. Die X AG bezweifelt, dass die Abweichung erheblich genug sei, um ein Aufhebungsrecht zu begründen.

I. UN-Kaufrecht

Das UN-Kaufrecht beschränkt Vertragsaufhebungsrechte, indem es für sie auf der Tatbestandsseite eine wesentliche Vetragsverletzung verlangt, Art. 49 Abs. 1 lit. a) CISG. Diese hohe und restriktiv verstandene Schwelle stellt sicher, dass eine Vertragsaufhebung nur *ultima ratio* gewährt wird und der Käufer primär versuchen muss, die ungenügende Leistung durch Nacherfüllung, Minderung oder Schadensersatz zu kompensieren.[980] Dies ist notwendig, weil gerade im internationalen Handel dem Verkäufer durch eine Vertragsaufhebung besonders

---

979 BGer, 18.5.2009, CISG-Online (CH) Nr. 1900.

980 BGHZ 132, 290; OLG Köln, IHR 2003, 15 (16); LG München, IHR 2003, 233 (235); BGer, IHR 2010, 27 (28); BGer, 18.5.2009, CISG-Online (CH) Nr. 1900; Honsell/*Schnyder/Straub*, UN-Kaufrecht, Art. 49, Rn. 2; *Piltz*, Int. Kaufrecht, Rn. 5–229; *Piltz*, NJW 2011, 2261 (2265); Staudinger/*Magnus*, BGB, Art. 49 CISG, Rn. 4; Schlechtriem/Schwenzer/*Müller-Chen*, UN-Kaufrecht, Art. 49, Rn. 2; *Diedrich*, RIW 1995, 11 (12f.); *Benicke*, IPRax 1997, 326 (329); *Ro. Koch*, RIW 1996, 687 (687); Münchener Kommentar BGB/*Gruber*, Art. 25 CISG, Rn. 12; *Lehr*, Optimierung des Exportgeschäfts, S. 278.

hohe Kosten entstehen: Er hat die Aufwendungen für eine etwaige Lagerung und den Rücktransport zu tragen.[981] Gegebenenfalls entstehen auch zoll- und devisenrechtliche Vermögensnachteile.[982] Wenn die Kaufsache nicht zum Rücktransport geeignet ist, wird er außerdem versuchen, sie im Ausland zu veräußern,[983] was möglicherweise wirtschaftliche und rechtliche Nachteile verursacht.

Nach der Definition des zentralen Begriffs der wesentlichen Vertragsverletzung sollen im Anschluss typische Fallgruppen dieser wichtigen Tatbestandsvoraussetzung erläutert werden: Gruppieren lassen sich die Fallbeispiele in behebbare oder unbehebbare, objektiv gravierende Vertragswidrigkeiten, Mengenabweichungen und arglistig fehlerhaft erbrachte Leistungen.

1. Begriff der wesentlichen Vertragsverletzung

Das Recht der Vertragsaufhebung steht und fällt im UN-Kaufrecht mit der Reichweite des Begriffs der wesentlichen Vertragsverletzung („*fundamental breach*" oder „*contravention essentielle*"). Das CISG definiert ihn in Art. 25: Demnach ist eine Vertragsverletzung wesentlich, „wenn sie für die verletzte Partei einen solchen Nachteil zur Folge hat, dass ihr im Wesentlichen entgeht, was sie nach dem Vertrag hätte erwarten dürfen, es sei denn, dass die vertragsbrüchige Partei diese Folge nicht vorausgesehen hat und eine vernünftige Person der gleichen Art diese Folge unter den gleichen Umständen auch nicht vorausgesehen hätte". Diese Definition ist sehr allgemein gefasst (und wegen der doppelten Verwendung des Begriffs „wesentlich" als Definition auch misslungen), was zum einen ermöglicht, eine Vielzahl von Fällen zu erfassen, aber zugleich in der Rechtsanwendung viele Fragen aufwirft: Welcher Beurteilungszeitpunkt ist maßgeblich? Ist etwaiges Verschulden zu berücksichtigen? Was bedeutet der Begriff Nachteil? Wird der Begriff Nachteil durch den Inhalt der vertraglich geschuldeten Leistung beeinflusst?

„Nachteil" („*detriment*", „*préjudice*") i.S.d. Art. 25 CISG ist nicht gleichbedeutend mit dem Begriff „Schaden" i.S.d. Art. 74 CISG, der zwingend einen materiellen Schaden (Sach-, Vermögens, Mangel- oder Mangelfolgeschaden) vo-

981 Staudinger/*Magnus*, BGB, Art. 49 CISG, Rn. 4; *Bitter/Bitter*, BB 1993, 2315 (2320); *Karollus*, JZ 1997, 38 (38).

982 *Piltz*, Int. Kaufrecht, Rn. 5–229; *Ferrari*, IHR 2005, 1 (2).

983 *Magnus*, in: Festschrift Schlechtriem zum 70. Geburtstag, 599 (608); *Piltz*, Int. Kaufrecht, Rn. 5–229.

raussetzt[984], sondern er umschreibt den Wegfall der wesentlichen Vertragsvorteile im Zeitpunkt der Vertragsverletzung, mögen sie sich vermögensrechtlich auswirken oder nicht.[985] Damit ist er sehr weit zu verstehen und umfasst neben Vermögensschäden auch andere Beeinträchtigungen, wie etwa eine Behinderung der geschäftlichen Dispositionen oder eine Beeinträchtigung des Rufes der vertragstreuen Partei.[986] Es genügt sogar, dass ein erheblicher Nachteil noch nicht eingetreten ist, sondern nur droht.[987]

Indem Art. 25 CISG die Begriffe Nachteil und vertragliches Gläubigerinteresse miteinander verknüpft („einen solchen Nachteil zur Folge hat, dass ihr im Wesentlichen entgeht, was sie nach dem Vertrag hätte erwarten dürfen"), schränkt das Gläubigerinteresse den Nachteilsbegriff maßgeblich ein. Grundsätzlich kann der Käufer nach dem Vertrag natürlich dasjenige erwarten, was er ausdrücklich als Leistungsgegenstand vereinbart hat.[988] Wie sich jedoch schon aus dem Wortlaut dieser Norm ergibt, ist der Begriff Nachteil keineswegs auf das ausdrücklich vertraglich *Vereinbarte* beschränkt. Die Reichweite der *Erwartung* kann auch objektiv ausgelegt werden, d.h. es sind auch solche Nachteile zu berücksichtigen, die durch die Beeinträchtigung des allgemeinen Verwendungszweckes entstehen.[989] Dass es dennoch im Einzelfall von enormer Bedeutung sein kann, spätestens bei Vertragsschluss ein etwaiges subjektives Leistungsinteresse kund zu tun[990] oder zu vereinbaren – etwa zeitliche Aspekte (z. B. Leistungsfristen), das Vorhandensein bestimmter Eigenschaften, die Verwendung besonderen Verpackungsmaterials – zeigt folgender Beispielsfall[991]: Ein niederländisches Unternehmen hatte bei einem Hamburger Handelsunternehmen 15.000 kg Kobaltsulfat mit einer Spezifikation der Zusammensetzung von 21% bestellt. Das niederländische Unternehmen ging

---

984 *Rudolph*, Export- und Importverträge, Art. 74 CISG, Rn. 8.

985 Staudinger/*Magnus*, BGB, Art. 25 CISG, Rn. 9 Soergel/*Lüderitz/Budzikiewicz*, BGB, Art. 25 CISG, Rn. 4; Rn. 11; *Ferrari*, IHR 2005, 1 (3f.).

986 OLG Linz, 23.1.2006, CISG-Online (CH) Nr. 1377.

987 Staudinger/*Magnus*, BGB, Art. 25 CISG, Rn. 11; *Ferrari*, IHR 2005, 1 (4).

988 Staudinger/*Magnus*, BGB, Art. 25 CISG, Rn. 13.

989 OGH, CISG-Online (CH) Nr. 1047; Münchener Kommentar HGB/*Benicke*, Art. 25 CISG, Rn. 7f.; *Flessner*, ZEuP 1997, 255 (268f.); a.A. *Rudolph*, Export- und Importverträge, Art. 25 CISG, Rn. 6f.

990 OLG Linz, 23.1.2006, CISG-Online (CH) Nr. 1377; *Holthausen*, RIW 1990, 101 (102); *Lehr*, Optimierung des Exportgeschäfts, S. 279; *Lehr*, Optimierung des Importgeschäfts, S. 217.

991 *Gildeggen/Willburger*, Internationale Handelsgeschäfte, S. 47, frei nach BGH, 3.4.1996, CISG-Online Nr. 135 (Kobaltsulfat-Fall).

davon aus, dass das Produkt von einem englischen Hersteller stamme und der Lieferung ein Ursprungszeugnis und Analysenzertifikat beigefügt werde. Das Hamburger Unternehmen lieferte zwar Kobaltsulfat 21%, allerdings mit Fließmittel versehen und in Futtermittelqualität statt in der sogenannten „technischen Qualität". Zudem stammte die Ware nicht aus England, sondern wurde in Südafrika für einen englischen Hersteller produziert. Der BGH urteilte, dass die Vertragsverletzung nicht wesentlich sei, weil die Beschaffenheit „technische Qualität" nicht vereinbart worden sei und es ausreiche, dass die Ware von einem englischen Hersteller in Südafrika gefertigt wurde, um als Ware von einem englischen Hersteller zu gelten. Der Käufer hätte demnach präzisieren müssen, dass er eine Ware von einem englischen Produktionsstandort und nicht nur von einem englischen Hersteller wünsche. Für den Käufer kann diese Rechtsprechung weitreichende Konsequenzen haben, wenn er beispielsweise mit dem Merkmal einer „Produktion im Heimatland" (Stichwort „*Made in Germany*"[992]) auf dem Handelsmarkt wirbt, um das Vertrauen eines spezifischen Kundenstammes zu erwerben.

Schließlich wird der Begriff des Nachteils auch dadurch beschränkt, dass die Folge der Vertragsverletzung vorhersehbar gewesen sein muss, Art. 25 CISG. Dabei reicht es aus, dass der vertragsbrüchige Teil die Wirkung antizipiert, den seine Vertragsverletzung für die andere Partei hat. Die Vertragsverletzung als solche hingegen muss er nicht vorausgesehen haben.[993] Besondere Kenntnisse und Fähigkeiten der vertragsbrüchigen Partei erweitern die Reichweite der Vorhersehbarkeit.[994] Die Grenze ist jedoch erreicht, wenn auch ein verständiger Rechtsteilnehmer in gleicher Lage im Zeitpunkt des Vertragsschlusses mit der eingetretenen Folge nicht rechnen musste, Art. 25 a.E. CISG. Die

---

992 Ursprünglich diente diese Kennzeichnung in Großbritannien zur Information der Kunden über in Deutschland billig hergestellte Kopien englischer Produkte. Die Kennzeichnungspflicht wurde im Merchandise Market Act vom 23.4.1887 vom englischen Parlament beschlossen. Mittlerweile hat sie sich bekannter Maßen zu einem Absatz fördernden Markenzeichen entwickelt. Zur geschichtlichen Entwicklung dieser Kennzeichnung: „Made in Germany: wie deutsche Produkte die Welt eroberten", von Insa Holst und Peter Bräunlein, Spiegel Online vom 27.4.2008, abrufbar unter http://www.spiegel.de/wissenschaft/mensch/made-in-germany-wie-deutsche-produkte-die-welt-eroberten-a-549197.html; „Made in Germany, ein britischer Rohrkrepierer", von Philip Cassier, Die Welt, Onlineausgabe vom 7.3.2012, abrufbar unter http://www.welt.de/kultur/history/article13879686/Made-in-Germany-ein-britischer-Rohrkrepierer.html.

993 Staudinger/*Magnus*, BGB, Art. 25 CISG, Rn. 14.

994 Staudinger/*Magnus*, BGB, Art. 25 CISG, Rn. 14.

Bestimmung des Zeitpunktes ist in der Literatur freilich nicht unumstritten.[995] Für den Zeitpunkt des Vertragsschluss spricht jedoch nachhaltig das Grundkonzept des UN-Kaufrechts, wonach ein unbedingtes Einstehen für das Leistungsversprechen auf der Basis des bei seiner Abgabe überschaubaren Risikos gefordert wird.[996] Das vom Verkäufer übernommene Risiko wäre unkalkulierbar, könnte es im Nachhinein durch nachträgliche, einseitige Mitteilungen der Partei verändert werden.[997] Außerdem könnte der Käufer sonst einseitig die Vertragspflichten verändern, indem er den Schuldner erst nachträglich darauf aufmerksam machte, dass die Verletzung einer Vertragspflicht, etwa der Lieferungszeitpunkt, zu einem erheblichen Nachteil führen werde.[998] Beispiel: Der Käufer könnte die gekaufte Ware im Wege des Fixgeschäfts weiterveräußern, dies dem Verkäufer mitteilen, mit der Folge, dass dieser jetzt wüsste, dass jede auch nur geringfügige Überschreitung des Liefertermins für den Käufer einen erheblichen Schaden mit sich bringt und so einen einfachen Kauf nachträglich und einseitig in ein Fixgeschäft umwandeln.[999] Die Festlegung des Zeitpunkts auf den Vertragsschluss ist somit ein unverzichtbares Korrektiv für die Garantiehaftung des Verkäufers.

Die vielen unbestimmten Auslegungsmerkmale (und die insgesamt misslungene Formulierung) verursachen eine erhebliche Anwendungsunsicherheit. Indes hat die Praxis Fallgruppen strukturiert, welche die Rechtsanwendung zum großen Teil vorhersehbar und planbar machen. Dieser Kriterienkatalog soll nachfolgend skizziert werden.

2. *Fallgruppen*

a) Behebbare Vertragswidrigkeit

Vorbehaltlich der besonderen Umstände des Einzelfalls liegt zumeist keine wesentliche Vertragsverletzung vor, wenn die Vertragswidrigkeit leicht behebbar

---

995 Den Zeitpunkt der Vertragsverletzung als maßgeblich erachtend: Soergel/*Lüderitz/Budzikiewicz,* BGB, Art. 25 CISG, Rn. 4; *Honnold,* Uniform Law for International Sales, Rn. 183; *Reinhart,* UN-Kaufrecht, Art. 25, Rn. 9, jedenfalls für Informationen bis zum Beginn der Erfüllungsvorbereitung.

996 Staudinger/*Magnus,* BGB, Art. 25 CISG, Rn. 19.

997 Staudinger/*Magnus,* BGB, Art. 25 CISG, Rn. 19; sinngemäß ebenso Münchener Kommentar HGB/*Benicke,* Art. 25 CISG, Rn. 16.

998 Münchener Kommentar HGB/*Benicke,* Art. 25 CISG, Rn. 15; *Ferrari,* IHR 2005, 1 (6); *Holthausen,* RIW 1990, 101 (105).

999 *Ulrich,* RabelsZ 43 (1979), 413 (463).

ist,[1000] selbst wenn sie objektiv schwer wiegt[1001], sofern jedenfalls der Austausch der mangelhaften Ware ohne unzumutbare Belastungen oder Verzögerungen möglich ist[1002], sei es durch Nachlieferung oder Reparatur (Nachbesserung).[1003] Der Käufer selbst kann die Reparatur vornehmen oder sie durch einen von ihm auf Kosten des Verkäufers beauftragten, geeigneten Unternehmer vornehmen lassen.[1004] Eine Vertragswidrigkeit ist – zumindest als Faustformel – nicht mehr leicht behebbar, wenn die in Art. 46 Abs. 2 und 3 CISG vorgesehene Zeitdauer überschritten ist.[1005]

Im besonderen Einzelfall kann es geboten sein, dem Käufer eine Vertragsaufhebung zu gewähren, obwohl der Mangel rasch behoben werden könnte. Beispiel: Die erste Leistung war so gravierend vertragswidrig, dass dem Käufer nicht zugemutet werden kann, auf eine vertragsgemäße Behebung zu hoffen, zumal das Abwarten für den Käufer ruinös sein kann.[1006] In diesem Sinne entschied auch das Gericht Hof's-Gravenhage in einem Fall, in welchem dem Käufer krebserregendes Mehl geliefert wurde.[1007]

b) Unbehebbare Vertragswidrigkeit

Eine unbehebbare Vertragswidrigkeit einer Handelsware ist dennoch nicht wesentlich, wenn der Käufer sie trotz Vertragswidrigkeit verwerten und er sich deshalb mit den Rechtsbehelfen Minderung oder Schadensersatz begnügen

---

1000 CA de Grenoble, 26.4.1995, CISG-Online (CH) Nr. 154; CA de Grenoble, 26.4.1995, CLOUT (CH) Nr. 152; LG München, 27.7.2002, CISG-Online (CH) Nr. 654; *Magnus,* ZEuP 1997, 823 (839); Ferrari/Kieninger/Mankowski/*Saenger,* Int. Vertragsrecht, Art. 49 CISG, Rn. 6; Honsell/*Schnyder/Straub,* UN-Kaufrecht, Art. 49, Rn. 28b; Staudinger/*Magnus,* BGB, Art. 49 CISG, Rn. 14.

1001 Ferrari/Kieninger/Mankowski/*Saenger,* Int. Vertragsrecht, Art. 49 CISG, Rn. 6.

1002 OLG Koblenz, IHR 2003, 172 (175); HG Kanton Aargau, IHR 2003, 178 (178ff.).

1003 OLG Koblenz, IHR 2003, 172 (172); Appellationsgericht Basel-Stadt, 26.9.2008, CISG -Online (CH) Nr. 1732; CA de Grenoble, 26.4.1995, CISG-Online (CH) Nr. 154; LG München, IHR 2003, 233 (235) (Austausch des vom Verkäufer geleisteten Motors, um Drehbarkeit des Globus' herzustellen); zur krassen Aliud-Leistung Staudinger/*Magnus,* BGB, Art. 49 CISG, Rn. 15; *Holthausen,* RIW 1990, 101 (106); *Bitter/Bitter,* BB 1993, 2315 (2320f.).

1004 *Lehr,* Optimierung des Exportgeschäfts, S. 278.

1005 Soergel/*Lüderitz/Schüßler-Langeheine,* BGB, Art. 49 CISG, Rn. 7.

1006 Staudinger/*Magnus,* BGB, Art. 49 CISG, Rn. 14.

1007 Hof's-Gravenhage, IHR 2004, 119 (119f.), obwohl eine ordnungsgemäße Ersatzlieferung theoretisch möglich gewesen wäre; Staudinger/*Magnus,* BGB, Art. 49 CISG, Rn. 14.

kann.[1008] Hier liegt wohl der eigentliche Lackmustest für eine wesentliche Vertragsverletzung. Eine Vertragswidrigkeit ist unbehebbar, wenn sie durch Nacherfüllung (Nachlieferung, Nachbesserung) nicht beseitigt werden kann. Verwertung ist dabei die Weiterveräußerung oder -verarbeitung der Ware.[1009] Wenn ein Verkäufer aus den USA dem Käufer aus Deutschland eine Schiffsladung verdorbener Bananen liefert, kann der Käufer die Bananen nicht – auch nicht mit Preisabschlag – weiterverkaufen. Ebenso wenig kann er den beabsichtigten Gewinn erzielen. Die Vertragsverletzung ist also wesentlich.[1010] Ebenso unbehebbar und nicht verwertbar ist saisongebundene Damenmode, die grob verschnitten und praktisch unverkäuflich ist[1011] oder die Lieferung verzuckerten Weines.[1012] Zumutbare Preisabschläge muss der Käufer hinnehmen, denn dieser finanzielle Verlust kann im Wege der Minderung oder des Schadensersatzes ausgeglichen werden.[1013] Zumutbar ist beispielsweise ein verbilligter Weiterverkauf,

---

1008 BGH, IPRax 1997, 342 (343f.); BGer, IHR 2010, 27 (28); BGer, IHR 2010, 27 (29); OLG Stuttgart, 12.3.2001, CISG-Online (CH) Nr. 841; OLG Köln, IHR 2003, 15 (16); OLG Köln, IHR 2007, 71 (71f.); OLG Frankfurt, NJW 1994, 1013, 1014; OLG Koblenz, IHR 2003, 172 (175); OLG Linz, 23.1.2006, CISG-Online (CH) Nr. 1377; Appelationsgericht des Kanton Basel-Stadt, IHR 2005, 117 (118); Handelsgericht des Kantons Aargau, IHR 2003, 178 (178f.); Kantonsgericht des Kanton Zug, 30.8.2007, CISG-Online (CH) Nr. 1722, S. 12; *Piltz,* Int. Kaufrecht, Rn. 5–279; Staudinger/*Magnus,* BGB, Art. 49 CISG, Rn. 14; ders. Art. 25 CISG, Rn. 26; *Kappus,* NJW 1994, 984 (984); *Holthausen,* RIW 1990, 101 (106); *Piltz,* NJW 1994, 1101 (1105); Münchener Kommentar BGB/*Peter Huber,* Art. 49 CISG, Rn. 36; Schlechtriem/Schwenzer/*Müller-Chen,* UN-Kaufrecht, Art. 49, Rn. 7; *Lehr,* Optimierung des Exportgeschäfts, S. 278; *Piltz,* NJW 2011, 2261 (2265); *Mainguy,* Contrats spéciaux, Rn. 238; Ferrari/Kieninger/Mankowski/*Saenger,* Int. Vertragsrecht, Art. 49 CISG, Rn. 7.

1009 *Bitter/Bitter,* BB 1993, 2315 (2320); Honsell/*Schnyder/Straub,* Art. 49, Rn. 28c.

1010 Beispiel aus *Gildeggen/Willburger,* Internationale Handelsgeschäfte, S. 46.

1011 OLG Köln, IHR 2003, 15 (15ff.) ; Staudinger/*Magnus,* BGB, Art. 49 CISG, Rn. 14.

1012 Cass. civ. 1ière, 23.1.1996, CISG-Online (CH) Nr.159; *Schlechtriem,* IPRax 1996, 132; Staudinger/*Magnus,* BGB, Art. 49 CISG, Rn. 14; OLG Düsseldorf, NJW-RR 1994, 506 (506) zu T-Shirts, die in falscher Farbe geliefert wurden, können eine wesentliche Vertragsverletzung darstellen; eine wesentliche Vertragsverletzung liegt vor, wenn T-Shirts nach der ersten Wäsche um 10–15% einlaufen: LG Landshut, 5.4.1995, 54 O 644/94, UNILEX.

1013 OLG Stuttgart, 12.3.2001, CISG-Online (CH) Nr. 841; BGHZ 132, 290 (298); Staudinger/*Magnus,* BGB, Art. 49 CISG, Rn. 14; OLG Frankfurt, NJW 1994, 1013 (zu Schuhen, deren Aussehen (Material, Farbe) nicht dem Vereinbarten entsprach; OLG Frankfurt, RIW 1994, 593 (594) (Muscheln mit einem erhöhten Kadmiumgehalt sind noch zum Verzehr geeignete Lebensmittel); *Piltz,* Int. Kaufrecht,

wenn Fleisch 43,6% statt 30% Fettanteil und 53,5% statt 2% Blut- und Nässeanteil enthält.[1014] Unter Umständen ist selbst nach einer anderweitigen Verarbeitungsmöglichkeit zu suchen.[1015] Ebenso ist ein Weiterverkauf in einer anderen als der vorgesehenen Verwendung in Betracht zu ziehen.[1016] Einem Endabnehmer ist ggf. zuzumuten, die Ware zu verbrauchen oder zu nutzen.[1017] Generell gilt: Welche zumutbaren Anstrengungen vom Käufer erwartet werden dürfen, die Ware zu verwerten, richtet sich nach der käuferischen Zweckbestimmung der Ware.[1018] Unzumutbar ist eine Verwertung erst dann, wenn der Käufer die Ware nur in einer Weise anbieten kann, dass er um seinen Ruf bei den für ihn maßgeblichen Kunden fürchten muss, wie etwa bei stark einlaufender Kleidung oder dem Verkauf von Wein als Essig.[1019] Ebenso ist ein Qualitätsmangel wesentlich, wenn er Folgegeschäfte scheitern lässt, zu Betriebspausen führt oder die Glaubwürdigkeit der Partei im Geschäftsverkehr erschüttert.[1020] Für den Käufer ist dabei besonders nachteilig, dass er die Wesentlichkeit der Vertragsverletzung beweisen muss und damit dem Risiko ausgesetzt ist, sein Recht nicht durchsetzen zu können.[1021] Weil er dabei außerdem beweisen muss, dass er die Ware nicht anderweitig verwerten konnte oder ihm dies nicht zumutbar war, unterliegt der Käufer einer starken Rechtsunsicherheit, die sich auch auf sein Rechtswahlverhalten auswirkt.[1022] In der Praxis wird zumeist nur demjenigen Käufer die notwendige Beweisführung gelingen, der Endabnehmer ist und nicht selbst mit Ware der bezogenen Art handelt.[1023] Insgesamt unterstreichen diese Kriterien die

---

Rn. 5–281; *Piltz,* NJW 1996, 2768 (2772); a.A. *Herber/Czerwenka,* UN-Kaufrecht, Int. Kaufrecht, Art. 49, Rn. 5.

1014 BGer, SZIER 1999, 179.

1015 OLG Stuttgart, 12.3.2001, CISG-Online (CH) Nr. 841.

1016 *Piltz,* NJW 2011, 2261 (2265); a.A. OLG Düsseldorf, 9.7.2010, CISG-Online (CH) Nr. 2171.

1017 Soergel/*Lüderitz/Schüßler-Langeheine,* BGB, Art. 49 CISG, Rn. 7.

1018 *Benicke,* IPRax 1997, 326 (329).

1019 Cass. civ. 1ière, 21.1.1996, IPRax 1997, 126 (Wein); *Schwenzer,* IHR 2006, 35 (39); Soergel/*Lüderitz/Schüßler-Langeheine*, BGB, Art. 49 CISG, Rn. 7.

1020 Soergel/*Lüderitz/Budzikiewicz,* BGB, Art. 25 CISG, Rn. 2.

1021 BGH, IPRax 1997, 342 (343ff.); Baumgärtel/Laumen/Prütting/*Hepting,* Beweislast Schulrecht BT I, Art. 49 CISG, Rn. 3ff.; Schlechtriem/Schwenzer/*Müller-Chen,* UN-Kaufrecht, Art. 49, Rn. 13.

1022 Zur Reichweite der Beweispflicht: BGH, NJW 1996, 1364ff.; *Piltz,* Int. Kaufrecht, Rn. 5–281; *Piltz,* NJW 2011, 2261 (2265).

1023 BGer, IHR 2010, 27 (29); *Piltz,* NJW 2011, 2261 (2265); *Benicke*, IPRax 1997, 326 (329).

bewusste Tendenz des UN-Kaufrechts, die Vertragsaufhebung als *ultima ratio* der Rechtsbehelfe anzusehen.

c) Objektiv gravierende Vertragswidrigkeit

Einige Gerichte stellen nur auf die Schwere der Vertragsverletzung ab, ohne den Umstand zu berücksichtigen, ob die Vertragswidrigkeit behebbar ist oder eine anderweitige Verwertungsmöglichkeit besteht.[1024] *Piltz* meint, dass auf diese Weise eine wesentliche Vertragsverletzung häufig nicht nachzuvollziehen sei und gelegentlich willkürlich erscheine.[1025] Dem ist zuzustimmen. Die objektive Schwere ist kein Alleinstellungsmerkmal für die Wesentlichkeit eines Mangels, sondern lediglich eines von mehreren Beurteilungskriterien. Der dem UN-Kaufrecht zu Grunde liegende Vorrang des Grundsatzes *pacta sunt servanda* gilt auch bei einem objektiv schwerwiegenden Mangel.[1026] Sofern das Gläubigerinteresse durch die vertragswidrige Leistung des Schuldners zumindest teilweise erfüllt und im Hinblick auf das Defizit durch einen Schadensersatzanspruch kompensiert werden kann, würde diese zentrale Grundlage des UN-Kaufrechts erschüttert. Dieses Ergebnis stützt auch der Wortlaut des Art. 25 CISG: Sofern der Käufer die Handelsware verwerten kann, entgeht ihm gerade nicht das, was er nach dem Vertrag erwarten durfte.

d) Mengenabweichung

Eine Mengenabweichung ist wesentlich, wenn mit einer Genehmigung nicht mehr zu rechnen ist.[1027] Sofern mehrere Teilleistungen vertragswidrig, aber nicht wesentlich vertragswidrig sind, kann der Käufer dennoch gem. Art. 49 Abs. 1 lit. a) CISG den Vertrag aufheben, wenn sie in der Summe so schwerwiegend sind, dass es ihm nicht zumutbar ist, die Ware zu behalten und zu verwerten. Das folgende Beispiel mag das veranschaulichen: Fünfmalige Reklamationen im September und Oktober 2001 betreffend insgesamt 25 Paar Stiefel bei einem Kaufvertrag über 319 Paar Stiefel wurden als nicht wesentlich angesehen. Erst durch eine Rüge im Dezember 2001 von weiteren fünf Paaren liege keine „ungewöhnliche Häufung“ mehr vor.[1028]

1024 Cass. civ. 1ière, 23.1.1996, CISG-Online (CH) Nr. 159; Kantonsgericht des Kanton Wallis, IHR 2006, 155 (157); *Piltz,* Int. Kaufrecht, Rn. 5–282, Fßn. 602 m.w. N.

1025 *Piltz,* Int. Kaufrecht, Rn. 5–282.

1026 HG Kanton Aargau, IHR 2003, 178 (178f.).

1027 *Holthausen,* RIW 1990, 101 (106).

1028 OLG Koblenz, 21.11.2007, CISG-Online (CH) Nr. 1733.

e) Arglistige Leistung einer vertragswidrigen Ware

Der BGH bejahte zunächst implizit, ließ dann aber offen, ob ein arglistiges Verhalten des Verkäufers stets eine wesentliche Vertragsverletzung sei.[1029] In der Literatur finden sich sowohl Stimmen, welche ein etwaiges Verschulden des vertragsbrechenden Teils berücksichtigen wollen, als auch Stimmen, die dies entschieden ablehnen.[1030] Im Ergebnis empfiehlt sich ein Mittelweg. Eine arglistige Täuschung bedeutet nicht stets eine wesentliche Vertragsverletzung, schon weil der Wortlaut des Art. 25 CISG kein Verschuldenselement enthält. Vielmehr stellt er ausschließlich auf das Gläubigerinteresse ab. Maßgeblich ist, *welche* Nachteile *entstanden* sind, nicht dagegen, *wie* sie entstanden sind.[1031] Ferner berücksichtigt das UN-Kaufrecht systematisch eine vorsätzliche Lieferung mangelhafter Ware nur bei der Rüge- und Untersuchungsobliegenheit.[1032] Eine dem Art. 40 CISG vergleichbare Regelung findet sich im Abschnitt über die Aufhebungsvorschriften nicht. Zudem ist Art. 25 CISG eine Regelung des Allgemeinen Teils, welche die wesentliche Vertragsverletzung für alle Rechtsbehelfe legal definiert. Das Rechtsbehelfssystem des UN-Kaufrechts differenziert jedoch nicht nach dem Verschuldensgrad.[1033] Sollte im Einzelfall das Kriterium der Wesentlichkeit zu Lasten des Käufers versagt werden, obwohl der Verkäufer den Käufer arglistig über die Vertragsmäßigkeit der Leistung täuschte, so ist der Käufer nicht rechtlos. Er erhält einen Schadensersatzanspruch gegen den Verkäufer.[1034] Das Erfordernis der „Wesentlichkeit" ist zugleich aus historischer Sicht ein Kompromiss zwischen den Vertragsstaaten, die eine verschuldensabhängige Vertragsaufhebung kennen und denjenigen, in deren Rechtsordnung

---

1029 Implizit bejahend BGH, NJW 1982, 2730 (2731f.) (zum EKG); offen lassend BGH, 3.4.1996, CISG-Online (CH) Nr. 135.

1030 Verneinend *Kiene*, Vertragsaufhebung und Rücktritt des Käufers im UN-Kaufrecht und BGB, S. 72; Münchener Kommentar HGB/*Benicke*, Art. 25 CISG, Rn. 5, 30; *Rudolph*, Export- und Importverträge, Art. 25 CISG, Rn. 6; bejahend: Münchener Kommentar BGB/*Gruber*, Art. 25 CISG, Rn. 7; *von Caemmerer*, Festschrift Coing II, 1982, 33 (39f.).

1031 Münchener Kommentar BGB/*Gruber*, Art. 25 CISG, Rn. 13.

1032 *Kiene*, Vertragsaufhebung und Rücktritt des Käufers im UN-Kaufrecht und BGB, S. 72.

1033 *Kiene*, Vertragsaufhebung und Rücktritt des Käufers im UN-Kaufrecht und BGB, S. 72; Witz/Salger/Lorenz/*Salger*, Kaufrecht, Art. 45 CISG, Rn. 2; Schlechtriem/Schwenzer/*Müller-Chen*, UN-Kaufrecht, Art. 45, Rn. 8; Staudinger/*Magnus*, BGB, Art. 49 CISG, Rn. 8; Münchener Kommentar BGB/*Peter Huber*, Art. 45 CISG, Rn. 3.

1034 *Benicke*, IPRax 1997, 326 (330).

der Rechtsbehelf verschuldensabhängig ausgestaltet ist. Darum sollte andererseits zumindest die Möglichkeit eröffnet werden, das Verschuldenselement in die Auslegung des Begriffes der „Wesentlichkeit“ einfließen zu lassen, um Raum für Einzelfallgerechtigkeit zu schaffen.[1035]

Letztlich gilt für eine wesentliche Vertragsverletzung folgende „Faustformel“: Die nicht vertragsgemäße Leistung ist eine wesentliche Vertragsverletzung, wenn die Abweichung so groß ist, dass dem Käufer nicht zuzumuten ist, die Ware zu behalten und sich mit einem anderen Rechtsbehelf als der Vertragsaufhebung oder der Ersatzlieferung (Schadensersatz oder Minderung) zufriedenzugeben.[1036] Zwar stößt diese Auslegung an die Grenze des Wortlauts des Art. 25 CISG, doch wird auf diese Weise seiner historischen Herkunft und seinem Zweck eher Genüge getan.

II. Deutsches Recht

Im Folgenden soll zunächst die „Pflichtverletzung“ definiert werden, um sodann auf die „Erheblichkeit“ und die Frage einzugehen, ob bei einer Zuwenig-Leistung ein Interessefortfall von Nöten ist.

1. Zum Rücktritt berechtigende Pflichtverletzung

Um nach deutschem Recht zurücktreten zu können, muss die Pflichtverletzung erheblich sein, § 323 Abs. 5 S. 2 BGB. Der Begriff Pflichtverletzung bezieht sich beim Kauf auf die Pflicht zur mangelfreien Leistung aus § 433 Abs. 1 S. 2 BGB und nicht (auch) auf die Pflicht zur ordnungsgemäßen Nacherfüllung, § 439 Abs. 1 BGB.[1037] Die „These der doppelten Tatbestandsmäßigkeit“ der Mängelleistung ist nämlich nicht vereinbar mit dem Umstand, dass § 323 BGB nicht einen einzelnen Zeit*punkt* ins Visier nimmt (Nichterbringen der geschuldeten Leistung zur Fälligkeit bzw. der geschuldeten Nacherfüllung zur Fälligkeit),

1035 Münchener Kommentar BGB/*Gruber*, Art. 25 CISG, Rn. 7; *von Caemmerer*, Festschrift Coing II, 1982, 33 (39f.).

1036 *Benicke*, IPRax 1997, 326 (329); *Ro. Koch*, RIW 1996, 687 (687); Münchener Kommentar BGB/*Gruber*, Art. 25 CISG, Rn. 12; *Lehr*, Optimierung des Exportgeschäfts, S. 278.

1037 Jauernig/*Berger*, BGB, § 437, Rn. 1, § 439, Rn. 1 und Jauernig/*Stadler*, BGB, § 323, Rn. 7: Maßgeblich ist die Schlechterfüllung einer Leistungspflicht; diese folgt beim Kaufvertrag aus § 433 I 2 BGB, da § 439 BGB den Anspruch des Käufers auf Lieferung einer mangelfreien Sache (§ 433 I 2 BGB) nur konkretisiert; Prütting/Wegen/Weinreich/*D. Schmidt*, BGB, § 437, Rn. 20.

sondern einen Zeit*raum*, also das Nichterbringen der geschuldeten mangelfreien Leistung überhaupt.[1038] Der Leistungsversuch mit der mangelbehafteten Sache und der Ablauf der Nachfrist sind folglich als Einheit zu betrachten.[1039] Schließlich sprechen auch Zweckmäßigkeitserwägungen dagegen, die Anwendung des § 323 Abs. 5 S. 2 BGB unnötig zu verkomplizieren.[1040] § 323 Abs. 5 S. 2 BGB wäre bei Ablauf der Nachfrist nicht anwendbar, die fehlende Leistung wäre – bei isolierter Betrachtung – Nichtleistung und keine nicht vertragsgemäße Leistung, weil die Nacherfüllung überhaupt nicht bewirkt wurde. Der Käufer könnte vom Vertrag insgesamt zurücktreten, auch wenn die Verzögerung im Lichte des gesamten Leistungsprogramms des Verkäufers unerheblich wäre.

2. *Erheblichkeit*

Das Kriterium der Erheblichkeit ist funktionell auf den ersten Blick mit dem Erfordernis einer wesentlichen Vertragsverletzung im UN-Kaufrecht vergleichbar. Es dient dazu, den Vertrag bei nur unerheblichen Pflichtverletzungen aufrechtzuerhalten (*pacta sunt servanda*). In einer umfassenden Abwägung ist zu prüfen, ob das Gläubigerinteresse derart beeinträchtigt wird, dass das Interesse des Schuldners an der Vertragserhaltung zurückstehen muss.[1041] Das stellt bereits eine Besonderheit zum UN-Kaufrecht dar, das jegliche Schuldnerinteressen außer Acht lässt.[1042]

Vom UN-Kaufrecht weicht das deutsche Recht insofern ab, als relevanter Beurteilungszeitpunkt bei diesem die Rücktrittserklärung ist.[1043] Wenngleich das UN-Kaufrecht auf den Zeitpunkt der Vertragsverletzung abstellt, wird sich der unterschiedliche Zeitpunkt im Ergebnis nur formal auswirken, denn in der Praxis wird der Zeitpunkt der Vertragsverletzung mit dem der Rücktrittserklärung in der Regel zusammenfallen.

Ein in der Praxis bedeutsamer Unterschied zum UN-Kaufrecht besteht gleichwohl in der Beweislastverteilung. Das deutsche Rechtssystem ordnet die

---

1038 Soergel/*Gsell*, BGB, § 323, Rn. 40.
1039 Soergel/*Gsell*, BGB, § 323, Rn. 40.
1040 Soergel/*Gsell*, BGB, § 323 Rn. 40.
1041 BGH, NJW 2009, 508, 509; BGH, NJW-RR 2010, 1289; OLG Düsseldorf, NJW-RR 2008, 1230; OLG Celle, NJW-RR 2010, 356; Prütting/Wegen/Weinreich/*D. Schmidt*, BGB, § 437, Rn. 21; *Müller/Matthes*, AcP 204 (2004), 732 (747).
1042 *Freiburg*, Vertragsaufhebung im UN-Kaufrecht, S. 52; Bianca/Bonell/*Will*, Art. 25, Anm. 2.1.2.1.
1043 BGH, NJW 2009, 508, 509; BGH, NJW 2011, 1664; *Looschelders*, Schuldrecht BT, Rn. 108.

Erheblichkeit systematisch als Ausschlussgrund eines entstandenen Rücktrittsrechts ein. Entsprechend der allgemeinen zivilprozessrechtlichen Beweislastregel, wonach jede Partei die ihr günstigen Tatsachen zu beweisen hat, hat dies zur Folge, dass der Verkäufer beweisen muss, dass die Pflichtverletzung nur unerheblich ist, um dem Käufer das Rücktrittsrecht zu versagen.[1044] Die negative Formulierung des § 323 Abs. 5 Satz 2 BGB („nicht zurücktreten, wenn die Pflichtverletzung unerheblich ist") kehrt also die Beweislast um.[1045]

Maßstab einer Beurteilung der Interessensbeeinträchtigung ist der objektive Durchschnittskäufer. Erst wenn ein verständiger Durchschnittskäufer vom Kauf Abstand nehmen würde, überwiegt das Gläubiger- das Schuldnerinteresse.[1046] Die hierbei heranzuziehenden Kriterien stimmen auf den ersten Blick mit denen des UN-Kaufrechts überein. Auch im deutschen Recht ist entscheidend, ob und inwieweit die Kaufsache gebrauchstauglich ist (§ 434 Abs. 1 Satz 2 BGB) oder die vereinbarte Beschaffenheit aufweist (§ 434 Abs. 1 Satz 1 BGB).[1047] Nicht mehr gebrauchstauglich ist beispielsweise ein Gebrauchtwagen, in dessen Fahrzeuginneres Feuchtigkeit eindringt,[1048] wenn das Automatikgetriebe eines Kraftfahrzeuges „ruckelt",[1049] wenn die Bremsflüssigkeit fehlerhaft angezeigt wird,[1050] in einer gehobenen Fahrzeugkategorie Bremsgeräusche zu hören sind,[1051] oder die Innenverkleidung eines Gebrauchtwagens aufplatzt.[1052] Schließlich liegt auch ein erheblicher Mangel vor, wenn verkaufte Fleischprodukte nicht für den Handelsverkehr tauglich sind.[1053]

Eine vorübergehende Gebrauchsuntauglichkeit oder fehlende Beschaffenheit kann wie im UN-Kaufrecht durch eine Mängelbeseitigung ausgeglichen werden, sofern der zur Mangelbeseitigung erforderliche Aufwand verhältnismäßig ist.[1054]

1044 Jauernig/*Stadler,* BGB, § 323, Rn. 20; Staudinger/*Otto/Schwarze,* BGB, § 323, Rn. C 1; Prütting/Wegen/Weinreich/*D. Schmidt,* BGB, § 437, Rn. 21; zu den zivilprozessrechtlichen Beweislastregeln: BGH, NJW 2005, 2395; BGH, NJW 1999, 352; *Anders/Gehle,* Assessorexamen im Zivilrecht, Rn. F-134.

1045 *St. Lorenz,* NJW 2003, 3097 (3098); Staudinger/*Otto/Schwarze,* BGB, § 323, Rn. C 1.

1046 *Looschelders,* Schuldrecht BT, Rn. 108.

1047 BGH, NZV 2009, 137 (137); *Looschelders,* Schuldrecht BT, Rn. 108; Palandt/*Weidenkaff,* BGB, § 437, Rn. 23.

1048 BGH, NZV 2009, 137 (138).

1049 OLG Düsseldorf, NJW-RR 2008, 1230; OLG Köln, NJW-RR 2011, 61 (63).

1050 OLG Stuttgart, NJW-RR 2010, 412.

1051 OLG Schleswig-Holstein, NJW-RR 2009, 1065.

1052 OLG Saarbrücken, BeckRS 2005, 11629.

1053 OLG Karlsruhe, MDR 2009, 134.

1054 *Müller/Matthes,* AcP 204 (2004), 732 (747); Jauernig/*Stadler,* BGB, § 323, Rn. 20; Palandt/*Grüneberg,* BGB, § 281, Rn. 47, § 323, Rn. 32; Prütting/Wegen/Weinreich/*D.*

Verhältnismäßig ist er, wenn die Nacherfüllung 110% des Kaufpreises nicht überschreitet.[1055] Anders als im UN-Kaufrecht, das eine wesentliche Vertragsverletzung in der Regel bei behebbaren Mängeln – zumindest unter Zugrundelegung der Rechtsprechung des BGH – ausschließt, ist dem Käufer das Rücktrittsrecht nicht zu versagen, nur weil der Mangel behebbar ist. Das Rücktrittsrecht hat die *ratio*, dass ein Käufer sich nicht rechtfertigen muss, wenn er eine vertragswidrige Kaufsache nicht behalten will.[1056] Der Rücktrittsausschluss ist also die Ausnahme, so dass an dieser Stelle ein markanter Unterschied zum UN-Kaufrecht bemerkbar ist. Der Käufer darf notfalls aus höchst individuellen Gründen auf dem Leistungsversprechen beharren und muss sich eine unerwünschte Leistung grundsätzlich nicht gefallen lassen.[1057] Ferner gilt § 323 BGB nicht nur für Unternehmer, sondern auch für Verbraucher, die grundsätzlich schutzwürdiger sind. Dieser Wertungsmaßstab kommt dem Unternehmer i. S. d. UN-Kaufrechts im deutschen Recht zu Gute. Demnach ist nach deutschem Verständnis eine Pflichtverletzung nicht allein deshalb unerheblich, weil der Käufer sie weiterveräußern kann.

Das Leistungsinteresse des Käufers kann demnach allein durch einen kleineren Mangel, einen Bagatellmangel oder durch funktionelle und ästhetische Beeinträchtigungen spürbar beeinträchtigt werden und dadurch eine Vertragsaufhebung rechtfertigen.[1058] Freilich ist diese Wertung nicht als pauschale Faustformel zu verstehen, da wie erwähnt das Schuldnerinteresse durchaus zu berücksichtigen ist. Es bleibt also vielmehr eine Frage des Einzelfalles, so dass ein Bagatellmangel auch nach deutschem Verständnis das Rücktrittsrecht ausnahmsweise ausschließen kann, wenn ein Rücktritt unverhältnismäßig wäre, wie folgende Beispiele zeigen: Unerheblich, da den Gebrauch nicht beeinträchtigend, ist es, wenn der

---

Schmidt, BGB, § 437, Rn. 21; Münchener Kommentar BGB/*Harm Peter Westermann*, § 437, Rn. 22; Dauner-Lieb/Heidel/Ring/*Dauner-Lieb/Dubovitskaya*, BGB, § 323, Rn. 38; *Reinicke/Tiedtke*, Kaufrecht, Rn. 488; Regierungsbegründung, BT-Drucks. 14/6040; *Skamel*, ZGS 2009, 399 (399f.).

1055 *Kulke*, ZGS 2006, 412 (414); Jauernig/*Stadler*, BGB, § 323, Rn. 20; *Skamel*, ZGS 2009, 399 (400); a.A. Münchener Kommentar zum BGB/*Ernst*, § 323, Rn. 243e, der sich an § 651e BGB orientiert, wonach erst 20 bis 50% eine Erheblichkeit begründen sollen; ebenso BGH, NJW 2005, 3490 (3493); OLG Düsseldorf, NJW-RR 2004, 1060: ein Mangel, der einen Reparaturaufwand von weniger als 3% des Kaufpreises nach sich zieht, ist unerheblilch; *Kötz*, Vertragsrecht, Rn. 953, für einen Reparaturaufwand von 1 bis 2% des Kaufpreises.

1056 *St. Lorenz*, NJW 2006, 1925 (1925).

1057 *St. Lorenz*, NJW 2006, 1925 (1925).

1058 *Kötz*, Vertragsrecht, Rn. 953; Nomos Kommentar BGB/*Schulze*, § 323, Rn. 14; Staudinger/*Otto/Schwarze*, BGB, § 323, Rn. C 24; Palandt/*Grüneberg*, BGB, § 323, Rn. 32.

tatsächliche Kraftstoffverbrauch eines Neufahrzeugs um weniger als 10% im Vergleich zum angegebenen Wert abweicht[1059] oder wenn die Einbauküche nur kleinere optische Mängel hat.[1060] Von einem unerheblichen Mangel wird selbst dann noch gesprochen, wenn bei Nutzung der Autowaschanlage geringfügig Wasser in das Autoinnere eintritt.[1061] Viele kleine Fehler können in ihrer Gesamtschau jedoch wieder zur Erheblichkeit eines einheitlich betrachteten Mangels führen.[1062]

Ebenso wie im UN-Kaufrecht ist auch im deutschen Recht umstritten, ob etwaige vorvertragliche Pflichtverletzungen des Schuldners sowie deren Verschuldensgrad - insbesondere eine arglistige Täuschung - die Interessensabwägung beeinflussen sollten.[1063] Dies zu bejahen erscheint aus mehreren Gründen irrig. Dagegen spricht zunächst der Wortlaut des § 323 Abs. 5 Satz 2 BGB, der nicht auf ein Verschuldenselement hinweist. Überdies ist der Rücktritt insgesamt verschuldensunabhängig, so dass es systemwidrig wäre, eine verschuldete Verursachung zu berücksichtigen zumal nach deutschem Recht Verschulden nur Voraussetzung von Schadensersatzansprüchen ist. Schuldhaftes vorvertragliches Verhalten zu berücksichtigen würde auch den Zweck des § 323 Abs. 5 S. 2 BGB konterkarieren: Er soll den Rücktritt in den Fällen ausschließen, in denen dem Interesse des Käufers durch das Minderungsrecht ebenso gedient wäre.[1064] Zu keinem anderen Ergebnis gelangt die richtlinienkonforme Auslegung und Berücksichtigung des Art. 3 Abs. 6 der Verbrauchsgüterkaufrichtlinie. Und schließlich würde durch eine Berücksichtigung schuldhaften vorvertraglichen Verhaltens des Schuldners vorvertragliches Verhalten sanktioniert, wofür ein Anspruch aus *culpa in contrahendo* sachgemäßer ist als ein Anspruch wegen nicht vertragsgemäßer, vertraglich aber geschuldeter Leistung.[1065] Deutlich wird

1059 BGH, NJW 2007, 2111 (2112).

1060 KG, MDR 2007, 1412, 1412f.

1061 OLG Brandenburg, NJW-RR 2007, 928.

1062 LG Zweibrücken, NJOZ 2005, 3119 (3121).

1063 BGH, NJW 2007, 835; BGH NJW 2006, 1960; *Medicus/Lorenz,* Schuldrecht BT, Rn. 156; *Looschelders,* Schuldrecht BT, Rn. 109; *Müller/Matthes,* AcP 204 (2004), 732 (747); Jauernig/*Stadler,* BGB, § 323, Rn. 20; Palandt/*Grüneberg,* BGB, § 281, Rn. 47, § 323, Rn. 32; *Brox/Walker,* Bes. Schuldrecht, § 4, Rn. 62; *Oetker/Maultzsch,* Vertragliche Schuldverhältnisse, § 2, Rn. 249; *Eckert/Maifeld/Matthiessen,* Kaufrecht, Rn. 660; a.A. jedoch Staudinger/*Otto/Schwarze,* BGB, § 323, Rn. C 26; *St. Lorenz,* NJW 2006, 1925, 1926f.; *Kulke,* ZGS 2006, 412 (414).

1064 *Medicus/Lorenz,* Schuldrecht BT, Rn. 156.

1065 Prütting/Wegen/Weinreich/*Medicus/Stürner,* BGB, § 323, Rn. 42; *Stürner,* Der Grundsatz der Verhältnismäßigkeit im Schuldvertragsrecht S. 243ff.

jedenfalls, dass die Schwelle der „Erheblichkeit“ erheblich niedriger ist als diejenige der „Wesentlichkeit“ nach UN-Kaufrecht.

3. *Interessensfortfall bei Zuwenig-Leistung?*

In der Lehre ist umstritten, ob für ein Rücktrittsrecht wegen einer Zuwenig-Leistung § 323 Abs. 5 Satz 2 BGB oder § 323 Abs. 5 Satz 1 BGB anzuwenden ist. Wäre auf § 323 Abs. 5 Satz 1 BGB zurückzugreifen, dürfte der Käufer an der Teilleistung kein Interesse haben, um vom gesamten Vertrag zurücktreten zu können. Der Grund für diese Unsicherheit ist § 434 Abs. 3 BGB. Diese Vorschrift ordnet (konstitutiv oder deklaratorisch – jedenfalls klarstellend) an, dass es einem Sachmangel gleichstehe, wenn der Verkäufer eine zu geringe Menge liefert. Für den Käufer hat § 323 Abs. 5 Satz 1 BGB den Nachteil, dass er beweispflichtig dafür ist, an der Teilleistung kein Interesse mehr zu haben.[1066] Für die Anwendung des § 323 Abs. 5 Satz 1 spricht zunächst eine intuitive Einschätzung. Mit ihr scheint es nur schwer vereinbar zu sein, eine Zuwenig-Lieferung als eine mangelhafte Gesamtlieferung einzuordnen. Leistet der Verkäufer beispielsweise nur 10 der versprochenen 20 Kisten Wein, sollen die 10 geleisteten Kisten Wein eine schlechte 20 Kisten Wein-Lieferung darstellen, statt einer 10 Kisten Wein-Lieferung? Dem Interesse des Käufers, der die Ware weiterverkaufen und Gewinn erzielen möchte, ist sicherlich auch mehr gedient, wenn er bis zur Nachlieferung bereits die 10 Kisten verkaufen kann, statt auf Neulieferung (§ 439 Abs. 1 2. Alt. BGB) von 20 Kisten Wein warten zu müssen. Zum Teil wird auch vorgebracht, dass die Wertung des § 434 Abs. 3 BGB im allgemeinen Schuldrecht nicht zu beachten sei, denn Ziel einer Gleichstellung einer Zuwenig-Leistung mit einem Sachmangel in § 434 Abs. 3 BGB sei es gewesen, Abgrenzungsschwierigkeiten zwischen einer Schlecht- und einer Aliud-Leistung bei Gattungsschulden zu vermeiden. Es sei indes nicht darum gegangen, zu bestimmen, unter welchen Voraussetzungen ein Rücktritt möglich sein solle.[1067] Nichtsdestotrotz ist ausschließlich § 323 Abs. 5 Satz 2 BGB anzuwenden:[1068] Zum einen stellt sich die Frage der Definition

1066 Staudinger/*Otto/Schwarze*, BGB, § 323, Rn. C 1; *Müller/Matthes*, AcP 204 (2004), 732 (746).

1067 *Plate*, Examensrelevantes Zivilrecht, S. 717.

1068 Ebenso *Oetker/Maultzsch*, Vertragliche Schuldverhältnisse, § 2, Rn. 249ff., der die § 323 Abs. 5 Satz 1 BGB-Problematik im Rahmen eines Rücktritts nach §§ 437 Nr. 2 1. Alt., 323 Abs. 1 2. Alt. BGB gar nicht erst erwähnt; *Brox/Walker*, Bes. Schuldrecht, § 4, Rn. 65.

einer Teilleistung. Diese kann i.S.d. § 323 Abs. 5 Satz 1 BGB jedweder Art – qualitativ wie quantitativ – sein.[1069] Dies spricht auf den ersten Blick nicht gegen die Einordnung einer Zuwenig-Leistung als Teilleistung. Unumgänglich für eine Teilleistung i.S.d. § 323 Abs. 5 Satz 1 BGB ist jedoch, dass der Verkäufer eine Leistung erbringt, mit der er aus objektiver Sicht seine Verpflichtung nicht vollständig erfüllt und die Leistung teilbar ist. Daran fehlt es, wenn diese wegen ihrer Beschaffenheit oder nach dem übereinstimmenden Willen der Beteiligten als unteilbar behandelt werden soll.[1070]

Eine Zuwenig-Leistung setzt voraus, dass zum Fälligkeitstermin die Leistung nicht vollständig erbracht wird. Dagegen liegt eine Teilleistung vor, wenn zunächst teilweise, am Ende aber vollständig, eine Leistung innerhalb des Fälligkeitszeitraums erbracht wird. Eine Zuwenig-Leistung mit einer Teilleistung gleichzusetzen geht also fehl. Die Einordnung einer Zuwenig-Leistung als quantitative Teilleistung wäre nicht nur ein dogmatischer Bruch, sondern würde auch zu einer erheblichen Rechtsunsicherheit führen, wenn sie bei Anwendung des allgemeinen Schuldrechts als quantitative Teilleistung und im besonderen Schuldrecht als mangelhafte Gesamtleistung eingeordnet werden würde. Zudem muss die Wertung des § 434 Abs. 3 BGB auch schon deshalb im Allgemeinen Schuldrecht im Wege einer historischen Auslegung Beachtung finden, weil dies der erklärte Wille des Gesetzgebers war.[1071] Dieser Wille kann indes nur berücksichtigt werden, wenn das Entstehen eines Mangels auch bei den aus ihm ggf. entstehenden Rechtsbehelfen berücksichtigt wird. Überdies kann es durchaus sein, dass der Käufer an einer Teilleistung eben kein Interesse hat, weil ein Deckungskauf nicht das Defizit, sondern nur die Gesamtleistung ausgleichen könnte. Damit gelangt allein § 323 Abs. 5 Satz 2 BGB zur Anwendung, so dass nur der vollständige Vertrag aufgrund einer nicht

---

1069 *Medicus/Lorenz,* Schuldrecht AT, Rn. 158; a.A. Erman/*H.P. Westermann,* BGB, § 323, Rn. 27 und OLG Celle, ZGS 2004, 74, wonach eine mangelhafte Leistung keine Teilleistung i.S.d. § 323 Abs. 5 S. 1 BGB ist.

1070 Nomos Kommentar BGB/*Schulze,* § 323, Rn. 13; Staudinger/*Otto/Schwarze*, BGB, § 323, Rn. B 137.

1071 *St. Lorenz,* NJW 2003, 3097 (3099), der eine „zweistufige Prüfung" vorschlägt: Eine Zuwenig-Leistung steht wegen § 434 Abs. 3 BGB einem Sachmangel gleich, so dass § 323 Abs. 5 Satz 2 BGB anzuwenden ist. Weil es jedoch eine Teilschlechtleistung ist, soll auch § 323 Abs. 5 Satz 1 BGB zur Anwendung gelangen, wenn ein Totalrücktritt begehrt wird; für eine Berücksichtigung ebenso Regierungsbegründung in BT-Drucks. 14/6040, S. 216f.; offen lassend *Brox/Walker,* Bes. Schuldrecht, § 4 Rn. 65.

vertragsgemäßen Leistung aufgehoben werden kann (Totalrücktritt).[1072] Für den Käufer der 20 Flaschen Wein heißt das, dass er nicht die bereits geleisteten zehn Flaschen behalten und hinsichtlich der verbleibenden zehn Flaschen vom Vertrag zurücktreten kann, sondern nur vollständig den Vertrag rückabwickeln kann, wenn er keine weiteren zehn Flaschen erhält. Im Übrigen kann er den Kaufpreis natürlich mindern.

III. Französisches Recht

Die Zweispurigkeit des französischen Haftungsrechts bei einer Qualitäts-, Quantitäts- und Identitätsabweichung der Leistung (Haftung wegen vertragswidriger Leistung und Haftung wegen mangelhafter Leistung) setzt sich auch bei der Vertragsaufhebung fort. Leistet der Verkäufer eine Ware, die in quantitativer Hinsicht, in ihrer Identität oder offenkundig in ihrer Qualität von der geschuldeten Leistung abweicht, erfüllt er seine Lieferpflicht („*obligation de délivrance*") nicht. Deshalb sind die allgemeinen Regeln der Vertragsauflösung wegen Nichterfüllung anwendbar („*résolution pour inexécution*"), Artt. 1610, 1184 CC.[1073] Sofern die Vertragswidrigkeit der Ware als versteckter Mangel qualifiziert werden kann, steht dem Käufer das im Rahmen der dann anzuwendenden Sachmängelgewährleistung speziellere Recht der Wandelung („*action rédhibitoire*") zu.

1. Résolution pour inexécution

a) Cause (Ursache)

Anders als das UN-Kaufrecht und das deutsche Recht berücksichtigt das französische Recht sehr wohl die Ursache der Nichterfüllungshandlung.

(1) Fait imputable au débiteur

Aus dem gesetzlichen Wortlaut „*ne vient que du fait du vendeur*" des Art. 1610 CC wird abgeleitet, dass die Nichterfüllung („*inexécution*") dem Verkäufer

---

1072 Nomos Kommentar BGB/*Schulze*, § 323, Rn. 13f.; *St. Lorenz*, NJW 2006, 1925 (1925); zum Totalrücktritt *Müller/Matthes*, AcP 204 (2004), 732 (737); BT-Drucks. 14/6040, S. 186f.

1073 *Ferid/Sonnenberger*, Frz. Zivilrecht, Rn. 2 G 536, 541; *Bénabent*, Contrats spéciaux, Rn. 316; *Bihl*, Droit de la vente, Rn. 484; JCl. Civ. Art. 1603–1623, Fasc. 2 Nr. 2ff.; *Mainguy*, Contrats spéciaux, Rn. 158; *Ghestin/Huet*, Contrats spéciaux, Rn. 11238, 11261; Zur Übersetzung des Begriffes „inexécution": *de Schlichting/Volmerange*, Einführung frz. Rechtssprache, S. 69.

zurechenbar („*imputable*“) sein muß, damit eine Haftung wegen Nichterfüllung ausgelöst wird.[1074] Die Nichterfüllung ist dem Verkäufer nicht zurechenbar, wenn höhere Gewalt („*force majeure*“[1075]), die Handlung eines Dritten, des Gläubigers oder Zufall („*cas fortuit*“) zur Nichterfüllung führten.[1076]

(2) Schuldhafte Nichterfüllung („inexécution fautif“)

Einige Stimmen wollen die Vertragsaufhebung indes nur dann für zulässig erachten, wenn die Nichterfüllung vom Verkäufer verschuldet wurde („*la résolution suppose le caractère fautive de l'inexécution*“).[1077] Dieser Ansatz stammt historisch aus dem kanonischen Recht, wonach die „*résolution pour inexécution*“ die Nichteinhaltung des gesprochenen Wortes sanktioniert und präventiv ermahnt, Versprochenes einzuhalten.[1078] Gegen diese Auffassung spricht indes, dass weder das Gesetz noch die Rechtsprechung ein Verschulden („*faute*“) als Voraussetzung für die „*résolution pour non-conformité*“ fordern.[1079] Richtigerweise ist davon auszugehen, dass die Nichterfüllung nicht notwendig schuldhaft vom Schuldner verursacht worden sein muss.[1080] Dafür spricht insbesondere, dass die „*résolution*“ ein eigener Rechtsbehelf ist und neben der vertraglichen Schadensersatzhaftung („*résponsabilité contractuelle*“) besteht.[1081] Die Vertragsaufhebung ist ein Mittel, das in Betracht kommt, wenn der wirtschaftliche Nutzen („*utilité*“) des Vertrages nicht mehr gewährleistet werden kann.[1082] Dieses Äquivalenzprinzip ist auch ohne Verschulden verletzt.

1074 Cass. civ. 3ième, 20.11.1985, J.C.P. 1986.IV.46; *Malaurie/Aynès/Stoffel-Munck*, Obligations, Rn. 872; *Larroumet*, Droit civil, Rn. 710.

1075 *De Schlichting/Volmerange*, Einführung frz. Rechtssprache, S. 69.

1076 So *Larroumet*, Droit civil, Rn. 721 über die Schadensersatzregeln nach Artt. 1147, 1148 CC; für cas fortuit *Bénabent*, Contrats spéciaux, Rn. 316.

1077 *Carbonnier*, Droit civil, Biens et obligations, Rn. 1102.

1078 *Buffelan-Lanore/Larribeau-Terneyre*, Obligations, Rn. 1226.

1079 Cass. civ.1ière, 4.2.1976, Légifrance (F) n° 74-13837 „La résolution d'un contrat synallagmatique peut être prononcée même si l'execution n'est pas fautive“; Cass. civ. 3ième, 9.10.1979, Légifrance (F) n° 78-10014; *Malaurie/Aynès/Stoffel-Munck*, Obligations, Rn. 877.

1080 Cass. civ. 3ième, 9.10.1979, Légifrance (F) n° 78-10014; *Terré/Simler/Lequette*, Droit civil, les obligations, Rn. 650; *Porchy-Simon*, Obligations, Rn. 523; *Mazeaud/Mazeaud/Chabas*, Obligations, Théorie générale, Rn. 1099; *J. Flour/Aubert/Y. Flour/Savaux*, Rapport d'obligation, Rn. 249; *Cabrillac*, Obligations, Rn. 177.

1081 *Larroumet*, Droit civil, Rn. 710.

1082 *Malaurie/Aynès/Stoffel-Munck*, Obligations, Rn. 877.

b) Gravité

Des Weiteren muss die Nichterfüllung des Schuldners auch im französischen Recht erheblich sein („*inexécution grave*“).[1083] Das Gericht[1084] urteilt, ob eine verspätete Erfüllung das Vertragsinteresse des Käufers noch befriedigen würde.[1085] Dabei ist die Nichterfüllung einer Hauptpflicht nicht immer eine erhebliche Nichterfüllung, die es erlauben würde, den gesamten Vertrag aufzuheben. Die teilweise Nichterfüllung einer Hauptpflicht oder die Nichterfüllung einer Nebenpflicht als unerhebliche Nichterfüllung mit der Folge, dass der Vertrag nicht aufgehoben wird, kann ebenfalls nicht vermutet werden, wie die folgenden Ausführungen erweisen mögen.

Der Richter muss sich bei der Entscheidungsfindung von folgenden Fragen leiten lassen: Ist eine Vertragsaufhebung eine angemessene Folge? Kann dem Interesse des Käufers an der Erfüllung des Vertrages auch auf andere Weise nachgekommen werden, etwa durch die Bewilligung von Schadensersatz oder einer gerichtlichen Aufforderung zur Leistung seitens des Schuldners.[1086] Dabei zieht das Gericht objektive Kriterien wie etwa die Schwere der nichterfüllten Pflicht („*importance de manquement dénoncé*“) ebenso in Erwägung wie subjektive Gesichtspunkte, beispielsweise der gute oder böse Glaube der Parteien („*bonne ou mauvaise foi*“) oder ihre Unstimmigkeit („*mésentente*“).[1087] Berücksichtigung finden alle Kriterien, die bis zum Tag der Entscheidung vorliegen.[1088] Die Beurteilungskriterien sind also mit dem deutschen Recht weitgehend vergleichbar; weniger hingegen mit dem UN-Kaufrecht, weil das französische Recht den Aspekt der Weiterveräußerungsmöglichkeit ebenso wie das deutsche Recht nicht allein maßgeblich berücksichtigt, wie die beispielhafte Aufzählung der Leitfragen zeigte. Obwohl die Kriterien im deutschen und französischen Recht im Hinblick auf ihre Kategorien parallel gewählt sind, werden sie in der Praxis zum Teil anders gewichtet. So entschied die Cour de Cassation, dass die Vertragsverletzung nicht erheblich ist, wenn der Schuldner nur eine Nebenpflicht verletzt oder eine wesentliche Pflicht nur teilweise erfüllt[1089], was nach deutschem Verständnis

---

1083 *Malaurie/Aynès/Stoffel-Munck,* Obligations, Rn. 877.

1084 Die Vertragsauflösung ist vor einem Gericht zu erklären, vgl. die noch folgenden Ausführungen in: 3. Kapitel C. III. 1.

1085 *Bénabent,* Contrats spéciaux, Rn. 318.

1086 *J. Flour/Aubert/Y. Flour/Savaux,* Rapport d'obligation, Rn. 252.

1087 Cass. civ. 3ième, 29.4.1987, Bull. civ. III, n° 93; *Carbonnier,* Droit civil, Biens et obligations, Rn. 1102; *J. Flour/Aubert/Y. Flour/Savaux,* Rapport d'obligation, Rn. 250.

1088 *J. Flour/Aubert/Y. Flour/Savaux,* Rapport d'obligation, Rn. 250.

1089 Cass. com. 2.7.1996, Légifrance (F) n° 93–14130.

nicht zwangsläufig und erst Recht nicht unter Anwendung des UN-Kaufrechts so beurteilt worden wäre, sondern einer eingehenden Begründung bedurft hätte, wie obige Ausführungen zu den beiden Rechtsordnungen gezeigt haben. Wie in jeder Rechtsordnung birgt die Anwendung eines unbestimmten Rechtsbegriffes die Gefahr der unvorhersehbaren und unplanbaren Rechtsanwendung, weil von dem durch gerichtliche Entscheidungen „gewohnheitsrechtlich" anerkannten Maßstab jederzeit abgewichen werden kann. Rechtssicherheit entsteht nur bei rechtlich eindeutig zu bewertenden Fällen, wie etwa, wenn der Verkäufer wiederholt nicht oder zu spät zu leistet. Dann hat der Käufer zu Recht kein Interesse mehr am Vertrag und kann ihn auflösen.[1090] Diese Wertung findet sich über die Ländergrenzen hinaus. Gleiches gilt, wenn der Schuldner eine Hauptflicht gar nicht erfüllt hat.[1091] Sehr leicht behebbare bzw. Bagatellmängel rechtfertigen auch nach französischem Verständnis eine Vertragsauflösung nicht, wie das Beispiel einer mangelhaften Seilwinde eines Krans zeigt.[1092]

2. *Action rédhibitoire*

Leistet der Verkäufer eine mit einem versteckten Qualitätsmangel beeinträchtigte Sache, kann der Käufer Wandelung begehren („*action rédhibitoire*" bei „*vice rédhibitoire*"[1093]). Wie die anderen Rechtsordnungen sieht auch das französische Wandelungsrecht eine Einschränkung vor, nämlich die Erheblichkeit des die Wandelung eröffnenden Mangels.[1094] Andernfalls verbleibt dem Käufer auch hier der Weg zu anderen Rechtsbehelfen, etwa der Minderung.[1095] Der zur Wandelung berechtigende Mangel stimmt zwar nicht terminologisch, jedoch funktionell mit dem UN-Kaufrecht überein: Er berücksichtigt ausschließlich das Gläubigerinteresse. Durch eine etwaige Bös- oder Gutgläubigkeit des Verkäufers wird das Wandelungsrecht des Käufers ebensowenig beeinflusst wie durch ein schuldhaftes

---

1090 Cass. civ. 3ième, 3.10.2000, Légifrance (F) n° 99–11833.

1091 Cass. civ. 1ière, 18.7.1995, Légifrance (F) n° 93–16338; „sûrement" wird das Gericht so urteilen: *Malaurie/Aynès/Stoffel-Munck*, Obligations, Rn. 877; *Carbonnier*, Droit civil, Biens et obligations, Rn. 1102.

1092 Der Bruch der Seilwinde eines Krans ist keine „inexécution de l'obligation de délivrance assez grave", die eine „résolution pour non-conformité" rechtfertigt: Cass. com., 11.4.1995, Légifrance (F) n° 93–18010.

1093 Wandelung: *De Schlichting/Volmerange*, Einführung frz. Rechtssprache, S. 77.

1094 *Bénabent*, Contrats spéciaux, Rn. 368; *Ghestin/Huet*, Contrats spéciaux, Rn. 11352.

1095 Cass. com. 6.3.1990, Légifrance (F) n° 88–14929; *Bénabent*, Contrats spéciaux, Rn. 368; *Ghestin/Huet*, Contrats spéciaux, Rn. 11357.

Handeln des Verkäufers.[1096] Hintergrund der französischen Wertung ist, dass die Sachmängelgewährleistungsgarantie ein Rechtsmechanismus ist, der unabhängig von der Verantwortlichkeit („*responsabilité*") des Schuldners eingreift, sondern nur dann relevant wird, wenn eine vertragliche Pflicht nicht erfüllt wurde.[1097] Diese Wertung findet sich auch in Art. 1643 CC: Der Verkäufer haftet für den versteckten Mangel auch dann, wenn er ihn nicht kannte. Der Code Civil erachtet die mangelfreie Leistung als eine wesentliche Pflicht, zu deren Erfüllung der Verkäufer durch die drohende Sanktion einer Garantiehaftung angehalten werden soll.[1098]

Dreh- und Angelpunkt ist dabei die Gebrauchstauglichkeit der Sache. Ist die Sache unbehebbar gebrauchsuntauglich, ist der Mangel erheblich.[1099] Beispiel: Eine Sache wurde mit nicht wetterfestem Baumaterial hergestellt;[1100] ein Landhaus wurde in einer Lawinenregion errichtet.[1101] Hingegen ist der versteckte Mangel nicht als erheblich zu erachten, wenn der Fehler durch eine Nachbesserung unter für den Käufer zumutbaren Bedingungen leicht behoben werden kann und dadurch den Gebrauch nicht beeinträchtigt.[1102] Diese Schwelle ist sehr niedrig angesetzt. So wurde beispielsweise höchstrichterlich entschieden, dass es bei einer Alarmanlage einen erheblichen Mangel darstellt, wenn sie nicht bei unbefugtem Eindringen Alarm schlägt.[1103] Gewöhnlich sind derartige technische Fehler leicht behebbar, entweder durch Reparatur oder durch Nachbesserung. In diesem Gesichtspunkt weicht das französische Wandelungsrecht vom UN-Kaufrecht ab, das die Schwelle der Unbehebbarkeit des Mangels sehr hoch ansetzt, in dem es etwa verlangt, dass eine anderweitige Verwertungsmöglichkeit nicht greife.

IV. Schweizer Recht

Ähnlich wie das französische Recht unterscheidet das schweizerische Recht zwischen einer Vertragsaufhebung wegen Nichterfüllung nach Art. 107 Abs. 2 3. Alt. OR und einer Wandelung nach Art. 205 Abs. 1 1. Alt. OR. Die erstgenannte Vorschrift betrifft den Fall, dass eine andere als die vertraglich geschuldete Sache

1096 *Ghestin/Huet,* Contrats spéciaux, Rn. 11352.

1097 *Bénabent,* Contrats spéciaux, Rn. 340.

1098 *Mainguy,* Contrats spéciaux, Rn. 163.

1099 Bénabent, Contrats spéciaux, Rn. 358; Mainguy, Contrats spéciaux, Rn. 175.

1100 Cass. civ, 3ième, 16.7.1986, Légifrance (F) n° 85–10329.

1101 Cass. civ. 3ième, 24.2.1988, Légifrance (F) n° 85–15642.

1102 *Ghestin/Huet,* Contrats spéciaux, Rn. 11321, 11357; von Westphalen/*Wenner/Schödel,* Kaufvertragsrecht, Frankreich, Rn. 141.

1103 Cass. civ. 1ière, 23.2.1988, Légifrance (F) n° 86–15119.

oder zu wenig geliefert wird. Die zweite Vorschrift erfasst die Leistung einer mangelhaften Sache.[1104]

1. *Vertragsaufhebung wegen Nichterfüllung*

Hier besteht im Vergleich zu den anderen Rechtsordnungen eine Besonderheit. Grundsätzlich berechtigt allein der (im Schweizer Recht verschuldensunabhängige) Verzug des Verkäufers bei der Erbringung einer synallagmatischen Hauptpflicht den Käufer, wegen Nichterfüllung gem. Art. 107 Abs. 2 3. Alt. OR zurückzutreten.[1105] Einzig wenn nur eine Nebenpflicht verletzt wurde, ist der Anwendungsbereich des Rücktrittsrechtes aus Art. 107 Abs. 2 3. Alt. OR nicht eröffnet.[1106] Da die Pflicht zur Leistung einer kaufrechtlich geschuldeten Sache stets eine synallagmatische Hauptpflicht des Kaufvertrages ist, erhält der Käufer im Falle einer Aliud-Leistung oder einer quantitativ nicht gehörigen Leistung de facto *stets* ein Rücktrittsrecht.[1107] Diese rechtspolitische Entscheidung des schweizerischen Gesetzgebers steht in außerordentlichem Widerspruch zu den anderen untersuchten Rechtsordnungen, die alle den Schuldner vor der unverhältnismäßigen Aufhebung des gesamten Vertrages zu schützen versuchen, indem sie eine wesentliche bzw. nicht unerhebliche Pflichtverletzung verlangen, die nicht rein technisch ausgelegt wird, sondern sich an der Beeinträchtigung des Gläubigerinteresses orientiert. Dennoch ist die Entscheidung bewusst getroffen worden, indem bei einem Teilverzug, d.h. wenn der Schuldner mit einer Teilleistung in Verzug ist, das Rücktrittsrecht (analog) Art. 209 Abs. 2 OR ausgeschlossen ist, wenn der Schuldner durch den Rücktritt/die Wandelung des Gläubigers unverhältnismäßige Nachteile erleiden würde.[1108] Davon unberührt bleibt natürlich die Möglichkeit, den Verkäufer auf eine andere Art und Weise als durch Überprüfung des Maßes der Gläubigerbeeinträchtigung zu schützen, wie die nachfolgende Untersuchung zeigen wird.

1104 *Müller-Chen/Girsberger/Furrer,* Obligationenrecht Besonderer Teil, 2. Kap. Rn. 137.

1105 Handkommentar zum Schweizer Privatrecht/*Furrer/Wey,* Obligationenrecht, Allg. Teil, Art. 109 OR, Rn. 12f., Art. 107, Rn. 51ff.; *Gauch/Rey/Schluep/Schmid,* OR AT, Bd. II, Rn. 1754, 3010; *Schmid/Stöckli,* Schweizer Obligationenrecht BT, Rn. 235, 219ff.; kritisch: Basler Kommentar OR/*Wiegand,* Vor. Artt. 102–109, Rn. 2; Art. 107, Rn. 4; *Huguenin,* Obligationenrecht, Rn. 2514ff., 2339ff.

1106 Handkommentar zum Schweizer Privatrecht/*Furrer/Wey,* Oblgationenrecht, Allg. Teil, Art. 109 OR, Rn. 4; Basler Kommentar OR/*Wiegand,* Art. 107, Rn. 4.

1107 Zu den kaufrechtlichen Hauptpflichten: *Keller/Siehr,* Kaufrecht, S.15ff.

1108 Handkommentar zum Schweizer Privatrecht/*Furrer/Wey,* Obligationenrecht, Allg. Teil, Art. 107 OR, Rn. 58.

Um den Verkäufer in Verzug zu setzen, genügt es, dass er die geschuldete Leistung nicht zu einem bestimmten Liefertermin (Verfallstag) erbringt, Art. 102 Abs. 2 OR, ein Fixgeschäft verabredet wurde, oder der Käufer ihn mahnte, Art. 102 Abs. 1 OR, gleichgültig, ob er die Nichtleistung oder verspätete Leistung zu verschulden hat.[1109] Als Verfallstag gilt die Verabredung eines bestimmten Liefertermins (beispielsweise: Lieferung am 15.7.).[1110] Ein Fixgeschäft geht über die Festlegung eines bestimmten Liefertermins hinaus und erfordert wie im deutschen Recht, dass das Rechtsgeschäft mit der Einhaltung dieses Termins stehen und fallen soll.[1111] In den anderen Fällen bedarf es einer Mahnung, sofern der Verkäufer nicht ausdrücklich die Leistung verweigerte.[1112]

Ähnlich wie im deutschen Recht wird die Mahnung als eine ausdrücklich und unmissverständlich an den Schuldner gerichtete Erklärung des Gläubigers definiert, mit dem Inhalt, die geschuldete und fällige Leistung unverzüglich zu erbringen.[1113] Sie ist empfangsbedürftig, aber bedarf weder einer bestimmten Form noch Fristsetzung.[1114] Mit der Mahnung ist die zu erbringende Leistung so genau zu bezeichnen, dass der Schuldner erkennen kann, was der Gläubiger fordert.[1115]

2. *Wandelung*

Für die Wandelung gilt das eben Gesagte entsprechend. Das Recht, die Wandelung zu erklären, erfordert kein besonderes Maß an Beeinträchtigung der Gläubigerinteressen. Nur weil der Fehler selbst erheblich sein muss,[1116] wird der Verkäufer vor zu schneller Wandelung geschützt und erhält die Möglichkeit,

---

1109 *Gauch/Rey/Schluep/Schmid,* OR AT, Bd. II, Rn. 1725ff.; *Keller/Siehr,* Kaufrecht, S. 47; Tercier/Favre/*Tercier/Favre/Zen-Ruffinen,* Contrats spéciaux, Rn. 611; von Westphalen/*Keller-Schwegler,* Kaufvertragsrecht, Schweiz, Rn. 82; Basler Kommentar OR/*Wiegand,* Vor. Artt. 102–109, Rn. 2; Guhl/*Koller,* Schweizerisches Obligationenrecht, § 32, Rn. 7.

1110 BGer, 30.6.2006, Nr. 5C.97/2006; Kren Kostkiewicz/Nobel/*Kren Kostkiewicz,* OR, Art. 102, Rn. 3.

1111 Kren Kostkiewicz/Nobel/*Kren Kostkiewicz,* OR, Art. 102, Rn. 3.

1112 BGE 97 II 58 E.5; Tercier/Favre/*Tercier/Favre/Zen-Ruffinen,* Contrats spéciaux, Rn. 612; Kren Kostkiewicz/Nobel/*Kren Kostkiewicz,* OR, Art. 102, Rn. 9.

1113 Basler Kommentar OR/*Wiegand,* Art. 102, Rn. 5; Kren Kostkiewicz/Nobel/*Kren Kostkiewicz,* OR, Art. 102, Rn. 4.

1114 Kren Kostkiewicz/Nobel/*Kren Kostkiewicz,* OR, Art. 102, Rn. 4; Basler Kommentar OR/*Wiegand,* Art. 102, Rn. 7.

1115 BGE 129 III 535.

1116 Vgl. die Ausführungen zur Erheblichkeit des Fehlerbegriffes im Schweizer Recht im 1. Kapitel C. IV.

sich die Vorteile des Rechtsgeschäftes zu verdienen. Indes ist für den Verkäufer nachteilig, dass nur der Fehler, nicht die zugesicherte Eigenschaft erheblich abweichen müssen, um Sachmängelrechte zu begründen.[1117] In letzterem Falle ist der Verkäufer der Ausübung des Wandelungsrechts durch den Käufer ausgesetzt. Freilich ist es ihm kautelarisch selbst überlassen, überhaupt eine solche Eigenschaft zuzusichern, so dass er durch entsprechende Zurückhaltung dem Rechtsbehelf bereits ex ante einen Riegel vorschieben kann.

B. Vorrang der Nacherfüllung

Da die Vertragsaufhebung die Leistungspflichten erlöschen lässt, stellt sich die Frage, ob und ggf. unter welchen Voraussetzungen dem Verkäufer zunächst eine Chance zur Nacherfüllung gegeben werden muss bzw. diese entbehrlich ist.

I. UN-Kaufrecht

Nach UN-kaufrechtlichem Verständnis muss der Käufer keine Nachfrist setzen, um ein Aufhebungsrecht zu begründen, wenn der Verkäufer eine nicht vertragsgemäße Ware leistet, Art. 49 Abs. 1 lit. a) CISG.[1118] Einzig die wesentliche Vertragsverletzung ist Voraussetzung, vgl. Art. 49 Abs. 1 lit. a) CISG. Das Erfordernis einer Nachfrist wurde von den Verfassern des UN-Kaufrechts bewusst auf den Fall der Nichtleistung, Art. 49 Abs. 1 lit. b) CISG, beschränkt.[1119] Freilich bleibt es den Parteien unbenommen, den erfolglosen Ablauf einer Nachfrist als Voraussetzung eines Aufhebungsrechtes bei wesentlicher Vertragsverletzung zu vereinbaren.[1120] Spätestens nach Ablauf dieser Frist ist die Vertragsverletzung wesentlich.[1121] Jedenfalls ist dem Käufer zu raten, vorsorglich eine Nachfrist nach Art. 47 CISG zu setzen, wenn er unsicher ist, ob die Vertragswidrigkeit wesentlich ist und ihn zur Vertragsaufhebung berechtigt, denn er trägt hierfür die Beweislast.[1122]

1117 *Honsell*, OR BT, S. 86; Basler Kommentar OR/*Honsell*, Art. 197, Rn. 13.

1118 *Piltz*, Int. Kaufrecht, Rn. 5–245; Münchener Kommentar HGB/*Benicke*, Art. 47 CISG, Rn. 3; *Magnus*, JuS 1995, 870 (871); *Regula/Kannowski*, IHR 2004, 45 (47); Tercier/Favre/*Tercier/Favre/Pedrazzini*, Contrats spéciaux, Rn. 1680; *Enderlein*, IPRax 1991, 313 (314f.); *Schlechtriem*, ZEuP 1993, 217 (235.).

1119 *Reinhart*, UN-Kaufrecht, Art. 49, Rn. 7.

1120 Staudinger/*Magnus*, BGB, Art. 49 CISG, Rn. 21.

1121 *Schlechtriem/Schmidt-Kessel*, Schuldrecht AT, Rn. 503.

1122 Münchener Kommentar HGB/*Benicke*, Art. 49 CISG, Rn. 31.

II. Deutsches Recht

1. Allgemeines

Das deutsche Recht verfolgt einen anderen Ansatz. Sofern der Verkäufer seine Leistung nicht vertragsgemäß erbringt, kann der Käufer vom Vertrag zurücktreten, wenn er dem Verkäufer erfolglos eine angemessene Frist zur Nacherfüllung (§ 439 Abs. 1 BGB) gesetzt hat, § 323 Abs. 1 2. Alt. BGB. Ziel ist es, dem Verkäufer die Möglichkeit einzuräumen, die mit der Rückabwicklung verbundenen Nachteile abzuwenden, indem er die Leistung ein zweites Mal anbieten kann (Recht zur zweiten Andienung).[1123] Dieses Prinzip gilt grundsätzlich für jede Art von Kaufverträgen, sei es zwischen zwei Unternehmern oder zwei Verbrauchern. Darin unterscheidet sich das deutsche Recht vom UN-Kaufrecht, das auch dem unternehmerischen Käufer die Obliegenheit zur vorrangigen Nachfristsetzung auferlegt, wenn keine wesentliche Vertragsverletzung vorliegt.

Die formalen Anforderungen an die Fristsetzung sind gering, weil für Verbraucher wie Unternehmer die gleichen Regeln gelten und der Verbraucher wegen seiner Geschäftsunerfahrenheit und/oder Unkenntnis über die Herstellung und Technik des gekauften Produktes besonders schutzwürdig ist. Für eine Nachfristsetzung i. S. d. § 323 Abs. 1 2. Alt. BGB muss der Käufer den Verkäufer formlos „eindeutig und bestimmt“ zur Bewirkung einer fälligen Leistung auffordern.[1124] Dieses Ziel ist bereits erreicht, wenn der Verkäufer weiß, welchen Mangel er beheben muss und sich durch die Erklärung über die möglichen Konsequenzen bewusst werden kann.[1125] Selbst der unternehmerische Käufer muss daher dem Verkäufer weder die Mangelursachen noch die für die Mangelbehebung notwendigen Maßnahmen schildern, sondern lediglich die ihm aufgefallenen „Mängelsymptome“.[1126] Es ist für ihn sogar unschädlich, wenn er den

1123 *Brox/Walker,* Bes. Schuldrecht, § 4, Rn. 50; *Oetker/Maultzsch,* Vertragliche Schuldverhältnisse, § 2, Rn. 235, als Chance zur zweiten Andienung, und nicht als Recht zur zweiten Andienung bezeichnend; *Eckert/Maifeld/Matthiessen,* Kaufrecht, Rn. 631.

1124 BGH, NJW 2011, 224 (224); Nomos Kommentar BGB/*Schulze,* § 323, Rn. 5; Palandt/*Grüneberg,* BGB, § 323, Rn. 13; Münchener Kommentar BGB/*Ernst,* § 323, Rn. 55; Staudinger/*Otto/Schwarze,* BGB, § 323, Rn. B 45; vor Fälligkeit ist sie unwirksam: Jauernig/*Stadler,* BGB, § 323, Rn. 8; Palandt/*Grüneberg,* BGB, § 323, Rn. 12.

1125 LG Hanau, NJW-RR 2003, 1561, 1562; Staudinger/*Otto/Schwarze,* BGB, § 323, Rn. B 53, C 17; Münchener Kommentar BGB/*Ernst,* § 323, Rn. 61; Soergel/*Gsell,* BGB, § 323, Rn. 72.

1126 Zur „Symptomrechtsprechung“ BGH, NJW 2003, 1526 (1526); BGH, NJW-RR 2002, 661 (663f.); BGH, NJW-RR 2001, 380 (380); BGH, NJW-RR 2000, 309 (309);

Verkäufer zu mehr auffordert als der Verkäufer verpflichtet ist. Der Schuldner muss sich zu der als Minus im Leistungsverlangen enthaltenen Leistung aufgefordert fühlen.[1127] Weil der Verbraucher in der Regel auch unentschlossen und rechtsunkundig ist, muss der Käufer auch nicht mitteilen, dass er nach Fristablauf die angebotene Leistung ablehnen werde, sog. Ablehnungsandrohung.[1128] Gleichwohl muss zum Ausdruck kommen, dass er mit einer gewissen Ernsthaftigkeit das Ziel verfolgt, die momentan bestehende Rechtslage zu ändern und nicht mehr auf die Leistungserbringung durch den Verkäufer warten möchte. Es reicht also nicht, zu erklären, dass „er sonst auf Leistung klagen werde", um das Rücktrittsrecht aus § 323 Abs. 1 2. Alt. BGB entstehen zu lassen.[1129] Auch geäußerte Zweifel bzw. Abschwächungen erschüttern den Eindruck der Ernstlichkeit (beispielsweise „eine Lieferung bis zum kommenden Wochenende wäre mir erwünscht" oder „die noch nicht vorgenommenen Arbeiten könnten am besten am 18. oder 19.4. vorgenommen werden, weil ich an diesen Tagen noch Urlaub habe").[1130] Zu viel Höflichkeit ist an dieser Stelle schädlich.

Das deutsche Recht kommt dem Käufer entgegen, indem er nach neuer Rechtsprechung nur einen (bestimmbaren) Endtermin für die Leistungserbringung nennen muss, sei es durch die Angabe eines konkreten Datums, sei es durch die Verwendung von zeitvermittelnden Wendungen, wie etwa „in angemessener Zeit", „umgehend" oder „so schnell wie möglich".[1131] Der Käufer muss selbst also gar nicht die Länge der Nachfrist bemessen. Insbesondere für den Verbraucher (aber nicht nur diesen) als Käufer ist dies eine enorme Erleichterung, kann er doch mangels Fachkenntnis im Regelfall gar nicht wissen, wie lange der Schuldner braucht, um die Leistung (zu Ende) zu erbringen, insbesondere auch deshalb, weil die Angemessenheit der Fristenlänge von Art und Umfang der Leistung abhängt.[1132] Auch wird er zumeist nicht wissen, dass die

---

Soergel/*Gsell*, BGB, § 323, Rn. 74, die die sog. „Symptomrechtsprechung" zum Werkvertragsrecht auf das Kaufrecht übertragen will.

1127 Soergel/*Gsell*, BGB, § 323, Rn. 76.

1128 Erman/*H.P. Westermann*, BGB, § 323, Rn. 13; Soergel/*Gsell*, BGB, § 323, Rn. 5; BT-Drucks 14/6040, S. 184; Staudinger/*Otto/Schwarze*, BGB, § 323, Rn. B 53.

1129 Staudinger/*Otto/Schwarze*, BGB, § 323, Rn. B 52.

1130 Staudinger/*Otto/Schwarze*, BGB, § 323, Rn. B 52.

1131 BGH, NJW 2009, 3153, 3154; OLG München, NJW-RR 2010, 1716 (1716); Jauernig/*Stadler*, BGB, § 323, Rn. 8; *Ra. Koch*, NJW 2000, 1636 (1636ff.); Prütting/Wegen/Weinreich/*Medicus/Stürner*, BGB, § 323, Rn. 16; Palandt/*Grüneberg*, BGB, § 323, Rn. 13; Staudinger/*Otto/Schwarze*, BGB, § 323, Rn. B 52.

1132 Zur Angemessenheit: BGH, NJW 2008, 1371 (1371); BGHZ, 162, 219 (227); BGH, NJW 1982, 1279 (1280); BGH, NJW 1985, 320 (320); Erman/*H.P. Westermann*,

vorgesehene Leistungsfrist, die dem Verkäufer bekannte Dringlichkeit der Leistung oder das bisherige Verhalten des Käufers die Länge der Dauer beeinflusst, mithin die Angemessenheit der Frist i. S. d. § 323 Abs. 1 BGB eine Einzelfallentscheidung ist.[1133] Sollte der Käufer dennoch eine konkrete Fristenlänge angeben, z. B. eine Woche, welche jedoch zu kurz bemessen ist, wird automatisch eine längere, objektiv angemessene Frist in Gang gesetzt, weil der Zweck der Nachfristsetzung, den Schuldner zu warnen, auch bei einer zu kurzen Frist erreicht wird.[1134] Diese Privilegien genießt auch der fachkundige, sogar dem gleichen Gewerbe entstammende Käufer, auf den es im konkreten Zusammenhang des internationalen Kaufs ja regelmäßig eher ankommt als auf einen Verbraucher.

Auch die Rechtsnatur der Fristsetzungserklärung begünstigt den Käufer. Zwar kann der Käufer eine einmal abgegebene Nachfristsetzung nicht widerrufen, weil der Schuldner sein Leistungsverhalten auf die Dauer der Frist abgestimmt haben wird und der Gläubiger nach erfolgreichem Widerruf eine neue, kürzere Frist setzen könnte.[1135] Sie ist jedoch als geschäftsähnliche Handlung analog den Regeln über Willenserklärungen anfechtbar, was den Käufer ausreichend schützt, um unerwünschte Folgen seines Handelns zu beseitigen.[1136] Die Folgen der Erklärungsäußerung sind also nicht unumkehrbar, obwohl sie keine Willenserklärung ist. Das ist auch sachgerecht, weil sich Willenserklärung und geschäftsähnliche Handlung nur dadurch unterscheiden, dass im Falle der Willenserklärung die Folge der

---

BGB, § 323, Rn. 15; Nomos Kommentar BGB/*Schulze,* § 323, Rn. 5; Jauernig/*Stadler,* BGB, § 323, Rn. 8; Palandt/*Grüneberg,* BGB, § 323, Rn. 14; Staudinger/*Otto/Schwarze,* BGB, § 323, Rn. A 9; *Looschelders,* Schuldrecht BT, Rn. 101.

1133 BGH, NJW 1985, 2640 (2641); BGH, NJW 1982, 1279 (1279); BGH, WM 1973, 1403 (1403); BGH, LM NR. 3 zu § 636; OLG Köln, NJW-RR 1993, 949 (949); Soergel/*Gsell,* BGB, § 323, Rn. 81; Nomos Kommentar BGB/*Schulze,* § 323, Rn. 5; *Eckert/Maifeld/Matthiessen,* Kaufrecht, Rn. 633 „Gesamtumstände des Vertrages".

1134 BGH, NJW 1985, 2640 (2640ff.); Nomos Kommentar BGB/*Schulze,* § 323, Rn. 5; Palandt/*Grüneberg,* BGB, § 323, Rn. 14; Münchner Kommentar BGB/*Ernst,* § 323, Rn. 77; BT-Drucks 14/6040, S. 138; *Brox/Walker,* Bes. Schuldrecht, § 4, Rn. 51; *Eckert/Maifeld/Matthiessen,* Kaufrecht, Rn. 634.

1135 Staudinger/*Otto/Schwarze,* BGB, § 323, Rn. B 37.

1136 Soergel/*Gsell,* BGB § 323, Rn. 58; Staudinger/*Otto/Schwarze,* BGB, § 323, Rn. B 36ff.; Erman/*H.P. Westermann,* BGB, § 323, Rn. 14; a.A. (empfangsbedürftige Willenserklärung) Prütting/Wegen/Weinreich/*Medicus/Stürner,* BGB, § 323, Rn. 16; ebenso Münchener Kommentar BGB/*Ernst,* § 323, Rn. 50; *Oetker/Maultzsch,* Vertragliche Schuldverhältnisse, § 2, Rn. 236.

Erklärung kraft Willens, im anderen Fall kraft Gesetzes eintritt. Daher darf sich der Käufer bei der Abgabe der Erklärung auch vertreten lassen.[1137]

Kein Rücktrittsrecht entsteht, wenn der Verkäufer die in jeglicher Hinsicht ordnungsgemäße Leistungshandlung innerhalb der Nachfrist erbringen kann – beim Versendungskauf wäre die Leistungshandlung etwa das rechtzeitige Abschicken durch Übergabe an die Transportperson.[1138] Eine geringfügige, unverschuldete Nachfristüberschreitung hat der Käufer aber im Einzelfall nach Treu und Glauben, § 242 BGB, hinzunehmen.[1139]

2. *Entbehrlichkeit*

Eine Nacherfüllung hat nur Vorrang, wenn diese auch möglich oder sachdienlich ist. So entfällt der Vorrang der Nacherfüllung, wenn der Mangel unbehebbar ist, § 326 Abs. 5 BGB. Um den Verkäufer vor allzu großen Kosten zu schützen, kann er sowohl die Nacherfüllung als auch die Nachbesserung verweigern, wenn sie unverhältnismäßig teuer wäre, §§ 439 Abs. 3 S. 1, 440 S. 1 1. Alt. BGB. Dies bemisst sich entweder relativ im Verhältnis der gewählten Nacherfüllungsart zur anderen Nacherfüllungsart (Nachbesserung oder Nachlieferung) oder abstrakt im Verhältnis der gewählten oder einzig möglichen Nacherfüllungsart zu dem Wert der mangelfreien Sache (§ 439 Abs. 3 S. 2 BGB).[1140] Als Faustregel gilt: Relativ ist die gewählte Nacherfüllungsart unverhältnismäßig, wenn sie zwischen 10% und 20% teurer ist als die andere Art der Nacherfüllung[1141], abstrakt ist die gewählte/einzig mögliche Nacherfüllungsart unverhältnismäßig teuer, wenn sie zwischen 100% und 150% des Wertes der Sache im mangelfreien Zustand beträgt.[1142] Außerdem wird das Kostenrisiko des Verkäufers dadurch verringert, dass das Gesetz vom Vorrang der Nacherfüllung absieht, wenn die dem Käufer zustehende Art der

---

1137 Staudinger/*Otto/Schwarze*, BGB, § 323, Rn. B 36ff.

1138 BGH, NJW 2001, 2024 (2025); Erman/*H.P. Westermann*, BGB, § 323, Rn. 22; Jauernig/*Stadler*, BGB, § 323, Rn. 9; Soergel/*Gsell*, BGB, § 323, Rn. 86, 88; *Canaris*, DB 2001, 1815 (1816); Prütting/Wegen/Weinreich/*Medicus/Stürner*, BGB, § 323, Rn. 25; Münchner Kommentar BGB/*Ernst*, § 323, Rn. 84f.; der Leistungserfolg muss nicht eingetreten sein: BGH, NJW 1954, 794 (794f.); BGH, NJW 1991, 1292 (1292ff.) (Versendungskauf); Soergel/*Gsell*, BGB, § 323, Rn. 88.

1139 BGH, NJW 1974, 360 (360); Soergel/*Gsell*, BGB, § 323, Rn. 87.

1140 Nomos Kommentar BGB/*Saenger*, § 439, Rn. 5.

1141 Mittelwert zwischen zwei Ansichten: e.A. 20 %: LG Ellwangen, NJW 2003, 517 (517); a.A. 10 %: *Bitter/Meidt*, ZIP 2001, 2114 (2122).

1142 Mittelwert zwischen zwei Ansichten: e.A. 150 %: BGH, NJW 2009, 1660 (1660); a.A. 100 %: *P. Huber*, NJW 2002, 1004 (1008).

Nacherfüllung, d.h. Nachbesserung oder Nachlieferung, fehlgeschlagen ist, § 440 S. 1 2. Alt. BGB. Eine Nachbesserung gilt als fehlgeschlagen, wenn sie erfolglos zweimal unternommen wurde, es sei denn, dass sich aus der Art der Sache oder des Mangels oder aus anderen Umständen etwas anderes ergibt, § 440 S. 2 BGB. Auch eine Nachlieferung ist fehlgeschlagen, wenn sie zweimal erfolglos war, oder bereits nach einem Versuch, wenn dann schon feststeht, dass auch ein zweiter erfolglos sein wird.[1143] Im Einzelfall kann jedoch eine Nacherfüllung für den Käufer unzumutbar sein, § 440 Alt. 3 BGB, etwa wenn sie mit erheblichen Unannehmlichkeiten aufgrund der Art der Sache und dem Zweck des Kaufes verbunden ist.[1144] Auch dann entfällt der Vorrang der Nacherfüllung, vgl. § 440 Alt. 3 BGB. Für den Käufer reicht es, Gründe der Unzumutbarkeit zu nennen. Das Schuldnerinteresse wird nicht berücksichtigt; die Interessen werden nicht abgewogen.[1145] Da der Käufer den Vorrang der Nacherfüllung zu leicht umgehen könnte, wenn er die jeweilige für ihn unzumutbare Art der Nacherfüllung wählte, müssen beide Arten der Nacherfüllung unzumutbar sein.[1146]

Der Käufer muss natürlich auch dann keine Nacherfüllungsfrist setzen, wenn der Verkäufer die Leistung ernsthaft und endgültig verweigert, § 323 Abs. 2 Nr. 1 BGB. Zum Schutze des Rechts der zweiten Andienung des Verkäufers sind die Anforderungen an eine Erfüllungsverweigerung jedoch streng. Aus dem Verhalten des Verkäufers muss unmissverständlich deutlich werden, dass er auch in Zukunft nicht beabsichtigt, zu leisten.[1147] Bestreitet er das Vorliegen des Mangels, oder gibt es Meinungsverschiedenheiten über den Vertragsinhalt oder seine rechtliche Wirksamkeit, so genügt das nicht.[1148] Ähnlich muss der Fall behandelt werden, wenn der Käufer hinreichend deutlich machte, dass der Verkäufer bis

---

1143 *Looschelders,* Schuldrecht BT, Rn. 104.

1144 *Looschelders,* Schuldrecht BT, Rn. 105.

1145 *Looschelders,* Schuldrecht BT, Rn. 105.

1146 *Oetker/Maultzsch,* Vertragliche Schuldverhältnisse, § 2, Rn. 246; Staudinger/*Matusche-Beckmann*, BGB, § 440, Rn. 12; a.A. *Jorden/Lehmann,* JZ 2001, 952 (960).

1147 BGHZ 104, 6 (13); BGH, NJW 1991, 1822 (1823); BGH, NJW 2011, 2872 (2872); BGH, NJW 1997, 51 (52); OLG München, NJW-RR 2010, 1716 (1716); etwas großzügiger OLG Naumburg, NJW 2004, 2022 (2024); OLG Köln, NJOZ 2004, 556 (558); Münchener Kommentar BGB/*Ernst,* § 323, Rn. 99; Nomos Kommentar BGB/*Schulze,* § 323, Rn. 6; Palandt/*Grüneberg,* BGB, § 323, Rn. 18; Soergel/*Gsell,* BGB, § 323, Rn. 98; Prütting/Wegen/Weinreich/*Medicus/Stürner,* BGB, § 323, Rn. 30.

1148 BGH, NJW 1971, 798 (798); OLG Koblenz, MDR 2009, 440 (440); Münchener Kommentar BGB/*Ernst,* § 323, Rn. 100; Nomos Kommentar BGB/*Schulze,* § 323, Rn. 6; Jauernig/*Stadler,* BGB, § 323, Rn. 11.

zu einem bestimmten Zeitpunkt leisten muss und mit Überschreitung dieser Leistungszeit das Rechtsgeschäft „stehen und fallen" soll, sog. relatives Fixgeschäft.[1149] Auch dieses macht die Nachfristsetzung entbehrlich, § 323 Abs. 2 Nr. 2 BGB.[1150] Das ist interessengerecht, wenn und weil der Käufer dem Verkäufer die Notwendigkeit der rechtzeitigen Leistung hinreichend deutlich machte, indem er Worte wie „fix", „prompt", „genau" oder „spätestens" verwendet.[1151] Aus der datumsgenauen Angabe der Leistungszeit oder dem Zusatz „ohne Nachfrist" lässt sich ein solches Interesse hingegen nicht ableiten.[1152] Dem Verkäufer würde auf diese Weise nicht hinreichend die Verbindlichkeit der Einhaltung der Lieferfrist signalisiert.

Schließlich können im Einzelfall besondere Umstände vorliegen, die nach einer Abwägung des Gläubiger- und Schuldnerinteresses eine Nachfrist entbehrlich machen, § 323 Abs. 2 Nr. 3 BGB. Die besonderen Umstände müssen dazu führen, dass das Interesse des Käufers, vom Vertrag nunmehr zurücktreten zu wollen, weil ihm durch die nicht rechtzeitige ordnungsgemäße Erfüllung im Wesentlichen das entgeht, was er nach dem Vertrag hätte erwarten dürfen, höher zu gewichten ist als das Interesse des Verkäufers, durch eine ordnungsgemäße Leistung die Chance auf die Gegenleistung zu wahren.[1153] In der Regel ist das Gläubigerinteresse schutzwürdiger, wenn der Schuldner eine Pflichtverletzung begeht, die das Vertrauen des Gläubigers derart erschüttert, dass ihm ein Festhalten am Vertrag unzumutbar erscheinen muss (zum Beispiel, wenn der Verkäufer dem Käufer bei Vertragsabschluss den Mangel arglistig verschwiegen hat) oder wenn infolge des Zeitablaufs sein Interesse am Erhalt der Leistung schwindet oder gar verloren geht (beispielsweise wenn der Käufer die Ware nicht weiterverkaufen kann, weil der Abnehmer sich nunmehr anderweitig eingedeckt hat).[1154]

1149 OLG München, NJW-RR 2010, 1716 (1716f.); Nomos Kommentar BGB/*Schulze*, § 323, Rn. 7; Erman/*H.P. Westermann*, BGB, § 323, Rn. 19.

1150 Erman/*H.P. Westermann*, BGB, § 323, Rn. 19; *Eckert/Maifeld/Matthiessen*, Kaufrecht, Rn. 643; *Looschelders*, Schuldrecht BT, Rn. 102.

1151 BGHZ 10, 91 (96f.); BGH NJW-RR 1989, 1373 (1373); BGH, MDR 1983, 307 (307); Jauernig/*Stadler*, BGB, § 323, Rn. 12; Palandt/*Grüneberg*, BGB, § 323, Rn. 20.

1152 BGH, NJW 1959, 933 (933); BGH, DB 2001, 1553 (1553); BGHZ 110, 88 (96f.); Jauernig/*Stadler*, BGB, § 323, Rn. 12.

1153 BGH, NJW 2000, 803 (804); BGH, NJW-RR 1998, 1489 (1491); Münchener Kommentar BGB/*Ernst*, § 323, Rn. 123ff.; *U. Huber*, Leistungsstörungen II, S. 498ff.

1154 BGH, NJW 2008, 1371 (1373); BGH, NJW 2007, 835 (837); BGH, NJW-RR 1997, 622 (623); *Looschelders*, Schuldrecht BT, Rn. 102; Nomos Kommentar BGB/*Schulze*, § 323, Rn. 8.

III. Französisches Recht

1. Résolution pour inexécution

Im französischen Recht ist umstritten, ob der Käufer den Verkäufer in Verzug setzen muss, damit er den Vertrag wegen Nichterfüllung nach Artt. 1610, 1184 CC aufheben kann. Eine Ansicht begründet eine solche Notwendigkeit mit dem allgemeinen Rechtsgedanken, der sich aus Art. 1184 CC ableiten lässt.[1155] Nach Art. 1184 CC kann der Gläubiger entweder Erfüllung oder Vertragsaufhebung mit Schadensersatz verlangen, wenn der Schuldner eine Pflicht verletzt. Dieser soll auf Art. 1610 CC übertragbar sein, da beiden Vorschriften der gleiche Rechtsgedanke zu Grunde liege.[1156] Nach Art. 1610 CC kann der Käufer nur vom Vertrag zurücktreten oder Erfüllung verlangen, wenn der Verkäufer nicht rechtzeitig zum vereinbarten Termin leistet und die Verspätung auf eine Tat („*fait*") des Verkäufers zurückzuführen ist. Zudem wird die „*résolution*" als Teil der „*résponsabilité contractuelle*" (vertragliche Haftung) verstanden.[1157] Das Inverzugsetzen ist eine Handlung, durch die der Gläubiger dem Schuldner befiehlt zu leisten, obwohl die Leistung auf freiwilliger Basis nicht rechtzeitig erbracht wurde.[1158] Es zeigt dem Verkäufer folglich sowohl die Nichterfüllung als auch die Verspätung an.[1159] Für den Käufer bedeutete das, dass er den Verkäufer durch eine förmliche Aufforderung durch einen Gerichtsvollzieher oder einen in dieser Handlung gleichwertigen Akt in Verzug setzen lassen muss, Art. 1139 CC.[1160] Die Parteien können jedoch vereinbaren, dass eine mündliche Leistungsaufforderung an den Verkäufer oder seinen Vertreter genügen solle, Art. 1139 CC.[1161]

Die herrschende Meinung lehnt hingegen das Erfordernis eines Inverzugsetzens des Verkäufers durch den Käufer als rechtsbegründendes Tatbestandsmerkmal ab.[1162] Sie argumentiert vor allem damit, dass die „*résolution*" ein selbstständiger, von der vertraglichen Schadensersatzhaftung zu trennender Mechanismus

---

1155 *Ferid/Sonnenberger,* Frz. Zivilrecht, Rn. 2 G 533; von Westphalen/*Wenner/Schödel,* Kaufvertragsrecht, Frankreich, Rn. 79.

1156 *Ferid/Sonnenberger,* Frz. Zivilrecht, Rn. 2 G 533.

1157 *Mazeaud/Mazeaud/Chabas,* Obligations, Théorie générale, Rn. 1100.

1158 *Larroumet,* Droit civil, Rn. 663 zum Inverzugsetzen im Rahmen des Schadensersatzanspruchs, Art. 1146 CC.

1159 *Larroumet,* Droit civil, Rn. 670.

1160 *Ferid/Sonnenberger,* Frz. Zivilrecht, Rn. 2 G 533.

1161 *Ferid/Sonnenberger,* Frz. Zivilrecht, Rn. 2 G 534.

1162 Cass. civ. 3ième, 11.6.1992, Légifrance (F) n° 90–14648; *Larroumet,* Droit civil, Rn. 708; *Buffelan-Lanore/Larribeau-Terneyre,* Obligations, Rn. 1235.

sei. Am überzeugendsten erscheint es tatsächlich, eine solche Notwendigkeit aus teleologischen Gründen zu verneinen. Durch die Ladung zur Vertragsauflösung[1163] („*assignation en résolution*") wird der Verkäufer bereits gewarnt („*avertir*"), so dass der Käufer den Verkäufer nicht mehr in Verzug setzen muss („*mettre en demeure d'exécuter*"), um ihm seine Entschlossenheit deutlich zu machen.[1164] Die Klageeinreichung („*demande en justice*") hat folglich den Wert einer Inverzugsetzung des Verkäufers.[1165]

Der Vorrang der Nacherfüllung im deutschen Recht ist ein dem französischen Recht fremder Grundsatz. Nach Art. 1184 Abs. 3 2. Alt. CC hat der Käufer die Möglichkeit, erneut Erfüllung zu verlangen. Dies entspricht jedoch nicht dem Grundsatz des Vorrangs der Nacherfüllung, den das deutsche Recht in § 323 BGB vorsieht. Funktional entspricht Art. 1184 Abs. 3 2. Alt. CC vielmehr § 439 Abs. 1 BGB, wonach die Nacherfüllung ein Rechtsbehelf neben anderen und keinesfalls notwendig ist, um ein Auflösungsrecht zu begründen.[1166]

2. *Action rédhibitoire*

Auch im französischen Wandelungsrecht kann der Käufer sofort die Wandelung erklären, ohne dem Verkäufer die Möglichkeit einräumen zu müssen, den seine vertragliche Pflicht nachzuerfüllen. Dies gilt selbst dann, wenn der Verkäufer die Reparatur der Sache angeboten hat.[1167] Der Käufer ist jedoch frei in seiner

---

1163 Zur Erklärung der Vertragsauflösung später genauer, 3. Kapitel D. III.

1164 Cass. civ. 28.3.1904, DP 1904.1.315; Cass. com. 28.2.1972, Légifrance (F) n° 70–13850; Cass. civ. 3ième, 11.6.1992, Légifrance (F) n° 90–14648; Cass. civ. 1ière, 23.1.2001, Legifance (F) n° 98–22760; Cass. ch. mixte, 6.7.2007, JCP 2007.II.10175, note Mekki; *Terré/Simler/Lequette,* Droit civil, les obligations, Rn. 651; *Buffelan-Lanore/Larribeau-Terneyre,* Obligations, Rn. 1235.

1165 Cass. com. 28.2.1972, Légifrance (F) n° 70–13850; Cass. com. 26.4.1977, Légifrance (F) n° 75–14437; *Collart Dutilleul/Delebecque,* Contrats civils et commerciaux, Rn. 244; *Mazeaud/Mazeaud/Chabas,* Obligations, Théorie générale, Rn. 1100; *Ghestin,* Conformité et garanties, Rn. 172.

1166 Dazu näher auch unter 3. Kapitel D. III. 1. a) (3).

1167 Cass. civ. 1ière, 23.5.1995, Légifrance (F) 93–17367 (Nachbesserung); Cass. civ. 3ième, 17.2.1988, Légifrance (F) 86–15031 (Reparatur durch Käufer); Cass. civ. 1ière, 5.5.1982, Légifrance (F) 81–10315 (Nachlieferung); *Bénabent,* Contrats spéciaux, Rn. 368; *Mainguy,* Contrats spéciaux, Rn. 180; *Ghestin/Huet,* Contrats spéciaux, Rn. 11356; von Westphalen/*Wenner/Schödel,* Kaufvertragsrecht, Frankreich, Rn. 134; *Collart Dutilleul/Delebecque,* Contrats civils et commerciaux, Rn. 287.

Entscheidung, statt einer Vertragsaufhebung entweder Minderung, Nachbesserung oder Nachlieferung zu begehren.[1168]

IV. Schweizer Recht

1. Vertragsaufhebung wegen Nichterfüllung

Das Schweizer Recht begünstigt den Handelskäufer, der seine Ware nicht oder nicht wie geschuldet zu einem bestimmten „Verfallstag"[1169] erhält. Wird der Verfallstag überschritten, gerät der Verkäufer automatisch in Verzug und der Käufer kann gem. Art. 190 Abs. 1 OR sofort zurücktreten.[1170] Der bloße Verzug des Verkäufers genügt. Einer Nachfristsetzung bedarf es nicht. Der Handelskäufer kann aber auch eine Nachfrist setzen, wenn er weiterhin Interesse an der Leistung hat. Das Wahlrecht rührt daher, dass die handelsrechtliche Spezialnorm Art. 190 OR und die allgemeine Vorschrift Art. 107 OR nicht in einem lex specialis-Verhältnis zueinander stehen, sondern der Rückgriff auf die allgemeine Norm unberührt bleibt, weil die Artt. 190f. OR eine Besserstellung des Gläubigers bezwecken.[1171] Sind im Einzelfall die allgemeinen Regeln für den Käufer günstiger oder interessengerechter, kann er auf sie zurückgreifen. Jeder andere Käufer muss dem Verkäufer selbst oder durch die zuständige Behörde erfolglos eine angemessene Frist zur nachträglichen Erfüllung setzen, um ein Rücktrittsrecht zu begründen, Art. 107 Abs. 1, 2 OR. Es stellt sich also die Frage, was ein sog. Verfallstag ist und wie das schweizerische Recht, das keinen Kaufmannsbegriff kennt, einen Handelskauf definiert.

Ein Verfallstag ist von einem Fixgeschäft strikt zu trennen. Das Fixgeschäft lässt den Schuldner in Verzug geraten und entbindet von der Nachfristsetzung, weil die Lieferung genau zu oder bis zu einem Zeitpunkt erfolgen sollte. Die Nichteinhaltung des Verfallstages lässt den Schuldner ohne Mahnung in Verzug

---

1168 *Collart Dutilleul/Delebecque*, Contrats civils et commerciaux, Rn. 288.

1169 Zu diesem Terminus sogleich.

1170 Von Westphalen/*Keller-Schwegler*, Kaufvertragsrecht, Schweiz, Rn. 89; Tercier/Favre/ *Tercier/Favre/Zen-Ruffinen*, Contrats spéciaux, Rn. 618, sog. „demeure qualifiée".

1171 Von Westphalen/*Keller-Schwegler*, Kaufvertragsrecht, Schweiz, Rn. 85, 93; Basler Kommentar OR/ *Wiegand*, Art. 107, Rn. 5; *Schmid/Stöckli*, Schweizer Obligationenrecht BT, Rn. 237ff.; *Müller-Chen/Girsberger/Furrer*, Obligationenrecht Besonderer Teil, 2. Kap. Rn. 16.

geraten.[1172] Der Handelskauf[1173] i.S.d. Art. 190 OR wird nicht subjektiv nach der Kaufmannseigenschaft der Parteien definiert, sondern objektiv, ob der Kauf zum Zwecke des Weiterverkaufs mit Gewinn getätigt wurde.[1174] Kauft zum Beispiel ein „*commerçant*" eine Sache zu privaten Zwecken, ist er aus rechtlicher Sicht ein Privatmann. Kauft ein Privatmann eine Sache, um sie weiterzuverkaufen, ist er ein „*commerçant*".[1175]

Nicht unerwähnt bleiben soll, dass in der schweizerischen Literatur durchaus umstritten ist, ob aus Art. 190 OR ein Rücktrittsrecht folgen kann. Richtigerweise muss man dem Käufer aber ein Rücktrittsrecht in diesem Fall eröffnen, obwohl Art. 190 OR den Rücktritt als Rechtsbehelf nicht ausdrücklich erwähnt.[1176] Erstens deutet die Randbemerkung zu Art. 190 OR in seiner amtlichen Fassung darauf hin („Rücktritt im kaufmännischen Verkehr"), zweitens soll Art. 190 OR den Käufer im Vergleich zu den allgemeinen Vorschriften (Artt. 107ff. OR) besser stellen, was jedenfalls dann nicht erreicht werden würde, wenn dem Käufer im kaufmännischen Verkehr das Rücktrittsrecht von vornherein vollständig versagt würde.[1177]

Wie erwähnt muss jeder andere Käufer dem Verkäufer grundsätzlich eine Nachfrist setzen, Art. 107 Abs. 1, 2 OR. Die Nachfrist ist eine rechtsgeschäftsähnliche, empfangsbedürftige Willenserklärung.[1178] Die Erklärung des Käufers profitiert also wie im deutschen Recht von den Vorzügen der Regeln über eine Willenserklärung (Anfechtung, Vertretung). Inhaltlich gibt der Käufer dem Verkäufer durch die Nachfristsetzung unmissverständlich zu verstehen, dass er die

---

1172 Basler Kommentar OR/*Wiegand*, Art. 108, Rn. 7; BGE 49 II 228; *Keller/Siehr*, Kaufrecht, S. 34; *Bucher*, OR AT, Rn. 371.

1173 Oder auch „Kauf im kaufmännischen Verkehr" genannt, ins Französische übersetzt mit „la vente commerciale" und ins Italienische mit „la vendita commerciale": Tercier/Favre/*Tercier/Favre/Zen-Ruffinen*, Contrats spéciaux, Rn. 523f.

1174 BGE 65 II 173; *Keller/Siehr*, Kaufrecht, S. 33; *Müller-Chen/Girsberger/Furrer*, Obligationenrecht Besonderer Teil, 2. Kap. Rn. 14.

1175 Tercier/Favre/*Tercier/Favre/Zen-Ruffinen*, Contrats spéciaux, Rn. 524; a.A. Bezirksgericht Zürich, ZR 87/1988, 214 (216); *Tannò*, Rügefrist im schweiz., dt. und UN-Kaufrecht, S. 42 wonach es umstritten ist, ob der Kaufmannsbegriff subjektiv oder objektiv angeknüpft wird.

1176 Tercier/Favre/*Tercier/Favre/Zen-Ruffinen*, Contrats spéciaux, Rn. 619.

1177 *Keller/Siehr*, Kaufrecht, S. 35; von Westphalen/*Keller-Schwegler*, Kaufvertragsrecht, Schweiz, Rn. 90.

1178 Basler Kommentar OR/*Wiegand*, Art. 107, Rn. 7; Kren Kostkiewicz/Nobel/*Kren Kostkiewicz*, OR, Art. 107, Rn. 4; *Schlechtriem/Schmidt-Kessel*, Schuldrecht AT, Rn. 503.

vollständige Leistung zu einem bestimmten Zeitpunkt begehrt.[1179] Anders als im deutschen Recht ist aber zusätzlich erforderlich, dass der Verkäufer in Verzug ist.[1180] Der Unterschied zwischen der Nachfristsetzung und der Inverzugsetzung liegt in der jeweiligen Funktion: Durch die Inverzugsetzung soll dem Käufer mitgeteilt werden, dass er nicht rechtzeitig leistete. Die Nachfristsetzung soll indessen signalisieren, dass er die Leistung, wenn auch verspätet, begehrt.[1181]

Zum Schutz des Verkäufers muss die Frist in jedem Falle angemessen sein. Die Dauer hängt von den Umständen ab, muss aber zumindest so lang sein, dass er unter Berücksichtigung der für den Transport nötigen Zeit und eventueller in den Fristenlauf fallender Sonn- und Feiertage bei sofortiger Erledigung die Erfüllung bewirken kann.[1182] Anders als im deutschen Recht muss sich der Verkäufer allerdings dagegen verwahren, wenn ihm eine zu kurze Frist gesetzt wurde. Andernfalls wird angenommen, dass er mit der ihm gesetzten Frist einverstanden sei.[1183] Das deutsche Recht ist diesbezüglich verkäuferfreundlicher. Eine angemessene Frist wird automatisch in Gang gesetzt. Angesichts der Warnfunktion für den Verkäufer und der fehlenden Einsicht des Käufers in dessen Geschäftsbetrieb gerade im internationalen Warenverkehr erscheint die deutsche Regelung durchaus sachgerecht.

Die Nachfristsetzung ist auch nach schweizerischem Recht entbehrlich, wenn der Verkäufer die Leistung eindeutig und ernsthaft verweigert, Art. 108 Nr. 1 OR.[1184] Ferner ist eine Nachfrist entbehrlich, wenn infolge des Verzugs die Leistung für den Käufer nutzlos wurde, Art. 108 Nr. 2 OR, wobei zugunsten des Käufers Art. 108 Nr. 2 OR bereits dann einschlägig ist, auch wenn die Leistung für den Käufer nicht vollkommen nutzlos geworden ist. Es genügt, dass ein Nutzen von gewisser Bedeutung für den Käufer durch den Verzug des Verkäufers vermindert ist. Das ist beispielsweise der Fall, wenn die Hochzeitstorte nicht zum

---

1179 Basler Kommentar OR/*Wiegand*, Art. 107, Rn. 7; Kren Kostkiewicz/Nobel/*Kren Kostkiewicz*, OR, Art. 107, Rn. 4; *Schlechtriem/Schmidt-Kessel*, Schuldrecht AT, Rn. 503.

1180 Vergleiche die Ausführungen zur Aufhebungsberechtigung, 3. Kapitel A. IV. 1; BGE 103 II 102; Kren Kostkiewicz/Nobel/*Kren Kostkiewicz*, OR, Art. 107, Rn. 4, 8.

1181 Handkommentar zum Schweizer Privatrecht/*Furrer/Wey*, Obligationenrecht, Allg. Teil, Art. 107 OR, Rn. 21.

1182 BGE 103 II 102; Kren Kostkiewicz/Nobel/*Kren Kostkiewicz*, OR, Art. 107, Rn. 6.

1183 BGE 116 II 436; BGE 105 II 28; Kren Kostkiewicz/Nobel/*Kren Kostkiewicz*, OR, Art. 107, Rn. 6.

1184 BGE 121 III 453; BGE 116 II 441; BGE 115 II 474; Basler Kommentar OR/*Wiegand*, Art. 108, Rn. 2; Kren Kostkiewicz/Nobel/*Kren Kostkiewicz*, OR, Art. 108, Rn. 2.

Hochzeitstag oder Saisonartikel (z. B. Badebekleidung, Skiausrüstung) nicht zu Saisonbeginn geliefert werden.[1185] Wie das deutsche Recht berücksichtigt auch das Schweizer Recht die Nichteinhaltung des relativen Fixgeschäfts, Art. 108 Nr. 3 OR.[1186] Dieses wird ähnlich wie im deutschen Recht definiert: Die Einhaltung der Leistungszeit muss so bedeutsam sein, dass bei ihrer Nichteinhaltung der Käufer nicht zur Annahme der verspäteten Leistung verpflichtet ist.[1187] Bei Fristablauf entfällt also auch die Erfüllbarkeit der Leistung.[1188] Um ein Fixgeschäft zu vereinbaren, können entweder im Vertrag Zeitangaben wie etwa „spätestens bis", „genau am" (nicht jedoch „innert zwei Wochen") verwendet werden.[1189] Der Fixgeschäftscharakter kann sich aber auch aus der Natur des Rechtsgeschäfts (Bestellung beim Traiteur für ein Abendessen) oder aus den Umständen ergeben.[1190] Die Aufzählung in Art. 108 OR ist nicht abschließend. Sie soll lediglich exemplarisch auf die Umstände hinweisen, unter denen der Schuldner die durch eine Nachfrist gewährte Schonung nicht mehr verdient, so dass die Rechtslage schnell bereinigt werden kann.[1191]

2. Wandelung

Für die Stückschuld kennt das Schweizer Recht weder in Form einer Ersatzlieferung noch einer Nachbesserung einen Nacherfüllungsanspruch.[1192] Nach richtiger Ansicht besteht auch kein Nachbesserungsanspruch im Falle einer Gattungsschuld. Zum Teil wird zwar ein solcher mit unterschiedlicher dogmatischer Begründung bejaht, nämlich unter Berufung auf Art. 2 ZGB analog oder Art. 368 Abs. 2 OR analog.[1193] Die überzeugende Ansicht lehnt einen gesetzlichen Nachbesserungsanspruch für den Käufer jedoch ab, denn es war die bewusste

---

1185 Basler Kommentar OR/*Wiegand,* Art. 108, Rn. 3; Kren Kostkiewicz/Nobel/*Kren Kostkiewicz,* OR, Art. 108, Rn. 3; *Bucher,* OR AT, S. 370 Fßn. 162f.; Berner Kommentar/*Weber,* Art. 108 OR, Rn. 23ff.

1186 Basler Kommentar OR/*Wiegand,* Art. 108, Rn. 6.

1187 Kren Kostkiewicz/Nobel/*Kren Kostkiewicz,* OR, Art. 108, Rn. 4.

1188 Basler Kommentar OR/*Wiegand,* Art. 108, Rn. 6; Bucher, OR AT, S. 370.

1189 BGE 121 III 453; BGE 96 II 47.

1190 Kren Kostkiewicz/Nobel/*Kren Kostkiewicz,* OR, Art. 108, Rn. 4.

1191 Basler Kommentar OR/*Wiegand,* Art. 108, Rn. 1.

1192 *Voser/Boog,* RIW 2009, 126 (130); von Westphalen/*Keller-Schwegler,* Kaufvertragsrecht, Schweiz, Rn. 155 (zur Nachbesserung).

1193 Berner Kommentar/*Giger,* Art. 205 OR, Rn. 42 (Art. 368 Abs. 2 OR analog); *Bucher,* OR BT, S. 97 (Art. 2 ZGB analog); Kren Kostkiewicz/Nobel/*Kren Kostkiewicz,* OR, Art. 205, Rn. 6.

Entscheidung des Gesetzgebers, keinen gesetzlichen Nachbesserungsanspruch einzuführen.[1194] Ein Gesetzesentwurf, der ein solches Recht vorsah, wurde zurückgenommen.[1195] Dennoch gewährt auch letztere Ansicht dem Verkäufer ein Nachbesserungsrecht für kleinere, behebbare Mängel.[1196] Einen Nachlieferungsanspruch im Falle einer mangelhaften Leistung (Art. 197 OR) sieht das Gesetz hingegen für eine Gattungsschuld vor (Art. 206 Abs. 1 OR).[1197] Korrespondierend dazu hat der Verkäufer ein Nachlieferungsrecht gem. Art. 206 Abs. 2 OR unabhängig davon, ob es sich um einen Platzkauf oder Distanzkauf handelt.[1198] Allerdings ist dieses Recht nicht mit einem Vorrang der Nacherfüllung im deutschen Recht vergleichbar. Der Käufer kann nach schweizerischem Recht sofort auf Wandelung klagen, ohne dass er dem Verkäufer eine Frist zur Nacherfüllung gesetzt haben müsste. Das Nacherfüllungsrecht ist nur ein *Recht*, das der Käufer in Anspruch nehmen darf, aber nicht muss. Insofern entspricht die Rechtslage der vorreformatorischen Situation in Deutschland vor 2002.

C. Das Aufhebungsrecht ausschließende Gründe

In jeder untersuchten Rechtsordnung beruht das Auflösungsrecht auf dem Gedanken, dass bei Störung des synallagmatischen Gleichgewichtes der Leistungspflichten

---

1194 BGE 95 II 119; Basler Kommentar OR/*Honsell*, Art. 205, Rn. 5; *Keller/Siehr*, Kaufrecht, S. 96.

1195 Basler Kommentar OR/*Honsell*, Art. 205, Rn. 5.

1196 Basler Kommentar OR/*Honsell*, Art. 205, Rn. 6; Berner Kommentar/*Giger*, Art. 205 OR, Rn. 43; *Keller/Siehr*, Kaufrecht, S. 97; Kren Kostkiewicz/Nobel/*Kren Kostkiewicz*, OR, Art. 205, Rn. 6.

1197 Der Begriff „vertretbare Sache" in Art. 206 Abs. 1 OR wird als Gattungssache ausgelegt: BGE 94 II 26 E.4; BGE 121 III 453; *Schmid/Stöckli*, Schweizer Obligationenrecht BT, Rn. 386; Kren Kostkiewicz/Nobel/*Kren Kostkiewicz*, OR, Art. 206, Rn. 1; Basler Kommentar/*Honsell*, Art 206, Rn. 1; *Bucher*, OR BT, S. 117f.; *Keller/Siehr*, Kaufrecht, S. 30; *Honsell*, OR BT, S. 128f.; von Westphalen/*Keller-Schwegler*, Kaufvertragsrecht, Schweiz, Rn. 156.

1198 Kren Kostkiewicz/Nobel/*Kren Kostkiewicz*, OR, Art. 206, Rn. 3; Basler Kommentar OR/*Honsell*, Art. 206, Rn. 1; Berner Kommentar/*Giger*, Art. 206 OR, Rn. 21; a.A. von Westphalen/*Keller-Schwegler*, Kaufvertragsrecht, Schweiz, Rn. 157, der ein Nachlieferungsrecht des Verkäufers für den Distanzkauf ablehnt, weil die mit der Sendung verbundenen Umstände (Transportgefahr, Verspätung, Erschwerung der Untersuchung) dem Käufer nicht noch einmal zugemutet werden dürften, wenngleich er relativierend eingesteht, dass die Transportmittel immer rascher und zuverlässiger werden. Gerade letztere Bedenken führen m. E. dazu, dass eine Beschränkung auf den Platzkauf heute nicht mehr zeitgemäß ist.

der Käufer zur Auflösung berechtigt sein soll: Wenn der Verkäufer seine Leistung nicht ordnungsgemäß erbringen kann, soll der Käufer seinen Kaufpreis nicht bezahlen müssen, weil er seine Verpflichtung zur Zahlung des Kaufpreises nur als Gegenleistung zum Leistungsversprechen des Verkäufers einging.[1199] Doch wirkt sich das Synallagma auf die Rückabwicklung aus? Kann der Käufer die Vertragsauflösung verlangen, auch wenn er die Ware bereits bei Ausübung dieses Rechts nicht zurückgeben kann?

I. UN-Kaufrecht

Das UN-Kaufrecht ist in dieser Hinsicht rigide: Nicht nur verlangt es eine enge Auslegung des Begriffs der wesentlichen Vertragsverletzung, sondern kennt auch eine sog. Aufhebungssperre.[1200] Nach Art. 82 Abs. 1 CISG verliert der Käufer nämlich das Recht, den Vertrag aufzuheben, wenn es ihm bei Abgabe der Aufhebungserklärung tatsächlich unmöglich ist, die Ware im Wesentlichen in dem Zustand zurückzugeben, in dem er sie erhalten hat. Das gilt selbst dann, wenn die Rückgabe wider Erwarten nachträglich wieder möglich werden sollte.[1201] Ein besonderes Augenmerk ist zunächst auf das Wort *tatsächlich* zu richten: Untergang, Zerstörung, Beschädigung, Verlust, Weiterveräußerung oder Weiterverarbeitung der Ware sind tatsächliche Gründe, die eine Vertragsaufhebung verhindern, nicht hingegen eine wesentliche Veränderung des Marktwerts der Ware.[1202] Diese ist vielmehr ein wirtschaftliches Hindernis. Bei langen

1199 Zum Schweizer Recht: *Bucher,* OR BT, S. 54; zum französischen Recht: *Porchy-Simon,* Obligations, Rn. 513; zum deutschen Recht: Staudinger/*Beckmann*, BGB, Vorb. zu §§ 433ff., Rn. 41; zum UN-Kaufrecht: Staudinger/*Magnus*, BGB, Art. 81 CISG, Rn. 14.

1200 Rechtbank Rotterdam, 21.11.1996, CISG-Online (CH) Nr. 541; *Schlechtriem,* Int. UN-Kaufrecht, Rn. 321; Schlechtriem/Schwenzer/*Fountoulakis,* UN-Kaufrecht, Vor. Artt. 81–84, Rn. 2, Art. 82, Rn. 5.

1201 Zum Zeitpunkt: OLG Düsseldorf, 10.2.1994, CISG-Online (CH) Nr. 115; OLG Koblenz, 27.9.1991, CISG-Online (CH) Nr. 30; OLG Frankfurt a.M., 17.9.1991, CISG-Online (CH) Nr. 28; AG Charlottenburg, 4.5.1994, CISG-Online (CH) Nr. 386; *Schlechtriem,* Int. UN-Kaufrecht, Rn. 321; Ferrari/Kieninger/Mankowski/*Ferrari,* Int. Vertragsrecht, Art 82 CISG, Rn. 2; *Piltz,* Int. Kaufrecht, Rn. 5–250; *Herber/Czerwenka,* Int. Kaufrecht, Art. 81, Rn. 15; Schlechtriem/Schwenzer/*Fountoulakis,* UN-Kaufrecht, Art. 82, Rn. 7; *Reinhart,* UN-Kaufrecht, Art. 82, Rn. 3; Soergel/*Lüderitz/Dettmeier,* BGB, Art. 82 CISG, Rn. 3; *Achilles,* Kommentar zum UN-Kaufrechtsübereinkommen, Art. 82, Rn. 3, 5; Staudinger/*Magnus,* BGB, Art. 82 CISG, Rn. 10, 12.

1202 Schlechtriem/Schwenzer/*Fountoulakis,* UN-Kaufrecht, Art. 82, Rn. 5.

Transportwegen im internationalen Handel ist die Gefahr des Untergangs oder der Verschlechterung besonders groß, so dass der Käufer, dessen Ware lange Transportwege zurücklegen muss, genau abwägen sollte, ob er diese Risiken eingehen möchte, zumal jegliche Ersatzrückgabe ausgeschlossen ist. Das gilt selbst bei Gattungsschulden.[1203] Ausschließlich die geleistete Ware darf (in tatsächlicher Form) zurückgegeben werden, um die „Ökonomie des gescheiterten Vertrages umzukehren".[1204]

Ein wenig mag den Käufer trösten, dass er die Ware nur *im Wesentlichen* in dem Zustand zurückgeben muss, in dem er sie erhalten hat. Das ermöglicht ihm in denjenigen Fällen ein Aufhebungsrecht, in denen vom Verkäufer erwartet werden kann, dass er die Ware zurücknimmt, weil die Veränderungen unwesentlich sind.[1205] Dazu gehören normale Abnutzungen (Verschleiß) und geringfügige Verschlechterungen (wenn etwa bei der Rückgabe unbedeutende Schrauben fehlen). Ebenso sind objektive Wertsteigerungen infolge von Aufwendungen des Käufers auf die Sache (beispielsweise Lackierungen) umfasst, es sei denn letztere widersprechen dem Verwendungszweck oder der Verkehrsauffassung (wenn der Käufer vom Verkäufer erworbene Trinkgläser mit eigenwilligen Verzierungen versieht).[1206]

Ist die tatsächliche Rückgabe der Kaufsache wegen wesentlicher Veränderung ausgeschlossen, verbleibt dem Käufer einzig zu hoffen, dass eine Ausnahmeregelung des Art. 82 Abs. 2 CISG einschlägig ist. Diese Vorschrift soll verhindern, dass eine eigentlich unmögliche Rückgabe dem Käufer zum Nachteil gereicht, wenn sein Verhalten nicht kausal für die Unmöglichkeit der Rückgabe war (mangelbedingte Veränderung; höhere Gewalt; Zufall) oder wenn er sich nach dem Gesetz (Art. 38 CISG) oder der allgemeinen Lebenserfahrung (Verbrauch oder Veränderung durch normale Verwendung, Weiterveräußerung im normalen Geschäftsverkehr) entsprechend verhalten durfte. Die Rückgabeunmöglichkeit schließt in solchen Fällen sein Aufhebungsrecht nicht aus. Im Ergebnis wird dadurch die durch die Anforderungen an die wesentliche Vertragsverletzung geschaffene Strenge abgeschwächt, weil die Ausnahmeregelung einen weiten Anwendungsbereich entfaltet.

1203 Staudinger/*Magnus,* BGB, Art. 82 CISG, Rn. 5; Schlechtriem/Schwenzer/*Fountoulakis,* UN-Kaufrecht, Art. 82, Rn. 5.

1204 *Coen,* in: Festschrift Schlechtriem zum 70. Geburtstag, 189 (198).

1205 BGer, IHR 2010, 27 (29); Schlechtriem/Schwenzer/*Fountoulakis,* UN-Kaufrecht, Art. 82, Rn. 6; *Schlechtriem,* Int. UN-Kaufrecht, Rn. 324.

1206 *Reinhart,* UN-Kaufrecht, Art. 82, Rn. 2; Schlechtriem/Schwenzer/*Fountoulakis,* UN-Kaufrecht, Art. 82, Rn. 6; a.A. OLG Linz, 23.1.2006, CISG-Online (CH) Nr. 1377.

Der Verkäufer trägt das Risiko zufälligen Verlustes bzw. zufälliger Verschlechterung bei der Rückgewähr der Kaufsache.[1207] Ferner sind ihm auch alle Umstände zuzurechnen, die in seine Herrschafts- und Risikosphäre oder in die unabhängiger Dritter fallen.[1208] Wird also beispielsweise das vom Verkäufer geleistete Mehl auf dem Rücktransport durch Zollbehörden beschlagnahmt, und verschlechtert sich dadurch die Qualität, geht dies zu Lasten des Verkäufers.[1209]

II. Deutsches Recht

Ganz anders ist seit der Schuldrechtsreform[1210] nunmehr das deutsche Recht konzipiert. Der Käufer erhält die Chance, vom Vertrag zurückzutreten, selbst wenn er die Kaufsache nicht *in natura* zurückgeben kann, unabhängig von der Ursache (Zufall oder zurechenbare Handlung des Käufers) und unabhängig vom Zeitpunkt (vor oder nach Erklärung des Rücktritts).[1211] Nur wenn der Käufer für den Umstand, der ihn zum Rücktritt berechtigt, allein oder weit überwiegend verantwortlich ist oder sich im Annahmeverzug befand, als der ihn zum Rücktritt berechtigende und vom Schuldner nicht zu vertretende Umstand eintrat, § 323 Abs. 6 BGB, entfällt sein Rücktrittsrecht. Als Ausgleich muss der Käufer dem Verkäufer vielmehr nach § 346 Abs. 2 BGB Wertersatz leisten.[1212] Funktional entspricht der Wertersatz einer tatsächlichen Leistungsrückgewähr im UN-Kaufrecht. Er zielt darauf ab, die durch den Leistungsaustausch erhaltenen Werte abzuschöpfen.[1213] Der Unterschied zum UN-Kaufrecht besteht darin, dass der deutsche Gesetzgeber eine Ersatzrückgewähr durch Geldzahlung zulässt. Der Wertersatz ist demnach kein Schadensersatz, denn ein Schadensersatz bezweckt,

---

1207 Ferrari/Kieninger/Mankowski/*Ferrari,* Int. Vertragsrecht, Art 82 CISG, Rn. 10; Schlechtriem/Schwenzer/*Fountoulakis,* UN-Kaufrecht, Art. 82, Rn. 14.

1208 Honsell/*Weber,* UN-Kaufrecht, Art. 82, Rn. 18; Schlechtriem/Schwenzer/*Fountoulakis,* UN-Kaufrecht, Art. 82, Rn. 14.

1209 Hof's-Gravenhage, IHR 2004, 119 (119f.).

1210 Gesetz zur Modernisierung des Schuldrechts vom 26.11.2001, BGBl 2001 I, S.3138; Das alte Schuldrecht (§§ 350 bis 353 a.F. BGB) in seiner Fassung bis 2002 schloss das Recht zum Rücktritt aus, wenn der Rücktrittsberechtigte den Untergang, die wesentliche Verschlechterung oder eine anderweitige Unmöglichkeit der Herausgabe (vor Ausübung des Rücktrittsrechtes) zu vertreten hatte. Beruhten sie hingegen auf einem Zufall, war das Rücktrittsrecht nicht ausgeschlossen.

1211 Münchener Kommentar BGB/*Gaier,* § 346, Rn. 13f.

1212 Staudinger/*Kaiser,* BGB, § 346, Rn. 127f.; BT-Drucks 14/6040, S. 194.

1213 Jauernig/*Stadler,* BGB, § 346, Rn. 4.

die eingetretenen Vermögensverluste (z. B. inclusive entgangener Gewinne) zu ersetzen. Der Wertersatz ist hingegen die wertmäßige Erstattung der Leistung.

Da der Käufer in jedem Fall zurücktreten kann, ist es für ihn nur interessant zu wissen, ab wann eine Rückgewähr *in natura* als nicht mehr möglich erachtet wird. Verhindern unwesentliche Veränderungen die Naturalrückgewähr? Wie weit wird der Begriff der unwesentlichen Veränderung ausgelegt? Diese Fragen bleiben einer späteren Erörterung vorbehalten, da sie nach deutschem Recht systematisch den Rücktrittsfolgen zuzuordnen sind.[1214]

III. Französisches Recht

1. Action rédhibitoire

Die französische Wandelungsklage kennt einen funktional mit der Aufhebungssperre des UN-Kaufrechts vergleichbaren Ausschlussgrund. Die Wandelungsklage ist ausgeschlossen, wenn der Käufer die Sache entgegen Art. 1644 CC nicht zurückgewähren kann.[1215] Inhaltlich wiegen die Unterschiede im Vergleich zum UN-Kaufrecht jedoch schwer. Die Wandelung ist ausgeschlossen und der Käufer auf die Minderung beschränkt, wenn es ihm unmöglich ist, die mangelhafte Kaufsache zurückzugewähren, weil er entweder die Sache verbraucht („*utilisé*") oder (nicht rückholbar) weiterverkauft („*revente*") hat oder weil die Sache aufgrund eigener Nachlässigkeit („*négligence*") oder aus Zufall[1216] („*cas fortuit*", Art. 1647 Abs. 2), nicht jedoch aufgrund des Mangels (Art. 1647 Abs. 1 CC), untergegangen ist.[1217] Untergang meint die vollständige Zerstörung („*destruction*") oder *erhebliche* Verschlechterung („*déterioration grave*").[1218] Sofern

---

1214 S. Kapitel „Rückgewähr in natura bzw. Wertersatz als Rechtsfolge", 3. Kapitel E. II.

1215 Art. 1644 CC verwendet das Wort „rendre" (dt.: „zurückgeben"), in der Literatur wird aber auch vielfache das Wort „restituer" (dt.: „zurückgewähren", „erstatten") im Zusammenhang mit Art. 1644 CC gebraucht: Bénabent, Contrats spéciaux, Rn. 368; *Ghestin/Huet,* Contrats spéciaux, Rn. 11359.

1216 Zufall wird hier definiert als ein Ereignis, das weder auf dem Mangel der Sache noch auf dem Verschulden des Käufers beruht: *Ghestin/Huet,* Contrats spéciaux, Rn. 11360.

1217 Cass. com. 17.5.1982, Légifrance (F) n° 80–16040; Cass. com. 6.7.1999, Legifranche (F) n° 96–20014; Cass. civ. 1ière, 12.1.1994, Légifrance (F) n° 91–15825; Cass. civ. 1ière, 3.12.1996, Légifrance (F) 94–19176; *Huet,* J.Cl. Art. 1641 à 1649 CC, Fasc. 50, Vente Fasc. 320, Rn. 18f.; *Bénabent,* Contrats spéciaux, Rn. 368; *Ghestin/Huet,* Contrats spéciaux, Rn. 11359ff.; im Ergebnis auch: *Mainguy,* Contrats spéciaux, Rn. 180; *Ferid/Sonnenberger,* Frz. Zivilrecht, Rn. 2 G 616.

1218 *Huet,* J.Cl. Art. 1641 à 1649 CC, Fasc. 50, Vente Fasc. 320, Rn. 21.

die Kaufsache nur *einfach* verschlechtert wurde, besteht das Wandelungsrecht des Käufers fort. In diesem Fall hat der Verkäufer einen Schadensersatzanspruch gegen den Käufer wegen Verschlechterung der Kaufsache.[1219] Anders als im UN-Kaufrecht kann der Käufer also nicht wandeln, wenn die Kaufsache zufällig untergegangen ist oder er die Sache verbraucht oder veräußert hat. Eine Ausnahmeregelung wie Art. 82 Abs. 2 CISG kennt das französische Recht nicht. Für den Käufer ist diese Regelung in höchstem Maße nachteilig, weil sie die Fälle unberücksichtigt lässt, in denen der Käufer berechtigter Weise die Kaufsache verbrauchte, veräußerte oder weiterverarbeitete, weil er den Mangel nicht kannte und auch nicht kennen musste. Einen Verbraucher beeinträchtigt diese Regelung zumeist wohl nicht, typischerweise jedoch den (international) agierenden Unternehmer. Ebenso erlegt das französische Recht dem Käufer das Risiko des zufälligen Unterganges auf. Dahinter steht folgender Gedanke: Das Risiko des zufälligen Unterganges wird an die Eigentumsinhaberschaft geknüpft (*res perit domino).*[1220] Das Eigentum geht gewöhnlich bei Abschluss des Kaufvertrags über (Konsensprinzip).[1221] Sollte sich der Verkäufer das Eigentum bis zu einem späteren Zeitpunkt vorbehalten haben, greift Art. 1647 Abs. 2 CC nicht. Der Käufer trägt also nicht das Risiko, solange er nicht Eigentümer der Kaufsache wurde.[1222] Da er – sofern keine vertragliche Bedingung vereinbart wurde[1223] – entsprechend dem Konsensprinzip zu dem Zeitpunkt, zu dem der Verkäufer dem Transporteur die Ware übergibt, bereits Eigentümer ist, hat er dieses Risiko ab Versendung zu tragen. Untergang oder Verschlechterung sind jedoch bei einem internationalen Kauf mit seinen typischerweise langen Transportwegen und großer Warenmenge nicht unüblich. Hier entspricht das französische Recht den Interessen eines (international) als Unternehmer agierenden Käufers nur unzureichend, indem

---

1219 *Huet,* J.Cl. Art. 1641 à 1649 CC, Fasc. 50, Vente Fasc. 320, Rn. 21.

1220 *Mainguy,* Contrats spéciaux, Rn. 130f.; von Westphalen/*Wenner/Schödel,* Kaufvertragsrecht, Frankreich, Rn. 65; eine den §§ 446, 447 BGB entsprechende Regelung kennt das französische Recht nicht: *Hübner/Constantinesco,* Einführung frz. Recht, S. 188.

1221 Cass. com. 9.2.1965, Légifrance (F) n° 59–11825; *Desdevises,* J.Cl. Art. 1583 CC, Vente, Fasc. 20, Rn. 79; *Mainguy,* Contrats spéciaux, Rn. 117; *Terré/Simler/Lequette,* Droit civil, les obligations, Rn. 669ff.; *Stadler,* Gestaltungsfreiheit und Verkehrsschutz durch Abstraktion, S. 31; *Guimezanes,* Introduction au droit français, S. 229; *Kaschefi,* Sachmängelhaftung im frz. Kaufrecht, S. 29; *Sonnenberger/Autexier,* Einführung frz. Recht, S. 135, 144; s. dazu bereits oben 1. Kapitel C. III.

1222 *Ghestin/Huet,* Contrats spéciaux, Rn. 11360; *Huet,* J.Cl. Art. 1641 à 1649 CC, Fasc. 50, Vente Fasc. 320, Rn. 20.

1223 *Mainguy,* Contrats spéciaux, Rn. 131.

es die handelsrechtlichen Besonderheiten nicht erfasst. Im Umkehrschluss ist es einem international agierenden Verkäufer dagegen zu empfehlen, weil er sich frühzeitig dieser Risiken entledigen kann.

2. *Résolution pour inexécution*

Eine dem Art. 1647 CC vergleichbare Bestimmung enthalten die allgemeinen Regelungen nicht. Insbesondere enthält Art. 1184 CC keinen Hinweis darauf, dass das Recht des Käufers zur „*résolution pour inexécution*" ausgeschlossen werden könnte, wenn der Käufer die Kaufsache nicht oder nicht in dem Zustand, in dem er sie erhalten hat, zurückgeben kann. Da auch keine Analogie des Art. 1647 CC in der französischen Literatur oder Rechtsprechung diskutiert wird, ist die Vertragsaufhebung nach allgemeinem Recht („*résolution du droit commun*") nicht ausgeschlossen, wenn der Käufer die Kaufsache nicht mehr oder nicht in dem Zustand zurückgewähren kann, in dem er sie erhalten hat.[1224] Die soeben zur Wandelung geäußerten Bedenken greifen folglich bei einer Vertragsauflösung nach allgemeinem Recht nicht durch, was insofern das französische Recht für Käufer attraktiv macht.

IV. Schweizer Recht

1. *Wandelung*

Anders als das französische Recht ist wiederum die schweizerische Wandelung gestaltet. Nach Art. 207 Abs. 3 OR ist die Wandelung ausgeschlossen, wenn die Sache durch Verschulden des Käufers untergegangen, von diesem weiterveräußert oder umgestaltet worden ist, bevor er die Wandelung begehrt hat.[1225] Dem Käufer verbleibt in diesem Fall jedoch das Recht, Minderungsklage zu erheben.

Untergang i.S.d. Art. 207 Abs. 3 OR bedeutet nicht nur, dass die Sachsubstanz vollständig zerstört wurde, sondern auch, dass sich der Zustand der Sache wesentlich verschlechtert hat.[1226] Der Untergang muss – anders als die anderen beiden Tatbestandsalternativen Weiterveräußerung und Umgestaltung – vom Käufer verschuldet worden sein. Dafür genügt jedes fahrlässige Verhalten.[1227] Geht die Kaufsache zufällig oder mangelbedingt unter, ist die Wandelung nicht ausgeschlossen,

---

1224 Darin liegt gerade ein bedeutender Unterschied zur Wandelung: *Ghestin/Huet*, Contrats spéciaux, Rn. 11359.

1225 Zum Zeitpunkt Kren-Kostkiewicz/Nobel/*Kren Kostkiewicz*, OR, Art. 207, Rn. 5.

1226 Handkommentar zum Schweizer Privatrecht/*Müller-Chen*, Vertragsverhältnisse Teil 1, Art. 207 OR, Rn. 6.

1227 Tercier/Favre/*Tercier/Favre/Zen-Ruffinen*, Contrats spéciaux, Rn. 843; *Bucher*, OR BT, S. 98.

Art. 207 Abs. 1 OR.[1228] Darin stimmt das schweizerische Recht mit der UN-kaufrechtlichen Aufhebungssperre inhaltlich überein. Ebenso darf der Käufer die Sache in Gebrauch nehmen, ohne dass er sein Wandelungsrecht verlöre, denn die bloße Benutzung fällt nicht in den Anwendungsbereich des Art. 207 Abs. 3 OR.[1229]

Ein erheblicher Unterschied besteht jedoch bei Weiterveräußerung und Umgestaltung. Die Weiterveräußerung hindert das Wandelungsrecht ebenso wie die Umgestaltung, Art. 207 Abs. 3 OR. Umgestaltung ist dabei jegliche Verarbeitung, Verbindung und Vermischung, die dazu führt, dass ein wesentlicher Teil der Ware irreversibel zu einem anderen Gegenstand wird.[1230] Der Käufer kann bei Weiterveräußerung keine Wandelung begehren, unabhängig davon, ob er im Moment der Veräußerung den Mangel kannte.[1231] Eine Ausnahme gilt indes bei einer Umgestaltung. Zeigt sich der Mangel erst zu diesem Zeitpunkt, bleibt die Wandelung zulässig.[1232]

2. *Vertragsaufhebung wegen Nichterfüllung*

Auf den Rücktritt nach allgemeinen Regeln ist in Ermangelung einer speziellen Norm Art. 207 Abs. 3 OR analog anzuwenden.[1233] Insofern kann auf die soeben beschriebene Rechtslage verwiesen werden.

D. Mechanismus der Auflösungserklärung

Es stellt sich die Frage, ob die Auflösung in einer bestimmten Form und Frist oder gar mit gerichtlicher Beteiligung erklärt werden muss.

I. UN-Kaufrecht

1. *Erklärung*

Die Aufhebung ist nach UN-kaufrechtlichem Verständnis eine dem Verkäufer als dem anderem Vertragsteil gegenüber abzugebende Willenserklärung, Artt. 26f.

1228 *Bucher,* OR BT, S. 98.

1229 BGE 105 II 90; Kren Kostkiewicz/Nobel/*Kren Kostkiewicz,* OR, Art. 207, Rn. 4.

1230 Handkommentar zum Schweizer Privatrecht/*Müller-Chen,* Vertragsverhältnisse Teil 1, Art. 207 OR, Rn. 8; Basler Kommentar OR/*Honsell,* Art. 207, Rn. 2.

1231 Tercier/Favre/*Tercier/Favre/Zen-Ruffinen,* Contrats spéciaux, Rn. 841.

1232 Mit dem Rechtsgedanken des § 467 S. 1 2. HS. BGB a.F. begründend: Basler Kommentar OR/*Honsell,* Art. 207, Rn. 2.

1233 Handkommentar zum Schweizer Privatrecht/*Furrer/Wey,* Obligationenrecht, Allg. Teil, Art. 109 OR, Rn. 4.

CISG, die formlos erklärt werden kann und unmittelbar rechtsgestaltend wirkt.[1234] Der Käufer muss in der Aufhebungserklärung ausdrücklich oder konkludent – was sich aus Sicht eines vernünftigen Empfängers (Art. 8 Abs. 2 CISG) beurteilt – zum Ausdruck bringen, dass er den Vertrag beenden möchte.[1235] Diese Absicht ist erkennbar, wenn er Klage auf Rückzahlung erhebt, nicht jedoch, wenn er den Verkäufer unter Fristsetzung zur Lieferung auffordert oder die Ware ohne Kommentar zurücksendet.[1236] Da ein solches Verhalten auch als ein Begehren von Nachbesserung oder einer Ersatzlieferung interpretiert werden kann, besitzt es ebenso wie das alternative Verlangen von Rücknahme oder Preisreduzierung keinen ausreichend eindeutigen Erklärungswert.[1237] Hingegen genügt es, wenn der Käufer erklärt, dass er die Ware dem Verkäufer zurückgebe („er rüge die Ware, er könne die Ausschussmenge nicht gebrauchen und stelle sie dem Verkäufer zur Verfügung“[1238] bzw. „er stelle die Ware sofort und total zur Verfügung, erwarte die sofortige Rücküberweisung der Anzahlung und werde die noch zu liefernde Ware nicht mehr annehmen“[1239]).

Der Käufer wird auch dadurch begünstigt, indem der Verkäufer das Empfangs- und Verzögerungsrisiko sowie das Risiko eines Irrtums bei der Übermittlung der Mitteilung trägt, sofern der Käufer die Erklärung mit den nach den Umständen geeigneten Mitteln macht, Art. 27 CISG.[1240] Der Käufer muss die Aufhebungserklärung nur absenden.[1241]

1234 LG Düsseldorf, 11.10.1995, CISG-Online (CH) Nr. 180; *Reinhart,* UN-Kaufrecht, Art. 64, Rn. 3; Honsell/*Schnyder/Straub,* UN-Kaufrecht, Art. 49, Rn. 33ff.; Staudinger/*Magnus,* BGB, Art. 49 CISG, Rn. 23ff.; Witz/Salger/Lorenz/*Salger,* Kaufrecht, Art. 49 CISG, Rn. 1; im Französischen mit „résolution unilateral“ wiedergegeben: *Mainguy,* Contrats spéciaux, Rn. 241; Tercier/Favre/*Tercier/Favre/Pedrazzini,* Contrats spéciaux, Rn. 1678.

1235 OLG Köln, IHR 2003, 15 (17); Staudinger/*Magnus,* BGB, Art. 49 CISG, Rn. 24f.; Schlechtriem/Schwenzer/*Müller-Chen,* UN-Kaufrecht, Art. 49, Rn. 24; Piltz, NJW 2003, 2056 (2063).

1236 OLG Koblenz, IHR 2003, 172 (174f.) (Androhung); OGH, IHR 2002, 73, 73; Hof van Beroep Gent, 28.6.2006, CISG-Online (CH) Nr. 1903; *Piltz,* Int. Kaufrecht, Rn. 5–308.

1237 LG Frankfurt, RIW 1991, 952; *Piltz,* Int. Kaufrecht, Rn. 5–308; Soergel/*Lüderitz/Schüßler-Langeheine,* BGB, Art. 49 CISG, Rn. 12.

1238 BGH, NJW 1997, 3311 (3312); Staudinger/*Magnus,* BGB, Art. 49 CISG, Rn. 25.

1239 OLG Köln, IHR 2003, 15 (17); Staudinger/*Magnus,* BGB, Art. 49 CISG, Rn. 25.

1240 Staudinger/*Magnus,* BGB, Art. 49 CISG, Rn. 24 zum Empfangsrisiko; *Reinhart,* UN-Kaufrechtskommentar, Art. 82, Rn. 3.

1241 Staudinger/*Magnus,* BGB, Art. 49 CISG, Rn. 24 zum Empfangsrisiko; *Reinhart,* UN-Kaufrechtskommentar, Art. 82, Rn. 3.

2. *Ausübungsfrist*

Allerdings steht dem Käufer das Aufhebungsrecht nur zeitlich beschränkt zu, Art. 49 Abs. 2 lit. b) CISG, um den Verkäufer nicht über die Maßen im Unklaren über das Vertragsverhältnis zu lassen. Unterlässt es der Käufer, innerhalb einer bestimmten Frist die Vertragsaufhebung zu erklären, verliert er sein Recht.[1242] Unberührt von diesem Ausschluss bleiben freilich sein Minderungsrecht und etwaige Schadensersatzansprüche.[1243]

a) Fristbeginn

Die Frist kann zu drei unterschiedlichen Zeitpunkten beginnen, Art. 49 Abs. 2 lit. b) CISG: Erstens im Zeitpunkt des Kennens oder Kennenmüssens des Käufers von der Vertragsverletzung, zweitens nach Ablauf einer vom Käufer gem. Art. 47 Abs. 1 CISG gesetzten Nachfrist bzw. sobald der Verkäufer erklärt hat, dass er nicht erfüllen werde, oder drittens nach Ablauf der vom Verkäufer gem. Art. 48 Abs. 2 CISG gesetzten Frist bzw. sobald der Käufer erklärt hat, dass er die nach Liefertermin vom Verkäufer angebotene Nacherfüllung nicht annehmen werde. Da der Käufer in der Praxis meistens eine Untersuchung gem. Art. 38 CISG durchführen wird, um die Rügefrist aus Art. 39 CISG nicht zu versäumen, wird das Kennenmüssen der Vertragsverletzung regelmäßig mit dem Zeitpunkt der Untersuchung zusammen fallen, spätestens aber bei der tatsächlichen Entdeckung innerhalb der absoluten Rügefrist aus Art. 39 Abs. 2 CISG zu konstatieren sein. Kenntnis in diesem Sinne hat der Käufer, wenn ihm Tatsache, Umfang und Tragweite der Vertragsverletzung bewusst werden.[1244] Der Eindruck, dass das UN-Kaufrecht den Käufer bei der Erklärung der Vertragsaufhebung privilegiert (wie schon bei der Empfangs- und Verzögerungsrisikozuteilung) wird hier verstärkt: Der Verkäufer muss beweisen, dass der Käufer die Vertragsverletzung kannte bzw. kennen musste, so dass die Ausübungsfrist begonnen hat.[1245]

1242 Ferrari/Kieninger/Mankowski/*Saenger,* Int. Vertragsrecht, Art. 49 CISG, Rn. 14; *Piltz,* Int. Kaufrecht, Rn. 5–316.

1243 Schlechtriem/Schwenzer/*Müller-Chen,* UN-Kaufrecht, Art. 49, Rn. 33; Honsell/*Schnyder/Straub,* UN-Kaufrecht, Art. 49, Rn. 38b; Staudinger/*Magnus,* BGB, Art. 49 CISG, Rn. 44.

1244 Schlechtriem/Schwenzer/*Müller-Chen,* UN-Kaufrecht, Art. 49, Rn. 34.

1245 Staudinger/*Magnus,* BGB, Art. 49 CISG, Rn. 38ff.; Baumgärtel/Laumen/Prütting/*Hepting,* Beweislast Schuldrecht BT I, Art. 49 CISG, Rn. 9ff.; Münchener Kommentar HGB/*Benicke,* Art. 49 CISG, Rn. 34; Schlechtriem/Schwenzer/*Müller-Chen,* UN-Kaufrecht, Art. 49, Rn. 28; *Piltz,* Int. Kaufrecht, Rn. 5–313.

b) Dauer der Frist

Der Eindruck der Privilegierung des Käufers wird auch durch den nächsten Untersuchungspunkt nicht entkräftet. Zwar soll die Länge der Frist des Art. 49 Abs. 2 lit. b) CISG den Kompromiss zwischen den unterschiedlichen Interessen der Vertragsseiten widerspiegeln: Der Käufer soll über ausreichend Zeit verfügen, um eine überlegte Entscheidung zu treffen, wie er auf die Vertragsverletzung reagieren soll, ohne ihm die Möglichkeit zu eröffnen, durch zu langes Abwarten auf eine für den Verkäufer nachteilige Preisänderung zu spekulieren. Der Verkäufer ist seinerseits auf eine schnelle Entscheidung bedacht, um Klarheit über die Notwendigkeit eines Rücktransports, einer anderweitigen Verwertung der Kaufsache und der aus der Vertragsaufhebung resultierenden Kosten (beispielsweise für die Einlagerung) zu gewinnen.[1246] Allerdings wird die in der Praxis für angemessen gehaltene Frist im Vergleich zum deutschen Recht sehr käuferfreundlich bemessen. Da sie durch die verschiedenen Umstände des Einzelfalles geprägt wird, wie etwa der Art der Ware (saisongebunden, verderblich, starken Preisschwankungen unterworfen, langlebige Rohstoffe), kann nur ein ungefährer Rahmen genannt werden: Dieser bewegt sich regelmäßig zwischen zwei und fünf Wochen.[1247] Eindeutig zu lang ist erst eine Ausübungsfrist von mehreren Monaten, insbesondere im Lebensmittelbereich.[1248] Sollte die Aufhebungsfrist

1246 Honsell/*Schnyder/Straub*, UN-Kaufrecht, Art. 49, Rn. 47; Staudinger/*Magnus*, BGB, Art. 49 CISG, Rn. 32.

1247 Zu den zu berücksichtigenden Umständen: Vestre Landsret, 10.11.1999, CISG-Online (CH) Nr. 704 (Weihnachtsbäume); Soergel/*Lüderitz/Schüßler-Langehein*, BGB, Art. 49 CISG, Rn. 14; *Piltz*, Int. Kaufrecht, Rn. 5-314f.; Schlechtriem/Schwenzer/*Müller-Chen*, UN-Kaufrecht, Art. 49, Rn. 32; *Siller*, Int. UN-Kaufrecht, Rn. 183; Beispiele für die Länge einer Ausübungsfrist: OLG Hamburg, 26.11.1999, CISG-Online (CH) Nr. 515: 22 Tage bei Kleidungsstücken über einen Monat bei einer funktionsfähigen Maschine; OLG Oldenburg, 1.2.1995, CISG-Online (CH) Nr. 253 (Sitzgarnitur): fünf Wochen bei einer Sitzgarnitur, sofern Weihnachtstage dazwischen fallen; Staudinger/*Magnus*, BGB, Art. 49 CISG, Rn. 38: zwei bis drei Wochen zusätzlich zur gewöhnlichen Rügefrist; von einer Frist bis zu 5 Wochen geht *Magnus*, ZEuP 2002, 523 (538), aus. Nicht angemessen ist jedenfalls die Erklärung einer Aufhebung 24 Tage nach Entdeckung eines Wasserlecks eines Badebeckens: HG Kanton Zürich, 26.4.1995, CISG-Online (CH) Nr. 248 (Badebecken); Das Bundesgericht hält jedoch sogar eine Aufhebungserklärung ein bis zwei Monate nach dem Kennenmüssen der Vertragsverletzung bei einer Maschine für eine angemessene i.S.d. Art. 49 Abs. 2 lit. b) CISG: BGer, IHR 2010, 27 (30).

1248 BGH, NJW 1995, 2101 (Verfristung nach fünf Monaten); OLG Frankfurt, RIW 1994, 593, 595 (Aufhebung zwei Monate nach erkennbar vertragswidriger

im Einzelfall dennoch zu kurz bemessen sein, führt dies nicht zur Unwirksamkeit der erklärten Aufhebung. Stattdessen wird sie auf eine angemessene Länge prolongiert.[1249]

II. Deutsches Recht

Das deutsche Recht schützt hier Käufer und Verkäufer gleichermaßen. Die Rücktrittserklärung nach § 349 BGB ist ebenso wie im UN-Kaufrecht eine formlose Willenserklärung, die der Käufer ausdrücklich oder konkludent ohne Begründung gegenüber dem Verkäufer als Vertragspartner äußern darf;[1250] anders aber als im UN-Kaufrecht muss nunmehr der Käufer als der Erklärende das Zugangs- und Verzögerungsrisiko tragen, weil sie als empfangsbedürftige Willenserklärung nicht nur abgeben werden, sondern auch zugehen muss, um wirksam zu werden, § 130 Abs. 1 S. 1 BGB.

Auf der anderen Seite kommt das deutsche Recht auch dem Käufer entgegen, indem es neben einer Verjährungsfrist keine zeitliche Ausübungsbeschränkung kennt. Das Rücktrittsrecht kann lediglich im Einzelfall nach Treu und Glauben (§ 242 BGB) verwirkt sein, wenn der Verkäufer wegen der verstrichenen Zeit davon ausgehen durfte, dass der Käufer den Rücktritt nicht erklären werde (Zeit- und Umstandsmoment[1251]). Dies wird allerdings regelmäßig nicht vor der Verfristung gem. § 218 BGB sein, welche mindestens zwei Jahre beträgt, § 438 Abs. 1 Nr. 3 BGB.[1252]

Lieferung verfristet); Eine erst nach fünf Monaten erfolgende Aufhebungserklärung ist nach Maßgabe der bislang vorliegenden Rechtsprechung jedoch verspätet i.S.d. Art. 49 Abs. 2 lit. b) CISG: *Piltz,* NJW 2011, 2261 (2266); Fristen von vier Monaten und länger als zu lang: OLG Karlsruhe, 21.11.2002, 12 U 111/02, juris-online (drei bis vier Monate); BGH, NJW 1995, 2101 (fünf Monate); OLG München, NJW-RR 1994, 1075 (vier Monate); CA de Paris, 14.6.2001, CISG-Online (CH) Nr. 693 (acht Monate); Turku Court of Appeals, IHR 2003, 277 (282); LG München, RIW 1996, 688 (689) (6 Monate); LG München, 25.1.1996, CISG-Online (CH) Nr. 278 (sechs Monate); *Piltz,* Int. Kaufrecht, Rn. 5–315; eine Frist von knapp zwei Monaten ist bei der Verletzung eines vertraglichen Ausschließlichkeitsrechts als „freilich" zu lang eingestuft worden: OLG Koblenz, OLGR Koblenz 1997, 34; *Magnus,* ZEuP 1999, 642 (660); OLG München, 2.3.1994, CISG-Online (CH) Nr. 108 (vier Monate nicht mehr angemessen).

1249 *Piltz,* Int. Kaufrecht, Rn. 5–314.

1250 BGHZ 99, 182 (193); Erman/*A. Röthel,* BGB, § 349, Rn. 2; Nomos Kommentar BGB/*Schulze,* § 349, Rn. 1; Staudinger/*Otto/Schwarze,* BGB, § 323, Rn. D 10.

1251 Zum Erfordernis des Zeit- und Umstandsmoments für die Feststellung einer Verwirkung: Palandt/*Grüneberg,* BGB, § 242, Rn. 93, 95.

1252 Erman/*A. Röthel,* BGB, § 349, Rn. 3.

III. Französisches Recht

1. Résolution pour inexécution

a) Beteiligung des Gerichts

Anders als im deutschen Recht und dem UN-Kaufrecht ist die Vertragsaufhebung wegen Nichterfüllung nicht als formloses Gestaltungsrecht, sondern als Klagebegehren konzipiert („*recours au tribunal*"), Artt. 1184 Abs. 3, 1610 CC, weshalb die Vertragsaufhebung im Allgemeinen auch „*résolution judiciaire*" genannt wird.[1253] Die Vertragsaufhebung und deren Rechtsfolgen werden durch das Gericht ausgesprochen.[1254] Nach deutscher Terminologie handelt es sich dabei um ein Gestaltungsurteil. Gericht ist ein staatliches Gericht ebenso wie ein Schiedsgericht, falls eine Schiedsvereinbarung zwischen den Parteien getroffen wurde.[1255]

Wenngleich es für den Käufer eines umständlichen förmlichen Verfahrens mit erheblichem Zeit- und Kostenaufwand bedarf, ist das französische Recht ihm an anderer Stelle wohlgesonnen, indem es seine Entscheidungsfreiheit und Rechtsbehelfswahl schützt und ihm keine Ausübungsfrist wie das UN-Kaufrecht auferlegt.[1256] Während der Käufer im UN-Kaufrecht und im deutschen Recht die einmal geäußerte Aufhebungserklärung nur noch anfechten kann, sobald sie dem Empfänger zugegangen ist – was immerhin eines Anfechtungsgrundes bedarf[1257] –, kann er nach französischem Recht bis zur gerichtlichen Entscheidung seinen Klageantrag ändern, um beispielsweise Erfüllung („*exécution forcée*"[1258])

1253 *De Schlichting/Oellers-Frahm,* Einführung frz. Rechtssprache, S. 61, zur Übersetzung des Wortes „recours"; *Porchy-Simon,* Obligations, Rn. 519; *Ghestin/Huet,* Contrats spéciaux, Rn. 11261; *Larroumet,* Droit civil, Rn. 708; *Terré/Simler/Lequette,* Droit civil, les obligations, Rn. 651.

1254 *Beudant,* Droit civil, Contrats et obligations, Rn. 767; *Malaurie/Aynès/Stoffel-Munck,* Obligations, Rn. 878; von Westphalen/*Wenner/Schödel,* Kaufvertragsrecht, Frankreich, Rn. 80; *Ferid/Sonnenberger,* Frz. Zivilrecht, Rn. 2 G 539; *Mainguy,* Contrats spéciaux, Rn. 241; *Mazeaud/Mazeuad/Chabas,* Obligations, Théorie générale, Rn. 1094; *Guimezanes,* Introduction au droit français, S. 214; *Bihl,* Droit de la vente, Rn. 485; *Fages,* Obligations, Rn. 290.

1255 *Malaurie/Aynès/Stoffel-Munck,* Obligations, Rn. 878.

1256 *Magaud,* RIW 1996, 387 (388).

1257 Im deutschen Recht: §§ 119ff. BGB; die Vertragsanfechtung ist im UN-Kaufrecht nicht geregelt (vgl. Art. 4 lit. a) CISG) sondern unterliegt dem Recht, das nach dem Internationalen Privatrecht des jeweiligen Landes als Vertragsstatut zur Anwendung gelangt: *von Hoffmann/Thorn,* Internationales Privatrecht, § 10, Rn. 84.

1258 Wörtlich: zwangsweise Durchsetzung des Vertrages: *De Schlichting/Volmerange,* Einführung frz. Rechtssprache, S. 77.

statt Vertragsauflösung zu verlangen.[1259] Die Cour de Cassation lässt es sogar zu, dass der Käufer seinen Rechtsbehelf noch in der Berufungsinstanz ändert.[1260] Im deutschen Recht wäre dies zumindest prozessual nicht möglich, § 531 Abs. 2 S. 1 ZPO. Erst wenn die Entscheidung des Gerichts in Rechtskraft erwachsen ist, ist ein Wechsel nicht mehr zulässig („*autorité de la chose jugée de la première décision obtenue*", Art. 1351 CC).[1261] Für den Verkäufer liegt der Vorteil in einem (langen) Gerichtsverfahren darin, dass er bis zur gerichtlichen Entscheidung eine Vertragsauflösung verhindern kann, indem er dem Käufer eine zur Erfüllung taugliche Leistung anbietet[1262] bzw. die Vertragssituation mit allen Konsequenzen (z. B. Verzögerung der Rückzahlung eines bereits gezahlten Kaufpreises) in der Schwebe halten kann.

b) Ausnahmen von der gerichtlichen Beteiligung

Die Notwendigkeit gerichtlicher Beteiligung belegt das primäre gesetzgeberische Ziel, den Vertrag aufrechtzuerhalten und ihn nur dann aufzulösen, wenn ein anderer Weg nicht ersichtlich ist.[1263] Für den Käufer kommt erschwerend hinzu, dass die gerichtliche Beteiligung grundsätzlich unersetzlich ist[1264] und die hiervon bestehenden Ausnahmen beim Kaufvertrag nur selten einschlägig sein werden bzw. ein vorausschauendes Handeln erfordern. So ist es möglich, Auflösungsklauseln („*clauses résolutoires*") vertraglich zu vereinbaren, in denen festgelegt wird, dass der Vertrag einseitig aufgehoben werden kann.[1265] Allerdings liegt die Vermutung nahe, dass international tätige Käufer in der Regel die spezifische Eigenheit der französischen Rechtsordnung nicht kennen – schon angesichts der Vielzahl der Länder, zu denen sie Handelskontakte pflegen oder weil

---

1259 Cass. civ. 3ième, 25.3.2009, Legifranc (F) n° 08–11326; *Malaurie/Aynès/Stoffel-Munck,* Obligations, Rn. 878; J. *Flour/Aubert/Y. Flour/Savaux,* Rapport d'obligation, Rn. 251.

1260 Cass. civ. 2ième, 15.6.1973, Légifrance (F) n° 72–11652; Cass. civ. 1ière, 2.2.1999, Légifrance (F) n° 96–21291; *Fages,* Obligations, Rn. 293.

1261 Cass. com. 4.1.1982, Légifrance (F) n° 80–12850; *Buffelan-Lanore/Larribeau-Terneyre,* Obligations, Rn. 1222.

1262 *J. Flour/Aubert/Y. Flour/Savaux,* Rapport d'obligation, Rn. 251; *Malaurie/Aynès/Stoffel-Munck,* Obligations, Rn. 878, mit einem Verweis auf Cass. civ. 27.3.1911, DP 1915.I. 97.

1263 *Malaurie/Aynès/Stoffel-Munck,* Obligations, Rn. 873.

1264 *Larroumet,* Droit civil, Rn. 708; *Mainguy,* Contrats spéciaux, Rn. 241.

1265 *Collart Dutilleul/Delebecque,* Contrats civils et commerciaux, Rn. 244, 230; *Mainguy,* Contrats spéciaux, Rn. 160; *Ghestin/Huet,* Contrats spéciaux, Rn. 11261; *Malaurie/Aynès/Stoffel-Munck,* Obligations, Rn. 886ff.

sie stets ein bestimmtes Recht wählen.[1266] Ferner existiert die Möglichkeit einer gütlichen Vertragsaufhebung („*résolution amiable*") durch Einigung der Parteien („*consentement mutuel*"), Art. 1134 Abs. 2 1. Alt. CC. Dies entspricht der Vertragsaufhebung nach § 311 BGB. Doch auch diese Ausnahme bedarf einer vorausschauenden Planung bzw. wird die Gegenseite sich auf sie im Streitfall nicht leichthin einlassen, wenn sie ihr nachteilig erscheint. Ausnahmsweise kann auch bei besonderer Dringlichkeit („*urgence*") von gerichtlicher Beteiligung abgesehen werden, wenn ein Abwarten der Klage unmöglich ist.[1267] Das ist etwa der Fall, wenn der Verkäufer durch ein schwerwiegendes, nicht notwendigerweise schuldhaftes Verhalten („*manquement grave*" bzw. „*comportement grave*") unmöglich macht, die Leistungspflichten weiter zu verfolgen, so dass der Käufer die vertragliche Beziehung sofort („*immédiatement*") und ohne gerichtliche Beteiligung („*sans intervention du juge*") abbrechen darf.[1268] Sollte der Verkäufer erheblich schuldhaft („*faute grave*") gehandelt oder gegen eine wesentliche Pflicht verstoßen haben, liegt in der Regel ein schwerwiegendes Verhalten vor, das eine besondere Dringlichkeit rechtfertigt.[1269] Dieser Grundsatz ist zwar nunmehr auf alle vertraglichen Verhältnisse anwendbar[1270]; dennoch ist fraglich, ob er viele kaufrechtliche Fälle erfasst, da er ursprünglich für arbeitsrechtliche Beziehungen geschaffen wurde, die anders als ein Kaufvertrag von höchstpersönlichem Charakter sind und ein besonderes Vertrauensverhältnis entstehen lassen. Sollte der Grundsatz im Einzelfall Anwendung finden, muss der Käufer jedoch bedenken,

---

1266 Laut Umfrage wählen mehr als die Hälfte aller befragten deutschen (mittel-)großen Kanzleien und Unternehmen ein bestimmtes Recht, in der Regel das deutsche, vgl. die Auswertung VIII. und IX. des Fragebogens, Anhang 1. Es liegt nahe, dass ausländische Kanzleien und Unternehmen in vergleichbarer Weise verfahren.

1267 *Larroumet,* Droit civil, Rn. 712; *Carbonnier,* Droit civil, Biens et obligations, Rn. 1103.

1268 Cass. civ. 1ière, 16.3.2004, Bull. civ.I, n° 86; Cass. civ. 1ière, 29.10.2003, J.C.P. 2004. II.10108, note Lachièze; Cass. civ. 1ière, 13.3.2007, JCP 2007.I.161, n°12, obs. P. Grosser; Cass. civ. 1ière, 20.2.2001, Légifrance (F) 99- 15170; Cass. civ. 1ière, 13.10.1998, Légifrance (F) n° 96–21485; *Carbonnier,* Droit civil, Biens et obligations, Rn. 1106; *J. Flour/Aubert/Y. Flour/Savaux,* Rapport d'obligation, Rn. 261; *Larroumet,* Droit civil, Rn. 712; *Fages,* Obligations, Rn. 302; als „comportement grave" bezeichnend *Malaurie/Aynès/Stoffel-Munck,* Obligations, Rn. 892.

1269 *Larroumet,* Droit civil, Rn. 712; *Buffelan-Lanore/Larribeau-Terneyre,* Obligations, Rn. 1223; *Fages,* Obligations, Rn. 302.

1270 Zur Herkunft und seiner heutigen Reichweite: CA Colmar, 7.2.1977, D. 1978, 169; *J. Flour/Aubert/Y. Flour/Savaux,* Rapport d'obligation, Rn. 261; *Mazeaud/Mazeaud/Chabas,* Obligations, Théorie générale, Rn. 1096.

dass er die einseitige Vertragsauflösung auf sein Risiko ausspricht und ein Gericht überprüfen kann, ob besondere Dringlichkeit vorlag.[1271] Sollten keine Tatsachen die besondere Dringlichkeit der Vertragsauflösung rechtfertigen, war die einseitige Vertragsauflösung unwirksam und entfaltet keine Wirkung. Stattdessen ist der Käufer dem Verkäufer zum Schadensersatz verpflichtet.[1272]

c) Richterliche Gestaltungsfreiheit

Die erwähnte großzügige Freiheit bei der Rechtsbehelfswahl und -änderung steht nicht nur dem Käufer zu, sondern auch dem Richter – was dem aus dem deutschen und schweizerischen Rechtskreis stammenden Beobachter angesichts des Dispositionsgrundsatzes, nach dem das Gericht an die Anträge der Parteien gebunden ist, auf den ersten Blick befremdlich erscheinen muss.[1273] Tatsächlich verfügt ein französisches Gericht über einen weiten Handlungsspielraum, der über die Gewährung oder Ablehnung des vom Käufer begehrten Rechtsbehelfs hinausreicht. Auch ohne Antrag des Käufers kann es neben dem begehrten Rechtsbehelf Ansprüche zubilligen, welche gegenüber dem begehrten Rechtsbehelf wesensfremd sind, oder gar statt dem begehrten Rechtsbehelf einen anderen zusprechen. Es kann zum Beispiel dem Käufer zusätzlich Schadensersatz (etwa für entgangenen Gewinn) gewähren, wenn der Verkäufer die Pflichtverletzung verschuldet hat, Art. 1184 Abs. 2 CC, oder auch nur Schadensersatz.[1274] Es kann den Vertrag auflösen oder aufrechterhalten und einen der fehlerhaften Leistung des Verkäufers entsprechenden Kaufpreis im Nachhinein festsetzen, was faktisch einer Minderung entspricht, jedoch „réfaction" genannt wird, wenngleich das Gesetz diese eigentlich nur für den Kauf einer Immobilie, Art. 1617 Abs. 2 CC vorsieht.[1275] Schließlich kann das Gericht dem Verkäufer auch eine Nachfrist

---

1271 Cass. civ. 1ière, 13.10.1998 Légifrance (F) n° 96–21485; Cass. civ. 1ière, 20.2.2001 Légifrance (F) 99–15170; *Malaurie/Aynès/Stoffel-Munck*, Obligations, Rn. 892; *Larroumet*, Droit civil, Rn. 712; *J. Flour/Aubert/Y. Flour/Savaux*, Rapport d'obligation, Rn. 261.

1272 *Malaurie/Aynès/Stoffel-Munck*, Obligations, Rn. 892.

1273 § 308 Abs. 1 ZPO (Deutschland); § 58 Abs. 1 ZPO (Schweiz).

1274 Cass. com. 11.12.2012, Légifrance (F) n° 11–25493; *Carbonnier*, Droit civil, Biens et obligations, Rn. 1103; *J. Flour/Aubert/Y. Flour/Savaux*, Rapport d'obligation, Rn. 252; *Malinvaud/Fenouillet*, Obligations, Rn. 514; *Cabrillac*, Obligations, Rn. 177; von Westphalen/ *Wenner/Schödel*, Kaufvertragsrecht, Frankreich, Rn. 81.

1275 Von "refaire": neu machen; Cass. 3ième, 29.1.2003, Légifrance (F) 01–02759; Cass. com. 15.12.1992, Légifrance (F) 90–18299; Cass. com. 17.3.1992, Légifrance (F) n° 90–21178; Cass. com. 16.6.1987, Légifrance (F) 86–12493; *Larroumet*, Droit civil, Rn. 711; *Ferid/Sonnenberger*, Frz. Zivilrecht, Rn. 2 G 542; *Collart Dutilleul/*

(„*délai*“) zur Erfüllung der vertraglichen Leistungen als auflösende Bedingung setzen, Art. 1184 Abs. 3 2. Alt. CC, wenn eine Nacherfüllung noch möglich und im Einzelfall angemessen ist.[1276] Durch die verschiedenen Vorgehensweisen wird deutlich, dass die Vertragsauslösung - wie schon im UN-Kaufrecht - nur *ultima ratio* ausgesprochen wird.[1277]

Das Gericht handelt dabei freilich nicht willkürlich, sondern berücksichtigt objektive Kriterien wie die Schwere der nicht erfüllten Pflicht („*gravité de l'inexécution*“), den dem Käufer entstandenen Nachteil, den wirtschaftlichen Nutzen („*utilité économique*“) ebenso wie subjektive Elemente, etwa den guten oder bösen Glauben der Parteien („*bonne ou mauvaise foi*“).[1278] Obwohl das Gericht versuchen wird, das Interesse des Käufers ausreichend zu würdigen, besteht für diesen dennoch die Gefahr, dass er nicht das erstrebte Ziel erreicht, weil nicht er die Gestaltungsmacht in den Händen hält wie im UN-Kaufrecht und im deutschen Recht. Nur wenn der Verkäufer gar nicht geleistet hat, kann der Käufer sicher sein, dass der Richter den Vertrag aufheben wird.[1279]

2. *Action rédhibitoire*

Auch die Wandelung muss der Käufer gem. Art. 1648 CC gerichtlich gegen den Verkäufer als Vertragspartner einklagen, wobei er nicht die Auflösung des Vertrages beantragen muss, sondern direkt auf Rückzahlung des Kaufpreises nebst

---

Delebecque, Contrats civils et commerciaux, Rn. 244; von Westphalen/*Wenner/Schödel,* Kaufvertragsrecht, Frankreich, Rn. 81; *Porchy-Simon,* Obligations, Rn. 527f.; *Carbonnier,* Droit civil, Biens et obligations, Rn. 1103; *Fages,* Obligations, Rn. 294; *Bénabent,* Contrats spéciaux, Rn. 319; *Ghestin/Huet,* Contrats spéciaux, Rn. 11261; *Mazeaud/Mazeaud/Chabas,* Obligations, Théorie générale, Rn. 1094; *Bénabent,* Contrats spéciaux, Rn. 319; *Malaurie/Aynès/Stoffel-Munck,* Obligations, Rn. 878, Fßn. 27; *Bihl,* Droit de la vente, Rn. 482.

1276 Cass. civ. 3ième, 16.4.1986, Légifrance (F) n 84–14782; Cass. civ. 1ière, 19.12.1984, Légifrance (F) n° 83–14083; *Porchy-Simon,* Obligations, Rn. 528; von Westphalen/*Wenner/Schödel,* Kaufvertragsrecht, Frankreich, Rn. 81; *Larroumet,* Droit civil, Rn. 711; *J. Flour/Aubert/Y. Flour/Savaux,* Rapport d'obligation, Rn. 252.

1277 *Buffelan-Lanore/Larribeau-Terneyre,* Obligations, Rn. 1236; *Carbonnier,* Droit civil, Biens et obligations, Rn. 1103.

1278 Cass. civ. 1ière, 31.1.1995, Légifrance (F) n° 92–20654; Cass. civ. 3ième, 22.3.1983, Légifrance (F) n° 81–13508; Cass. com. 27.5.1981, Légifrance (F) n° 80–10696; *Carbonnier,* Droit civil, Biens et obligations, Rn. 1103, 1105; *Collart Dutilleul/Delebecque,* Contrats civils et commerciaux, Rn. 244; *Porchy-Simon,* Obligations, Rn. 551; *J. Flour/Aubert/Y. Flour/Savaux,* Rapport d'obligation, Rn. 250; *Fages,* Obligations, Rn. 299.

1279 *Ghestin/Huet,* Contrats spéciaux, Rn. 11261.

Rückzahlung der Kosten klagen kann, die durch den Kaufvertragsabschluss entstanden (Art. 1646 CC).[1280] Ein bedeutsamer Unterschied existiert jedoch im Vergleich zur französischen Vertragsauflösung wegen Nichterfüllung: Der Richter verfügt nicht über den Entscheidungsspielraum, den er im Rahmen der „*résolution pour inexécution*“ genießt. Der Käufer entscheidet sich für eine Wandelungs- oder Minderungsklage. Diesem Antrag (in dem der Käufer übrigens nicht darlegen muss, warum er den Vertrag wandeln möchte statt den Kaufpreis zu mindern[1281]) kann das Gericht folgen oder die Klage abweisen.[1282] Es kann jedoch nicht einen anderen Rechtsbehelf als den beantragten aussprechen, zum Beispiel eine Minderung, wenn die Kaufsache nur wenig die Gebrauchstauglichkeit einschränkt.[1283] Das bringt dem Käufer mehr Rechtssicherheit als die Vertragsauflösungsklage. Vorteilhaft für den Käufer ist auch, dass es ihm weiterhin unbenommen bleibt, bis zur Rechtskraft des Urteils den gewählten Rechtsbehelf zu ändern und beispielsweise statt einer Wandelung Minderung zu verlangen.[1284]

IV. Schweizer Recht

1. *Vertragsaufhebung wegen Nichterfüllung*

a) Art. 107 Abs. 2 OR

Das schweizerische Recht kennt eine Besonderheit. Der Käufer muss zwei Erklärungen abgeben, wenn der Verkäufer nach Ablauf der Frist nicht geleistet hat oder eine Fristsetzung entbehrlich war: Zum einen den Verzicht auf die nachträgliche Erfüllung und zum anderen den Rücktritt vom Vertrag, Art. 107 Abs. 2 OR. Hintergrund ist, dass das Schweizer Recht annimmt, dass der Käufer auch nach Ablauf der Nachfrist am Erhalt der Leistung und dem Ausgleich eines etwaig entstandenen Verzögerungsschadens interessiert ist, wie sich aus dem Wortlaut des Art. 107 Abs. 2 OR ergibt. Dies privilegiert den Verkäufer, da der Käufer das Leistungsangebot wegen der Wertung dieser Vorschrift nicht leichter

---

1280 *Ferid/Sonnenberger,* Frz. Zivilrecht, Rn. 2 G 608.

1281 Cass. civ. 1ière, 5.5.1982, Légifrance (F) n° 81–10315; *Ghestin/Huet,* Contrats spéciaux, Rn. 11371; von Westphalen/*Wenner/Schödel,* Kaufvertragsrecht, Frankreich, Rn. 134.

1282 *Ghestin/Desché,* Traités, Vente, Rn. 755; *Huet,* J. Cl. Art. 1641 à 1649 CC Fasc. 50, Vente Fasc. 320, Rn. 8ff.

1283 Für das Beispiel: Cass. com. 22.7.1953, D. 1953, 587 (véhicule automobile); *Ghestin/Huet,* Contrats spéciaux, Rn. 11356; *Ferid/Sonnenberger,* Frz. Zivilrecht, Rn. 2 G 605; *Huet,* J. Cl. Art. 1641 à 1649 CC, Fasc. 50, Vente Fasc. 320, Rn. 9.

1284 Cass. civ. 2ième, 11.7.1974, Légifrance (F) n° 73–10415; *Bihl,* Droit de la vente, Rn. 538; *Ferid/Sonnenberger,* Frz. Zivilrecht, Rn. 2 G 609; *Mainguy,* Contrats spéciaux, Rn. 183.

Hand abweisen kann. Für den Käufer wiederum ist positiv, dass beide Erklärungen formlose, empfangsbedürftige Gestaltungserklärungen sind.[1285] Unmittelbar nach Äußerung und Zugang entfalten sie ihre Wirkung; eine rasche Veränderung der Rechtslage ist für den Käufer – anders als im französischen Recht – möglich. Allerdings trägt der Käufer wie im deutschen Recht das Zugangs- und Verzögerungsrisiko der empfangsbedürftigen Willenserklärung.[1286]

Zeitlich kann der Käufer den Verzicht zusammen mit dem Rücktritt erklären, muss dies aber nicht.[1287] Lediglich die Verzichtserklärung muss unverzüglich nach Ablauf der Frist abgegeben werden, Art. 107 Abs. 2 OR. Für die Rücktrittserklärung wird dem Käufer eine kurze Überlegungsfrist eingeräumt, solange es der normale Geschäftsbetrieb zulässt.[1288] Diese sollte der Käufer auch nutzen, da sowohl die Wahl- als auch die Verzichtserklärungen als Gestaltungserklärungen unwiderruflich sind.[1289] Ein Wechsel des Rechtsbehelfs, wie ihn das französische Recht dem Käufer ermöglicht, ist im schweizerischen Recht aufgrund der Rechtsnatur der Erklärung nicht möglich.

Sollten dem Käufer die dogmatischen Feinheiten des schweizerischen Rechts unbekannt sein, so verliert er sein Rücktrittsrecht nicht automatisch, selbst wenn er nicht unverzüglich den Verzicht erklärt. Vielmehr vermittelt er dem Verkäufer auf diesem Wege, dass er weiterhin an einer nachträglichen Erfüllung interessiert sei. Setzt er diesem erneut eine Nachfrist, hat er das volle Wahlrecht aus Art. 107 Abs. 2 OR nach erfolglosem Ablauf der Frist.[1290]

b) Art. 190 Abs. 2 OR

Der Handelskäufer muss ebenfalls unverzüglich den Rücktritt erklären, allerdings aus einem anderen Grund als der Nicht-Handelskäufer[1291]: Der schweizerische Gesetzgeber unterstellt, dass bei Verzug des Verkäufers der Handelskäufer

---

1285 Basler Kommentar OR/*Wiegand*, Art. 107, Rn. 14, 20; Handkommentar zum Schweizer Privatrecht/*Furrer/Wey*, Obligationenrecht, Allg. Teil, Art. 109 OR, Rn. 13.

1286 Die allgemeinen Grundsätze für empfangsbedürftige Willenserklärungen greifen: Handkommentar zum Schweizer Privatrecht/*Furrer/Wey*, Obligationenrecht, Allg. Teil, Art. 107 OR, Rn. 30, 53; Handkommentar zum Schweizer Privatrecht/*Kut*, Obligationenrecht, Allg. Teil, Art. 1 OR, Rn. 20.

1287 Kren Kostkiewicz/Nobel/*Kren Kostkiewicz*, OR, Art. 107, Rn. 16 m.w.N.

1288 Kren Kostkiewicz/Nobel/*Kren Kostkiewicz*, OR, Art. 107, Rn. 16.

1289 BGE 123 III 16; Kren Kostkiewicz/Nobel/*Kren Kostkiewicz*, OR, Art. 107, Rn. 18; Basler Kommentar OR/*Wiegand*, Art. 107, Rn. 14.

1290 BGE 76 II 300 (304); Oser/Schönenberger/*Schönle/Higi*, ZGB, 107 OR, Rn. 21; Kren Kostkiewicz/Nobel/*Kren Kostkiewicz*, OR, Art. 107, Rn. 18.

1291 Zum Begriff des Handelskäufers: 3. Kapitel B. IV. 1.

kein Interesse an einer nachträglichen Leistung hat, sondern Schadensersatz in Höhe des Erfüllungsinteresses verlangen wird, Art. 190 Abs. 1 OR. Deshalb muss der Handelskäufer unverzüglich nach Ablauf des Termins kund tun, ob er weiterhin Erfüllung verlangt oder vom Vertrag zurücktreten möchte, Art. 190 Abs. 2 OR. Ausdrücklich sieht Art. 190 Abs. 2 OR dies zwar nicht für den Rücktritt vor, allerdings gebietet der Sinn und Zweck des Art. 190 Abs. 1 OR, den Käufer zu einer unverzüglichen Rücktrittserklärung zu zwingen, da die Vermutungsregelung eine rasche Klärung der Rechtslage herbeiführen möchte, was unterlaufen werden würde, müsste der Käufer den Rücktritt nicht unverzüglich erklären.[1292]

Im Vergleich zum deutschen Recht, das ebenfalls den Vertrag durch eine Gestaltungserklärung beenden lässt, ist die schweizerische Regelung allerdings nachteilig für den Käufer. Versäumt der Käufer, die Vermutung rechtzeitig zu widerlegen, wird diese für die Zukunft unwiderleglich.[1293] Es bedarf also einer schnellen Entscheidung des Käufers, will er diese harte „Sanktion" vermeiden. Nach deutschem Recht kann der Käufer ebenfalls schnell entscheiden. Er muss es aber nicht, um unliebsame Rechtsfolgen zu vermeiden. Für den Verkäufer hat die Regelung der Schweiz den Vorteil, schwebende Unsicherheit zu vermeiden.

2. *Wandelung*

Wenngleich der Wortlaut des Art. 205 Abs. 1, 2 OR von einer Wandelungsklage spricht, *mit* der der Käufer den Kauf rückgängig machen kann, geht die überwiegende Literatur und Rechtsprechung davon aus, dass die gerichtliche Beteiligung nicht konstitutiv ist, sondern die Wirkungen der Wandelung durch die Erklärung dieser analog zu Art. 107 OR eintreten.[1294] Die gerichtliche Beteiligung ist rein deklaratorischer Natur, zum Beispiel um die Existenz der erklärten Wandelung festzustellen.[1295] Das Gericht hat jedoch noch eine weitere, sehr bedeutsame Kompetenz: Es kann die Angemessenheit der erklärten Wandelung überprüfen und im Einzelfall auf sein Ermessen hin die Minderung aussprechen, Art. 205 Abs. 2 OR. Obwohl also das

---

1292 *Keller/Siehr,* Kaufrecht, S. 36.

1293 Von Westphalen/*Keller-Schwegler,* Kaufvertragsrecht, Schweiz, Rn. 92.

1294 BGE 109 II 40; Tercier/Favre/*Tercier/Favre/Zen-Ruffinen,* Contrats spéciaux, Rn. 832f.; *Bucher,* OR BT, S. 99; *Honsell*, OR BT, S. 102; Handkommentar zum Schweizer Privatrecht/*Furrer/Wey*, Obligationenrecht, Allg. Teil, Art. 107 OR, Rn. 53, Art. 109, Rn. 13; Basler Kommentar OR/*Honsell*, Art. 205, Rn. 1; a.A. von Westphalen/*Keller-Schwegler,* Kaufvertragsrecht, Schweiz, Rn. 161; *Keller/Siehr*, Kaufrecht, S. 88, die von einem richterlichem Gestaltungsurteil ausgehen.

1295 *Bucher*, OR BT, S. 99; Tercier/Favre/*Tercier/Favre/Zen-Ruffinen,* Contrats spéciaux, Rn. 833.

schweizerische Recht ähnlich dem Rücktrittsrecht des BGB die Wandelung als Gestaltungsrecht auffasst, bleibt es dennoch seiner römisch-rechtlichen Wurzel treu, indem das Gericht nach seinem Ermessen wie auch das französische Gericht die Minderung aussprechen kann.[1296] In beiden Rechtsordnungen wägt das Gericht ab, ob dem Käufer zugemutet werden kann, die Kaufsache trotz ihrer Mängel zu behalten und ob dem Verkäufer durch die Wandelung ein unverhältnismäßiger Nachteil entsteht.[1297] Dies führt zu einer erheblichen Rechtsunsicherheit beim Käufer, der damit rechnen muss, dass seine Wandelung der Rechtsauffassung des Gerichts nicht Stand halten wird. Nur wenn die Sache unbrauchbar ist, ihr wesentliche Eigenschaften fehlen, der Verkäufer grob schuldhaft oder gar arglistig handelte, oder der Minderwert der Höhe nach dem Kaufpreis entspricht (Art. 205 Abs. 3 OR), kann der Käufer sicher sein, dass das Gericht die Wandelung als angemessen erachten wird.[1298] Wie das Gericht entscheidet, wenn die Kaufsache für den Käufer besonders angefertigt wurde, ob Absatzprobleme bestehen, ob der Käufer mit der Ausübung seines Wahlrechts (Wandelung oder Minderung) zu lange wartete oder ob die Sache nur einen geringen Minderwert hat, bleibt eine Frage des Einzelfalls.[1299]

Positiv für den Käufer ist, dass das Schweizer Obligationenrecht keine Ausübungsfrist kennt, sondern nur die zweijährige Verjährungsfrist des Art. 210 Abs. 1 OR. Um Unbilligkeiten zu vermeiden, soll der Verkäufer den Käufer auffordern dürfen, innerhalb einer angemessenen Zeit seine Wahl (Minderung oder Wandelung, Art. 205 Abs.1 OR) zu treffen.[1300]

E. Rückgewähr in natura bzw. Wertersatz als Rechtsfolge

Man stelle sich vor, ein französisches Unternehmen mit Sitz in Bordeaux kaufe von einer deutschen GmbH & Co. KG mit Sitz in Hamburg eine

1296 Zum römisch-rechtlichen Ursprung: Berner Kommentar/*Giger* Art. 205 OR, Rn. 7.

1297 BGE 94 II 26; von Westphalen/*Keller-Schwegler,* Kaufvertragsrecht, Schweiz, Rn. 160; *Keller/Siehr,* Kaufrecht, S. 87; *Voser/Boog,* RIW 2009, 126 (130f.)

1298 BGE 23 II 1092 (1097ff.); BGE 124 III 456; Tercier/Favre/*Tercier/Favre/Zen-Ruffinen,* Contrats spéciaux, Rn. 838; *Keller/Siehr,* Kaufrecht, S. 87f.; Kren Kostkiewicz/Nobel/*Kren Kostkiewicz,* OR, Art. 205, Rn. 9; von Westphalen/*Keller-Schwegler,* Kaufvertragsrecht, Schweiz, Rn. 160; Berner Kommentar/*Giger,* Art. 205 OR, Rn. 50; *Voser/Boog,* RIW 2009, 126 (130); *Honsell,* OR BT, S. 102; Basler Kommentar OR/*Honsell,* Art. 205, Rn. 7, 10; Tercier/Favre/*Tercier/Favre/Zen-Ruffinen,* Contrats spéciaux, Rn. 838.

1299 Kren Kostkiewicz/Nobel/*Kren Kostkiewicz,* OR, Art. 205, Rn. 7.

1300 Basler Kommentar OR/*Honsell,* Art. 205, Rn. 2 (auf Grundlage des in § 466 BGB a.F. verankerten Rechtsgedankens).

Stabproduktionsmaschine.[1301] Nach fünf Jahren entdeckt die Käuferin einen Mangel und begehrt Vertragsaufhebung. Das deutsche Unternehmen ist der Meinung, das Vertragsaufhebungsrecht sei ausgeschlossen, da die Kaufsache nach fünf Jahren der Benutzung nicht mehr im Wesentlichen in dem Zustand zurückgewährt werden könne, in dem die Käuferin sie erhalten habe.

Kann der Käufer trotz des Umstandes, dass er die Ware nicht mehr *in natura* zurückgewähren kann, den Vertrag auflösen und kann dem Interesse des Verkäufers, das Geleistete zurückzuerhalten, ausreichend Rechnung getragen werden, wenn der Käufer eventuelle Verschlechterungen wertmäßig in Geld ausgleicht? Für die Antwort auf diese Frage kommt es entscheidend darauf an, wer das Risiko der Verschlechterung oder des Untergangs zu tragen hat, wenn beispielsweise die Kaufsache sich mangelbedingt verschlechtert. Zudem: Wann muss der Käufer Nutzungen, die er im guten Glauben an das Behaltendürfen der Ware gezogen hat, (wertmäßig) herausgeben?

I. UN-Kaufrecht

Wie bereits bei den Ausschlussgründen angedeutet,[1302] folgt das UN-Kaufrecht gegenüber dem Käufer im Grundsatz einer harten Linie: Der Käufer muss die Ware *in natura* zurückgeben können, wenn er sie *in natura* erhalten hat, Art. 81 Abs. 2 S. 1 CISG[1303]; anderenfalls ist sein Aufhebungsrecht ausgeschlossen, Art. 82 Abs. 1 CISG. Einen wertmäßigen Ersatz sieht das UN-Kaufrecht im Grunde nicht vor. Auch der Verkäufer muss das erhaltene Geld zurückgewähren, und zwar in dem für den Kaufpreis festgelegten Wechselkurs der Währung.[1304]

Für den Käufer besteht jedoch die Möglichkeit, dass eine Ausnahme nach Art. 82 Abs. 2 CISG greift, etwa wenn die Veränderung oder Weiterveräußerung dem üblichen Geschäftsgang entsprach oder Folge der gesetzlich vorgesehenen Untersuchungsobliegenheit (Art. 38 CISG) ist.[1305] Dann kann er trotzdem den Vertrag aufheben. Die Ausnahmevorschrift hat einen weiten

---

1301 Sachverhalt leicht abgewandelt nach der Entscheidung der Cass. com. 3.11.2009, CISG-Online (CH) Nr. 2004.

1302 S. o. 3. Kapitel C. I.

1303 Ferrari/Kieninger/Mankowski/*Ferrari*, Int. Vertragsrecht, Art. 81 CISG, Rn. 18; *Herber/Czerwenka*, Int. Kaufrecht, Art. 81, Rn. 8; Schlechtriem/Schwenzer/*Fountoulakis*, UN-Kaufrecht, Art. 81, Rn. 17.

1304 Schlechtriem/Schwenzer/*Fountoulakis*, UN-Kaufrecht, Art. 81, Rn. 17.

1305 S. o. 3. Kapitel, C. I.

Anwendungsbereich[1306], so dass der Käufer in der Regel den Vertrag aufheben kann, auch wenn die Rückgewähr *in natura* im Wesentlichen in dem Zustand, in dem der Käufer die Ware erhalten hat, nicht mehr möglich ist. Im Übrigen muss der Verkäufer erst beweisen, dass die Ware nicht unversehrt ist.[1307]

Kann der Käufer den Vertrag aufheben, obwohl er dem Verkäufer die Ware nicht in einem im Wesentlichen unveränderten Zustand herausgeben kann, muss er ihm jedenfalls ein Surrogat für die Kaufsache gewähren, Art. 84 Abs. 2 lit. b) CISG.[1308] Sofern die Kaufsache untergegangen, verbraucht worden ist oder sich sonst verschlechtert hat, tritt eine Geldzahlung in Höhe des objektiven Wertes der Kaufsache an die Stelle der zurückzugebenden Ware, sog. *commodum ex re*[1309], im Einzelfall auch ein Abtretungsanspruch des Käufers gegen den Dritten, sollte der Dritte noch nicht an den Käufer geleistet haben.[1310] Hat der Käufer die Ware weiterveräußert, so tritt wertmäßig das *commodum ex negotio* an die Stelle der zurückzugewährenden Ware.[1311] Dabei ist umstritten, ob der Käufer den vollständigen Erlös oder nur den Erlös herauszugeben hat, der marktüblich zu erzielen war. Der Wortlaut des Art. 84 Abs. 2 CISG spricht von „allen Vorteilen“. Unter diesen weitgefassten Begriff würde der vollständige Erlös fallen. Außerdem soll der Käufer nicht die Chance erhalten, sich durch eine nicht vertragsgemäße Leistung des Verkäufers zu bereichern, indem er die Ware zu einem überdurchschnittlichen Preis weiterverkauft. Der Käufer ist deshalb verpflichtet, den vollständigen Erlös herauszugeben, der auch den Gewinn beinhaltet, den der Käufer durch eigenes Verhandlungsgeschick durch einen Verkauf über dem marktüblichen Wert erwirtschaften konnte.[1312]

1306 Wie bereits in 3. Kapitel C. I. erwähnt.

1307 OLG Frankfurt a.M., 17.9.1991, CISG-Online (CH) Nr. 28; Honsell/*Weber*, UN-Kaufrecht, Art. 82, Rn. 5; Soergel/*Lüderitz/Dettmeier*, BGB, Art. 82 CISG, Rn. 12.

1308 Soergel/*Lüderitz/Dettmeier*, BGB, Art. 82 CISG, Rn. 13; Schlechtriem/Schwenzer/*Fountoulakis*, UN-Kaufrecht, Art. 81, Rn. 17.

1309 Honsell/*Weber*, UN-Kaufrecht, Art. 84, Rn. 26; Schlechtriem/Schwenzer//*Fountoulakis*, UN-Kaufrecht, Art. 84, Rn. 35.

1310 Schlechtriem/Schwenzer/*Fountoulakis*, UN-Kaufrecht, Art. 84, Rn. 35; Honsell/*Weber*, UN-Kaufrecht, Art. 84, Rn. 19.

1311 Honsell/*Weber*, UN-Kaufrecht, Art. 84, Rn. 21; Schlechtriem/Schwenzer/*Fountoulakis*, UN-Kaufrecht, Art. 84, Rn. 36.

1312 Im Ergebnis auch: Ferrari/Kieninger/Mankowski/*Ferrari*, Int. Vertragsrecht, Art. 84 CISG, Rn. 16; Honsell/*Weber*, UN-Kaufrecht, Art. 84, Rn. 21; Staudinger/*Magnus*, BGB, Art. 84 CISG, Rn. 24.

Die Kosten der Rückgewähr kann der Käufer als (verschuldensunabhängigen) Schadensersatz nach Artt. 74ff. CISG geltend machen.[1313]

II. Deutsches Recht

Das deutsche Recht folgt einem anderen Ansatz als das UN-Kaufrecht. Zwar muss der Käufer die Kaufsache vorrangig *in natura* zurückgewähren, § 346 Abs. 1 BGB. Sollte dies jedoch nicht möglich sein, etwa aufgrund der Natur des Erlangten oder weil der Käufer die Sache verbraucht, veräußert, belastet, verarbeitet oder umgestaltet hat oder weil sich die Kaufsache verschlechtert hat oder untergegangen ist, muss er grundsätzlich Wertersatz leisten, § 346 Abs. 2 S. 1 Nr. 1 bis 3 BGB. Die empfangenen Leistungen sollen abgeschöpft werden – ein Rechtsgedanke, der aus dem Bereicherungsrecht (§§ 812ff., 818 Abs. 1 BGB) bekannt ist.[1314] Ein Ausschluss des Rücktrittsrechts wie es das UN-Kaufrecht in Art. 82 Abs. 1 CISG kennt, ist dem deutschen Recht fremd.

Die Pflicht zum Wertersatz entfällt aber, wenn sich der Mangel erst während der Verarbeitung oder Umgestaltung zeigt, der Verkäufer als Rücktrittsgläubiger die Verschlechterung oder den Untergang zu vertreten hat bzw. der Schaden bei ihm gleichfalls eingetreten wäre oder wenn dem Käufer ein gesetzliches Rücktrittsrecht zusteht und die Verschlechterung oder der Untergang der Kaufsache bei ihm eingetreten ist, obwohl er die Sorgfalt anwandte, die er in eigenen Angelegenheiten anzuwenden pflegt, § 346 Abs. 3 S. 1 Nr. 1 bis 3 BGB.

Dadurch ergibt sich folgende Parallelität zum UN-Kaufrecht: Wenn sich der Mangel erst während der Verarbeitung oder des Verbrauchs zeigt, kann der Käufer sowohl nach UN-Kaufrecht als auch deutschem Recht vom Vertrag zurücktreten, Art. 82 Abs. 2 lit. c) CISG, § 346 Abs. 2 S. 1 Nr. 2 BGB, und hat nach beiden Rechtsordnungen nicht den objektiven Wert der Sache zu ersetzen, sondern die ihm verbleibende Bereicherung, §§ 346 Abs. 3 S. 2, 818ff. BGB[1315] oder den Gegenwert aller Vorteile, die er aus der Ware oder einem Teil der Ware gezogen hat, Art. 84 Abs. 2 CISG. Dies erscheint sachgerecht: Hätte sich der Mangel schon vorher gezeigt, hätte der Empfänger bereits vor der Verarbeitung sein Rücktrittsrecht ausgeübt und dann seine Pflicht zur einfachen Rückgabe

1313 Ferrari/Kieninger/Mankowski/*Ferrari*, Int. Vertragsrecht, Art. 81 CISG, Rn. 21.

1314 RGZ 50, 255 (266f.); RGZ 107, 345 (348); Staudinger/*Kaiser*, BGB, § 346, Rn. 69; Jauernig/*Stadler*, BGB, § 346, Rn. 2; Münchener Kommentar BGB/*Gaier*, Vor § 346, Rn. 2.

1315 § 346 Abs. 3 S. 2 BGB als Rechtsfolgenverweisung Jauernig/*Stadler*, BGB, § 346, Rn. 7a.

der mangelhaften Sache erfüllen können.[1316] Während der Verbrauch i.S.d. § 346 Abs. 2 S. 1 Nr. 2 BGB den bestimmungsgemäßen Verzehr der Sachsubstanz und nicht den Wertverlust durch Gebrauch meint,[1317] erfordert die Verarbeitung und Umgestaltung eine bewusste menschliche oder menschlich gesteuerte Umbildung i.S.d. § 950 BGB.[1318] Unklar ist allerdings die Auslegung des Wortes „zeigen". Eine Ansicht will es mit der positiven Kenntnis des Rückgewährschuldners gleichsetzen.[1319] Dagegen spricht jedoch der Wortsinn. Ein Mangel „zeigt" sich, wenn er sichtbar wird, unabhängig davon, ob der Rückgewährschuldner den Mangel tatsächlich zur Kenntnis nimmt. Insofern reicht es aus, wenn der Rückgewährschuldner den Mangel fahrlässig nicht entdeckt.[1320]

Ein Unterschied ergibt sich jedoch, wenn der Käufer die Kaufsache veräußert hat. Nach deutschem Recht wird der Käufer in diesem Fall von seiner Wertersatzpflicht nicht befreit.[1321] Insbesondere ist ein Verkauf nicht als ein Untergang i. S. d. § 346 Abs. 3 S. 1 Nr. 2 oder 3 BGB zu verstehen, denn dieser erforderte die vollständige Vernichtung der Sachsubstanz.[1322] Für den Käufer bedeutet das, dass er den vollen objektiven Wert der Kaufsache an der Verkäufer bezahlen muss, wenn die Kaufsache nicht rückerworben werden kann[1323], während er nach UN-Kaufrecht die gezogenen Vorteile zurückzugewähren hat. Da die gezogenen Vorteile jedoch sogar den Erlös umfassen, wird der Käufer nach UN-Kaufrecht sogar stärker finanziell belastet. Nach deutschem Recht schuldet er nämlich Wertersatz in Höhe des objektiven Marktwertes[1324], der, sollte eine

1316 Prütting/Wegen/Weinreich/*Medicus/Stürner*, BGB, § 346, Rn. 13.

1317 Staudinger/*Kaiser*, BGB, § 346, Rn. 138; *Reinicke/Tiedtke*, Kaufrecht, Rn. 249; Münchener Kommentar BGB/*Gaier*, § 346, Rn. 38.

1318 Erman/*A. Röthel*, BGB, § 346, Rn. 9; Staudinger/*Kaiser*, BGB, § 346, Rn. 141f.; Münchener Kommentar BGB/*Gaier*, § 346, Rn. 40.

1319 Palandt/*Grüneberg*, BGB, § 346, Rn. 11; Dauner-Lieb/Heidel/Ring/*Hager*, Anwaltskommentar BGB, § 346, Rn. 50; Staudinger/*Kaiser*, BGB, § 346, Rn. 168; Erman/*A. Röthel*, BGB, § 346, Rn. 20.

1320 Münchener Kommentar BGB/*Gaier*, § 346, Rn. 50; Jauernig/*Stadler*, BGB, § 346, Rn. 7a.

1321 Staudinger/*Kaiser*, BGB, § 346, Rn. 171; a.A. Erman/*A. Röthel*, BGB, § 346, Rn. 21, die § 346 Abs. 3 S. 1 Nr. 1 BGB analog auf eine Veräußerung anwenden möchte.

1322 Palandt/*Grüneberg*, BGB, § 346, Rn. 9; Münchener Kommentar BGB/*Gaier*, § 346, Rn. 41.

1323 BGH, NJW 2009, 63; Palandt/*Grüneberg*, BGB, § 346, Rn. 8a; Jauernig/*Stadler*, BGB, § 346, Rn. 5a; *Medicus/Lorenz*, Schuldrecht AT, Rn. 565; a.A Münchener Kommentar BGB/*Gaier*, § 346, Rn. 39; *Kaiser*, JZ 2001, 1057 (1062); *Fest*, ZGS 2009, 78 (78).

1324 Prütting/Wegen/Weinreich/*Medicus/Stürner*, BGB, § 346, Rn. 9.

Gegenleistungspflicht bestehen – wie es beim Kaufvertrag als synallagmatischen Vertrag der Fall ist – jedenfalls die Obergrenze bei der Berechnung des Wertersatzes zu berücksichtigenden Gegenleistung bildet, § 346 Abs. 2 S. 2 1. HS. BGB.[1325] Auf diese Weise wird verhindert, dass der Verkäufer mehr erhält als er geleistet hat. Im Falle einer minderwertigen, mangelhaften Leistung führt die Berücksichtigung der Gegenleistung dazu, dass nur der geminderte Wert der Sache in Geld zurückzuleisten ist, d.h. der Minderungsbetrag i.S.d. § 441 Abs. 3 S. 1 BGB ist von dem Kaufpreis abzuziehen[1326], denn der Rückgewährschuldner hat durch den Rücktritt bereits seinen Anspruch auf Nacherfüllung aufgegeben. Bei Rückgewähr *in natura* hätte er auch nur die mangelhafte Sache zurückgeben müssen und den vollen Kaufpreis zurückerhalten.[1327]

Ein weiterer Unterschied zum UN-Kaufrecht ergibt sich, falls sich die Kaufsache verschlechtert hat oder untergangen ist. Nach UN-Kaufrecht kann der Käufer zwar zurücktreten, wenn die Verschlechterung oder der Untergang nicht auf einer Handlung oder Unterlassung seinerseits beruht (Art. 82 Abs. 2 lit. a) CISG), er muss jedoch das *commodum ex re* in Höhe des objektiven Wertes der Kaufsache gem. Art. 84 Abs. 2 lit. b) CISG herausgeben. Nach deutschem Recht kann der Käufer in diesem Fall stets zurücktreten, muss jedoch nicht in Höhe des objektiven Wertes Ersatz leisten, sondern nur in Höhe der verbleibenden Bereicherung, wenn die Verschlechterung bei ihm eingetreten ist, obwohl er die Sorgfalt anwendete, die er in eigenen Angelegenheiten anzuwenden pflegt, § 346 Abs. 3 S. 1 Nr. 3, S. 2 BGB. Verschlechterung meint dabei wie im UN-Kaufrecht jede nachteilige Veränderung der Sachsubstanz oder der Funktionstauglichkeit der zurückzugewährenden Sache[1328], möge sie (oder der Untergang) vor oder nach der Rücktrittserklärung eingetreten sein oder vom Käufer verschuldet worden sein.[1329]

1325 Als rechtspolitisch völlig verfehlt kritisiert Gaier diese Vorschrift. Da der Zustand vor Vertragsschluss herzustellen ist, sei es paradox, sich an den Äquivalenzvorstellungen der Parteien bei Vertragsschluss zu orientieren: Münchener Kommentar BGB/*Gaier*, § 346, Rn. 44; Staudinger/*Kaiser*, BGB, § 346, Rn. 158.

1326 BGH, BeckRS 2011, 21314; OLG Düsseldorf, NJW 2011, 1081 (1081); OLG Köln, NJW-RR 1999, 774 (774); Palandt/*Grüneberg*, BGB, § 346, Rn. 10; Jauernig/*Stadler*, BGB, § 346, Rn. 6; Staudinger/*Kaiser*, BGB, § 346, Rn. 157; Münchener Kommentar BGB/*Gaier*, § 346, Rn. 45; *Medicus/Lorenz*, Schuldrecht AT, Rn. 566.

1327 Jauernig/*Stadler*, BGB, § 346, Rn. 6.

1328 OLG Hamm, NJW-RR 2000, 1722, 1723 (zur Substanzbeeinträchtigung); Erman/*A. Röthel*, BGB, § 346, Rn. 11; Palandt/*Grüneberg*, BGB, § 346, Rn. 9; Münchener Kommentar BGB/*Gaier*, § 346, Rn. 41; Staudinger/*Kaiser*, BGB, § 346, Rn. 142.

1329 Münchener Kommentar BGB/*Gaier*, § 346, Rn. 41.

Die Einführung dieser Regelung war nicht unumstritten, da der Verkäufer im Falle eines Rücktritts durch den Käufer das Risiko des Untergangs oder des Verlustes trägt, obwohl der Kaufgegenstand in der Sphäre des Käufers ist. Dennoch ist diese Lösung sachgerecht. Eine der Parteien muss das Risiko des unverschuldeten Untergangs oder der unverschuldeten Verschlechterung tragen. Dies kann aber nur der Verkäufer sein, da er eine mangelhafte Sache leistete und damit den Grund für den Rücktritt selbst gesetzt hat, und nicht annehmen kann, dass der Gefahrübergang und die damit verbundene Risikoübertragung endgültig sei.[1330] Mit der Rücktrittserklärung des Käufers geht auf den Verkäufer das Risiko zufälligen Untergangs oder zufälliger Verschlechterung über. Die Entwertungsgefahr, d.h. die Gefahr der Entwertung des Rückgabegegenstandes zwischen Empfang und Rückgabe, „springt" mit Ausübung des Rücktrittsrechtes auf den Rückgewährsgläubiger „zurück".[1331]

Die Haftungsbeschränkung auf eigene Sorgfalt ist freilich nur begründet, wenn der Käufer von seinem Rücktrittsrecht noch keine Kenntnis hat und auch nicht haben musste. Sofern er um sein Rücktrittsrecht weiß oder wissen hätte müssen, ist der allgemeine Haftungsmaßstab (§ 276 BGB) anzuwenden.[1332]

Gar keinen Wertersatz muss der Käufer leisten, wenn die Ware sich durch die bestimmungsgemäße Ingebrauchnahme verschlechterte oder unterging, § 346 Abs. 2 S. 1 Nr. 3 2. HS. BGB.

Ein weiterer Unterschied zum UN-Kaufrecht resultiert, wenn der Verkäufer als Rücktrittsgläubiger die Verschlechterung oder den Untergang zu vertreten hat oder der Schaden bei ihm gleichfalls eingetreten wäre. Die Pflicht zum Wertersatz entfällt, § 346 Abs. 3 S. 1 Nr. 2 BGB; der Käufer muss nur die verbleibende Bereicherung herausgeben, § 346 Abs. 3 S. 2 BGB, während nach UN-Kaufrecht die Ver-

---

1330 Erman/*A. Röthel*, BGB, § 346, Rn. 25; Prütting/Wegen/Weinreich/*Medicus/Stürner*, BGB, § 346, Rn. 17; BT-Drucks 14/6040, S. 196; BR-Drucks 338/01, S. 457; Jauernig/*Stadler*, BGB, § 346, Rn. 8a; a.A. *Honsell*, JZ 2001, 278 (281); *Kaiser*, JZ 2001, 1057 (1063); *Gaier*, WM 2002, 1 (11), welche für die Beschränkung auf vom Rücktrittsgegner zu vertretende Pflichtverletzungen eintreten.

1331 Jauernig/*Stadler*, BGB, § 323, Rn. 7; BT-Drs 338/01 S. 456; Staudinger/*Kaiser*, BGB, § 346, Rn. 190 ff.; Münchener Kommentar BGB/*Gaier*, § 346, Rn. 57; Prütting/Wegen/Weinreich/*Medicus/Stürner*, BGB, § 346, Rn. 16; *Arnold*, ZGS 2003, 427 (433f.); *Perkams*, Jura 2003, 150 (153); *Kohler*, JZ 2002, 1127 (1134f.).

1332 Prütting/Wegen/Weinreich/*Medicus/Stürner*, BGB, § 346, Rn. 14ff.; Staudinger/*Kaiser*, BGB, § 346, Rn. 187; *St. Lorenz*, NJW 2005, 1889 (1893); *Rheinländer*, ZGS 2004, 178 (180); a.A. Erman/*A. Röthel*, BGB, § 346, Rn. 29, die davon ausgeht, dass die Kenntnis vom Rücktrittsgrund unbeachtlich ist, wofür unter anderem der Wortlaut des § 346 Abs. 3 S. 1 Nr. 3 BGB spreche; ebenso *Eckert/Maifeld/Matthiessen*, Kaufrecht, Rn. 679.

tragsaufhebung zwar möglich ist (Art. 82 Abs. 2 lit. a) CISG), aber der Käufer die gezogenen Vorteile zurückgewähren muss, Art. 84 Abs. 2 lit. b) CISG. Zum Nachteil des Verkäufers wird das Vertretenmüssen hier weit verstanden. Es umfasst nicht nur ein technisches Verschulden, sondern auch analog § 326 Abs. 2 BGB alleiniges oder weit überwiegendes Verschulden oder einen Gläubigerverzug.[1333]

Die Kosten einer kaufrechtlichen Rückgewähr (Transportkosten, Ausbaukosten) trägt aufgrund der Wertung des § 439 Abs. 2 BGB wie auch im UN-Kaufrecht grundsätzlich der Verkäufer[1334].

III. Französisches Recht

Auch nach französischem Recht müssen die Parteien das Geleistete zurückgewähren („*principe de restitution*"), wenn der Vertrag aufgelöst wird[1335], denn Ziel ist es auch hier, den Zustand herzustellen, der vor Erbringung der Leistung bestand (*status quo ante*). Die Vertragsaufhebung lässt den Vertrag *ex tunc* erlöschen.[1336] Die Kosten für die Rückgewähr der Kaufsache trägt allerdings wie auch im UN-Kaufrecht und im deutschen Recht stets der Verkäufer.[1337]

1333 Prütting/Wegen/Weinreich/*Medicus/Stürner*, BGB, § 346, Rn. 14.

1334 *Köhler*, in: Festschrift Heinrichs zum 70. Geburtstag, 367 (372ff.); Erman/*A. Röthel*, BGB, § 346, Rn. 5; *Reinicke/Tiedtke*, Kaufrecht, Rn. 246; a.A. Staudinger/*Kaiser*, BGB, § 346, Rn. 81f.

1335 *Bénabent*, Contrats spéciaux, Rn. 421.

1336 Zur retroaktiven Wirkung der résolution pour inexécution: Cass. civ. 1ière, 11.3.1987, D. 1987.IR.71; Cass. civ. 3ième, 29.1.2003, Légifrance (F) n° 01-03185; *Larroumet*, Droit civil, Rn. 593, 713; *Bénabent*, Contrats spéciaux, Rn. 421; *Malaurie/Aynès/Stoffel-Munck*, Obligations, Rn. 879; *J. Flour/Aubert/Y. Flour/Savaux*, Rapport d'obligation, Rn. 253; *Ghestin/Huet*, Contrats spéciaux, Rn. 11261; *Buffelan-Lanore/Larribeau-Terneyre*, Obligations, Rn. 1222, 1237; *Malinvaud/Fenouillet*, Obligations, Rn. 509, 518; *Fages*, Obligations, Rn. 296; *Fabre-Magnan*, Droit des obligations 1 – Contrat et engagement unilatéral, S. 632f.; *de Juglart/Piédelèvre*, Biens et Obligations, Rn. 587, 602-2; *Flour/Aubert/Savaux*, Obligations, Acte juridique, Rn. 322; *Mazeaud/Mazeaud/Chabas*, Obligations, Théorie générale, Rn. 1087, 331; *Ghestin*, Conformité et garanties, Rn. 169f.; *Guimezanes*, Introduction au droit français, S. 214; zur Unterscheidung zwischen einer nullité und einer résolution: *Marty/Raynaud*, Droit civil, Introduction générale, Rn. 162; *Gross*, Notion d'obligation, Rn. 330; zur retroaktiven Wirkung der action rédhibitoire: *Collart Dutilleul/Delebecque*, Contrats civils et commerciaux, Rn. 287; ebenso zur rückwirkenden Wirkung: *Ghestin/Huet*, Contrats spéciaux, Rn. 11362; *Bénabent*, Contrats spéciaux, Rn. 368, 420; *Mainguy*, Contrats spéciaux, Rn. 180; *Antonmattei/Raynard*, Contrats spéciaux, Rn. 221.

1337 *Bihl*, Droit de la vente, Rn. 486.

1. *Résolution pour inexécution*

Sofern der Vertrag wegen Nichterfüllung aufzuheben ist, folgt das französische Recht zwei Grundsätzen: Dem Grundsatz der Naturalrestitution und dem Grundsatz des Wertersatzes. Das bedeutet, dass der Käufer grundsätzlich selbst dann die Kaufsache *in natura* zurückgewähren muss[1338], wenn die Kaufsache Verschlechterungen oder Verbesserungen erlitten hat oder sich ihr Wert vermindert oder (durch eine Handlung des Käufers[1339]) erhöht hat.[1340] Die Kaufsache ist nämlich wegen der retroaktiven Wirkung der Vertragsauflösung von Anfang an im Eigentum des Verkäufers verblieben und nahm deshalb noch in der Vermögenssphäre des Verkäufers die veränderte Form an.[1341] Eine Ausnahme gilt allerdings dann, wenn die Kaufsache zerstört oder weiterverkauft wurde. In diesem Falle ist eine Naturalrückgewähr ausgeschlossen. Der Käufer muss daher einen Betrag in Höhe des Wertes, den die Kaufsache im Zeitpunkt des Vertragsschlusses hatte, an den Verkäufer leisten.[1342] Anders als im UN-Kaufrecht schließt das französische Nichterfüllungsrecht demnach das Aufhebungsrecht nicht aus, wenn die Kaufsache nicht mehr im Wesentlichen in dem Zustand zurückgewährt werden kann, in dem der Käufer sie erhalten hat. Vielmehr ordnet es Wertersatz an, sobald die Rückgabe *in natura* nicht möglich ist.

Auch zum deutschen Recht bestehen zwei Unterschiede: Das allgemeine französische Aufhebungsrecht enthält zum einen keinen Ausnahmetatbestand, wann die Pflicht zum Wertersatz entfällt, etwa wenn die Verschlechterung oder der Untergang der Kaufsache auch beim Schuldner eingetreten wären. Sollte die Verschlechterung bzw. Veränderung nicht schuldhaft vom Käufer verursacht worden sein, so führt dies nur dazu, dass er dem Verkäufer nicht zusätzlich auf Schadensersatz („*indemnité*“) haftet.[1343] Zum anderen ist nicht schon bei

1338 *Porchy-Simon,* Obligations, Rn. 302; *Bénabent,* Contrats spéciaux, Rn. 425.

1339 Cass. com. 29.3.1994, Légifrance (F) n° 92–14245; Cass. civ. 3ième, 15.4.1992, Légifrance (F) n° 90–20049; *Porchy-Simon,* Obligations, Rn. 304.

1340 *Bénabent,* Contrats spéciaux, Rn. 425; *Huet,* J. Cl. Art. 1641 à 1649 CC Fasc. 50, Vente Fasc. 320, Rn. 22.

1341 *Bénabent,* Contrats spéciaux, Rn. 425.

1342 Cass. civ. 1ière, 4.11.1986, Légifrance (F) n° 84–15260; Cass. civ. 1ière, 11.6.2002, Légifrance (F) n° 00–15297; *Larroumet,* Droit civil, Rn. 713; *Porchy-Simon,* Obligations, Rn. 302, 305; *Flour/Aubert/Savaux,* Obligations, Acte juridique, Rn. 362; *Bénabent,* Contrats spéciaux, Rn. 430.

1343 *Bénabent,* Contrats spéciaux, Rn. 425, 427; *Malaurie/Aynès/Stoffel-Munck,* Obligations, Rn. 879.

einer Verschlechterung oder sonstigen Veränderung der Kaufsache Wertersatz geschuldet, sondern erst bei einem Untergang oder einer Weiterveräußerung der Kaufsache. Das deutsche Recht ordnet bereits bei Verschlechterung Wertersatz an, § 346 Abs. 2 S. 1 Nr. 2 BGB.

Der Verkäufer muss im Gegenzug den erhaltenen Kaufpreis in der nominalen Summe zurückgewähren, wie er ihn erhalten hat.[1344]

2. *Action rédhibitoire*

Auch im Falle einer Wandelung müssen die Parteien die erbrachten Leistungen einander zurückgewähren.[1345] Allerdings besteht ein Unterschied zum allgemeinen Vertragsaufhebungsrecht. Anders als bei der Vertragsaufhebung wegen nicht vertragskonformer Leistung verliert der Käufer das Recht, auf Wandelung zu klagen, wenn die Rückgewähr der Kaufsache *in natura* materiell unmöglich ist („*impossibilité matérielle*"), weil sie untergangen ist (z. B. verbraucht oder veräußert).[1346] Bei der Vertragsaufhebung wegen nicht vertragskonformer Leistung hätte er den Vertrag gegen die Zahlung von Wertersatz aufheben können.

IV. Schweizer Recht

1. *Vertragsaufhebung wegen Nichterfüllung*

Das Schweizer Recht der Vertragsaufhebung wegen Nichterfüllung (Rücktritt) entspricht weitestgehend dem allgemeinen französischen Vertragsaufhebungsrecht. Sobald der Rücktritt erklärt wird, erlöschen noch nicht erfüllte Leistungsansprüche und bereits erbrachte Leistungen sind *in natura* zurückzugewähren, damit beide Parteien ihre vorvertraglichen Rechtspositionen wiedererlangen.[1347] Die Rückgewähr hat stets *in natura* zu erfolgen, sofern dies nicht unmöglich

---

1344 Cass. com. 5.12.1995, Légifrance (F) n° 93-21223; *Larroumet,* Droit civil, Rn. 713; Bénabent, Contrats spéciaux, Rn. 424; *Flour/Aubert/Savaux,* Obligations, Acte juridique, Rn. 362.

1345 *Huet,* J.Cl. Art. 1641 à 1649 CC, Fasc. 50, Vente Fasc. 320, Rn. 17.

1346 Cass. com. 11.5.1976, Légifrance (F) n° 75-10011; Cass. civ. 1ière, 11.6.2002, Légifrance (F) n° 00-15297; *Bénabent,* Contrats spéciaux, Rn. 430; *Ghestin/Desché,* Traités, Vente, Rn. 754.

1347 Basler Kommentar OR/*Wiegand,* Art. 109, Rn. 1; Kren Kostkiewicz/Nobel/*Kren Kostkiewicz*, OR, Art. 109, Rn. 2.

ist.[1348] Ist die Naturalrückgewähr unmöglich, ist die Kaufsache wertmäßig zu erstatten.[1349]

Wer die Transportkosten zu tragen hat, wird in der Literatur nicht ausdrücklich erörtert. Da beide Parteien jedoch in den Vermögenszustand versetzt werden sollen, als sei der Vertrag nicht geschlossen worden[1350], und der Käufer durch die Leistung einer nicht vertragsgemäßen Sache eine Pflichtverletzung begangen hat, wird der Käufer die Rückgewährkosten im Wege des Schadensersatzes gelten machen können, entweder gem. Art. 109 Abs. 2 OR – sofern man die Rückgewährkosten als Vertrauensschaden einstufen möchte – oder nach Art. 97 Abs. 1 OR.

2. *Wandelung*

Ziel der Wandelung ist die Wiederherstellung des früheren Zustandes (*restitutio in integrum*)[1351], in dem Sinne, dass beide Parteien so gestellt werden, als wurde der Kaufvertrag nie geschlossen.[1352] Die Rückgewähr des Geleisteten[1353] erfolgt vorrangig nach dem Prinzip der Naturalrückgewähr, Art. 208 Abs. 1 OR.[1354] Im Unterschied zum allgemeinen Schweizer Rücktrittsrecht ist die Kaufsache jedoch nicht wertmäßig zu erstatten, wenn die Rückgewähr *in natura* unmöglich ist, weil sich die Kaufsache mangel- oder zufallsbedingt verschlechterte, Art. 207 Abs. 2 OR. In diesem Falle hat der Käufer nur das zurückzugeben, was ihm von der Sache verblieben ist, Art. 207 Abs. 2 OR. Das entspricht auch der deutschen Regelung, § 346 Abs. 3 S. 1 Nr. 2 BGB. Sollte ihm nichts verblieben sein, wird er von seiner Rückgewährpflicht befreit.[1355] Entschädigen muss der Käufer den

1348 BGE 114 II 152; Basler Kommentar OR/*Wiegand*, Art. 109, Rn. 5; Kren Kostkiewicz/Nobel/*Kren Kostkiewicz*, OR, Art. 109, Rn. 2.

1349 Kren Kostkiewicz/Nobel/*Kren Kostkiewicz*, OR, Art. 109, Rn. 3.

1350 Kren Kostkiewicz/Nobel/*Kren Kostkiewicz*, OR, Art. 109, Rn. 5.

1351 *Honsell*, OR BT, S. 104; Basler Kommentar OR/*Honsell*, Art. 208, Rn. 1; Handkommentar zum Schweizer Privatrecht/*Furrer/Wey*, Obligationenrecht, Allg. Teil, Art. 109 OR, Rn. 10.

1352 Tercier/Favre/*Tercier/Favre/Zen-Ruffinen*, Contrats spéciaux, Rn. 844; Basler Kommentar OR/*Honsell*, Art. 208, Rn. 1.

1353 Handkommentar zum Schweizer Privatrecht/*Furrer/Wey*, Obligationenrecht, Allg. Teil, Art. 109 OR, Rn. 3.

1354 BGE 114 II 152; Handkommentar zum Schweizer Privatrecht/*Furrer/Wey*, Obligationenrecht, Allg. Teil, Art. 109 OR, Rn. 19.

1355 Guhl/*Koller*, Schweizerisches Obligationenrecht, § 42, Rn. 43.

Verkäufer in diesem Fall nicht.[1356] Außerdem kann der Käufer die Kosten für den Rücktransport der Kaufsache nach dem verschuldensunabhängigen Schadenersatzanspruch aus Art. 208 Abs. 2 OR vom Verkäufer ersetzt verlangen.[1357]

Ferner kennt das Schweizer Wandelungsrecht die Besonderheit, dass bei Weiterveräußerung der Kaufsache durch den Käufer die Wandelung ebenso ausgeschlossen ist wie wenn er die Kaufsache umgestaltet hat, Art. 207 Abs. 3 OR. Ausnahmsweise ist im Falle einer Umgestaltung die Wandelung jedoch möglich, sofern der Mangel sich erst während der Umgestaltung zeigte.[1358]

Im Gegenzug ist der Verkäufer zur Rückerstattung des verzinsten Kaufpreises verpflichtet, Art. 208 Abs. 2 OR.[1359]

F. Vergleich und Bewertung

I. Auflösungsberechtigung: Schwere der Pflichtverletzung

Das UN-Kaufrecht legt die Schwelle zur Vertragsaufhebung für den Käufer am höchsten. Es zieht zur Beurteilung der Wesentlichkeit der Vertragsverletzung zwar ausschließlich das Maß seines beeinträchtigten Interesses heran und lässt das Schuldnerinteresse außen vor, jedoch zwingt es den Käufer, aktiv tätig zu werden und die mangelhafte Kaufsache – wenn nötig auch mit wirtschaftlichen Einbußen – weiterzuveräußern oder gar nach einer anderen Verwertungsmöglichkeit zu suchen.[1360] Nur wenn die Vertragswidrigkeit schwer oder gar nicht behebbar ist, kann der Käufer den Vertrag nicht aufheben. Diese Wertung gilt selbst dann, wenn der Verkäufer die Vertragsverletzung verschuldet hat.

Ohne Frage kann dem Käufer im Einzelfall mehr daran gelegen sein, den Vertrag aufrechtzuerhalten als von ihm Abstand zu nehmen: etwa wenn ein Deckungsgeschäft aufgrund der geringen Händleranzahl, die das Produkt herstellen/vertreiben, oder wegen Importschwierigkeiten aus einer bestimmten Region/Land oder wegen der Natur der Sache nur schwer möglich ist; wenn ein Deckungskauf zu einem erheblichen Zeitverlust und dem Käufer durch den zeitlichen Mehraufwand einen wirtschaftlichen Nachteil entsteht, weil er sich in der Zeit nicht der Vornahme anderer Rechtsgeschäfte widmen kann; wenn der

---

1356 Tercier/Favre/*Tercier/Favre/Zen-Ruffinen*, Contrats spéciaux, Rn. 843.

1357 BGE 109 II 26; Kren Kostkiewicz/Nobel/*Kren Kostkiewicz*, OR, Art. 208, Rn. 4; *Honsell*, OR BT, S. 105.

1358 S. Ausführungen zu 3. Kapitel C IV. 1.

1359 *Bucher*, OR BT, S. 98; von Westphalen/*Keller-Schwegler*, Kaufvertragsrecht, Schweiz, Rn. 163.

1360 3. Kapitel A. I. 1.

Käufer ein unbedingtes Interesse hat, die nur in quantitativer Hinsicht vertragswidrige Kaufsache abzusetzen, um *the first in the market* zu sein, um sich durch die Neuheit und Einzigartigkeit des Produktes die Monopolstellung am Markt zu sichern. Diese Chancen vermitteln aber auch die anderen Rechtsordnungen, allen voran das Schweizer Recht, das allein die mangelhafte Leistung bzw. die Nichtleistung trotz Verzug genügen lässt, während das französische und deutsche Recht eine erhebliche Pflichtverletzung verlangen. Diese Rechtsordnungen gewähren dem Käufer schneller ein Rücktritts- bzw. Vertragsauflösungs-bzw. Wandelungsrecht, weil die Voraussetzung für das Vorliegen einer erheblichen Vertragswidrigkeit leichter erfüllt ist und der Käufer nicht bereits per se nach anderweitigen Verwertungs- bzw. Veräußerungsmöglichkeiten Ausschau halten muss. Möchte er im Einzelfall vom Vertrag trotz erfüllter Voraussetzungen nicht zurücktreten bzw. ihn wandeln oder auflösen, um die Kaufsache weiterzuveräußern, bleibt ihm diese Möglichkeit offen. Für den Käufer ist daher die Wahl des deutschen, französischen oder schweizerischen Rechts günstiger, für den Verkäufer das UN-Kaufrecht. Letzterer hat bei Anwendung des UN-Kaufrechts länger die Möglichkeit, sich die Vorteile des Vertrages zu verdienen und wird nicht mit den Rückabwicklungskosten belastet, die im internationalen Verkehr erheblich sein können (Zoll, Rücktransport).

Diesen Vorteil sollte der Verkäufer nicht wieder verschenken, indem er das UN-Kaufrecht abwählt, weil es das Vertragsaufhebungsrecht an den unbestimmten Rechtsbegriff „wesentliche Vertragsverletzung" anknüpft. Ein unbestimmter Rechtsbegriff ist zwar grundsätzlich geeignet, Rechtsunsicherheit zu erzeugen, weil sein genauer Begriffsinhalt oft nur schwer feststellbar und wenig greifbar da einzelfallbezogen ist. Gerade aus diesem Grund wird häufig von der Anwendung des UN-Kaufrechts abgeraten.[1361] Die Legaldefinition des Art. 25 CISG bringt wenig Licht ins Dunkel, weil der Terminus „wesentlich" durch die Verwendung des Wortes ‚wesentlich' erläutert wird. *Kappus* bezeichnet die Wesentlichkeitsformel des Art. 25 CISG deshalb gar als einen „juristischen Treppenwitz par excellence".[1362] Richtig ist, dass es deshalb zu Fehleinschätzungen in der Praxis kommen kann, entweder, weil verhindert wird, dass eine Partei ihr Recht durchsetzen kann oder weil eine Partei eine Vertragsverletzung begeht, indem sie unberechtigterweise vorschnell in dem Glauben handelt, das Recht stehe ihr zu, die Vertragsaufhebung erklärt.[1363] Im Falle des UN-Kaufrechts als völkerrechtlicher,

1361 *Voser/Boog*, RIW 2009, 126 (135); *Meyer*, RabelsZ 69 (2005), 457 (474f.).

1362 *Kappus*, RIW 1992, 528 (530).

1363 *Piltz*, Int. Kaufrecht, Rn. 5-283, 5-231; Staudinger/*Magnus*, BGB, Art. 49 CISG, Rn. 20; Münchener Kommentar HGB/*Benicke*, Art. 49 CISG, Rn. 31.

in einer Vielzahl von Staaten geltender Vertrag kommt hinzu, dass Rechtsanwender oft zur Auslegung von Tatbestandsmerkmalen nationale Wertungen berücksichtigen, statt die Begriffe autonom auszulegen.[1364]

Dennoch gibt eine umfangreiche Kasuistik genügend Fingerzeige, um Fallgruppen bilden zu können, welche die Rechtsanwendung für den Einzelnen vorhersehbar und planbar werden lassen. Es existieren zahlreiche Datenbanken, welche kostenlos zugänglich sind und stets eine englische Kurzübersetzung der Urteile aller Vertragsstaaten bereitstellen, sollte die Sprache des erkennenden Gerichtes nicht beherrscht werden.[1365] Auch die Behauptung, dass eine autonome Auslegung des UN-Kaufrechts durch die nationalen Gerichte nicht gewährleistet sei, kann nicht uneingeschränkt aufrecht erhalten werden. Die nationalen Gerichte legen in der Praxis die UN-kaufrechtlichen Regelungen nicht stets beeinflusst von den nationalen Rechtsvorstellungen aus, wenngleich doch stellenweise die nationalen Gepflogenheiten berücksichtigt werden, wie die Untersuchung im Rahmen der Mängelrügefrist ergab. Die Verwendung unbestimmter Rechtsbegriffe ist gerade im Falle eines völkerrechtlichen Vertrages notwendig, der eine Vielzahl von Sachverhalten umfassen muss, die wiederum Ausdruck unterschiedlicher Kulturen sind, um im Einzelfall Flexibilität und Gerechtigkeit zu schaffen. Im Übrigen sind die Parteien frei, den Begriff der wesentlichen Vertragsverletzung kautelarisch zu präzisieren. So können sie gem. Art. 6 CISG bei ihrer Kaufsache etwa häufig auftretende Mängel als wesentliche Vertragsverletzung definieren, auch wenn diese Hürde andernfalls objektiv nicht genommen werden würde.

Das Aufhebungsrecht ist in allen untersuchten Rechtsordnungen verschuldensunabhängig ausgestaltet. Allein die französischen Regelungen zur Vertragsaufhebung wegen Nichterfüllung setzen voraus, dass die Pflichtverletzung dem Verkäufer zuzurechnen ist, was nicht der Fall ist, wenn höhere Gewalt, Zufall oder die Handlung eines Dritten Ursache der Pflichtverletzung waren.[1366] Der Käufer kann also auch dann vom Vertrag zurücktreten, wenn die Vertragsverletzung auf eine Naturkatastrophe, ein unabwendbares Verhalten eines Dritten, einen Diebstahl, eine Sachbeschädigung, einen Sabotageakt oder die

1364 So etwa Tribunal of International Commercial Arbitration at the Russian Federation Chamber of Commerce and Industrie, 18.10.2005, CISG-Online (CH) Nr. 1457, das russisches Sachrecht statt UN-kaufrechtlicher Grundsätze zur Ausfüllung des Begriffs der Wesentlichkeit anwandte; Court of Queen's Bench of Manitoba, 20.9.2002, CISG-Online (CH) Nr. 1327.

1365 So etwa UNILEX, abrufbar unter www.unilex.info.

1366 3. Kapitel A. III. 1. a).

Verwirklichung eines sonstigen Risikos zurückzuführen ist.[1367] Dem Käufer ist also davon abzuraten, französisches Recht zu wählen, je länger der Transport dauert, je gefährdeter der Ausgangs- oder Zielort für Naturkatastrophen oder Straftaten ist oder je gefährlicher das öffentliche Leben im Käufer- oder Verkäuferstaat ist.

Damit eröffnen das deutsche, das französische und das Schweizer Recht dem Käufer eine größtmögliche Entscheidungsfreiheit darüber, ob er die Vertragsaufhebung erklären oder die Chance auf Gewinnerzielung wahren möchte. Für den Verkäufer bietet hingegen das UN-Kaufrecht die größten Vorteile.

II. Vorrang der Nacherfüllung

Das UN-Kaufrecht stellt dem Käufer im Grundsatz frei, ob er am Vertrag festhalten möchte. Ein Vorrang der Nacherfüllung, wie ihn das deutsche Recht oder das Schweizer Recht (im Rahmen des Rücktritts wegen Nichterfüllung, Art. 107 OR) kennen, existiert nicht. Ebenso ist die Rechtslage in Frankreich: Liegen die Voraussetzungen für eine Vertragsaufhebung bzw. Vertragsauflösung/Wandelung vor, kann der Käufer vom Vertrag Abstand nehmen.[1368]

Keine Unterschiede ergeben sich zwischen dem deutschen und dem schweizerischen Recht, wenn ein Fixgeschäft vereinbart wurde, der Verkäufer die Leistung ernsthaft und endgültig verweigert oder es für den Käufer unzumutbar ist, auf die ordnungsgemäße Leistung zu warten: Der Käufer kann sich sofort vom Vertrag lösen.[1369]

Innerhalb der Rechtsordnungen, die eine vorrangige Nachfristsetzung erfordern, privilegiert das schweizerische Recht verglichen mit dem deutschen Recht den Handelskäufer, der die Ware weiterverkaufen möchte. Es verleiht ihm ein Wahlrecht zwischen sofortigem Rücktritt und dem Setzen einer Nachfrist.[1370] Das deutsche Recht kennt dagegen keine handelsrechtliche Norm, die dem § 323 BGB als Spezialvorschrift vorginge. § 376 HGB ist lediglich auf eine Nichtleistung, nicht auf eine Schlechtleistung anwendbar. Hier zeigt sich erneut die dogmatisch unterschiedliche Einordnung einer Qualitäts-, Quantitäts- und Identitätsabweichung. Das schweizerische Recht sieht in einer Quantitäts- und Identitätsabweichung eine Nichtleistung und wendet dementsprechend auf sie die Regeln wegen Nichtleistung an. Das deutsche Recht qualifiziert alle drei

---

1367 *Kötz,* Vertragsrecht, Rn. 922.

1368 3. Kapitel B. I.bis IV.

1369 3. Kapitel B. I., II.2.

1370 3. Kapitel B. IV. 1.

Abweichungsarten als mangelhafte Leistung. Demzufolge muss auch der Handelskäufer nach deutschem Recht vorrangig eine Nachfrist setzen, die nur im Einzelfall gem. § 323 Abs. 2 BGB entbehrlich sein kann, wenn zum Beispiel aufgrund der dem Käufer durch die Schlechtleistung entstandenen Zeitverzögerung der Abnehmer sein Interesse verloren hat (§ 323 Abs. 2 Nr. 3 BGB). Da § 323 Abs. 2 Nr. 3 BGB eine Interessensabwägung zwischen dem Gläubiger- und dem Schuldnerinteresse erfordert, ist dies jedoch eine einzelfallbezogene und daher für den Handelskäufer wenig Rechtssicherheit stiftende Lösung. Das Schweizer Recht berücksichtigt in diesem Sinne besser das Interesse des Handelskäufers, schnell auf die mangelhafte Leistung des Verkäufers reagieren zu können.

Gleichwohl versperrt es dem Käufer nicht den Weg, Nacherfüllung zu verlangen. Er kann, aber muss nicht eine Nachfrist zur Nacherfüllung setzen. Regelmäßig wird der Käufer ein Interesse an einer Nacherfüllung haben, wenn es sich um eine Ware handelt, die nur der Verkäufer herstellt oder vertreibt und er keine Möglichkeit hat oder sieht, anderweitige Bezugsquellen „anzuzapfen". In einem solchen Fall entspricht eine sofortige Vertragsaufhebung nicht seinem Interesse.

Die entscheidende Frage ist jedoch, ob dem Käufer Nachteile daraus erwachsen, dass er eine Rechtsordnung wählt, nach der er eine Nachfrist setzen muss, statt einer solchen, die den Vorrang der Nacherfüllung nicht kennt. Bietet das UN-Kaufrecht dem Handelskäufer eine interessengerechtere Lösung an, weil es keinen derartigen Vorrang anordnet?

Anzusetzen ist beim Begriff der wesentlichen Vertragsverletzung. Nur wenn die Schwelle von der unwesentlichen zur wesentlichen Vertragsverletzung überschritten ist, steht dem Käufer ein Vertragsaufhebungsrecht zu. Er muss warten, bis der Verkäufer (endlich) die vertragsgemäße Leistung erbringt, ohne den Vertrag aufheben zu können. Eine unwesentliche Vertragsverletzung ist nach UN-kaufrechtlichem Verständnis beispielsweise die Leistung einer mit einem leicht behebbaren Mangel behafteten Ware, etwa der Kauf eines Neuwagens mit einem Lackkratzer. Das deutsche Recht gewährt in diesem Fall dem Käufer ein Rücktrittsrecht mit der Einschränkung, dass der Käufer dem Verkäufer eine Frist zur Nacherfüllung gewähren muss. Verstreicht diese erfolglos, kann der Käufer zurücktreten. Nach UN-Kaufrecht mutiert die eben genannte Vertragsverletzung erst zur einer wesentlichen, wenn der Verkäufer die ordnungsgemäße Leistung über längere Zeit nicht bewirkt. Mag der Verkäufer auch entschuldbare Gründe vorbringen, weshalb sich die Behebung der Vertragswidrigkeit verzögert (Personalmangel, Lieferengpass, etc.), wird dies die Veränderung zur wesentlichen Vertragsverletzung nicht verhindern, weil Anknüpfungspunkt ausschließlich das Gläubigerinteresse ist.[1371] Das Schuldnerinteresse wird außer Acht gelassen. In beiden Konstellationen vergeht eine gewisse Zeit, so dass sich für den Käufer praktisch kein Unterschied ergibt, ob er UN-Kaufrecht oder das deutsche Recht anwendet, wenn die Vertragsverletzung nach UN-kaufrechtlichem Verständnis unwesentlich ist, aber der Verkäufer die Vertragswidrigkeit nicht behebt.

Für den Käufer kommt gar erschwerend hinzu, dass er nicht genau abschätzen kann, wie lange er warten muss, bis der Verkäufer die Leistungsbereitschaft anzeigt bzw. durch Erfüllungsverweigerung negiert. Die Dauer einer angemessenen Nachfrist i.S.d. § 323 Abs. 1 BGB wird angesichts von zahlreichen Einzelfallentscheidungen in der Rechtsprechung leichter vorherzusehen sein.

Für den Käufer macht es also bei einer unwesentlichen Vertragsverletzung keinen Unterschied, ob der Vertrag UN-Kaufrecht oder deutschem Recht unterliegt. Ein zweites Beispiel mag das unterstreichen: Im UN-Kaufrecht ist eine Vertragsverletzung auch dann unwesentlich, wenn der Käufer die Ware (unter Preisabschlag) weiterveräußern oder anderweitig verwerten kann.[1372] Dies wird im Falle einer Aliud-Leistung oder einer Quantitätsabweichung regelmäßig der Fall sein. Dadurch erhält der Käufer die Möglichkeit, Gewinnchancen wahrzunehmen, seinen Kundenstamm zu halten, sich gegen Konkurrenten zu behaupten, Erster auf dem Markt zu sein, Liquiditätsengpässe zu vermeiden, Folgeaufträge zu erfüllen oder einen wirtschaftlich wertvollen Zeitverlust zu verhindern. Im deutschen Recht wäre der Käufer zur Nachfristsetzung verpflichtet. Diese wird nicht durch die eben genannten Motive nach § 323 Abs. 2 BGB entbehrlich. Er kann jedoch auch nach deutschem Recht die geleistete Kaufsache weiterveräußern, um sich die erwähnten Vorteile zu sichern. Im Ergebnis macht es also für den Käufer tatsächlich allenfalls einen geringen Unterschied, ob UN-Kaufrecht oder deutsches Recht zur Anwendung gelangt, wenn eine unwesentliche Vertragsverletzung i.S.d. UN-Kaufrechts vorliegt.

Beide Rechtsordnungen divergieren allerdings bei wesentlichen Vertragsverletzungen i.S.d. UN-Kaufrechts. In diesem Falle ist für den Käufer empfindlich spürbar, ob er sofort zurücktreten kann oder eine Nachfrist setzen muss. Hat er wenig Vertrauen in den Verkäufer, dass dieser ordnungsgemäß nacherfüllen wird, wächst sein Interesse, ein Deckungsgeschäft schnell abzuschließen, um am Markt Gewinn zu erzielen und Folgeverträge einhalten zu können. Wenn der Käufer doch Interesse an einer Nacherfüllung durch den Verkäufer hegt, weil dieser zum Beispiel der einzige Händler für das maßgebliche Produkt ist, es eine

1371 3. Kapitel A. I.1.

1372 3. Kapitel A. I.2. b).

lange Entwicklungszeit benötigte oder hohe Entwicklungskosten verursachte, was insbesondere bei technischen Geräten der Fall ist, ist er auf den Verkäufer angewiesen und kann ihn nicht kurzfristig gleichwertig ersetzen. Man denke nur an die kostspielige und zeitaufwendige Entwicklung eines Flugzeugtyps bei Boeing oder Airbus oder das Design eines neuen Kfz-Typs, wenn für einen bestimmten Typ spezifisch entwickelte Einzelteile mangelhaft sind,[1373] so dass sich die Konstruktion des gesamten Typs verzögert, weil wichtige Komponenten fehlen. Angesichts der langen Vorlaufzeit etwa von Flugzeugkäufen kann die bestellende Fluggesellschaft nicht in kurzer Zeit einen Deckungskauf tätigen. Der Weg zu einer Nachfristsetzung ist bei einer wesentlichen Vertragsverletzung indes nicht versperrt. Der Käufer kann den Vertrag sofort aufheben, muss dies aber nicht tun. Es bleibt ihm unbenommen, eine Nachfrist gem. Art. 47 CISG zu setzen.

Dementsprechend ist das UN-Kaufrecht für einen Handelskäufer eher interessengerecht, wenn eine wesentliche Vertragsverletzung vorliegt. Es räumt ihm den Freiraum ein, den Vertrag sofort aufzuheben oder bestehen zu lassen. Im Falle einer unwesentlichen Vertragsverletzung ergeben sich zum deutschen Recht keine nennenswerten Unterschiede. Das deutsche Recht wurde exemplarisch ausgewählt. Wie die Ausführungen im diesem Kapitel zum Schweizer Recht zeigten, stimmt es inhaltlich mit den deutschen Regeln überein, so dass diese Überlegungen auch im Schweizer Recht relevant sind.

Was gilt im Verhältnis vom UN-Kaufrecht zum französischen Recht bzw. Schweizer Wandelungsrecht? Alle drei Rechtsordnungen kennen vor allem keinen Vorrang der Nacherfüllung. Das Schweizer Recht setzt lediglich den Verzug des Verkäufers neben einem erheblichen Fehler voraus.[1374] Ob das Gläubigerinteresse im Einzelfall ausreichend beeinträchtigt wird, um einen Rücktritt oder eine Wandelung zu rechtfertigen, wird nicht geprüft. Im französischen Recht muss neben der Existenz eines Mangels bzw. eines Fehlers gesondert geprüft werden, ob die Wandelung eine angemessene Folge der schuldnerischen Pflichtverletzung ist oder die Kaufsache gebrauchsuntauglich ist, damit der Vertrag aufgelöst werden kann.[1375] Als Alternative zum UN-Kaufrecht bieten sich aus Sicht des Käufers primär das Schweizer Recht, sekundär das französische Recht

---

1373 Aufschlussreich als Beispiel etwa die Schilderung der wirtschaftlichen Schwierigkeiten bei der Entwicklung eines Großraumflugzeugs wie dem von Airbus hergestellten A 380: http://de.wikipedia.org/wiki/Airbus_A380, Gliederungspunkt „Auslieferungsschwierigkeiten".

1374 3. Kapitel A. IV. 2.

1375 3. Kapitel A. III. 2.

an. Für den Verkäufer erscheint wegen des Rechts zur zweiten Andienung dementsprechend das deutsche Recht besonders günstig.

III. Das Aufhebungsrecht ausschließende Gründe

Vergleicht man die untersuchten Rechtsordnungen in Bezug auf Ausschlussgründe, entsprechen das UN-Kaufrecht, das deutsche Recht und das französische Recht den Interessen des Handelskäufers am ehesten.

Der unternehmerische bzw. gewerblich tätige Käufer verkauft in der Regel die Waren weiter oder verarbeitet bzw. gestaltet sie um. Selbstverständlich möchte er dadurch nicht sein Aufhebungsrecht verlieren, wenn er den Mangel nicht kannte. Diesem Interesse werden neben dem deutschen Recht, das in dieser Hinsicht keinen Ausschluss des Rücktritts kennt, von den anderen Rechtsordnungen das UN-Kaufrecht und das französische Nichterfüllungsrecht am ehesten gerecht, weil sie das Aufhebungsrecht nicht ausschließen, wenn der Käufer die Ware im normalen Geschäftsverkehr weiterveräußert oder gewöhnlich verwendet.[1376] Das bisher den Rücktritts- bzw. Wandelungsberechtigen privilegierende Schweizer Recht schließt das Rücktritts- bzw. Wandelungsrecht ebenso wie das französische Wandelungsrecht aus, wenn der Käufer die Ware weiterveräußert.[1377] Eine Ausnahme gilt hier nur im Falle der Umgestaltung.

Eine weitere Divergenz verdeutlicht den Vorteil des UN-Kaufrechts und deutschen Rechts bei zufallsbedingter Verschlechterung bzw. zufallsbedingtem Untergang. Das schweizerische und das deutsche Recht, das französische Nichterfüllungsrecht und das UN-Kaufrecht legen dem Käufer nicht die Haftung für Zufall auf.[1378] Anderes gilt im französischen Wandelungsrecht: Da der Käufer mit Abschluss des Kaufvertrages Eigentümer wird, trägt er das Risiko des zufälligen Unterganges selbst bei einem Versendungskauf.[1379] Den Interessen im internationalen Handelsverkehr, der oftmals auf (lange) Transportwege angewiesen ist, wird diese Regelung nicht gerecht, weil der Käufer über den Transport ohne Absprache mit dem Verkäufer keine Kontrolle ausüben kann. Unbenommen bleibt den Parteien freilich, eine Holschuld zu vereinbaren oder die Gefahrtragung bei der Schickschuld zu verändern. Im Rahmen dieser Untersuchung geht es jedoch um die Konsequenzen einer Rechtswahl; die Erörterung der Modifikation materiellen Rechts würde diesen Rahmen sprengen.

1376 3. Kapitel C. I., II., III. 2.

1377 3. Kapitel C. III. 1., IV.

1378 3. Kapitel C. I., II., III. 2., IV.

1379 3. Kapitel C. III. 1.

IV. Mechanismus der Aufhebungserklärung

Den Mechanismus der Aufhebungserklärung betreffend trägt das UN-Kaufrecht im Vergleich zwischen den Rechtsordnungen dem Interesse eines Handelskäufers nach einer schnellen Klärung des Rechtslage am besten Rechnung, weil der Käufer nicht überstürzt die Vertragsaufhebung erklären muss. Die Vertragsaufhebung ist hier – wie auch im deutschen und Schweizer Recht – als einseitiges Gestaltungsrecht ausgestaltet. Das Zugangs- und Verzögerungsrisiko trägt der Verkäufer, im Schweizer und im deutschen Recht hingegen der Käufer.[1380] Insbesondere bei einer schriftlich geäußerten Erklärung und langen Übersendungswegen wird sich die Risikoverteilung stärker auswirken, wenngleich der Unterschied durch moderne Kommunikationsmittel (Fax, E-Mail) verglichen mit der Entstehungsphase des UN-Kaufrechts deutlich verringert hat.

Der Käufer wird auch durch die zeitliche Beschränkung im UN-Kaufrecht, die Vertragsaufhebung zu erklären[1381], keinen Nachteil erleiden. Das gilt trotz der Tatsache, dass das schweizerische, das deutsche und das französische Recht keine Ausübungsfrist kennen. Obwohl das UN-Kaufrecht dem Käufer eine Ausübungsfrist auferlegt – die in der Regel und je nach Einzelfall (Art der Kaufsache, Art des Mangels) zwei bis fünf Wochen ab Kenntnis oder Kennenmüssen des Mangels bzw. der freiwillig gesetzten Nachfrist betragen wird – ist sie lang genug bemessen, um in der Praxis keine nachteiligen Wirkungen zu entfalten. In der Regel wird jeder Handelskäufer spätestens nach wenigen Wochen die Vertragsaufhebung bzw. Wandelung erklären, schon um seine eigene Rechtsposition zu klären.

Das UN-Kaufrecht räumt dem Käufer ferner größtmögliche Flexibilität ein, indem es eine formlose Erklärung genügen lässt.[1382] Das französische Recht ist hingegen sehr schwerfällig und für den internationalen Handel damit unattraktiv, weil es ein Gestaltungsurteil verlangt.[1383] Die Ausnahmen (schwerwiegender Vertrauensbruch, besondere Dringlichkeit), die eine Käuferklage entbehrlich werden lassen, sind im Kaufrecht nur selten einschlägig, weil der Kaufvertrag ein unpersönlicher Vertrag (kein sog. Vertrag *intuitu personae*) ist. Vertragsaufhebungsklauseln oder Aufhebungsverträge verursachen beim Käufer nicht nur Gerichtskosten, sondern auch erhebliche Zeitverluste. Das gilt umso mehr, wenn – wie in der Praxis nicht selten – kein französisches Gericht oder ein Schiedsgericht

---

1380 3. Kapitel D. I. 1., II., IV. 1. a).

1381 3.Kapitel D. I. 2.

1382 3. Kapitel D. I. 1.

1383 3.Kapitel D. III. 1., 2.

zuständig ist, die mit dieser speziellen Entscheidungsart nicht vertraut sind. Ein Verfahren vor einem französischem Tribunal d'Instance (Gericht erster Instanz) dauert im Schnitt 5,2 Monate, vor einem Tribunal de Grande Instance (Gericht zweiter Instanz) 7,1 Monate.[1384] Der Zeitverlust kann nicht vermieden werden, indem der Käufer vor einem deutschen Gericht klagt, welches als Vertragsstatut französisches Recht anzuwenden hätte. Die bundesdurchschnittliche Verfahrenslänge beträgt vor Amtsgerichten 4,6 Monate und vor Landgerichten 8,2 Monate.[1385] Ein Sachverständigengutachten über den Inhalt des einschlägigen ausländischen Rechts erhöht den Aufwand. Erfordert die Umsetzung ausländischen Rechts zudem einen Akt, der dem nationalen Recht unbekannt ist oder dort unüblich ist, wie etwa eines Gestaltungsurteiles zur Vertragsaufhebung, verzögern praktische Umsetzungsschwierigkeiten eine zügige Rechtsgestaltung. Und schließlich erhöht sich für den Käufer das Haftungsrisiko, denn statt die Kaufsache sofort zurückgewähren zu können, verbleibt sie weiterhin in seiner Sphäre (zu denken ist etwa an einen Schadensersatz wegen Verletzung der Verwahrungspflicht, Beschädigung oder Untergang). Überhaupt ist für den Käufer bei Anwendung französischen Rechts unsicher, ob das Gericht tatsächlich die begehrte Rechtsfolge ausspricht. Hinzu kommt, dass der Verkäufer die Vertragsaufhebung durch nachträgliche Erfüllung während des Prozesses sogar noch in der Berufung („*appel*") abwehren kann.[1386] Das französische Zivilrecht zeigt in diesem Bereich eine „unendliche Geduld"[1387], die fragwürdige Anreize setzt. Der Verkäufer gewinnt nämlich den Eindruck, er müsse nicht rechtzeitig leisten, denn die Sanktion der Nichtleistung ist für ihn abwendbar und es ist nicht sicher, dass dem Käufer die beantragte Vertragsaufhebung tatsächlich vom Gericht zugesprochen wird. Ein Gestaltungsrecht hingegen entfaltet unmittelbare Rechtswirkung, so dass sich in diesen Rechtsordnungen lediglich die Frage stellt, ob die durch die Ausübung des Gestaltungsrechts geänderte Rechtslage

---

1384 So das französische Justizministerium im seiner Jahresstatistik 2011, http://www.justice.gouv.fr/budget-et-statistiques-10054/annuaires-statistiques-de-la-justice-10304/annuaire-statistique-de-la-justice-23263.html unter „Justice civile: Activité des juridictions", „Durée des affaires terminées en mois".

1385 So das Bundeministerium der Justiz in einer Statistik, Stand Okt. 2010: http://www.bmj.de/SharedDocs/Downloads/DE/pdfs/Geschaeftsentwicklung_der_Zivilsachen_Amts_Land_und_Oberlandesgerichte_1995_2009.pdf?__blob=publicationFile

1386 *Carbonnier,* Droit civil, Biens et obligations, Rn. 1103; *Buffelan-Lanore/Larribeau-Terneyre,* Obligations, Rn. 1235.

1387 „infinie patience": *Malaurie/Aynès/Stoffel-Munck,* Obligations, Rn. 878.

dauerhaft Bestand haben wird oder ob das Gericht im Nachhinein feststellt, dass sich die Rechtslage nicht geändert hat, weil das Gestaltungsrecht nicht rechtmäßig ausgeübt worden war. Es besteht jedoch kein Schwebezustand, der mit dem eben beschriebenen vergleichbar wäre. Für Käufer von Waren wie etwa Rohstoffen, deren Wert ständig fluktuiert, bieten Rechtsordnungen mit einem sofortigen Aufhebungsrecht zudem den Vorteil, dass der Käufer das Recht dann ausüben kann, wenn zwischenzeitlich der Preis sich zu seinen Gunsten veränderte.[1388] Außerdem hat der Verkäufer keinen Anreiz, die Ausübung des Rechts zu verhindern, um auf einen steigenden Preis zu hoffen.

Kaum vorteilhafter für den Käufer erweist sich das Schweizer Wandelungsrecht. Auch wenn Rechtsprechung und Literatur das Tatbestandsmerkmal der Wandelungsklage teleologisch auslegen und die gerichtliche Beteiligung auf eine deklaratorische, nicht konstitutive Rolle reduzieren, bleibt für den Käufer der Nachteil, dass das Gericht bei einer Klageerhebung (etwa zur Durchsetzung eines infolge der erklärten Wandelung entstandenen Rückzahlungsanspruches) noch eine weitreichende Überprüfungskompetenz ausübt.[1389] Sollte es die Wandelung im Einzelfall als unangemessene Reaktion des Käufers auf die fehlerhafte Leistung des Verkäufers erachten, kann es auf sein Ermessen hin die Minderung aussprechen. Der Käufer unterliegt so dem Risiko der schwer berechenbaren Gerichtsentscheidung. Die Vorhersehbarkeit der Rechtsanwendung ist jedoch, wie die Befragung zeigte, ein entscheidendes Ziel der Rechtswahl[1390], das ihm das deutsche Recht und das UN-Kaufrecht besser zu erreichen ermöglichen. Das gilt vor allem deswegen, weil der Zeitpunkt des Eintritts der maßgeblichen Rechtswirkungen nicht durch eine Klage und damit womöglich opportunistische Prozesstaktik beeinflusst werden kann.

Weil die weitreichende Überprüfungskompetenz auf der Anwendung materiell-rechtlicher Normen beruht (Art. 205 Abs. 2 OR), kann diese Regelung auch nicht durch den international-privatrechtlichen Grundsatz, dass jedes Gericht sein eigenes Prozessrecht anwendet, umgangen werden. Zwar kennt der deutsche Zivilprozess den Grundsatz der Dispositionsmaxime, § 308 Abs. 1 ZPO, wonach die Parteien durch ihren Antrag den Umfang des Prozesses festlegen, so dass das Gericht nur das zu- bzw. absprechen darf, was beantragt wurde.[1391] Allerdings verbietet es sich, Art. 205 Abs. 2 OR als eine prozessrechtliche

---

1388 *Karollus,* ZIP 1993, 490 (493).

1389 3. Kapitel D. IV. 2.

1390 S. Auswertung Fragebogen, Anhang 1, XII.

1391 BGH, NJW 1991, 1684; BGH, NJW 2003, 2317; *Lüke,* Zivilprozessrecht, Rn. 8; *Zimmermann,* Zivilprozessordnung, Einl. Rn. 5.

Vorschrift einzuordnen, denn im Zentrum steht die inhaltliche Korrektur nach Abwägung der Umstände des Einzelfalls, nicht die Betätigung des Gerichts als solche.

Selbst wenn bei Anwendung deutschen Rechts oder UN-Kaufrechts das Gericht überprüfen kann, ob die Voraussetzungen für einen Rücktritt bzw. eine Vertragsaufhebung vorlagen, bleibt das Gericht jeweils darauf beschränkt, die Klage zuzusprechen oder abzuweisen. Das deutsche materielle Recht und das UN-Kaufrecht sehen nicht vor, dass das Gericht dem Käufer ein Minderungsrecht zuspricht, wenn er die Rechtsfolgen der „Aufhebung" oder des Rücktritts beantragt. Eine „Ja- oder Nein"- Überprüfungskompetenz gibt dem Gericht weniger originäre und darum besser kalkulierbare Entscheidungskompetenz als eine „Nein-, Aber"- Überprüfung.

Ebenso nachteilig ist letztlich für den Käufer auch das Schweizer Rücktrittsrecht. Ob Handelskäufer oder nicht: Der schweizerische Gesetzgeber vermutet, dass der Käufer auch nach Ablauf einer Nachfrist an der nachträglichen Erfüllung durch den Verkäufer bzw. der Handelskäufer an einem Schadensersatz wegen Nichterfüllung interessiert sei.[1392] Der (Handels-)Käufer muss unverzüglich die Vermutung widerlegen, indem er den Rücktritt erklärt und der Normalkäufer zusätzlich den Verzicht auf eine nachträgliche Erfüllung erklären. Andernfalls wird die Vermutung unwiderleglich und er büßt sein Rücktrittsrecht ein. Die Gefahr, dass dieser kurze Moment verpasst wird, besteht offensichtlich. Insofern ist dem Käufer das deutsche Recht oder das UN-Kaufrecht zu empfehlen. Für den Verkäufer gelten diese Ausführungen natürlich genau umgekehrt.

V. Rückgewähr in natura bzw. Wertersatz als Rechtsfolge

Kann der Käufer die Kaufsache nicht *in natura* zurückgewähren, verliert er grundsätzlich im UN-Kaufrecht das Recht zur Vertragsaufhebung (sog. Aufhebungssperre). Eine Naturalrückgewähr kann aus vielerlei Gründen unmöglich sein, weil das Kriterium der wesentlichen Verschlechterung sehr weit gefasst ist. Es umfasst den Untergang, die Zerstörung, die Beschädigung, den Verlust, die Weiterveräußerung oder die Weiterverarbeitung der Kaufsache.[1393] Das macht das UN-Kaufrecht aus Käufersicht unattraktiv. Eine Ausnahme vom Grundsatz des Vertragsaufhebungsausschlusses wird jedoch gemacht, wenn die Verschlechterung nicht auf einer Handlung des Käufers oder seinem Unterlassen beruht, Art. 82 Abs. 2 lit. a) CISG, wenn die Kaufsache deshalb

1392 3. Kapitel IV. 1.

1393 3. Kapitel E. I.

nicht in Natur zurückgewährt werden kann, weil der Käufer eine Untersuchung nach Art. 38 CISG durchführte, Art. 38 Abs. 2 lit. b) CISG, oder wenn sie beim bestimmungsgemäßen Gebrauch diese Veränderung annahm, bevor der Käufer die Vertragswidrigkeit erkannte oder erkennen musste. In all diesen Fällen ist die Vertragsaufhebung möglich und der Käufer muss die Ware *in natura* zurückgewähren.

Sollte das Vertragsaufhebungsrecht ausgeschlossen sein, der Käufer jedoch gleichwohl die Vertragsaufhebung begehren, muss er dem Verkäufer den Gegenwert aller Vorteile ersetzen, die er aus der Kaufsache gezogen hat.[1394] Darunter ist entweder das Surrogat in Höhe des objektiven Wertes der Kaufsache oder der Erlös zu verstehen, wenn der Käufer die Ware weiter verkauft hat (*commodum ex re bzw. commodum ex negotio cum re*).

Das deutsche Recht sieht vor, dass der Käufer die Kaufsache grundsätzlich *in natura* zurückgewähren muss, es sei denn, dies ist unmöglich. Das ist bereits bei einer Verschlechterung oder sonstigen Veränderung der Kaufsache der Fall, nicht erst nach ihrer Weiterveräußerung oder ihrem Untergang. Die Höhe des Wertersatzes ist an der Gegenleistung zu messen, beträgt jedoch höchstens den objektiven Wert der Kaufsache. Sollte sich die Kaufsache jedoch verschlechtert haben oder untergegangen sein, obwohl der Käufer die eigenübliche Sorgfalt angewendet hat, oder die Verschlechterung/der Untergang vom Verkäufer zu vertreten sein, wäre sie bei ihm gleichfalls eingetreten oder hat sich die Verschlechterung oder der Untergang erst während der Verarbeitung oder der Umgestaltung des Gegenstandes gezeigt, dann muss der Käufer keinen Wertersatz leisten. Er muss nur die verbleibende Bereicherung herausgeben.[1395]

Nach allgemeinem französischem Vertragsaufhebungsrecht ist die Kaufsache an sich ebenfalls *in natura* zurückzugewähren. Allerdings reicht der Grundsatz inhaltlich weiter als im deutschen Recht. Nach französischem Verständnis ist eine Naturalrückgewähr immer möglich, selbst wenn die Kaufsache sich verschlechtert hat, es sei denn, sie ist untergegangen oder weiterveräußert worden. Dann ist eine Rückgewähr gänzlich ausgeschlossen und der Käufer hat Wertersatz zu leisten. Ist französisches Wandelungsrecht anzuwenden, ist im Unterschied zum allgemeinen französischen Vertragsaufhebungsrecht die Wandelung dagegen ausgeschlossen, wenn die Kaufsache untergegangen sein sollte. In den anderen Fällen gilt auch hier der Grundsatz der Naturalrückgewähr.[1396]

1394 3. Kapitel E. I.

1395 3. Kapitel E. II.

1396 3. Kapitel E. III.

Ist auf die Vertragsaufhebung schweizerisches Recht anzuwenden, ist ebenfalls zwischen dem allgemeinen Rücktrittsrecht und dem Wandelungsrecht zu unterscheiden. Im allgemeinen Rücktrittsrecht hat die Rückgewähr *in natura* zu erfolgen, es sei denn, sie ist unmöglich. In diesem Fall schuldet der Käufer dem Verkäufer Wertersatz.[1397] Damit entspricht das allgemeine schweizerische Rücktrittsrecht dem allgemeinen französischen Rücktrittsrecht, an dem es sich insoweit historisch zweifellos orientiert hat.[1398] Das schweizerische Wandelungsrecht kennt auch den Grundsatz der vorrangigen Naturalrückgewähr. Allerdings enthält es eine Besonderheit. Sofern sich die Kaufsache zufalls- oder mangelbedingt verschlechterte, muss der Käufer dem Verkäufer nur die verbliebene Bereicherung herausgeben. Auch ordnet es an, dass die Wandelung ausgeschlossen ist, sofern der Käufer die Kaufsache veräußerte oder umgestaltete, es sei denn, der Mangel zeigte sich erst während der Umgestaltung.[1399]

Daraus ergeben sich folgende Unterschiede: Zeigt sich ein Mangel oder eine Vertragswidrigkeit während der Umgestaltung, muss der Käufer nach deutschem Recht die verbleibende Bereicherung herausgeben, nach UN-Kaufrecht schuldet er den Gegenwert der gezogenen Vorteile, nach französischem Vertragsaufhebungs- und Wandelungsrecht eine Rückgewähr *in natura,* und nach schweizerischem Rücktritts- und Wandelungsrecht eine Rückgewähr *in natura.* Weil der Gegenwert der gezogenen Vorteile höher ausfallen kann als die bloße Rückgewähr der Kaufsache oder der verbliebenen Bereicherung, ist für den Käufer in diesem Fall das deutsche, das schweizerische oder das französische Recht günstiger als das UN-Kaufrecht.

Sofern sich die Kaufsache durch ein Verhalten des Käufers so wesentlich verschlechtert hat, dass sie nicht mehr zurückgewährt werden kann, darf der Käufer nach UN-Kaufrecht den Vertrag nicht aufheben. Ähnliche Regelungen treffen das französische und schweizerische Wandelungsrecht. Das allgemeine französische und schweizerische Vertragsaufhebungsrecht ermöglichen dem Käufer immerhin eine Vertragsaufhebung bei Wertersatz. Das deutsche Recht erlegt dem Käufer in dieser Situation die Pflicht auf, Wertersatz zu leisten, jedoch besteht die Möglichkeit, dass er von dieser Pflicht befreit wird, wenn er die eigenübliche Sorgfalt anwendete. Das deutsche Recht ist in dieser Fallgruppe also deutlich käuferfreundlicher.

Sofern die wesentliche Verschlechterung auf einer Handlung des Verkäufers oder eines Dritten beruht, zeigt sich erneut die Käuferfreundlichkeit des deutschen

---

1397 3. Kapitel E. IV. 1.

1398 Zur Geschichte des schweizerischen ZGB vgl. Basedow/Hopt/Zimmmermann/*Siehr,* Handbuch des Europäischen Privatrechts, Bd. II, Stichwort Schweizerisches Zivilgesetzbuch, insb. S. 1386f. zum Einfluss des französischen Rechts.

1399 3. Kapitel E. IV. 2.

Rechts. Nach deutschem Recht wird der Käufer von der Wertersatzpflicht befreit, während die anderen Rechtsordnungen das fehlende Verschuldenselement auf Seiten des Käufers unberücksichtigt lassen und nicht ausdrücklich eine Befreiung vom Wertersatz oder den gezogenen Vorteilen vorsehen.

Das deutsche Recht ist auch dann für den Käufer vorteilhaft, wenn der Käufer die Kaufsache weiterveräußert hat, bevor er den Mangel entdeckt hat. Nach deutschem Recht kann der Käufer nach Zahlung von Wertersatz zurücktreten. Der Wertersatz überschreitet jedoch nicht den objektiven Wert. Nach UN-Kaufrecht schuldet der Käufer dem Verkäufer den Verkaufserlös, der regelmäßig über dem objektiven Wert liegt. Das französische Wandelungsrecht geht noch weiter und verwehrt dem Käufer ebenso wie das Schweizer Recht eine Vertragsaufhebung. Nur das allgemeine französische Vertragsaufhebungsrecht und Schweizer Rücktrittsrecht ähneln dem deutschen Recht, wenn sie dem Käufer eine Vertragsaufhebung gegen Wertersatz zugestehen.

In Bezug auf die Transportkosten wirkt sich die Rechtswahl nicht aus, da der Verkäufer nach allen Rechtsordnungen die Transportkosten der Rückgewähr zu tragen hat, unabhängig von der vereinbarten Schuld.

VI. Zwischenergebnis 3. Kapitel

Für den Käufer und Verkäufer kann eine Vertragsaufhebung erhebliche Konsequenzen haben. Beide verlieren ihre „Investitionen" in den Vertragsabschluss: Arbeit, Zeit und Geld.[1400] Zudem entgeht den Parteien der Gewinn, den sie jeweils erwirtschaftet hätten. Sollte der Käufer die Ware zur Weiterverarbeitung erworben haben, entstehen weitere Verluste, wenn er bereits weitere Rohstoffe/weiteres Zubehör beschafft hat und diese nun überflüssig werden. Gerade kleine Unternehmen, die aus Kapazitätsgründen nur wenige oder gar nur ein einzelnes Produkt zeitgleich herstellen können, sind auf die rechtzeitige, ordnungsgemäße Leistung des Zulieferers angewiesen, um ihrerseits die Verträge mit den Abnehmern einhalten zu können. Muss der Käufer auf die Zulieferung warten, besteht die Gefahr, dass sich der Marktpreis für sein herzustellendes Produkt zu seinem Nachteil entwickelt. Sollte dennoch im Einzelfall die Leistung des Verkäufers vertragswidrig sein, ist das Risiko des Käufers, eben genannte Nachteile zu erleiden, möglichst zu minimieren. Dazu kann es aus seiner Sicht hilfreich sein, den Vertrag sofort aufheben zu können, um sich anderweitig einzudecken und nicht abwarten zu müssen, bis der Verkäufer, der geographisch vom Käufer und der vertragswidrigen Sache unter Umständen weit entfernt ist, nacherfüllt

---

1400 *Flessner,* ZEuP 1997, 255 (264).

und der Gefahr ausgesetzt zu werden, dass der Verkäufer erneut vertragswidrig leistet. Auch kann es jedoch durchaus im Interesse des Käufers sein, die Nacherfüllung abzuwarten, nämlich dann etwa, wenn die betreffende Ware fast ausschließlich beim Verkäufer erhältlich ist.

Im Vergleich der Rechtsordnungen wird das UN-Kaufrecht den Interessen eines Handelskäufers neben dem deutschen Recht am ehesten gerecht. Es gibt ihm die Möglichkeit, den Vertrag sofort durch eine formlose Erklärung aufzuheben (anders das französische Recht und das Schweizer Wandelungsrecht) oder Nacherfüllung zu verlangen (im Gegensatz zum deutschen Recht). Auch die Aufhebungssperre des UN-Kaufrechts wirkt weniger einschneidend für den Käufer als dieses Tatbestandsmerkmal vordergründig durch den angeordneten Rechtsverlust zu vermitteln scheint. Allerdings kennt es bei den Rückgewährsregeln keinen Befreiungstatbestand wie das deutsche Recht. Deshalb gewinnt insoweit das deutsche Recht an Attraktivität für den Käufer. Keinesfalls sollte das französische Recht gewählt werden, dass aufgrund einer gerichtlichen Klage und die fehlende Bindung an den Rechtsbehelf sowohl für den Käufer als auch für den Verkäufer zu erheblicher Rechtsunsicherheit und einem langwierigen Verfahren führt.

Zusammenfassung der wichtigsten Ergebnisse

1. Die immer stärker zunehmende internationale Verflechtung der Marktakteure setzt insbesondere im Kaufrecht für jede Partei starke Anreize, interessengerechte Regeln nicht nur materiell-rechtlich, sondern auch kollisionsrechtlich zu vereinbaren. Aufgrund des Prinzips der Parteiautonomie, das nahezu weltweit – wenn auch mit gewissen Einschränkungen – gilt, können die Parteien sich theoretisch zwischen zahlreichen nationalen Rechtsordnungen und Einheitsrecht wie dem CISG entscheiden, deren Inhalt jedoch oft erst mühsam ermittelt werden muss. Wegen dieser Schwierigkeiten schrecken selbst erfahrene Rechtsberater davor zurück, ein ausländisches Recht zu empfehlen, sondern beschränken sich auf die bekannte (deutsche) Rechtsordnung, wie auch die im Rahmen dieser Untersuchung durchgeführte empirische Untersuchung gezeigt hat.
2. Maßgebliche Entscheidungskriterien für eine Rechtswahl sind die Vertrautheit des gewählten Rechts sowie die intuitive und weit verbreitete Neigung zum „Heimwärtsstreben“. In geringerem Maße spielen auch die Suche nach einem neutralen Recht – insbesondere auch in Form von Einheitsrecht – eine Rolle. Dabei wird zumindest in Deutschland das in diesem Bereich einschlägige CISG vermutlich aufgrund seines immer noch relativ geringen Bekanntheitsgrades vergleichsweise selten gewählt. Materiell-rechtliche Vorteile einer bestimmten Rechtswahl werden offenbar häufig übersehen, weil eine ausführliche Analyse wohl zu mühsam und kostspielig erscheint. Die dezidierte Absicht, eine ökonomisch effiziente Regelung zu finden, lässt sich in der Praxis nur schwer nachweisen; die Befürwortung dieses Kriteriums in der Literatur ist eindeutig nachdrücklicher.
3. Die betrachteten Rechtsordnungen weisen in den untersuchten Bereichen zwar einige Übereinstimmungen, stellenweise aber auch markante Unterschiede auf. Angesichts dieser praktisch alles andere als trivialen und zum Teil wirtschaftlich höchst bedeutsamen Divergenzen ist den Parteien angeraten, etwa zu beachten, dass im Bereich der Vertragswidrigkeit „vorausgesetzte“ Eigenschaften im französischen Recht anders als in den anderen Rechtsordnungen nahezu keine Rolle spielen und dieses einen für den Käufer nachteiligen Zeitpunkt des Gefahrenübergangs vorsieht. Im

Rahmen der Identitätsabweichung folgt das schweizerische und französische Recht römisch-rechtlichen Konzepten und erfordert eine Abgrenzung der Gattungs- von der Stückschuld. Das UN-Kaufrecht und das deutsche Recht haben sich davon gelöst haben bzw. verfolgten sie nie. Stattdessen weisen sie einen einheitlichen Vertragswidrigkeitsbegriff auf. Praktische Bedeutung erlangt diese Frage insbesondere bei Verjährungs- und Ausschlussfristen.

4. Es zeigt sich, dass das UN-Kaufrecht im Bereich der Vertragswidrigkeit die günstigsten Regeln für den Käufer bereit hält – womit es dem Verkäufer tendenziell insoweit nicht zu empfehlen ist. Beide Parteien profitieren allerdings davon, dass die Regelungen des CISG transparenter sind als die durch historische Traditionen verkomplizierten und damit nicht leicht zugänglichen Bestimmungen des schweizerischen und französischen Rechts. Das deutsche Recht, das sich in dieser Frage stark am UN-Kaufrecht orientiert, ist an zweiter Stelle für den Käufer zum empfehlen.
5. Eng an die Frage der Vertragswidrigkeit gekoppelt – weil konstitutiv für die Existenz von Rechtsbehelfen – ist das Rechtsproblem, inwieweit der Käufer den Verkäufer zeitnah auf eine eventuelle Vertragswidrigkeit hinweisen muss. Voraussetzungen und Umfang der Mängelrüge sind damit wirtschaftlich nahezu ebenso bedeutsam wie die Definition der Vertragswidrigkeit. Hier unterscheiden sich die Rechtsordnungen schon dadurch, dass sie eine Rügeobliegenheit ausdrücklich anordnen (UN-Kaufrecht, Deutschland, Schweiz) oder sie nur der Rechtsprechung bzw. Gesetzessystematik zu entnehmen ist (Frankreich). Deutliche Unterschiede finden sich auch im persönlichen und sachlichen Anwendungsbereich. So ist das schweizerische Recht etwa deutlich verkäuferfreundlicher, weil die Rügeobliegenheit jeden Käufer trifft, während sie im deutschen Recht nur bei beiderseitigen Handelsgeschäften eingreift. Große Rechtsunsicherheit verursacht das französische Recht, das auf den wenig konturenscharfen Begriff des *„acheteur professionnel“* abstellt.
6. Im sachlichen Anwendungsbereich ergeben sich insbesondere Unterschiede im Hinblick auf den abgeschlossenen Vertrag. Hier ist das CISG mit dem Ausschluss des Tauschvertrages enger als die nationalstaatlichen Rechtsordnungen. Überdies wirkt auch hier die römisch-rechtliche Tradition der Schweiz und Frankreichs (jedenfalls in diesem Punkt) insofern fort, als eine Rüge nur bei Mängeln, nicht aber bei Nichterfüllung erforderlich ist. Diese Bestimmungen stehen im Gegensatz zum UN-Kaufrecht und deutschen Recht, die jede Vertragswidrigkeit erfassen, also käuferfreundlichere

Regelungen treffen. Kleinere – wenn auch insgesamt weniger bedeutsame Unterschiede – existieren im Hinblick auf den Untersuchungsort und die Art und Weise der Untersuchung. Gerade im Hinblick auf den letzteren Gesichtspunkt muss zwischen verderblichen und unverderblichen Waren unterschieden werden. Generell aber kommt es in allen Rechtsordnungen stark auf die Umstände des Einzelfalls, die Erfahrung der Parteien und die konkrete Branche mit ihren geschäftsüblichen Usancen an. Dauer und Lauf der Untersuchungsfrist sind dagegen wiederum keineswegs kongruent. Hier ist insbesondere das deutsche Recht gegenüber dem Käufer sehr streng. Das schweizerische Recht und das UN-Kaufrecht stellen hier etwas weniger strikte Anforderungen, während das französische Recht stark von Einzelfallerwägungen geprägt ist.

7. Bei der Regelung der Rüge sind wiederum deren detaillierte Voraussetzungen und Rechtsfolgen von maßgeblichem Interesse. Dabei ist zu beachten, dass die Rügefrist zumeist von der Untersuchungsfrist zu unterscheiden ist. Soweit die Rügefrist besonders großzügig ausfällt, begünstigt dies natürlich den Käufer. Die geforderte Tiefe der Untersuchung – letztere ist ihrerseits Voraussetzung für den Beginn der Rügefrist – variiert in den beteiligten Rechtsordnungen ebenfalls. Hier erweckt das französische Recht einen vergleichsweise käuferfreundlichen Eindruck, obwohl auch hier das Konzept des *„acheteur professionnel"* zu Unklarheiten bzw. gar Verwirrung beitragen kann, weil schwer vorhersehbar ist, mit welcher Intensität zu untersuchen ist. Rechtsunsicherheit schadet regelmäßig aber sowohl Verkäufer wie Käufer.
8. Bei Inhalt und Form der Rüge zeigen sich ebenfalls signifikante Unterschiede. Während das französische Recht mit seinem Klageerfordernis die Verkäuferinteressen fördert – aber die Rechtslage insbesondere auch bei einem nicht-französischen Gerichtsstand verkompliziert –, erweisen sich die anderen Rechtsordnungen durch die Formlosigkeit der Rügeerhebung als käuferfreundlich. Dabei ist allen Rechtsordnungen mehr oder minder gemeinsam, dass pauschale Rügen nicht genügen, sondern die Vertragswidrigkeit bzw. der Fehler spezifiziert werden müssen, um den Verkäufer hinreichend zu informieren. Unterschiede liegen hier allenfalls im Detail.
9. Auch das Übermittlungs- und Verlustrisiko dürfte im internationalen Rechtsverkehr nicht zu unterschätzen sein, wenngleich es geringer zu bewerten sein dürfte als im Zeitalter vor der elektronischen Kommunikation, das noch die Abfassung des UN-Kaufrechts prägte. Hier lassen sich die verkäuferfreundliche Zugangstheorie (Deutschland, Schweiz) und die

käuferfreundliche Absendetheorie (UN-Kaufrecht) unterscheiden – in Frankreich ist die Rechtslage nicht ganz klar. In allen Rechtsordnungen löst eine nicht hinreichend erklärte Rüge die Rechtsfolge aus, dass der Käufer seine eventuell entstandenen Rechtsbehelfe verliert. Dabei ergeben sich jedoch Unterschiede im Hinblick auf die Reichweite. Insbesondere das Verhältnis vertraglicher und deliktischer Ansprüche bewegt sich von gegenseitigem Ausschluss (Frankreich, Schweiz) über nicht ganz eindeutige Abgrenzung (UN-Kaufrecht) bis hin zu unbeschränkter Konkurrenz (Deutschland). Je weiter der Käufer auf deliktische Ansprüche zurückgreifen kann, obwohl er die Rüge versäumt hat, desto günstiger ist dies selbstverständlich für ihn.

10. In allen analysierten Rechtsordnungen gibt es allerdings auch Ausnahmen von der Rügeobliegenheit. Die für den Verkäufer wohl im Sinne der Rechtssicherheit problematischste, aber insgesamt käuferfreundliche, Regelung enthält das CISG, das es genügen lässt, wenn die unterlassene Rüge entschuldigt wird. Allerdings kommt diese Regelung vergleichsweise selten zur Anwendung. Relevant ist immer aber auch der subjektive Tatbestand des Verkäufers in Bezug auf den Mangel, wobei eine Haftung des Verkäufers wegen grob fahrlässiger Unkenntnis (CISG), Kenntnis (deutsches Recht), Arglist (französisches, schweizerisches Recht) des Verkäufers von der Vertragswidrigkeit aufleben kann. Allerdings ist zweifelhaft, dass diese Unterschiede in der gerichtlichen Praxis wirklich einmal relevant werden. Auch an dieser Stelle ist eine generell käuferfreundliche Tendenz des CISG unverkennbar. Jedenfalls ist Art und Umfang einer Rügeobliegenheit – wenn auch im Detail Sache des Einzelfalls – ein wichtiger Faktor für die Rechtswahl.

11. Zentral für die Parteien eines Kaufvertrages ist schließlich die Frage, unter welchen Voraussetzungen sie sich vom Vertrag lösen können, wobei das Augenmerk erneut angesichts der praktischen Relevanz vor allem auf dem Käufer liegt. Wegen der einschneidenden Rechtsfolgen ist die Vertragsaufhebung in allen betrachteten Rechtsordnungen an besondere Voraussetzungen geknüpft. Im UN-Kaufrecht kommt es vor allem auf die sog. Wesentlichkeit der Vertragsverletzung an, die mittlerweile mehrheitlich vor allem dann angenommen wird, wenn andere Rechtsbehelfe wie Schadensersatz die verletzte Vertragspartei nicht hinreichend schützen können. Die Schwelle für eine Vertragsaufhebung im Interesse des Verkäufers ist damit vergleichsweise hoch. Ist die Vertragswidrigkeit behebbar, dürfte dieses Kriterium nur selten erfüllt sein, während eine unbehebbare

Vertragswidrigkeit bei verbleibender Verwertbarkeit der Sache ebenso wenig wie Arglist des Verletzers zwingend die Wesentlichkeit begründet.

12. Im deutschen Recht ist im Vergleich die Schwelle der Erheblichkeit einer Vertragsverletzung deutlich niedriger, was tendenziell den Käufer begünstigt, der sich vom Vertrag lösen möchte. Eine verhältnismäßig leichte Behebbarkeit des Mangels kann die Erheblichkeit ausschließen. Im französischen Recht kommt es wieder auf die Zweigleisigkeit zwischen Nichterfüllungshaftung und Sachmängelgewährleistung an. Es unterscheidet sich von den anderen Rechtsordnungen vor allem dadurch, dass im Falle der Nichterfüllung diese dem Verkäufer zurechenbar sein müsse, wobei auch hier eine gewisse Schwere der Pflichtverletzung vorausgesetzt wird. Das deutsche und französische Recht unterscheiden sich vom UN-Kaufrecht dadurch, dass es jeweils auf eine Weiterverkaufsmöglichkeit der vertragswidrigen Sache nicht ankommt, was den Käufer begünstigt. In ähnlicher Weise wie das französische Recht unterscheidet das Schweizer Recht zwischen Nichterfüllungshaftung und Sachmängelgewährleistung. Insbesondere die Nichterfüllung wird nur auf den ersten Blick sehr restriktiv gehandhabt. In Wirklichkeit sind die Hürden vergleichsweise niedrig, weil jeglicher Verzug eine entsprechende Haftung auslösen kann.

13. Ein wichtiger Schutzmechanismus für den Verkäufer ist das Kriterium, ob eine Vertragsaufhebung erst nach dem Scheitern einer Nacherfüllung verlangt werden kann. Im UN-Kaufrecht ist dies nicht der Fall, doch verlangt es mit der wesentlichen Vertragsverletzung schon die Erfüllung signifikanter Voraussetzungen, um diesen Rechtsbehelf zuzulassen. Dagegen schützt das deutsche Recht den Verkäufer mit seinem Recht zur zweiten Andienung, jedenfalls soweit eine Nacherfüllung möglich ist und der Verkäufer sie nicht kategorisch ablehnt. Allerdings wird umgekehrt der Käufer dadurch begünstigt, dass die Anforderungen an seine Nacherfüllungsaufforderung vergleichsweise gering sind. Im französischen Recht ist dagegen ein Inverzugsetzen des Verkäufers durch den Käufer nicht erforderlich, weil jener durch den formellen Rechtsbehelf der Vertragsaufhebung wegen Nichterfüllung (Klage) genügend gewarnt sei. Auch das Schweizer Recht ist insofern käuferfreundlich, als es einen sofortigen Rücktritt bei Nichterfüllung ermöglicht, wenngleich in bestimmten Konstellationen ein Verzug des Verkäufers erforderlich ist. Bei Wandelung gibt es keinen Vorrang der Nacherfüllung.

14. Praktisch durchaus relevante Unterschiede zeigen sich bei den Gründen, welche eine Aufhebung ausschließen können, insbesondere der Frage, ob

der Untergang oder die Verschlechterung der Sache die Aufhebung durch den Käufer blockieren können. Das UN-Kaufrecht ist insofern sehr strikt und verkäuferfreundlich, weil der Käufer in der Lage sein muss, die empfangene Sache zurück zu geben, wobei geringfügige Abnutzungen und Verschlechterungen außer Betracht bleiben. Deutlich käuferfreundlicher ist insofern das deutsche Recht ausgestaltet, das den Rücktritt nur ausschließt, wenn er den Untergang der Kaufsache zu vertreten hat. Wie das UN-Kaufrecht errichtet das französische Recht vergleichsweise hohe Hürden für die Wandelung, nicht jedoch bei der Nichterfüllungshaftung, wenn die Sache nicht zurückgegeben werden kann. Das Schweizer Recht unterscheidet sich hiervon wiederum insofern, als es eine Wandelung nicht nur bei Untergang der Sache, sondern auch ihrer wesentlichen Verschlechterung ausschließt, so dass es dem UN-Kaufrecht stark ähnelt.

15. Im Hinblick auf die Auflösungserklärung erweisen sich UN-Kaufrecht, deutsches und schweizerisches Recht als liberal, weil sie keine hohen Anforderungen an sie stellen. Dagegen verlangt das französische Recht (in der Praxis käuferfeindlich) die Erhebung einer Gestaltungsklage vor Gericht, die nur in eng umgrenzten Fällen vermieden werden kann. Ein weiterer Nachteil liegt darin, dass das Gericht an einen entsprechenden Antrag jedenfalls bei der Nichterfüllungshaftung nicht gebunden ist. Angesichts verschiedener abzugebender Willenserklärungen dürfte allerdings auch das schweizerische Recht oft im Vergleich zum UN-Kaufrecht oder deutschen Recht Nachteile für den Käufer haben oder zumindest Rechtsunsicherheit verursachen.

16. Unterschiede ergeben sich schließlich im Hinblick auf die Rechtsfolge einer Vertragsaufhebung. Während der Käufer nach UN-Kaufrecht die Ware im Wesentlichen *in natura* zurückgewähren muss und nur unter engen Voraussetzungen Wertersatz leisten darf, ist nach deutschem Recht diese letztere Möglichkeit in weiterem Umfang eröffnet. Ein Rücktrittsausschluss wie nach UN-Kaufrecht wegen Untergangs der Sache ist dem deutschen Recht jedenfalls fremd. Auch nach französischem Recht ergibt sich grundsätzlich eine Pflicht zur Rückgewähr *in natura*, lässt aber ggf. im Falle der Nichterfüllungshaftung auch eine Wertersatzpflicht zu, wenn die Naturalrestitution unmöglich ist. Ähnlich ist die Schweizer Rechtslage.

17. Der insgesamt festzustellende Vorteil des UN-Kaufrechts insbesondere für den Käufer (und damit zumindest teilweise existierende Nachteil für den Verkäufer) ist auch ohne Modifikation im materiellen Recht auszumachen. Es erleichtert die Rechtsanwendung, indem es ein einheitliches

Leistungsstörungsrecht kennt und nicht zwischen einer qualitativen, quantitativen und identitätsbezogenen Abweichung differenziert. Erspart werden die in der Praxis mühsamen Entscheidungen zwischen einer gattungsspezifischen Schlechtleistung und Aliud-Leistung. Die Rügefrist ist sehr großzügig ausgestaltet und erheblich länger als im deutschen und schweizerischen Recht. Auch die Anforderungen an die inhaltliche Substantiierung der Mängelrüge werden im UN-Kaufrecht großzügiger gehandhabt. Sollte die Genehmigungsfiktion formell eingetreten sein, kann der Käufer durch eine Entschuldigung die Wirkung der Genehmigungsfiktion vermeiden. Der Käufer vermag den Vertrag aufzuheben, ohne den erfolglosen Ablauf einer Nachfrist abwarten zu müssen. Sollte es in seinem Interesse sein, kann er dem Käufer eine Nacherfüllungsfrist setzen.

18. Sollte sich das UN-Kaufrecht nicht durchsetzen lassen, so wäre an zweiter Stelle dem Käufer das deutsche Recht zu empfehlen. Es ist von der Systematik am ehesten mit dem UN-Kaufrecht vergleichbar, was angesichts der Vorbildfunktion des UN-Kaufrechts für das Schuldrechtsmodernisierungsgesetz nicht verwundert. Auch deutsche Juristen können sich also ohne Berührungsängste mit den Konzepten des UN-Kaufrechts vertraut machen. Dennoch verbleiben wesentliche Unterschiede zwischen beiden Rechtsordnungen im Bereich der Mängelrügefrist und des Vorrangs der Nacherfüllungsfrist. Die Mängelrügefrist ist im deutschen Recht erheblich kürzer. Die Nacherfüllung ist grundsätzlich vorrangig und nur in wenigen Ausnahmen entbehrlich. Dem Käufer wird jedoch die Entscheidungsfreiheit im Einzelfall genommen, ob er eine Nacherfüllung möchte. Die Entbehrlichkeit der Nacherfüllungsfrist wird im deutschen Recht an das Verhalten des Verkäufers und besondere Umstände des Einzelfalls angeknüpft.

19. Ähnlich dem deutschen Recht ist das Schweizer Recht konzipiert. Es ist jedoch insofern für den Käufer nachteiliger als das deutsche Recht, als es eine Entscheidung zwischen Schlechtleistung und Aliud-Leistung notwendig macht, die in der Praxis bei Gattungsschulden zu erheblichen Rechtsanwendungsproblemen führen kann.

20. Abzuraten ist dem Käufer in jedem Falle von der Wahl des französischen Rechts. Durch die gerichtliche Vertragsaufhebungsform ist es für den Handelsverkehr nur bedingt praxistauglich. Angesichts der wenig konkreten gesetzlichen Vorschriften macht es zudem rechtsgeschäftliches Handeln nur wenig planbar und vorhersehbar. Der „*acheteur professionnel*“ wird besonders stark benachteiligt, indem die Rechtsprechung grundsätzlich

vermutet, dass er einen Mangel entdeckt, weshalb ihm nicht die großzügige zweijährige Rügefrist zusteht, sondern er bereits die Annahme verweigern muss. Gerade in diesem Bereich ist die Gefahr des Rechtsverlustes besonders groß.

21. Der Vergleich der vier betrachteten Rechtsordnungen unabhängig von materiell-rechtlichen Modifikationen zeigt, dass trotz ihrer geographischen, gedanklichen und wirtschaftlichen Nähe zueinander teilweise erhebliche Unterschiede in allen drei wesentlichen betrachteten Problemkomplexen (Vertragswidrigkeit, Rüge, Aufhebung) bestehen. Dabei sind diese Problemkomplexe nur exemplarisch, weil eine umfassende Darstellung des Kaufrechts aller beteiligten Staaten den Rahmen dieser Untersuchung gesprengt hätte. Rechtsberater wie Unternehmen gleichermaßen wären gleichwohl schon im Lichte dieser Unterschiede gut beraten, sich nicht allein auf das ihnen vertrauteste Recht zu verlassen, sondern ggf. Rechtswahlalternativen in Erwägung zu ziehen. Mag dies aufgrund sprachlicher Barrieren im Hinblick auf das französische Recht noch schwierig sein, bietet sich vor allem das gut dokumentierte und recherchierte UN-Kaufrecht als Alternative an. Es hat in vielen Aspekten nicht nur den Vorteil, neutraler als das deutsche Recht zu sein und damit eher Akzeptanz beim ausländischen Vertragspartner zu finden, sondern ist auch inhaltlich oft vorteilhafter. Stets ist – wie auch bei der eventuellen Wahl des schweizerischen oder französischen – Rechts eine genaue Interessenanalyse im Hinblick auf die vertragliche Position, typische Risiken, die Art der Ware und ihr Verwendungszweck von Nöten. Auch wenn eine solche Interessenanalyse naturgemäß aufwendig ist, vermag sie ggf. deutliche kautelarische Vorteile zu verschaffen. Das gilt gerade im UN-Kaufrecht umso mehr, als es zudem auch materiell-rechtlich mit seinem Art. 6 eine weitgehende Gestaltungsfreiheit einräumt.

Anhang 1: Auswertung Fragebogen

Daten und Hintergrund der Befragung

Funktion der Befragung ist es, das Verhalten von rechtsgestaltenden Personen in der Praxis bezüglich einer Rechtswahl an sich und der Wahl/Abwahl des UN-Kaufrechts und deren Gründe zu erforschen.[1401] Der Fragebogen wurde als Email-attachment an deutsche Unternehmen und Kanzleien versandt, um dort einzelne Personen zu befragen. Die Unternehmen und Kanzleien wurden von mir als deutsch eingestuft, wenn sie eine Niederlassung im deutschen Staatsgebiet hatten und auf dem deutschen Markt tätig sind. Befragt wurden 114 Unternehmen aus ganz Deutschland aus den Bereichen Auto, Elektronik, Pharma, Lebensmittel (Obst, Gemüse, Gewürze, Getränke [Bier, Kaffee, Tee], Öl, Chemie, Lebensmittelmärkte, Drogerien, Blumen, Kleidung, Kosmetikahersteller – sowohl produzierend als auch herstellend nach Zukauf aus verschiedenen Zulieferbetrieben als auch vertreibend, von einem Daxunternehmen zu einem Einzelkaufmann – und 115 Kanzleien aus ganz Deutschland (davon 21 Großkanzleien, 47 mittelgroße und 47 kleine Kanzleien), welche den Schwerpunkt auf internationales (Privat-)Recht, Handelsrecht, Wirtschaftsrecht, Vertriebsrecht, Vertragsgestaltung, Kaufrecht oder allgemeines Zivilrecht legten. Die Auswahl der Befragten innerhalb der Gruppe erfolgte zufällig.[1402]

Den Fragebogen bearbeiteten insgesamt 46 Befragte. Davon waren 5 in einem Unternehmen tätig und 41 in einer Kanzlei. Innerhalb der Antwortmenge der Kanzleien fielen 21 Antworten auf Großkanzleien (Kanzleien mit über 20 Anwälten), 13 auf mittelgroße Kanzleien (Kanzlei mit 5–20 Anwälten) und 7 auf Kleinkanzleien (Kanzlei mit unter 5 Anwälten). Dies ergibt eine Rücklaufquote von insgesamt 17,56%, davon 4,39% Rücklauf aus Unternehmen, 100% Rücklauf aus Großkanzleien, 27,66% aus mittelgroßen Kanzleien und 14,89% aus Kleinkanzleien. Auffällig ist besonders die mangelnde Antwort- und Auskunftsbereitschaft der Unternehmen. 20 Unternehmen erklärten, dass sie wegen der Anzahl der sie erreichenden Fragebögen überlastet seien. Da eine Quote bei

---

1401 Zur Funktion einer Befragung; Holling/Schmitz/*Spiel/Lüftenegger/Gradinger/Reimann*, Statistik, S. 253.

1402 Durchgeführt wurde eine „geschichtete Stichprobe“: *Beller*, Empirisch forschen lernen, S. 87f.

schriftlichen Umfragen selten über 20% liegt[1403], muss jedenfalls die Befragung der Kanzleien (Vergleichsmasse Kanzlei insgesamt in Abgrenzung zu Unternehmen, Vergleichsmasse einzelner Kanzleityp zu anderem Kanzleityp) als repräsentativ eingeordnet werden. Die Betrachtung der Ergebnisse soll ausschließlich deskriptiv erfolgen, d.h. nur das Ergebnis der befragten Teilmenge wird diskutiert. Ein Rückschluss auf die Gesamtheit derjenigen, die theoretisch hätten antworten können, soll nicht gezogen werden.[1404]

Durchführung der Befragung

Der Fragebogen wurde überwiegend als multiple-choice-Test gestaltet. Damit die Teilnehmer möglichst genau und unvoreingenommen ihre Antwort frei schöpfen konnten, war es auch möglich, jede Frage individuell zu beantworten, indem sie einen von ihnen gefertigten Text an vorgegebener Stelle unterhalb der vorgegebenen Antworten einfügten.[1405] Alle offenen und geschlossenen Fragen wurden einfach, eindeutig, nicht suggestiv formuliert und schlossen sich gegenseitig aus bzw. bauten aufeinander auf, um eine gegebene Antwort genauer bzw. fundierter zu geben.[1406] Durch die Bandbreite des Frageninhalts konnte der Bereich (die Kategorie) „Rechtswahl und der Wahl/Abwahl des UN-Kaufrechts in der Praxis“ umfassend untersucht werden.[1407] Die vorgegebenen Antwortmöglichkeiten differenzierten in ihrer Formulierung stark, so dass vermieden werden konnte, dass die Beantwortung durch eine Ja-oder-Nein-Tendenz der Befragten verfälscht würde.[1408]

1403 *Diekmann*, Empirische Sozialforschung, S. 441; *ter Hafte-Fankhauser/Wälty*, Marktforschung, S. 78.

1404 Zur Unterscheidung zwischen deskriptiver Statistik und schließender oder Inferenz-Statistik: *Beller*, Empirisch forschen lernen, S. 85; Holling/Schmitz/*Nachtigall/Pohl/Hartenstein*, Statistik, S. 275.

1405 Sog. „offene Fragen“: www.wpgs.de/content/view/460/355/.

1406 „Eine gute Frage in einem Fragebogen“: *Beller*, Empirisch forschen lernen, S. 45; zur Gestaltung von Fragebögen auch: *Sedlmeier/Renkewitz*, Forschungsmethoden und Statistik in der Psychologie, S. 105f.; www.wpgs.de/content/view/460/355/.

1407 Sog. Exhaustivität und Exklusivität der gewählten Kategorie: *Beller*, Empirisch forschen lernen, S. 29ff.

1408 Zur Gefahr der Verfälschung von Antworten: *Beller*, Empirisch forschen lernen, S. 59; zur Standardisierung von Antworten: *Beller*, Empirisch forschen lernen, S. 42f.; auch „festgelegte Antworten“ genannt: *Sedlmeier/Renkewitz*, Forschungsmethoden und Statistik in der Psychologie, S. 88.

Auswertung
Die Auswertung erfolgte durch einen prozentualen Vergleich der Antworten zwischen zwei Massen. Als Masse wurden zum einen die Begriffe Großkanzlei, mittelgroße Kanzlei und Kleinkanzlei festgelegt, um die verschieden Kanzleitypen miteinander zu vergleichen, und zum anderen die Begriffe Kanzlei und Unternehmen, um diese beiden Begriffe miteinander zu vergleichen. Dafür wurde das Verhältnis zwischen der Häufigkeit einer konkreten Antwort innerhalb einer Masse zu der Anzahl der zurück gesandten Fragebögen innerhalb dieser Masse prozentual berechnet.[1409]

Antworten eines Fragebogens können durch Beurteilungsfehler der Befragten verfälscht sein, etwa weil durch die Beantwortung der Fragen ein bestimmtes Bild nach außen hin vermittelt werden soll oder weil die Sachlage von den Befragten falsch eingeschätzt wird.[1410] Dies sind jedoch Einflussfaktoren der Willensbildung, die bei der Datenauswertung nicht erkennbar sind und deshalb nicht herausgefiltert werden können.

Hingegen ist bei der Auswertung zu berücksichtigen, dass die Teilnehmer freiwillig den Fragebogen beantworten konnten. Damit antworteten nur die Gewillten, so dass kein Rückschluss auf die Gesamtheit derjenigen gezogen werden kann, die in der Praxis das UN-Kaufrecht überhaupt behandeln.

Sofern die Antwortalternativen nicht bereits kategorisiert waren, wurden die Formulierungen in Anführungsstrichen wiedergegeben.

Im Folgenden eine Darstellung der Rohdaten in einer deskriptiven Statistik (in Prozent):

1409 Sog. Häufigkeitsverteilung: Holling/Schmitz/*Nachtigall/Pohl/Hartenstein,* Statistik, S. 278.

1410 *Beller,* Empirisch forschen lernen, S. 44; *Sedlmeier/Renkewitz,* Statistik, S. 95.

I. Häufigkeit internationaler Tätigkeit

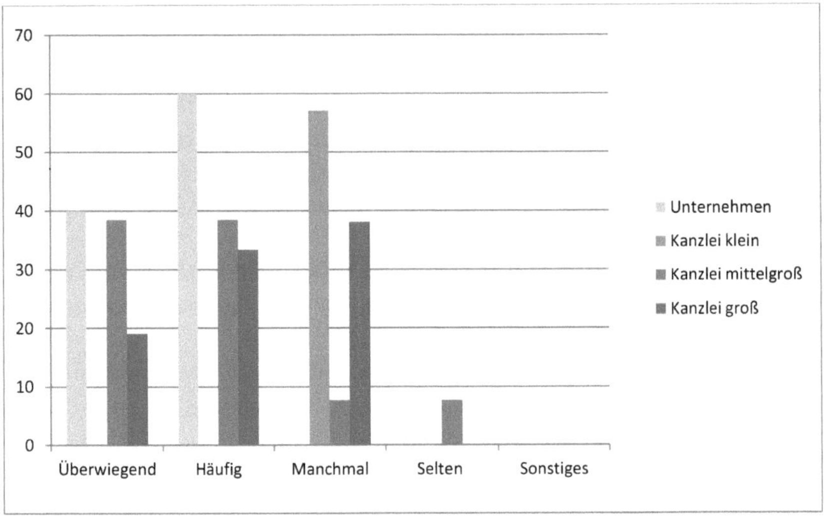

II. Rechtsgeschäftliche Kontakte

	EU	**EU, Asien**	**EU, USA**	**EU, UK**	**EU, CH**	**USA, UK**	**EU, Asien, USA**	**EU, UK, USA**	**EU, USA, CH**
Unterneh-men	20% (1 von 5)	20% (1 von 5)					40% (2 von 5)	20% (1 von 5)	
Kanzlei klein	14,29% (1 von 7)				14,29% (1 von 7)				
Kanzlei mittelgroß	7,7% (1 von 13)		7,7% (1 von 13)				7,7% (1 von 13)		7,7% (1 von 13)
Kanzlei groß	33,33% (7 von 21)		9,52% (2 von 21)	9,52% (2 von 21)		4,76% (1 von 21)			

	UK, Asien, USA	UK, Asien, USA, Naher Osten	Italien	Frankreich	Schweiz	Osteuropa, Italien	Osteuropa, Mittlerer Osten	International	Keine Angabe
Unternehmen									0% (0 von 5)
Kanzlei klein						14,29% (1 von 7)	14, 29% (1 von 7)		14,29% (1 von 7)
Kanzlei mittelgroß		7,7% (1 von 13)	15,4% (2 von 13)	7,7% (1 von 13)	7,7% (1 von 13)			7,7% (1 von 13)	
Kanzlei groß	4,76% (1 von 21)							23,81% (5 von 21)	14, 29% (3 von von 21)

III. IPR-Kenntnisse

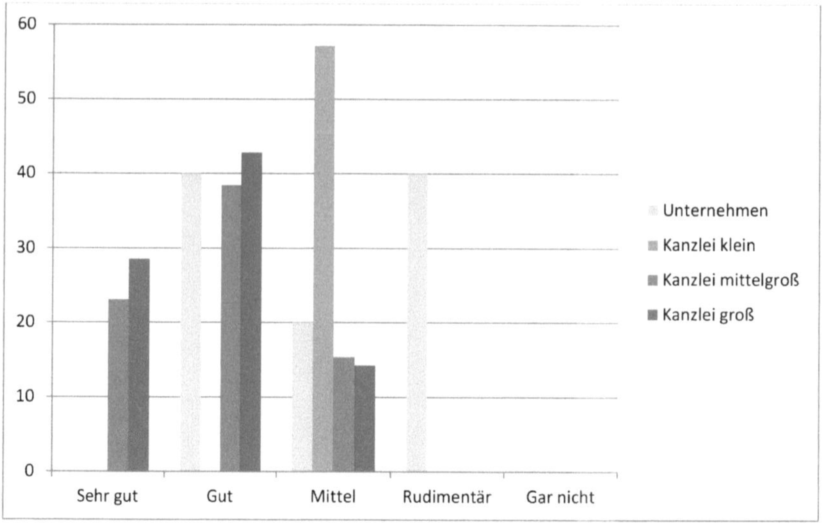

IV. Kaufvertragserstellung

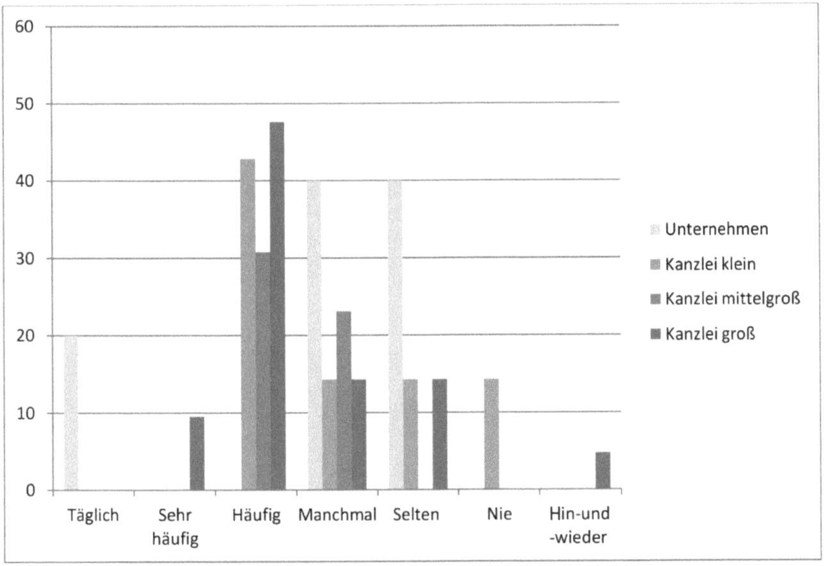

V. Formularvertragsverwendung

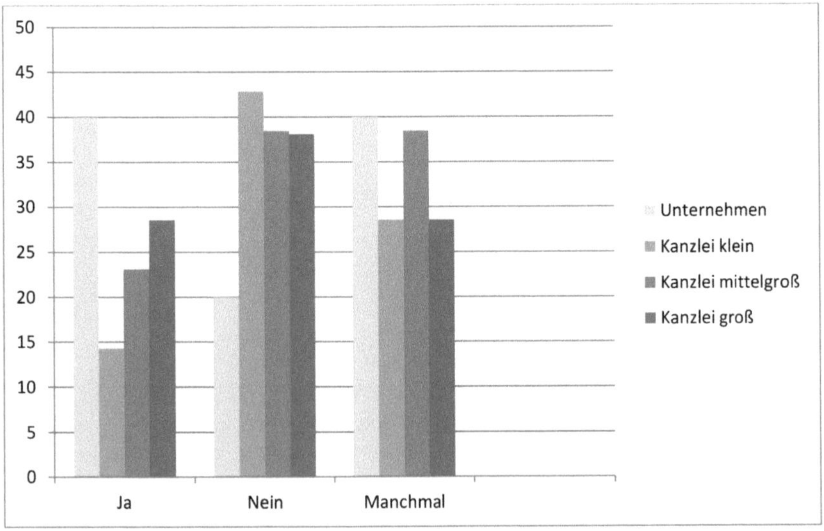

VI. Durchführung einer Rechtswahl

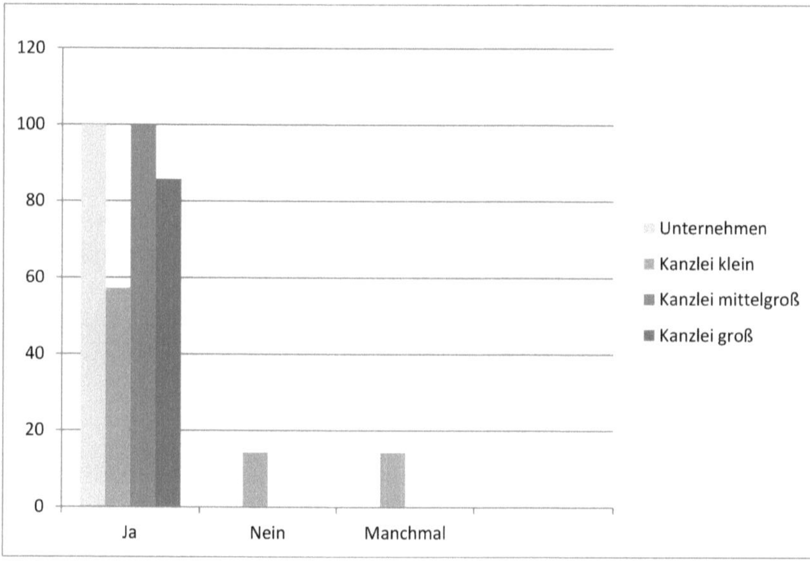

VII. Wahl eines bestimmten Rechts

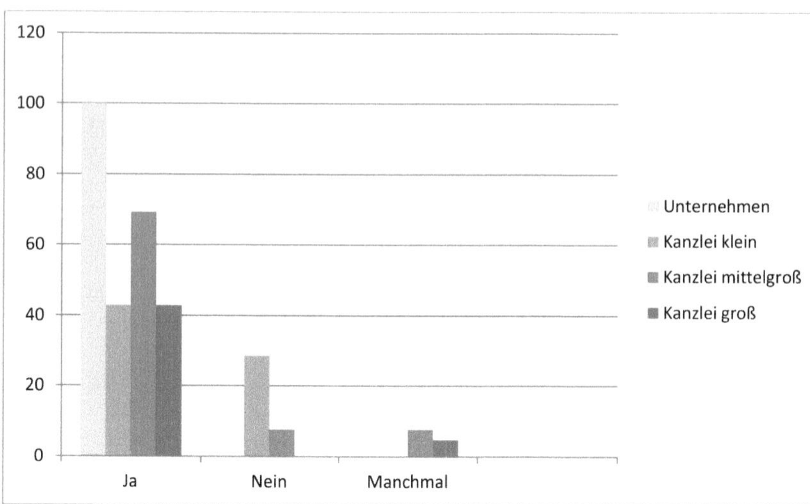

VIII. Für den gesamten Vertrag?

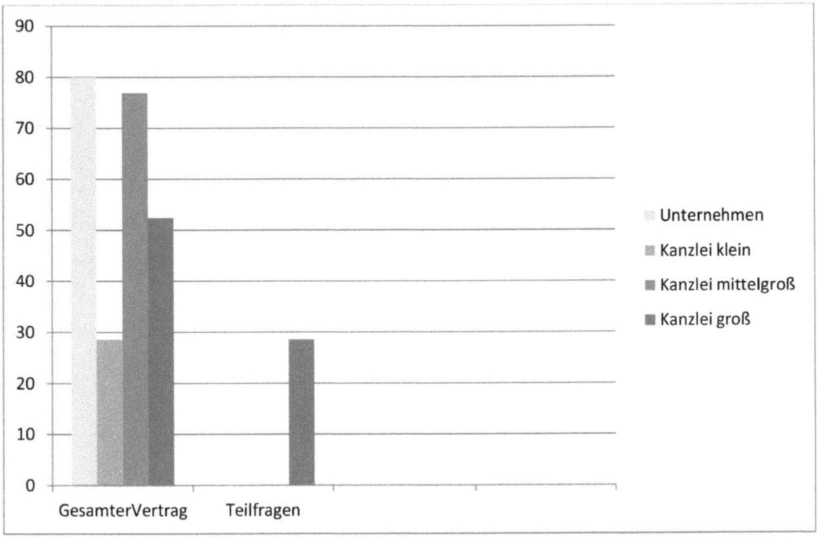

IX. Welches bestimmte Recht?

	Deutsches Recht in ≥ 80% der Fälle	Deutsches Recht in ≥ 50% der Fälle	Deutsches Recht in ≥ 30% der Fälle	Deutsches Recht oder UN-Kaufrecht	Deutsches Recht ohne UN-Kaufrecht in ≥ 90% der Fälle	Grundsätzlich Deutsches Recht, mit und ohne UN-Kaufrecht	Deutsches und Schweizer Recht	Schweizer Recht
Unternehmen	80% (3 von 5)							40% (2 von 5)
Kanzlei klein	14,27% (1 von 7)		14,27% (1 von 7)	14,27% (1 von 7)				
Kanzlei mittelgroß				7,7% (1 von 13)	23,1% (3 von 13)	15,4% (2 von 13)		
Kanzlei groß	47, 6% (10 von 21)	9, 52% (2 von 21)			4, 76% (1 von 21)	14, 28% (3 von 21)	9, 52% (2 von 21)	

	Schweizer Recht und UN-Kaufrecht	Deutsches oder englisches Recht	Englisches Recht in 70% der Fälle	UN-Kaufrecht zu 60 %, Deutsches Recht zu 30%, Schweizer Recht zu 10%	50% Heimatrecht des wirtschaftlich stärkeren Partner	Deutsches Recht zu 50%, Italienisches Recht zu 50%.	Bestimmte Rechtsordnung in 50% der Fälle	k.A.
Unternehmen								0% (0 von 5)
Kanzlei klein								57, 14% (4 von 7)
Kanzlei mittelgroß	7,7% (1 von 13)			7,7% (1 von 7)	7,7% (1 von 7)	7,7% (1 von 7)	15,4% (2 von 13)	7,7% (1 von 13)
Kanzlei groß		4, 76% (1 von 21)	4,76% (1 von 21)					4, 76% (1 von 21)

X. Wahl des UN-Kaufrechts (kein Ausschluss des CISG nach seinem Art. 6)

	0% der Fälle	5% der Fälle	10–20% der Fälle	30% der Fälle	40% der Fälle	Ca. 50% der Fälle	80% der Fälle	Ca. 100% der Fälle	k.A.	Wenn nicht vermeidbar
Unternehmen	60% (3 von 5)		20% (1 von 5)					20% (1 von 5)		
Kanzlei klein		14,29% (1 von 7)	14,29% (1 von /)			28,6% (2 von 7)				14, 29% (1 von 7)
Kanzlei mittelgroß	15,4% (2 von 13)		15,4% (2 von 13)		7,7% (1 von 13)	30,8% (4 von 13)	7,7% (1 von 13)		30,8% (4 von 13)	
Kanzlei groß	57,12% (12 von 21)	4,76% (1 von 21)	9,52% (2 von 21)	14,28% (3 von 21)	4,76% (1 von 21)			4,76% (1 von 21)	4,76% (1 von 21)	

XI. Einflussfaktoren der Rechtswahl

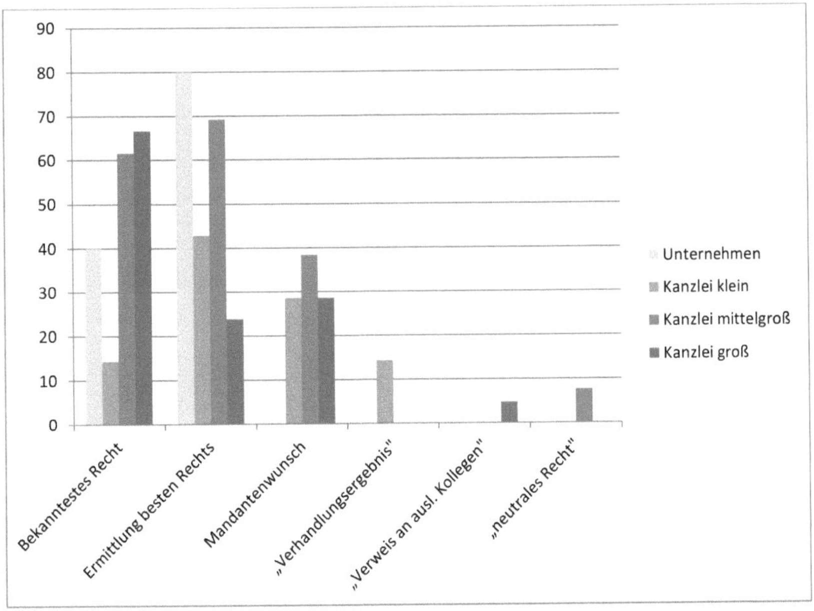

XII. Gründe für die Nichtanwendung des UN-Kaufrechts (Nachteile bei UN-Kaufrechtsanwendung)

1. Unternehmen

• Überwiegend Bezug zu Deutschland	80,00%
• Vertragspartner lassen sich nicht überzeugen	60,00%
• Deutsches unvereinheitlichtes Recht ist am gerechtesten	60,00%
• Gewohnheit	40,00%
• Zu wenig Erfahrung mit dem UN-Kaufrecht	20,00%
• Bequemlichkeit	20,00%
• Keine Rechtsquelle, keine Fachliteratur zur Verfügung	20,00%
• „Inhaltlich nachteilhaft“	20,00%
• „Nur wenige Urteilsdatenbanken“	20,00%
• „Fehlende Kommentierung zu Detailfragen“	20,00%
• „Unkenntnis der Gerichte“	20,00%

2. Kanzlei klein

• Überwiegend Bezug zu Deutschland	42,86%
• „Uneinheitliche Rechtsprechung“	14,29%
• „Deutsches unvereinheitlichtes Recht am gerechtesten“	14,29%
• „Mandanten haben keine Kenntnis vom UN-Kaufrecht und lassen sich nicht überzeugen“	14,29%

3. Kanzlei mittelgroß

• Überwiegend Bezug zu Deutschland	46,15%
• „Inhaltliche Annäherung CISG und BGB“	07,69%
• „Unsicherheit durch gerichtliche Anwendung des Forumstaates/uneinheitliche Rechtsprechung“	15,38%
• Unbehagen vor Arbeit mit fremder Rechtsordnung	30,76%
• UN-Kaufrecht inhaltlich nicht überzeugend; Deutsches unvereinheitlichtes Recht gerechter	15,38%
• „Wunsch der Parteien“	07,69%

4. Kanzlei groß

• „Geringe Rechtsprechungsdichte“	04,26%
• Zu wenig Erfahrung im Umgang mit dem UN-Kaufrecht	14,29%
• Zu große Nachteile bei der Anwendung des UN-Kaufrechts	42,86%
• Zu kompliziert, UN-Kaufrecht mit anderem (dt.) Recht zu verbinden	23,81%
• Unbehagen vor Arbeiten mit einer fremden Rechtsordnung	09,52%
• Deutsches, materielles Recht am gerechtesten	42,86%
• „Je nach Mandant ist BGB vorteilhafter“	09,52%
• Bequemlichkeit	28,57%
• Vertragspartner lassen sich nicht überzeugen	38,10%
• „Marktpraxis entscheidend (anglo-amerik. Praxis)“	04,76%

XII. Gründe für die Anwendung des UN-Kaufrechts (Vorteile bei UN-Kaufrechtsanwendung)

1. Unternehmen

• Vorteil Einheitsrecht	20,00%
• „Rechtssicherheit nach längerer Erfahrung mit dem UN-Kaufrecht“	20,00%
• Für den Sachverhalt am gerechtesten	20,00%

2. Kanzlei klein

• „Verfügbarkeit der Rechtsquelle“	14,29%
• „Rechtssicherheit der Rechtsprechung/einheitliche Auslegung“	42,87%
• Für den Sachverhalt am gerechtesten	28,58%
• Vorteil Einheitsrecht	71,49%
• „Verkäuferorientiert“	28,57%

3. Kanzlei mittelgroß

• Vorteil Einheitsrecht	61,54%
• „Verkäuferfreundlich“	15,39%
• „Rechtssicherheit durch viele Urteile und autonome Auslegung weltweit“	15,39%
• „Text in eigener Sprache führt zur Waffengleichheit und Senkung der Kosten, da kein Sachverständigengutachten Im Prozess notwendig“	07,69%
• „Neutrales Recht“	15,39%
• „Dokumentation in allgemein zugänglichen Datenbanken“	30,77%

4. Kanzlei groß

• Vorteil Einheitsrecht	14,29%
• „Inhaltlich am gerechtesten“	09,52%
• Für den Sachverhalt am gerechtesten	19,05%
• „Gute Kompromisslösung“	14,29%
• „Akzeptanzmöglichkeit für alle Vertragspartner“	09,52%
• „Bessere Zugangsmöglichkeit in D zum UN-Kaufrecht als zum Land XY“	04,76%
• „Ermöglicht Teamarbeit mit ausländischen Kollegen“	04,76%
• „Prozess im Ausland steuerbar“	04,76%

Anhang 2: Fragebogen

Empirische Untersuchung zur Dissertation: „Interessengerechte Vertragsgestaltung im Internationalen Kaufrecht" von Cordula Giesecke, lic. en droit

A. Vorabinformation

Name des Befragten*:

Unternehmen/Kanzlei*:

Abteilung*:

Kontaktdaten*:

Branche*:

* Diese Angaben dienen ausschließlich der internen Organisation und werden vertraulich behandelt. Sie werden insb. nicht an Dritte weitergegeben und werden nicht in der Dissertation veröffentlicht.

B. Befragung

1. Sie sind tätig:

In einer Kanzlei :
☐ groß (> 20 Anwälte) ☐ mittel (5–20 Anwälte) ☐ klein (< 5 Anwälte)

In einem Unternehmen- Rechtsabteilung:
☐ groß (> 20 Anwälte) ☐ mittel (5–20 Anwälte) ☐ klein (< 5 Anwälte)

Sonstiges, falls keine vorgegebene Klassifizierung passt:

2. Sie sind:

☐ Überwiegend international tätig
☐ häufig international tätig
☐ manchmal international tätig
☐ selten international tätig

3. Wenn Sie international tätig sind, mit welchen Staaten haben Sie die intensivsten bzw. meisten geschäftlichen Kontakte?

4. Haben Sie Kenntnisse im Internationalen Privatrecht (IPR)?

☐ sehr gut ☐ gut ☐ mittel ☐ rudimentär ☐ gar nicht

5. Wie häufig erstellen Sie Kaufverträge?

☐ täglich ☐ sehr häufig ☐ häufig ☐ manchmal ☐ selten ☐ nie

Anmerkung:
sehr häufig = 3–4 in der Woche
häufig = 1 in der Woche
manchmal = 1–2 im Monat
selten = max. 3 im Quartal

Sonstiges, falls Sie von der vorgegebenen Klassifizierung abweichen:

6. Verwenden Sie dabei Formularverträge?

☐ Ja ☐ Nein ☐ Manchmal

7. Treffen Sie dabei eine Rechtswahl?

☐ Ja ☐ Nein ☐ Manchmal

8. Wählen Sie häufig eine bestimmte Rechtsordnung?

☐ Ja ☐ Nein ☐ Manchmal

9. Wenn ja, welche? (bitte nach ungefährer prozentualer Verteilung aufschlüsseln)

10. Wenn ja: von welchen Kriterien lassen Sie sich bei der Rechtswahl leiten?

☐ Wunsch der Mandanten

☐ Sie ermitteln, welches Recht für Ihren Mandanten am besten wäre:

wenn ja, dann: ☐ Ein Recht für den gesamten Vertrag

☐ verschiedene Rechte für verschiedene Teilfragen

☐ Ich schlage das Recht vor, dass ich kenne

Sonstiges, falls keine vorgegebene Klassifizierung passt (etwa das Recht eines bestimmten Landes zu umgehen oder ein bestimmtes Recht für bestimmte Produkte zu wählen; in diesen Fällen das Produkt und das Land bitte genau angeben):

11. Kennen Sie das UN-Kaufrecht (CISG)?

☐ Ja ☐ Nein

12. Wenn ja, wie vertieft sind Ihre Kenntnisse im UN-Kaufrecht?

☐ sehr gut (Ich bin ein Experte)
☐ gut (Ich weiß sicher mit dieser Rechtsordnung umzugehen)
☐ passabel (Ich fühle mich in manchen Teilen sicher, in manchen Teilen unsicher)
☐ unsicher (Ich habe nur so rudimentäre Kenntnisse, dass ich es lieber nicht anwenden möchte)
☐ Gering (Ich habe schon mal gehört, dass es das CISG gibt; mehr weiß ich dazu jedoch nicht, und wende es deshalb nicht an).
Sonstiges, falls keine vorgegebene Klassifizierung passt:

13. Wie oft wählen Sie das UN-Kaufrecht (indem Sie es nicht ausschließen)? (Schätzung mit Prozentzahl)

14. Sie wenden das UN-Kaufrecht an, d.h. die Anwendung ist nicht vollständig ausgeschlossen und der Anwendungsbereich des UN-Kaufrechts ist eröffnet. Modifizieren Sie dabei das materielle Recht des UN-Kaufrechts zum Beispiel durch Abbedingung, Ersetzung, Änderung oder Konkretisierung ausfüllungsbedürftiger Begriffe einzelner Vorschriften?

☐ Ja ☐ Nein ☐ Teilweise

15. Wenn ja, wo liegt der Schwerpunkt der Modifikation? (Bsp: Wahl des UN-Kaufrechts ausschließlich für die Anwendung der Regeln zur Vertragsaufhebung, nicht jedoch sonstiger Regeln; Änderung des Begriffs wesentliche Vertragsverletzung im Rahmen des Schadensersatzrechts; Änderung der Gewährleistungspflichten)

16. Weshalb wählen Sie **nicht** das UN-Kaufrecht? (Mehrfachnennungen möglich)

☐ Bequemlichkeit
☐ Ich kenne das UN-Kaufrecht nicht
☐ Ich habe zu wenig Erfahrung mit dem UN-Kaufrecht

- ☐ Gewohnheit, bereits in der Vergangenheit (selbst) entworfene Vertragsentwürfe zu verwenden, in denen das UN-Kaufrecht nicht eingearbeitet worden war
- ☐ Angst vor Haftung für schlechte Beratung
- ☐ Angst/Unbehagen vor Arbeiten mit einer fremden Rechtsordnung
- ☐ Ich verfüge über keine Rechtsquelle zum UN-Kaufrecht
  - ☐ kein Gesetzestext
  - ☐ keine Fachliteratur
- ☐ Ich habe keine Zeit, mich einzulesen
- ☐ Ich bin der Überzeugung, dass das deutsche materielle Recht die Rechtsfrage am gerechtesten beantwortet
- ☐ Weil mich das UN-Kaufrecht in seiner inhaltlichen Ausgestaltung nicht überzeugt
- ☐ Wenn der Sachverhalt überwiegend Bezug zu D hat oder es eine rein innerdeutsche Angelegenheit ist, so dass deutsches materielles Recht zur Anwendung gelangt und ich deshalb keine Notwendigkeit sehe, irgendein anderes Recht (ausländ. materielles Recht oder UN-Kaufrecht) anzuwenden
- ☐ Aufgrund negativer Erfahrungen mit anderen Einheitsrechten wie dem EKG
- ☐ Weil sich meine Vertragspartner nicht von der Anwendung des UN-Kaufrechts überzeugen lassen wollen und ich mich nicht durchsetzen kann
- ☐ Weil ich zu große Nachteile bei der Anwendung des CISG sehe

17. Wenn Sie unter Nr. 16 angekreuzt haben, dass Sie bei der Anwendung des CISG Nachteile sehen, und diese noch nicht unter der Nr. 16 aufgeführt wurden, welche sind das?

18. Warum wählen Sie das UN-Kaufrecht (indem Sie es nicht ausschließen)?

- ☐ Ich bin überzeugt, dass es dem Sachverhalt am ehesten gerecht wird
- ☐ Ich schätze den Vorteil, den die Anwendung von Einheitsrecht mit sich bringt
- ☐ Aus Gewohnheit

19. Wenn Sie unter Nr. 18 angekreuzt haben, dass Sie bei der Anwendung des CISG Vorteile sehen, und diese noch nicht unter der Nr. 18 aufgeführt wurden, welche sind das?

Bsp.: Rechtssicherheit durch autonome , einheitliche Auslegung/Verfügbarkeit in zahlreichen Sprachen

C. Erklärung

☐ Ja, ich wünsche über das Ergebnis der Untersuchung unterrichtet zu werden.

Ich bedanke mich sehr herzlich, dass Sie sich die Zeit genommen haben, an dieser Untersuchung teilzunehmen.

Ihre Cordula Giesecke, lic. en droit

Literaturverzeichnis

Achilles, Wilhelm-Albrecht, Kommentar zum UN-Kaufrechtsübereinkommen (CISG), hrsg. von Wilhelm-Albrecht Achilles, 2000 (Luchterhand: Berlin).

Akikol, Diana, Die Voraussetzungen der Sachmängelhaftung beim Warenkauf – Obligationenrecht und UN-Kaufrecht, 2008 (Schulthess: Zürich).

Alter, Michel, L'obligation de délivrance dans la vente de meubles corporels, 1972 (Pichon/Durand-Auzias: Paris).

Anders, Monika/Gehle, Burkhard, Das Assessorexamen im Zivilrecht, 11. Auflage 2013 (Franz Vahlen: München).

Antonmattei, Paul-Henri/Raynard, Jacques, Contrats spéciaux, 6ième édition 2008, (Lexis Nexis: Paris).

Basedow, Jürgen/Hopt, Klaus J./Zimmermann, Reinhard, Handwörterbuch des Europäischen Privatrechts, Band 2 Kauf – Zwingendes Recht, 2009 (Mohr Siebeck: Tübingen).

Basler Kommentar zum schweizerischen Privatrecht, Obligationenrecht I, Art. 1–529 OR, hrsg. von Heinrich Honsell, Nedim Peter Vogt, Wolfgang Wiegand, 5. Auflage 2011 (Helbing Lichtenhahn: Basel).

Baumbach, Adolf/Hopt, Klaus J., Kommentar zum Handelsgesetzbuch mit GmbH & Co., Handelsklauseln, Bank- und Börsenrecht, Transportrecht (ohne Seerecht), hrsg. von Klaus J. Hopt und Adolf Baumbach, 35. Auflage 2012 (Beck: München).

Baumgärtel, Gottfried/Laumen, Hans-Willi/Prütting, Hanns, Handbuch der Beweislast – Bürgerliches Gesetzbuch, Schuldrecht Besonderer Teil I §§ 433–610 mit UN-Kaufrecht, 3. Auflage 2009 (Carl Heymanns: Köln).

Beck'scher Online Kommentar BGB, § 434 BGB, bearbeitet von Faust, Stand 1.3.2011.

Beitzke, Günther, Grundgesetz und Internationalprivatrecht, 1961, Schriftenreihe der Juristischen Gesellschaft zu Berlin (de Gruyter: Berlin).

Beudant, Charles, Cours de Droit Civil Français, Tome VIII, Les Contrats et Les Obligations, 2ième édition 1936 (Rousseau & Cie: Paris).

Beller, Sieghard, Empirisch forschen lernen, Konzepte, Methoden, Fallbeispiele, Tipps, 2004 (Hans Huber: Bern u.a.).

Bénabent, Alain, Droit civil, Les contrats spéciaux civils et commerciaux, 9ième edition 2011 (Montchrestien: Paris).

Bendref, Bernd, Vereinbarung neutralen Rechts in internationalen Verträgen, in: Recht der Internationalen Wirtschaft (RIW) 1980, S. 386.

Benicke, Christoph, Zur Vertragsaufhebung nach UN-Kaufrecht bei Lieferung mangelhafter Ware, in: Praxis des internationalen Privat- und Verfahrensrechts (IPRax) 1997, S. 326.

Berger, Bernhard, Allgemeines Schuldrecht, 2. Auflage 2012 (Stämpfli: Bern).

Berner Kommentar zum schweizerischen Privatrecht, 2. Abteilung: Die einzelnen Vertragsverhältnisse, Band VI/2, 1. Teilband: Kauf und Tausch – Die Schenkung, 1. Abschnitt: Allgemeine Bestimmungen – Der Fahrniskauf Art. 184–215 OR, hrsg. von Arthur Meier-Hayoz, Hans Michael Riemer, Karl Spühler, u.a., 1979 (Stämpfli: Bern).

Bianca, C.M./Bonell, M.J., Commentary on the international sales law – the 1980 Vienna Sales Convention, 1987 (Giuffrè: Milan).

Bieger, Alain, Die Mängelrüge im Vertragsrecht, 2009 (Schulthess: Zürich).

Bihl, Luc, Droit de la vente (vente mobilière), 1986 (Dalloz: Paris).

Bitter, Georg/Meidt, Eva, Nacherfüllungsrecht und Nacherfüllungspflicht des Verkäufers im neuen Schuldrecht, Zeitschrift für Wirtschaftsrecht (ZIP) 2001, S. 2114.

Bitter, Walter/Bitter, Georg, Wandelungsmöglichkeit des professionellen Käufers und Nachlieferungsmöglichkeit des Verkäufers bei Aliud-Lieferung, Eine Untersuchung zum deutschen und UN-Kaufrecht, in: Betriebs-Berater (BB) 1993, S. 2315.

Blaurock, Uwe, Übernationales Recht des Internationalen Handels, in: Zeitschrift für Europäisches Privatrecht (ZEuP) 1993, S. 247.

Brox, Hans/Walker, Wolf-Dietrich, Besonderes Schuldrecht, 37. Auflage 2013 (Beck: München).

BT-Drs 338/01, Bundestag Drucksache Nr. 338/01.

Bucher, Eugen, Schweizerisches Obligationenrecht, Allgemeiner Teil, 2. Auflage 1988 (Schulthess: Zürich).

—, Obligationenrecht Besonderer Teil, 3. Auflage 1988 (Schulthess: Zürich).

Buffelan-Lanore, Yvaine/Larribeau-Terneyre, Virginie, Droit civil, deuxième année, Les obligations, 11ième édition 2008 (Sirey Université, Dalloz: Paris).

Cabrillac, Remy, Droit des obligations, 8ième édition 2008 (Dalloz: Paris).

von Caemmerer, Ernst/Schlechtriem, Peter, Kommentar zum Einheitlichen UN-Kaufrecht – CISG –, hrsg. von Ernst von Caemmerer, Hans Hermann Eberstein, Peter Schlechtriem, 2. Auflage 1995 (Beck: München).

Canaris, Claus-Wilhelm, Die Neuregelung des Leistungsstörungs- und des Kaufrechts – Grundstrukturen und Problemschwerpunkte –, in: Karlsruher Forum 2002: Schuldrechtsmodernisierung, Mit Beiträgen von Claus-Wilhelm Canaris und Manfred Wolf und Dokumentation der Diskussion, hrsg. von Egon Lorenz, Heft 20, 2003 (Verlag Versicherungswirtschaft: Karlsruhe), S. 10.

—, Schuldrechtsmodernisierung 2002, Beck'sche Gesetzesdokumentationen, zusammengestellt und eingeleitet von Claus-Wilhelm Canaris (Beck: München).

—, Schadensersatz wegen Pflichtverletzung, anfängliche Unmöglichkeit und Aufwendungsersatz im Entwurf des Schuldrechtsmodernisierungsgesetzes, in: Der Betrieb (DB) 2001, S. 1815.

Carbonnier, Jean, Droit civil, Les biens, Les obligations, Volume II, 2004 (Presses Universitaires de France: Paris).

Chaix, François, Droits des contrats: Partie générale et contrats spéciaux, Journal des tribunaux 1, Droit fédéral 2009, S. 4.

Coen, Christoph, Teilbeendigung von Verträgen wegen Leistungsstörungen im Einheitsrecht, in: Festschrift Peter Schlechtriem zum 70. Geburtstag, 2003, S. 189 (Mohr Siebeck: Tübingen).

Coester-Waltjen, Dagmar, Einige Überlegungen zur konkludenten Rechtswahl, S. 343 in: Privatrecht in Europa, Vielfalt, Kollision, Kooperation, Festschrift für Hans-Jürgen Sonnenberger zum 70. Geburtstag, 2004 (Beck: München).

Collart Dutilleul, François/Delebecque, Philippe, Contrats civils et commerciaux, 9ième edition 2011 (Dalloz: Paris).

Conrads, Markus/Schade, Friedrich, Internationales Wirtschaftsprivatrecht 2008 (Oldenbourg: München).

Courbe, Patrick, Droit international privé, 2000 (Armand Colin/Dalloz: Paris).

Däubler-Gmelin, Herta, Die Entscheidung für die so genannte Große Lösung bei der Schuldrechtsreform zum Entwurf eines Gesetzes zur Modernisierung des Schuldrechts, in: Neue Juristische Wochenschrift (NJW) 2001, S. 2281.

Dauner-Lieb, Barbara/Heidel, Thomas/Ring, Gerhard, BGB-Kommentar, Schuldrecht Band 2/1: §§ 241–610, hrsg. von Barbara Dauner-Lieb und Werner Langen, 2. Auflage 2012 (Nomos: Baden-Baden).

Dauner-Lieb, Barbara/Heidel, Thomas/Ring, Gerhard, Anwaltskommentar Schuldrecht Band 2, Teilband 1, §§ 241–610, hrsg. von Barbara Dauner Lieb, 2005 (Deutscher Anwaltverlag: Bonn).

Desdevises, Yvon, Vente, Nature et forme, Formation du contrat, in: Juris Classeur Civil, Art. 1583 CC, Vente Fasc. 20, Août 2006.

Dieckmann, Andreas, Empirische Sozialforschung, Grundlagen, Methoden, Anwendungen, 18. Auflage 2007 (Rowohlt: Reinbek).

Diedrich, Frank, Voraussetzungen einer Vertragsaufhebung wegen Sachmängeln nach dem Wiener Kaufrecht, in: Recht der Internationalen Wirtschaft (RIW), 1995, S. 11.

Ducouloux-Favard, Claude, Droit de la vente, 1991 (Eyrolles: Paris).

Ebenroth, Carsten Thomas/Boujoung, Karlheinz/Joost, Detlev/Strohn, Lutz, Handelsgesetzbuch, Band 2, §§ 343–475h, hrsg. von Gisela Allstadt-Schmitz, 2. Auflage 2009 (Beck: München).

Eckert, Hans-Werner/Maifeld, Jan/Matthiessen, Michael, Handbuch des Kaufrechts, Der Kaufvertrag nach Bürgerlichem Recht, Handelsrecht und UN-Kaufrecht, 2007 (Beck: München).

Enderlein, Fritz, Die Verpflichtung des Verkäufers zur Einhaltung des Lieferzeitraums und die Rechte des Käufers bei dessen Nichteinhaltung nach dem UN-Übereinkommen über Verträge über den internationalen Warenkauf, in: Praxis des Internationales Privat- und Verfahrensrechts (IPRax), S. 313.

Enderlein, Fritz/Maskow, Dietrich/Strohbach, Heinz, Internationales Kaufrecht – Kaufrechtskonvention, Verjährungskonvention, Vertretungskonvention, Rechtsanwendungskonvention, 1991 (Haufe: Berlin u.a.).

Ensthaler, Jürgen, Gemeinschaftskommentar zum HGB mit UN-Kaufrecht, hrsg. von Jürgen Ensthaler, Georg W. Bandasch, Wilhelm Albrecht Achilles, 7. Auflage 2007 (Luchterhand: Neuwied).

Erman, Bürgerliches Gesetzbuch, Handkommentar mit AGG, EGBGB (Auszug), ErbbauRG, LPartG, ProdHaftG, UKlaG, VBVG, VersAusglG und WEG, hrsg. von Harm-Peter Westermann, Barbara Grunewald, Georg Maier-Reimer, Band I, 13. Auflage 2011 (Otto Schmidt: Köln).

Fabre-Magnan, Muriel, Droit des obligations, 2 – Responsabilité civile et quasicontrats, 2ième édition 2010 (Thémis droit: Paris).

Fabre-Magnan, Muriel, Droit des obligations, 1 – Contrat et engagement unilatéral, 2ième édition 2010 (Thémis droit: Paris).

Fages, Bertrand, Droit des obligations, 3ième édition 2011 (L.G.D.J.: Paris).

Ferid, Murad/Sonnenberger, Hans Jürgen, Das französische Zivilrecht, Band 1/1 Erster Teil: Allgemeine Lehren des Französischen Zivilrechts: Einführung und Allgemeiner Teil des Zivilrechts, 2. Auflage 1994 (Verlag Wirtschaft und Recht: Heidelberg).

Diess., Das französische Zivilrecht, Band 2 Schuldrecht: Die einzelnen Schuldverhältnisse, Sachenrecht, 2. Auflage 1986 (Recht und Wirtschaft: Heidelberg).

Ferrari, Franco, Wesentliche Vertragsverletzung nach UN-Kaufrecht – 25 Jahre Artikel 25 CISG, in: Internationales Handelsrecht (IHR) 2005, S. 1.

Ferrari, Franco/Kieninger, Eva-Maria/Mankowski, Peter/Otte, Karsten/Saenger, Ingo/Schulze, Götz/Staudinger, Ansgar, Kommentar zum Internationalen Vertragsrecht, Rom I-VO, CISG, CMR, FactÜ, hrsg. von Franco Ferrari, 2. Auflage 2012 (Beck: München).

Fest, Timo, Unmöglichkeit als ungeschriebene Voraussetzung für den Übergang von der Rückgewährpflicht des § 346 Abs. 1 BGB zur Wertersatzpflicht des § 346 Abs. 2 Satz 1 Nr. 2 BGB, in: Zeitschrift für Vertragsgestaltung, Schuld- und Haftungsrecht (ZGS) 2009, S. 78.

Fischer, Reinhard, Vor- und Nachteile des Ausschlusses des UN-Kaufrechts aus Sicht des deutschen Exporteurs, Rechtvergleichende Betrachtung der Verkäuferrisiken nach BGB und CISG unter Berücksichtigung jeweiliger Haftungsausschluss- und Haftungsbegrenzungsmöglichkeiten, 2008 (Dr. Kovač, Hamburg.

Flessner, Axel, Befreiung vom Vertrag wegen Nichterfüllung in: Zeitschrift für Europäisches Privatrecht (ZEuP) 1997, S. 255.

Flour, Jacques/Aubert, Jean-Luc/Flour, Yvonne/Savaux, Éric, Droit civil, Les obligations, 3. Le rapport d'obligation, 6ième édition 2009 (Sirey Université, Dalloz: Paris).

Flour, Jacques/Aubert, Jean-Luc/Savaux, Éric, Droit civil, Les obligations, 1. L'acte juridique, 14ième édition 2010 (Sirey Université, Dalloz: Paris).

Fränkel, Rudolf, Der Irrgarten des internationalen Privatrechts, in: Rabels Zeitschrift für Ausländisches und Internationales Privatrecht (RabelsZ) 4 (1930), S. 239.

Freiburg, Nina, Das Recht auf Vertragsaufhebung im UN-Kaufrecht unter besonderer Berücksichtigung der Ausschlussgründe, 2001 (Duncker & Humblot: Berlin).

Gaier, Reinhard, Das Rücktritts(folgen)recht nach dem Schuldrechtsmodernisierungsgesetz, in: Zeitschrift für Wirtschafts- und Bankrecht (WM) 2011, S. 1.

Gauch, Peter/Rey, Heinz/Schluep, Walter R./Schmid, Jörg, Schweizerisches Obligationenrecht – Allgemeiner Teil, Band II, 9. Auflage 2008 (Schulthess: Zürich).

Gamillscheg, Franz, Rechtswahl, Schwerpunkt und mutmaßlicher Parteiwille im internationalen Vertragsrecht, in: Archiv für die civilistische Praxis (AcP) 157 (1958/59), S. 303.

Gerny, Michael Georg, Untersuchungs- und Rügepflichten beim Kauf nach schweizerischem, französischem und US-amerikanischem Recht sowie nach CISG, Band 83, 1999 (Helbing Lichtenhahn: Basel).

Gildeggen, Rainer/Willburger, Andreas, Internationale Handelsgeschäfte, Das Recht des grenzüberschreitenden Handels, 4. Auflage 2012 (Franz Vahlen: München).

Ghestin, Jacques, Conformité et garanties dans la vente (produits mobiliers), 1983, (L.G.D.J.: Paris).

Ghestin, Jacques/Desché, Bernard, Traité des contrats, La vente, 1990 (L.G.D.J.: Paris).

Ghestin, Jacques/Huet, Jérôme, Les principaux contrats spéciaux, Traité de droit civil, 2ième édition 2001 (L.G.D.J.: Paris).

Grigoleit, Hans Christoph/Herresthal, Carsten, Grundlagen der Sachmängelhaftung im Kaufrecht, in: Juristenzeitung (JZ) 2003, S. 118.

Grigoleit, Hans Christoph/Herresthal, Carsten, Die Beschaffenheitsvereinbarung und ihre Typisierungen in § 434 I BGB, in: Juristenzeitung (JZ) 2003, S. 233.

Grigoleit, Hans Christoph/Riehm, Thomas, Grenzen der Gleichstellung von Zuwenig-Leistung und Sachmangel, in Zeitschrift für das gesamte Schuldrecht (ZGS) 2002, S. 115.

Gross, Bernard, La notion de l'obligation de garantie dans le droit des contrats, 1964 (Pichon et Durand Auzias: Paris).

Guhl, Theo, Das Schweizerische Obligationenrecht, 9. Auflage 2000 (Schulthess: Zürich).

Guimezanes, Nicole, Introduction au droit français, 2. Auflage 1999 (Nomos: Baden-Baden).

Haag, Oliver/Löffler, Joachim, Praxiskommentar zum Handelsrecht, 2. Auflage 2013 (ZAP: Münster).

Handkommentar zum Schweizer Privatrecht, hrsg. von Furrer, Andreas/Schnyder, Anton K., Obligationenrecht, Allgemeine Bestimmungen, 2. Auflage 2012 (Schulthess: Zürich).

Handkommentar zum Schweizer Privatrecht, hrsg. von Müller-Chen, Markus/Huguenin, Claire/Girsberger, Daniel, Vertragsverhältnisse Teil 1: Innominatkontrakte, Kauf, Tausch, Schenkung, Miete, Leihe, 2. Auflage 2012 (Schulthess: Zürich).

Harries, Heinrich, Die Parteiautonomie in internationalen Kreditverträgen als Instrument der Vertragsgestaltung, S. 201, in: Festschrift für Theodor Heinsius zum 65. Geburtstag, 1991 (Walter de Gruyter: Berlin u.a.)

Hehli, Christoph, Die alternativen Rechtsbehelfe des Käufers, 2008 (Schulthess: Zürich).

Heiss, Helmut, Inhaltskontrolle von Rechtswahlklauseln in AGB nach europäischem Internationalem Privatrecht?, in: Rabels Zeitschrift für Ausländisches und Internationales Privatrecht (RabelsZ), 65 (2001), S. 634.

Heldrich, Andreas, Heimwärtsstreben auf neuen Wegen, Zur Anwendung der lex fori bei Schwierigkeiten der Ermittlung ausländischen Rechts, S. 209, in: Konflikt und Ordnung, Festschrift Murad Ferid zum 70. Geburtstag, 1978 (Beck: München).

Herber, Rolf/Czerwenka, Beate, Internationales Kaufrecht, Kommentar zu dem Übereinkommen der Vereinten Nationen vom 11. April 1980 über Verträge über den internationalen Warenkauf, hrsg. von Rolf Herber und Beate Czerwenka, 1991 (Beck: München).

Herresthal, Carsten, Die Chancen und die Risiken eines optionalen Gemeinsamen Europäischen Kaufrechts, in: Wirtschaft und Verwaltung (WiVerw) 2012, S. 140.

Von Hoffmann, Bernd/Thorn, Karsten, Internationales Privatrecht, 9. Auflage 2007 (Beck: München).

Holling, Heinz/Schmitz, Bernhard, Handbuch Statistik, Methoden und Evaluation, 2010 (Hogrefe: Göttingen).

Holthausen, Rüdiger, Die wesentliche Vertragsverletzung des Verkäufers nach Art. 25 UN-Kaufrecht, in: Recht der Internationalen Wirtschaft (RIW) 1990, S. 101.

Honnold, John, Uniform Law for International Sales under the 1980 United Nation Convention, Hrsg und erneuert von Harry M. Flechtner, 4. Auflage 2009 (Kluwer Law International: Alphen aan den Rijn, Netherlands u.a.).

—, Documentary History of the Uniform Law for International Sales – The studies, deliberations and decisions that led to the 1980 United Nations Convention with introductions and explanations, 1989 (Kluwer Law and Taxation Publishers: Deventer, Netherlands).

Honsell, Heinrich, Kommentar zum UN-Kaufrecht, Übereinkommen der Vereinten Nationen über Verträge über den Internationalen Warenkauf (CISG), hrsg. von Heinrich Honsell und Christoph Brunner, 2. Auflage 2010 (Springer: Berlin u.a.).

—, Schweizerisches Obligationenrecht, Besonderer Teil, 9. Auflage 2010 (Stämpfli: Bern).

—, Die EU-Richtlinie über den Verbrauchsgüterkauf und ihre Umsetzung ins BGB, in: Juristenzeitung (JZ) 2001, S. 278.

—, Teleologische Reduktion versus Rechtsmissbrauch, S. 369 in: Festschrift Mayer-Maly zum 65. Geburtstag, Der Gerechtigkeitsanspruch des Rechts, 1996 (Springer: Wien).

Huber, Peter, Der Nacherfüllungsanspruch im neuen Kaufrecht, in: Neue Juristische Wochenschrift (NJW) 2002, S. 1004.

Huber, Ulrich, Handbuch des Schuldrechts in Einzeldarstellungen, Die Folgen des Schuldnerverzuges, die Erfüllungsverweigerung und die vom Schuldner zu vertretende Unmöglichkeit, Band II, 1999 (Mohr: Tübingen).

—, Wandlungen im Recht des Handelskaufs, in: Zeitschrift für das gesamte Handelsrecht und Wirtschaftsrecht (ZHR), Band 161 (Jahr 1997), S. 160.

Hübner, Ulrich/Constantinesco, Vlad, Einführung in das französische Recht, 4. Auflage 2001 (Beck: München).

Huet, Jerôme, Vente, Garantie légale contre les vices cachés, in: Juris Classeur Civil, Art. 1641 à Art. 1649 CC, Fasc. 30, Vente Fasc. 300, 1994.

—, Vente, Garantie légale contre les vice cachés, in: Juris Classeur Civil, Art. 1641 à Art. 1649 CC, Fasc. 40, Vente Fasc. 310, 1994.

—, Vente, Garantie légale contre les vice cachés, in: Juris Classeur Civil, Art. 1641 à Art. 1649 CC, Fasc. 50, Vente Fasc. 320, 1994.

—, Vente, Garantie légale contre les vice cachés, in: Juris Classeur Civil, Art. 1641 à Art. 1649 CC, Fasc. 60, Vente Fasc. 330, 2010.

Huguenin, Claire, Obligationenrecht Allgemeiner und Besonderer Teil, 2012 (Schulthess: Zürich).

Hutter, Max, Die Haftung des Verkäufers für Nichtlieferung bzw. Lieferung vertragswidriger Ware nach dem Wiener UNCITRAL-Übereinkommen über internationale Warenkaufverträge vom 11. April 1980, 1988 (Juristische Fakultät der Universität Regensburg: Regensburg).

International Encyclopedia of Comparative Law, Volume III, Private International Law, Part 2 2011 (Mohr Siebeck: Tübingen u.a.).

Jansen, Nils, Binnenmarkt, Privatrecht und Europäische Identität, 2004 (Mohr Siebeck: Tübingen).

Jauernig, Othmar, Bürgerliches Gesetzbuch, hrsg. von Othmar Jauernig und Christian Berger, 15. Auflage 2014 (Beck: München).

Jayme, Erik, Die Parteiautonomie im internationalen Vertragsrecht auf dem Prüfstand – 65. Sitzung des Institut de Droit International in Basel, in: Praxis des Internationalen Privat- und Verfahrensrechts (IPRax) 1991, S. 429.

—, Betrachtungen zur „dépeçage" im internationalen Privatrecht, S. 253, in: Festschrift für Gerhard Kegel zum 75. Geburtstag, 1987 (Kohlhammer: Stuttgart).

Jorden, Simone/Lehmann, Michael, Verbrauchsgüterkauf und Schuldrechtsmodernisierung, in: Juristenzeitung (JZ) 2001, S. 952.

Juenger, Friedrich K., Parteiautonomie und objektive Anknüpfung im EG-Übereinkommen zum Internationalen Vertragsrecht, in: Rabels Zeitschrift für Ausländisches und Internationales Privatrecht (RabelsZ), 46 (1982) S. 57.

De Juglart, Michel/Piédelèvre, Alain, Cours de Droit civil avec travaux dirigés et sujets d'examen, Biens et obligations, Tome 1, Deuxième volume, 12ième édition 1992 (Montchrestien: Paris).

Junker, Abbo, Die freie Rechtswahl und ihre Grenzen – Zur veränderten Rolle der Parteiautonomie im Schuldvertragsrecht, in: Praxis des Internationalen Privat- und Verfahrensrechts (IPRax) 1993, S. 1.

Jung, Peter, Gibt es in der Schweiz ein Handelsrecht?, in: Recht-Zeitschrift 2009, S. 43.

Juris Praxis Kommentar, Band 2 Schuldrecht, hrsg. von Maximilian Herberger, Michael Martinek, Helmut Rüßmann, 5. Auflage 2010 (Juris: Saarbrücken).

Kaiser, Dagmar, Die Rechtsfolgen des Rücktritts in der Schuldrechtsreform, in: Juristenzeitung (JZ) 2001, S. 1057ff.

Kampf, Achim, UN-Kaufrecht und Kollisionsrecht, in: Recht der Internationalen Wirtschaft (RIW) 2009, S. 297.

Kappus, Andreas, Vertragsaufhebung nach UN-Kaufrecht in der Praxis, in: Neue Juristische Wochenschrift (NJW) 1994, S.984.

—, Rechtsvergleichende Aspekte zur Vertragsaufhebung wegen Sachmangels nach UN-Kaufrecht, in: Recht der Internationalen Wirtschaft (RIW) 1992, S. 528.

Karollus, Martin, Anmerkung zu BGH 3.4.1996, VIII ZR 51/95, in: Juristenzeitung (JZ) 1996, S. 34.

—, Anmerkung zu BGH 8.3.1995, VIII ZR 159/94, in: Juristische Rundschau (JR) 1996, S. 27.

—, UN-Kaufrecht: Vertragsaufhebung und Nacherfüllungsrecht bei Lieferung mangelhafter Ware, in: Zeitschrift für Wirtschaftsrecht (ZIP), 1993, S. 490.

—, UN-Kaufrecht, Eine systematische Darstellung für Studium und Praxis, 1991 (Springer: Wien).

Kaschefi, Aris, Sachmängelhaftung im französischen Kaufrecht vor und nach der Umsetzung der Verbrauchsgüterkaufrichtlinie, mit rechtsvergleichenden Hinweisen zum deutschen Recht unter besonderer Berücksichtigung von Weiterfressersachverhalten, 2008 (Lang: Frankfurt a.M.).

Kaufhold, Sylvia, „Echte" und „unechte" AGB in der Klauselkontrolle, in: Betriebsberater (BB) 2012, S. 1235.

Kegel, Gerhard/Schurig, Klaus, Internationales Privatrecht, 9. Auflage 2004 (Beck: München).

Keller, Max/Siehr, Kurt, Kaufrecht, Kaufrecht des OR und Wiener UN-Kaufrecht, 3. Auflage 1995 (Schulthess: Zürich).

Kiene, Sören Claas, Vertragsaufhebung und Rücktritt im UN-Kaufrecht und BGB, Eine rechtsvergleichende Untersuchung, 2010 (Nomos: Baden-Baden).

Klaedtke, Ulrich, Die Mängelrügefrist im UN-Kaufrecht, 2003 (Shaker: Aachen).

Knöpfle, Robert, Mangelnde Baugenehmigung als Fehler, in: Juristische Schulung (JuS) 1988, S. 767.

—, Zum Inhalt des Fehlers und der Zusicherung i.S.d. § 459 Abs. 1, 2 BGB, in: Neue Juristische Wochenschrift (NJW) 1988, S. 801.

—, Der Begriff des Fehlers im Sinne des § 459 Abs. 1 BGB bei beweglichen Sachen und seine praktischen Auswirkungen, insbesondere bei Produkten mit schlechtem Testergebnis, in: Archiv der civilistischen Praxis (AcP) 180 (1980), S. 462.

Koch, Raphael, Die Fristsetzung zur Leistung oder Nacherfüllung – Mehr Schein als Sein? in: Neue Juristische Wochenschrift (NJW) 2000, S. 1636.

Koch, Robert, Wider den formularmäßigen Ausschluss des UN-Kaufrechts, in: Neue Juristische Wochenschrift (NJW) 2000, S. 910.

—, Zu den Voraussetzungen der Vertragsaufhebung wegen einer wesentlichen Vertragsverletzung, in: Recht der Internationalen Wirtschaft (RIW), 1996, S. 687.

Kohler, Jürgen, Rücktrittsrechtliche Schadensersatzhaftung, in: Juristenzeitung (JZ) 2002, S. 1127.

Koller, Ingo/Roth, Wulf-Henning/Morck, Winfried, Kommentar zum Handelsgesetzbuch (HGB), hrsg. von Ingo Koller, Wulf-Hennig Roth, Winfried Morck, 7. Auflage 2011 (Beck: München).

Koller, Thomas, Aliud und peius: wirklich überholt? – oder: Was das CISG und das revidierte deutsche Recht dem OR (noch) voraus haben, S. 531, in: Festschrift für Ernst A. Kramer, Privatrecht und Methode, 2004 (Helbing Lichtenhahn: Basel).

Köhler, Helmut, Der Leistungsort bei Rückgewährschuldverhältnissen, S. 367, in: Festschrift Helmut Heinrichs zum 70. Geburtstag, Recht im Spannungsfeld von Theorie und Praxis, 1998 (Beck: München).

Kötz, Hein, Vertragsrecht, 2. Auflage 2012 (Mohr Siebeck: Tübingen).

Kren Kostkiewicz, Jolanta/ Nobel, Peter/Schwander Ivo/Wolf, Stephan, Kommentar Schweizerisches Obligationenrecht, hrsg. von Jolanta Kren-Kostkiewicz, 2. Auflage 2009 (Orell Füssli: Zürich).

Kronke, Herbert, Der „commercial approach" in der Rechtsangleichung und das Internationale Privat- und Verfahrensrecht, S.385, in: Festschrift für Dieter Henrich zum 70. Geburtstag 2000 (Gieseking: Bielefeld).

Kropholler, Jan, Internationales Privatrecht, 6. Auflage 2006 (Mohr Siebeck: Tübingen).

Kulke, Ulrich, Rücktrittsrecht bei geringfügigem Mangel wegen Arglist des Verkäufers?, in: Zeitschrift für das gesamte Schuldrecht (ZGS), 2006, S. 412.

Larenz, Karl, Lehrbuch des Schuldrechts, Besonderer Teil, zweiter Band, erster Halbband, 13. Auflage 1986 (Beck: München).

Larroumet, Christian, Droit civil, Tome III, 2ième partie, 6ième edition 2007 (Economica: Paris).

Lehr, Wolfgang, Optimierung des Exportgeschäfts, 2. Auflage 2001 (Carl Heymanns: Köln).

—, Optimierung des Importgeschäfts, 2000 (Carl Heymanns: Köln).

Leible Stefan, Was tun mit dem Gemeinsamen Referenzrahmen für das Europäische Vertragsrecht? - Plädoyer für ein optimales Instrument, in: Betriebs-Berater (BB) 2008, S. 1469.

—, Außenhandel und Rechtssicherheit, in: Zeitschrift für Vergleichende Rechtswissenschaft (ZVglRWiss) Band 97 (Jahr 1998), S. 286.

Lettl, Tobias, Die Falschlieferung durch den Verkäufer nach der Schuldrechtsreform, in: Juristische Schulung (JuS) 2002, S. 866.

Leupold, Andreas, Das neue europäische Kaufrecht - Chance für den Mittelstand, in: MultiMedia und Recht (MMR) 2011, S. 701.

Looschelders, Dirk, Schuldrecht Allgemeiner Teil, 11. Auflage 2013 (Vahlen: München).

—, Schuldrecht Besonderer Teil, 8. Auflage 2013 (Vahlen: München).

Lorenz, Egon, Die Rechtswahlfreiheit im internationalen Schuldvertragsrecht, Grundsatz und Grenzen, in: Recht der Internationalen Wirtschaft (RIW) 1987, S. 569.

Lorenz, Stephan, Arglist und Sachmangel - Zum Begriff der Pflichtverletzung in § 323 V 2 BGB, in: Neue Juristische Wochenschrift (NJW) 2006, S. 1925.

—, Schuldrechtsreform 2002: Problemschwerpunkte drei Jahre danach, in: Neue Juristische Wochenschrift (NJW) 2005, S. 1889.

—, Aliud, peius und indebitum im neuen Kaufrecht, in: Juristische Schulung (JuS) 2003, S. 36.

—, Zur Abgrenzung von Teilleistung, teilweiser Unmöglichkeit und teilweiser Schlechtleistung im neuen Schuldrecht, in: Neue Juristische Wochenschrift (NJW) 2003, S. 3097.

Lüke, Wolfgang, Zivilprozessrecht, Erkenntnisverfahren, Zwangsvollstreckung, 10. Auflage 2011 (Beck: München).

Magaud, Nadine, Die Vorteile der Anwendung schweizerischen Rechts bei verborgenen Mängeln im Recht der internationalen Warenkaufverträge, in: Recht der Internationalen Wirtschaft (RIW) 1996, S. 387.

Magnus, Ulrich, Aufhebungsrecht des Käufers und Nacherfüllungsrecht des Verkäufers im UN-Kaufrecht, S. 599, in: Festschrift für Peter Schlechtriem zum 70. Geburtstag, 2003 (Mohr Siebeck: Tübingen).

—, Das aktuelle UN-Kaufrecht – aktuelle Entwicklungen und Rechtsprechungspraxis, in: Zeitschrift für Europäisches Privatrecht (ZEuP) 2002, S. 523.

—, Wesentliche Fragen des UN-Kaufrechts, in: Zeitschrift für Europäisches Privatrecht (ZEuP) 1999, S. 642.

—, Das UN-Kaufrecht: Fragen und Probleme seiner praktischen Bewährung, in: Zeitschrift für Europäisches Privatrecht (ZEuP) 1997, S. 823.

—, Probleme der Vertragsaufhebung nach dem UN-Kaufrecht (CISG) - OLG Düsseldorf, NJW-RR 1994, 506, in: Juristische Schulung (JuS) 1995, S. 870.

Mainguy, Daniel, Contrats spéciaux, 6ième édition 2008 (Cours Dalloz: Paris).

Malaurie, Philippe/Aynès, Laurent/Gautier, Pierre-Yves, Les contrats spéciaux, 5ième edition 2011 (Defrénois, Lextenso éditions: Paris).

Malaurie, Philippe/Aynès, Laurent/Stoffel-Munck, Philippe, Les obligations, 6ième edition 2013 (Défrénois, Lextenso éditions: Paris).

Malinvaud, Philippe/Fenouillet, Dominique, Droit des obligations, 11ième edition 2010 (Lexis Nexis: Paris).

Mankowski, Peter, Überlegungen zur sach- und interessengerechten Rechtswahl für Verträge des internationalen Wirtschaftsverkehrs, in: Recht der internationalen Wirtschaft (RIW) 2003, S. 2.

Mansel, Heinz-Peter, Der Verordnungsvorschlag für ein Gemeinsames Europäisches Kaufrecht – Teil I -, in: Zeitschrift für Wirtschafts- und Bankrecht (WM) 2012, S. 1253.

Marty, Gabriel/Raynaud, Pierre, Droit civil, Introduction générale à l'étude du droit, Tome I, 2ième édition 1972 (Sirey: Paris).

Mazeaud, Henri et Leon/Mazeaud, Jean/Chabas, François, Leçons de Droit civil, Obligations, Théorie générale, Tome II, première volume, 9ième édition 1998 (Montchrestien: Paris).

Medicus, Dieter/Lorenz, Stephan, Schuldrecht I, Allgemeiner Teil, 20. Auflage 2012 (Beck: München).

—, Schuldrecht II, Besonderer Teil, 16. Auflage 2012 (Beck: München).

Medicus, Dieter/Petersen, Jens, Bürgerliches Recht, 24. Auflage 2013 (Carl Heymanns: Köln).

Meyer, Jo, Verbraucherverträge im UN-Kaufrecht und EU-Vertragsrecht, S. 297, in: Balancing of interests, liber amicorum, Festschrift Peter Hay zum 70. Geburtstag, 2005 (Recht und Wirtschaft: Frankfurt a.M.).

—, UN-Kaufrecht in der deutschen Anwaltspraxis, in: Rabels Zeitschrift für Ausländisches und Internationales Privatrecht (RabelsZ) 69 (2005), S. 457.

Mincke, Wolfgang, Die Parteiautonomie: Rechtswahl oder Ortswahl?, in: Praxis des Internationalen Privat- und Verfahrensrechts (IPRax) 1985, S. 313.

Müller, Markus/Matthes, Dirk, Notwendigkeit einer richtlinienkonformen Bestimmung der Leistung in § 323 V BGB bei Teilschlechtleistung und Teilleistung, in: Archiv für die civilistische Praxis 204 (2004), S. 732.

Müller-Chen, Markus/Girsberger, Daniel/Furrer, Andreas, Obligationenrecht Besonderer Teil, 2011 (Schulthess: Zürich).

Münchener Kommentar zum Bürgerlichen Gesetzbuch, Band 3, Schuldrecht Besonderer Teil §§ 433–610, Finanzierungsleasing, HeizkostenV, BetriebskostenV, CISG, hrsg. von Franz Jürgen Säcker und Roland Rixecker, 6. Auflage 2012 (Beck: München).

Münchener Kommentar zum Bürgerlichen Gesetzbuch, Band 2, § 241–432, Schuldrecht Allgemeiner Teil, hrsg. von Wolfgang Krüger und Gregor Bachmann, 6. Auflage 2012 (Beck: München).

Münchener Kommentar zum Handelsgesetzbuch, Band 5, Viertes Buch. Handelsgeschäfte - zweiter Abschnitt. Handelskauf - Dritter Abschnitt. Kommissionsgeschäft §§ 343–406 - Wiener UN-Übereinkommen über Verträge über den internationalen Warenkauf -CISG, hrsg. von Karsten Schmidt, 3. Auflage 2013 (Beck: München).

Musielak, Hans-Joachim, Die Falschlieferung beim Stückkauf nach dem neuen Schuldrecht, in: Neue Juristische Wochenschrift (NJW) 2003 S. 89.

Neumayer, Karl Heinz/Ming, Catherine, Convention de Vienne sur les contrats de vente internationale de marchandises, 1993 (Cedidac: Lausanne).

Nomos Kommentar zum BGB, Handkommentar, hrsg. von Reiner Schulze und Heinrich Dörner, 7. Auflage 2011 (Nomos: Baden-Baden).

Oetker, Hartmut, Kommentar zum Handelsgesetzbuch, hrsg. von Helmut Oetker und Andreas Bergmann, 3. Auflage 2013 (Beck: München).

Oetker, Hartmut/Maultzsch, Felix, Vertragliche Schuldverhältnisse, 4. Auflage 2013 (Springer: Heidelberg).

Oschmann, Friedrich, Faktische Grenzen der Rechtswahl, S. 25, in: Festgabe für Otto Sandrock zum 65. Geburtstag, 1995 (Recht und Wirtschaft: Heidelberg).

Oser, Hugo/Schönenberger, Wilhelm, Kommentar zum Schweizerischen Zivilgesetzbuch, Teilband V 2a, Kauf und Schenkung, Zweite Lieferung Art. 192–204 OR, hrsg. von Schönenberger Wilhelm/Gauch, Peter/Schmid, Jörg, 1993 (Schulthess: Zürich).

Palandt, BGB-Kommentar, bearbeitet von Peter Bassenge, Gerd Brudermüller, Uwe Diederichsen, Jürgen Ellenberger, Christian Grüneberg, Hartwig Sprau, Karsten Thorn, Walter Weidenkaff und Dietmar Weidlich, 73. Auflage 2014 (Beck: München).

Perkams, Guido, Die Haftung des Rücktrittsberechtigten im neuen Schuldrecht, in: Jura 2003, S. 150.

Pfeiffer, Thomas, Unkorrektheiten bei der Umsetzung der Verbrauchsgüterkaufrichtlinie in das deutsche Recht, Teil 2: Sachmangelbegriff – Ausklammerung der Zuviellieferung, in: Zeitschrift für das gesamte Schuldrecht (ZGS) 2002, S. 138.

—, Handbuch der Handelsgeschäfte 1999 (RWS Verlag: Köln).

Piltz, Burghard, Neuere Entwicklungen im UN-Kaufrecht, in: Neue Juristische Wochenschrift (NJW) 2011, S. 2261.

—, Neuere Entwicklungen im UN-Kaufrecht, in: Neue Juristische Wochenschrift (NJW) 2009, S. 2258.

—, Internationales Kaufrecht, 2. Auflage 2008 (Beck: München).

—, Neue Entwicklungen im UN-Kaufrecht, NJW (Neue Juristische Wochenschrift) 2003, S. 2056.

—, Neue Entwicklungen im UN-Kaufrecht, in: Neue Juristische Wochenschrift (NJW) 1996, S. 2768.

—, Neue Entwicklungen im UN-Kaufrecht, in: Neue Juristische Wochenschrift (NJW) 1994, S. 1101.

—, Anwendbares Recht in grenzüberschreitenden Kaufverträgen, in: Praxis des Internationalen Privat- und Verfahrensrechts (IPRax) 1994, S. 191.

Plate, Jürgen, Das gesamte examensrelevante Zivilrecht, 5. Auflage 2011 (Springer: Heidelberg u.a.).

Prütting, Hanns, Sachenrecht, 34. Auflage 2010 (Beck: München).

Prütting, Hanns/Wegen, Gerhard/Weinreich, Gerd, BGB-Kommentar, 8. Auflage 2013 (Luchterhand: Köln).

Porchy-Simon, Stéphanie, Droit civil, Deuxième année, Les obligations, 4ième édition 2006 (Dalloz: Paris).

Püls, Joachim, Die Bedeutung des Parteiwillens und die Entwicklung seiner Schranken bei Schuldverträgen im deutschen Rechtsanwendungsrecht des 19. und 20. Jahrhunderts, 1995 (Duncker und Humblot: Berlin).

Ranieri, Filippo, Europäisches Obligationenrecht, 2. Auflage 2003 (Springer: Wien).

Regula, Sven/Kannowski, Bernd, Nochmals: UN-Kaufrecht oder BGB? Erwägungen zur Rechtswahl aufgrund einer vergleichenden Betrachtung, in: Internationales Handelsrecht (IHR) 2004, S. 45.

Rehm, Gebhard, Genfood im Bioladen, Semesterabschlussklausur Schwerpunktbereich IPR und Rechtsvergleichung, Jura 2006, S. 789.

Reinhart, Gert, UN-Kaufrecht, Kommentar zum Übereinkommen der Vereinten Nationen vom 11. April 1980 über Verträge über den internationalen Warenkauf, 1991 (C.F. Müller: Heidelberg).

Reinicke, Dietrich/Tiedtke, Klaus, Kaufrecht, einschließlich Abzahlungsgeschäfte, Allgemeine Geschäftsbedingungen, Eigentumsvorbehalt, Factoring, Fernabsatzverträge und elektronischer Geschäftsverkehr, finanzierte Kaufverträge, Haustürgeschäfte, Leasing, Pool-Vereinbarungen, Produzentenhaftung, Teilzeit-Wohnrechteverträge (Time-Sharing), UN-Kaufrecht und Verbrauchsgüterkaufverträge, 8. Auflage 2009 (Carl Heymanns: Köln).

Rheinländer, Peter, Die Haftung des Zurücktretenden bei Kenntnis der Rücktrittsberechtigung, in: Zeitschrift für das gesamte Schuldrecht (ZGS) 2004, S. 178.

Röthlisberger, Thomas, Zivilrechtliche Produktbeobachtungs-, Warn- und Rückrufpflichten der Hersteller, 2003 (Schulthess: Zürich).

Rudolph, Helga, Kaufrecht der Export- und Importverträge, 1. Auflage 1996 (Rudolf Haufe: Freiburg u.a.).

Rühl, Giesela, Statut und Effizienz, Ökonomische Grundlagen des Internationalen Privatrechts, 2011 (Mohr Siebeck: Tübingen).

—, Die Kosten der Rechtswahlfreiheit: Zur Anwendung ausländischen Rechts durch deutsche Gerichte, in: Rabels Zeitschrift für Ausländisches und Internationales Privatrecht (RabelsZ) 71 (2007), S. 559.

Saenger, Ingo/Aderhold, Lutz/Lenkaitis, Karlheinz/Speckmann, Gerhard, Handels- und Gesellschaftsrecht, Praxishandbuch, 2. Auflage 2011 (Nomos: Baden-Baden).

Scheiding, Holger, Europäisches Vertragsrecht – ein erfolgversprechender Weg für Wirtschaft, Handwerk und Verbraucher?, in: Wirtschaft und Verwaltung (WiVerw) 2012, S. 153.

Schinkels, Boris, Zum Vorrang der nach dem Vertrag vorausgesetzten Verwendung (§ 434 Abs. 1 Satz 2 Nr. 1 BGB) vor damit unvereinbaren Beschaffenheitsangaben – „Ausschlacht-“ und „Bastlerfahrzeuge“ nur auf besonderen Verbraucherwunsch, in: Zeitschrift für das gesamte Schuldrecht (ZGS), 2004, S. 226.

Schlechtriem, Peter, Internationales UN-Kaufrecht, 4. Auflage 2007 (Mohr Siebeck: Tübingen).

—, Restitution und Bereicherungsausgleich in Europa, Band II, 2001 (Mohr Siebeck: Tübingen).

—, Restitution und Bereicherungsausgleich in Europa, Band I, 2000 (Mohr Siebeck: Tübingen).

—, Noch einmal: Vertragsgemäße Beschaffenheit der Ware bei divergierenden öffentlich-rechtlichen Qualitätsvorgaben, Besprechung von OGH 13.4.2000, IPRax 2001, 149, in: Praxis des internationalen Privat- und Verfahrensrecht (IPRax) 2001, S. 161.

—, Vertragsgemäßheit der Ware und öffentlich-rechtliche Vorgaben, Besprechung von Medical Marketing International, Inc. V. Internazionale Medico Scientifica, S.R.L., United States District Court, E.D. Louisiana, 17.5.1999), in: Praxis des Internationalen Privat- und Verfahrensrechts (IPRax) 1999, S. 388.

—, Wesentlicher Vertragsbruch durch Lieferung gezuckerten Weins, Besprechung von Cour de Cassation, 1re chambre civile, 23.1.1996, in: Praxis des internationalen Privat- und Verfahrensrecht (IPRax) 1997, S. 132.

—, Vertragsgemäßheit der Ware als Frage der Beschaffenheitsvereinbarung, Besprechung von BGH 8.3.1995, VIII ZR 159/94, in: Praxis des internationalen Privat- und Verfahrensrechts (IPRax) 1996, S. 12.

—, Rechtsvereinheitlichung in Europa und Schuldrechtsreform in Deutschland, in: Zeitschrift für europäisches Privatrecht (ZEuP) 1993, S. 217.

Schlechtriem, Peter/Schmidt-Kessel, Martin, Schuldrecht Allgemeiner Teil, 6. Auflage 2005 (Mohr Siebeck: Tübingen).

Schlechtriem, Peter/Schwenzer, Ingeborg, Kommentar zum Einheitlichen UN-Kaufrecht – CISG –, hrsg. von Peter Schlechtriem, Ingeborg Schwenzer, Klaus Bacher, 6. Auflage 2013 (Beck/Helbing Lichtenhahn: München/Basel).

De Schlichting, Alain/Oellers-Frahm, Karin, Einführung in die französische Rechtssprache, 2. Auflage 2002 (Beck/Manz/Stämpfli: München/Wien/Bern).

De Schlichting, Alain/Volmerange, Xavier, Einführung in die französische Rechtssprache, 3. Auflage 2011 (C.H.Beck/Manz/Stämpfli: München/Wien/Bern).

Schmeding, Jörg, Rechtswahl im Kollisionsrecht, in: Rabels Zeitschrift für Ausländisches und Internationales Privatrecht (RabelsZ) 41 (1977), S. 299.

Schmid, Jörg/Stöckli, Hubert, Schweizer Obligationenrecht, Besonderer Teil, 2010 (Schulthess: Zürich).

Schmidt, Karsten, Handelsrecht, 1999 (Carl Heymanns: Köln).

Schmidt-König, Christine, Introduction à la langue française, 3. Auflage 2011 (Nomos: Baden-Baden).

Schnitzer, Adolf F., Die funktionelle Anknüpfung im Internationalen Vertragsrecht, S. 387, in: Festschrift für Wilhelm Schönenberger zum 70. Geburtstag, 1968 (Universitätsverlag Freiburg: Freiburg, Schweiz).

Schön, Walter, Verordnungsentwurf zum Gemeinsamen Europäischen Kaufrecht – aus Sicht des Bayerischen Staatsministeriums der Justiz und für Verbraucherschutz, in: Wirtschaft und Verwaltung (WiVerw) 2012, S. 121.

Schütze, Rolf A., Allgemeine Geschäftsbedingungen bei Auslandsgeschäften, in: Der Betrieb (DB) 1978, S. 2301.

Schulze, Götz, Falschlieferung beim Spezieskauf – Unzulänglichkeiten des Gesetzes?, in: Neue Juristische Wochenschrift (NJW), 2003, S. 1022.

Schulze, Reiner, Europäisches Vertragsrecht – die Zeit ist reif für die Gesetzgebung, in: Europäische Zeitschrift für Wirtschaftsrecht (EuZW) 2011, S. 569.

Schwenzer, Ingeborg, Schweizerisches Obligationenrecht Allgemeiner Teil, 5. Auflage 2009 (Stämpfli: Bern).

—, CISG Advisory Council Opinion No. 5, The buyer's right to avoid the contract in case of non-conforming goods or documents, in; Internationales Handelsrecht (IHR) 2006, 35.

—, Schuldrecht, Rechtsvergleichung und Rechtsvereinheitlichung an der Schwelle zum 21. Jahrhundert, Symposium aus Anlass des 65. Geburtstags von Peter Schlechtriem 1999 (Mohr Siebeck: Tübingen).

Sedlmeier, Peter/Renkewitz, Frank, Forschungsmethoden und Statistik in der Psychologie, 2008 (Pearson: München).

Siehr, Kurt, Die Parteiautonomie im Internationalen Privatrecht, S. 485, in: Festschrift für Max Keller zum 65. Geburtstag, 1989 (Schulthess: Zürich).

Siller, Christian, Internationales UN-Kaufrecht, 2009 (CT Salzwasser Verlag: Bremen).

Skamel, Frank, Zum Rücktrittsausschluss bei geringfügigen Mängeln, in: Zeitschrift für Vertragsgestaltung, Schuld- und Haftungsrecht (ZGS), 2009, S. 399.

Soergel, BGB-Kommentar, Schuldrecht 3/2, Band 5/2, §§ 320–327, hrsg. von W. Siebert, 13. Auflage 2005 (W. Kohlhammer: Stuttgart).

—, BGB-Kommentar, Schuldrechtliche Nebengesetze 2, Band 13, Übereinkommen der Vereinten Nationen über Verträge über den internationalen Warenkauf (CISG), hrsg. von W. Siebert, 13. Auflage 2000 (W. Kohlhammer: Stuttgart).

Sommerlad, Klaus/Schrey, Joachim, Die Ermittlung ausländischen Rechts im Zivilprozess und die Folgen der Nichtermittlung, in: Neue Juristische Wochenschrift (NJW) 1991, S. 1377.

Sonnenberger, Hans Jürgen/Autexier, Christian, Einführung in das französische Recht, 3. Auflage 2000 (Verlag Wirtschaft und Recht: Heidelberg).

Sonnenberger, Hans Jürgen/Claasen, Claus Dieter, Einführung in das französische Recht, 4. Auflage 2012 (Deutscher Fachverlag, Fachmedien Recht: Frankfurt am Main).

Sonnenberger, Hans Jürgen/Dammann, Reinhard, Französisches Handels- und Wirtschaftsrecht, 2. Auflage 1991 (Verlag Recht und Wirtschaft: Heidelberg).

Stadler, Astrid, Gestaltungsfreiheit und Verkehrsschutz durch Abstraktion, 1996 (Mohr Siebeck: Tübingen).

Stalder, Michael, Die Beweislast und wichtige Rügemodalitäten bei vertragswidriger Warenlieferung nach UN-Kaufrecht (CISG), in: Aktuelle Juristische Praxis (AJP) 2004 S. 1472.

Starck, Boris/Roland, Henri/Boyer, Laurent, Obligations, 1. Responsabilité délictuelle, 5ième édition 1996 (Litec: Paris).

Staub, Hermann, Handelsgesetzbuch Großkommentar, Vierter Band, §§ 343–382, hrsg. von Claus-Wilhelm Canaris, Wolfgang Schilling, Peter Ulmer, 4. Auflage 2004 (De Gruyter: Berlin).

Staudinger, BGB-Kommentar, Buch 2, Recht der Schuldverhältnisse, §§ 433–480 Kaufrecht, hrsg. von Roland Michael Beckmann und Michael Martinek, Neubearbeitung 2014 (Sellier/de Gruyter: Berlin).

—, BGB-Kommentar, Buch 2, Recht der Schuldverhältnisse, § 311, 311a, 312, 312a-i, hrsg. von Cornelia Feldmann, Manfred Löwisch, Gregor Thüsing, Heinz-Peter Mansel, Neubearbeitung 2013 (Sellier/de Gruyter: Berlin).

—, BGB-Kommentar, Wiener UN-Kaufrecht (CISG), hrsg. von Michael Martinek und Ulrich Magnus, Neubearbeitung 2013 (Sellier/de Gruyter: Berlin).

—, BGB-Kommentar, Buch 2, Recht der Schuldverhältnisse §§ 346–361 (Rücktritt und Widerruf), hrsg. von Dagmar Kaiser, Sybille Kessel-Wulf, Manfred Löwisch, Neubearbeitung 2012 (Sellier/de Gruyter: Berlin).

—, BGB-Kommentar, Buch 2, Recht der Schuldverhältnisse, Band §§ 315–326 Leistungsstörungsrecht 2, hrsg. von Hansjörg Otto, Volker Rieble, Roland Schwarze, Manfred Löwisch, Neubearbeitung 2009 (Sellier/de Gruyter: Berlin).

—, BGB-Kommentar, Buch 2, Recht der Schuldverhältnisse, Band Einleitung zu §§ 241 ff; §§ 241–243 (Treu und Glauben), hrsg. von Dirk Looschelders, Dirk Olzen, Gottfried Schiemann, Michael Martinek, Neubearbeitung 2009 (Sellier/de Gruyter: Berlin).

—, BGB-Kommentar, Buch 2, Recht der Schuldverhältnisse, §§ 255–304 (Leistungsstörungsrecht 1), hrsg. von Claudia Bittner und Manfred Löwisch, Neubearbeitung 2009 (Sellier/de Gruyter: Berlin).

Straub, Torsten, Zwei Wechselfälle der Parteiautonomie, in: Praxis des Internationalen Privat- und Verfahrensrecht (IPRax) 1994, S. 432.

Stürner, Michael, Der Grundsatz der Verhältnismäßigkeit im Schuldvertragsrecht: Zur Dogmatik einer privatrechtsimmanenten Begrenzung von vertraglichen Rechten und Pflichten, 2010 (Mohr Siebeck: Tübingen).

Tamm, Marina, Das Gemeinsame Europäische Kaufrecht als optionales Instrument – eine kritische Analyse zur Binnenmarktharmonisierungskompetenz der Kommission, in: Verbraucher und Recht (VuR) 2012, S. 3.

Tannò, Patrick, Die Berechnung der Rügefrist im schweizerischen, deutschen und UN-Kaufrecht, 1993 (Dike: St. Gallen).

Ter Hafte-Fankhauser, Kathrin/Wälty, Hans, Marktforschung: Grundlagen mit zahlreichen Beispielen, Repetitionsfragen mit Antworten und Glossar, 5. Auflage 2013 (Compendio: Zürich).

Tercier, Pierre/Favre, Pascal, Les contrats spéciaux, 4ième edition 2009 (Schulthess: Zürich).

Terré, François/Simler, Philippe/Lequette, Yves, 10ième edition 2009, Droit civil, les obligations (Dalloz: Paris).

Thamm, Manfred/Möffert, Franz-Josef, Die Mängelrüge im Handelsverkehr im Lichte jüngster Rechtsprechung, in: Neue Juristische Wochenschrift (NJW) 2004, S. 2710.

Thier, Andreas, Aliud- und Minus-Lieferung im neuen Kaufrecht des Bürgerlichen Gesetzbuches, in: Archiv für die civilistische Praxis (AcP), 203 (2003), S. 399.

Verweyen, Urs/Foerster, Viktor/Toufar, Oliver, Handbuch des Internationalen Warenkaufs – UN-Kaufrecht (CISG), 2. Auflage 2008 (Richard Boorberg: Stuttgart).

Voirin, Pierre/ Goubeaux, Gilles, Droit civil, Personnes, Famille, Incapacité, Biens, Obligations, Sûretés, Tome I, 28ième édition 2001 (L.G.D.J.: Paris).

Voser, Nathalie/Boog, Christopher, Die Wahl Schweizer Rechts: Was man wissen sollte, in: Recht der Internationalen Wirtschaft (RIW) 2009, S. 126.

Wagner, Gerhard, Lügen im Vertragsrecht, S. 59 ff., in: Störungen der Willensbildung bei Vertragsschluss, hrsg. von Reinhard Zimmermann, 2007 (Mohr Siebeck: Tübingen).

Wagner, Rolf, Der Grundsatz der Rechtswahl und das mangels Rechtswahl anwendbare Recht (Rom I-Verordnung), Ein Bericht über die Entstehungsgeschichte und den Inhalt der Artikel 3 und 4 Rom I-Verordnung), in: Praxis des Internationalen Privat- und Verfahrensrechts (IPRax) 2008, S. 377.

Wendehorst, Christiane, Die Leistungskondiktion und ihre Binnenstruktur in rechtsvergleichender Perspektive, in: Reinhard Zimmermann, Grundstrukturen eines europäischen Bereicherungsrechts, 2005, S. 61 (Mohr Siebeck: Tübingen).

Von Westphalen, Graf Friedrich, Handbuch des Kaufvertragsrechts in den EG-Staaten, einschließlich Österreich, Schweiz und UN-Kaufrecht, hrsg. von Graf Friedrich von Westphal 1992 (Otto Schmidt: Köln).

Wichard, Johannes Christian, Die Anwendung der UNIDROIT-Prinzipien für internationale Handelsverträge durch Schiedsgerichte und staatliche Gerichte, in: Rabels Zeitschrift für Ausländisches und Internationales Privatrecht (RabelsZ) 60 (1996), S. 269.

Wiese, Volker, Der Rückgewähranspruch des Verkäufers bei Aliud- und sonstig mangelhaften Lieferungen, in: Archiv für die civilistische Praxis (AcP), 206 (2006), S. 902.

Witz, Wolfgang/Salger, Hanns-Christian/Lorenz, Manuel, Internationales Einheitliches Kaufrecht, 2000 (Recht und Wirtschaft: Heidelberg).

Zimmermann, Walter, Zivilprozessordnung, mit FamFG (Allgemeiner Teil sowie Verfahren in Familiensachen), GVG, EGGVG, EGZPO, EU-Zivilverfahrensrecht, 8. Auflage 2008 (ZAP: Münster).

Zweigert, Konrad/Kötz, Hein, Einführung in die Rechtsvergleichung, 3. Auflage 1996 (Mohr Siebeck: Tübingen).

Zitierte Datenbanken:

Légifrance (F), abrufbar unter http://www.legifrance.gouv.fr/

CISG (CH), abrufbar unter http://www.globalsaleslaw.org/index.cfm?pageID=28

UNILEX, abrufbar http://www.unilex.info/

Soweit Internetadressen zitiert wurden, sind diese zuletzt am 11.08.2014 eingesehen worden.

INTERNATIONALRECHTLICHE STUDIEN
Beiträge zum Internationalen Privatrecht,
zum Einheitsrecht und zur Rechtsvergleichung

Herausgegeben von Ulrich Magnus und Peter Mankowski

Band 1 Birgit Reimers-Zocher: Beweislastfragen im Haager und Wiener Kaufrecht. 1995.

Band 2 Lenja Vespermann: Schadensersatz bei Beeinträchtigung rechts- oder sittenwidriger Interessen im deutschen und französischen Recht. 1996.

Band 3 Peter Cypra: Die Rechtsbehelfe im Verfahren der Vollstreckbarerklärung nach dem EuGVÜ unter besonderer Berücksichtigung der Ausgestaltung in Deutschland und Frankreich. 1996.

Band 4 Brigitta Lurger: Regulierung und Deregulierung im europäischen Privatrecht. 1997.

Band 5 Uta Gutknecht: Das Nacherfüllungsrecht des Verkäufers bei Kauf- und Werklieferungsverträgen. Rechtsvergleichende Untersuchung zum CISG, zum US-amerikanischen Uniform Commercial Code, zum deutschen Recht und zu dem Vorschlag der Kommission zur Überarbeitung des deutschen Schuldrechts. 1996.

Band 6 Stefan Abel: Die Qualifikation der Schenkung. Zur Methode der Qualifikation im Internationalen Schuldvertragsrecht. 1997.

Band 7 Daniel Kötz: Verkäuferpflichten und Rechtsbehelfe des Käufers im neuen norwegischen Kaufrecht vom 13. Mai 1988 Nr. 27 im Vergleich zum UN-Kaufrecht vom 11. April 1980 (CISG). 1997.

Band 8 Olaf Beier: Grundsätze eines europäischen transportmittelübergreifenden Schadensrechts für den Gütertransport. Eine rechtsvergleichende Untersuchung unter besonderer Berücksichtigung der CMR, der ER/CIM 1990, des WA/HP und der HVR. 1999.

Band 9 Ulrich Krüger: Modifizierte Erfolgshaftung im UN-Kaufrecht. Die Haftungsbefreiung bei Lieferung vertragswidriger Ware gemäß Art. 79 CISG. 1999.

Band 10 Wolf-Henning Hammer: Das Zurückhaltungsrecht gemäß Art. 71 CISG im Vergleich zu den Kaufgesetzen der nordischen Staaten unter Einbeziehung transportrechtlicher Aspekte. Eine rechtsvergleichende Studie. 1999.

Band 11 Ulrich Quay: Der Consulting-Vertrag im Internationalen Privatrecht. 2000.

Band 12 Axel Halfmeier: Die Veröffentlichung privater Tatsachen als unerlaubte Handlung. Eine rechtsvergleichende Untersuchung. 2000.

Band 13 Stephanie Scholz: Lohngleichheit durch Verfahren. Eine Studie zur Förderung der Lohngleichheit durch verfahrensrechtliche Ansätze. 2000.

Band 14 Tarık Cebecioglu: Stellung des Ausländers im Zivilprozeß. Eine rechtsvergleichende Untersuchung des türkischen und deutschen Rechts. 2000.

Band 15 Gunnar Straube: Sozialrechtliche Eingriffsnormen im Internationalen Privatrecht. 2001.

Band 16 Daniela de Lukowicz: Divergenzen in der Rechtsprechung zum CISG. Auf dem Weg zu einer einheitlichen Auslegung und Anwendung? 2001.

Band 17 Mohamed Hassan Fadlalla Ali: Das islamische Ehe- und Kindschaftsrecht im Sudan. Mit Hinweisen zu den Lehren der Islamischen Rechtsschule, der anwendbaren Familienrechtsvorschriften für Nichtmuslime im Sudan und im deutschen Familienrecht. 2001.

Band 18 Ole Lando/Ulrich Magnus/Monika Novak-Stief (Hrsg./eds.): Angleichung des materiellen und des internationalen Privatrechts in der EU. Harmonisation of Substantive and International Private Law. 2003.

Band 19 Florian Schulz: Der Ersatzlieferungs- und Nachbesserungsanspruch des Käufers im internen deutschen Recht, im UCC und im CISG. Eine rechtsvergleichende Untersuchung unter Berücksichtigung der Schuldrechtskommission, der EG-Richtlinie 1999/44/EG und des Diskussionsentwurfs eines Schuldrechtsmodernisierungsgesetzes. 2002.

Band 20 Ingo Janert: Die Aufrechnung im internationalen Vertragsrecht. 2002.

Band 21 Armin Jentsch: Die Erhaltungspflichten des Verkäufers und des Käufers im UN-Kaufrecht im Vergleich zum US-amerikanischen Uniform Commercial Code und zum deutschen Recht. 2002.

Band 22 Martin Taschner: Arbeitsvertragsstatut und zwingende Bestimmungen nach dem Europäischen Schuldvertragsübereinkommen. Einheitliche Auslegung. 2003.

Band 23 Klaus Bitterich: Die Neuregelung des Internationalen Verbrauchervertragsrechts in Art. 29a EGBGB. 2003.

Band 24 Sascha J. Morgenroth: Umsetzung der Verbrauchsgüterkaufrichtlinie in Spanien und Deutschland. Umsetzung der Richtlinie 1999/44/EG des Europäischen Parlaments und des Rates vom 25. Mai 1999 zu bestimmten Aspekten des Verbrauchsgüterkaufs und der Garantien für Verbrauchsgüter in Spanien und Deutschland. 2003.

Band 25 Markus Renfert: Über die Europäisierung der ordre public Klausel. 2003.

Band 26 Henning Mordhorst: Die Behandlung vertraglicher Mobiliarsicherheiten im US-amerikanischen und deutschen Insolvenzrecht. 2003.

Band 27 Hans Markus Wulf: UN-Kaufrecht und eCommerce. Problembereiche bei der Anwendung des Wiener Übereinkommens auf Internet-Verträge. 2003.

Band 28 Julia Kaiser: Freiheit oder Schutz? Die Scheidungsfolgenvereinbarung im deutschen und im englischen Recht. 2003.

Band 29 Astrid Hillebrenner: Die private Zustimmung zu Rechtsgeschäften Dritter im englischen, dänischen und deutschen Recht. 2004.

Band 30 Irene von der Heyde: Das deutsche und italienische internationale Kindschaftsrecht im Rechtsvergleich. Favor filii oder favor filiationis? 2004.

Band 31 Sven-Michael Werner: Recht im Systemwandel. *Ein Land, zwei Systeme* und das Kontinuitätsproblem in Hongkong. 2004.

Band 32 Holger Ellenberger: Wirtschaftsrelevante Kollisionsnormen im japanischen internationalen Privatrecht. 2004.

Band 33 Sebastian Kaufmann: Parol Evidence Rule und Merger Clauses im internationalen Einheitsrecht. 2004.

Band 34 Britta Christina Weber: Eigentumsübertragung und gutgläubiger Erwerb beim Kauf von beweglichen Sachen im vietnamesischen Zivilgesetzbuch von 1995. Eine rechtsvergleichende Analyse unter Berücksichtigung des Eigentumsbegriffs im vietnamesischen Recht. 2004.

Band 35 Alexander von Saucken: Die Reform des österreichischen Schiedsverfahrensrechts auf der Basis des UNCITRAL-Modellgesetzes über die internationale Handelsschiedsgerichtsbarkeit. Ein Diskussionsbeitrag. 2004.

Band 36 Jasnica Garašićć: Anerkennung ausländischer Insolvenzverfahren. Teil 1 und Teil 2. Ein Vergleich des kroatischen, des deutschen und des schweizerischen Rechts sowie der Europäischen Verordnung über Insolvenzverfahren, des Istanbuler Übereinkommens und des UNCITRAL-Modellgesetzes. 2005.

Band 37 Eugenia Kurzynsky-Singer: Anknüpfung und Reichweite des Vollmachtsstatuts. 2005.

Band 38 Timo Utermark: Rechtsgeschichte und Rechtsvergleichung bei Ernst Rabel. 2005.

Band 39 Mohamed Lakmes: Die IPR-Anknüpfung der Schuldverträge. Ein Vergleich zwischen dem deutschen und dem syrischen Recht. 2005.

Band 40 Christian Haas: Vertragsstrukturen privatfinanzierter Infrastrukturprojekte. Nationale und internationale Perspektiven. 2005.

Band 41 Tanja Herzog-Engels: Gesellschaftsrechtliche Formvorschriften und Internationales Privatrecht. 2005.

Band 42 Hassan Siahpoosh: Das Familien- und Erbrecht im Iran. 2006.

Band 43 Carola Reifenrath: Das Vertragsrecht Hongkongs und dessen zukünftige Entwicklung. Unter besonderer Berücksichtigung des englischen Common Law. 2006.

Band 44 Arkadiusz Wudarski: Der Pfandbrief und sein Treuhänder. Eine rechtsvergleichende Untersuchung zum polnischen und deutschen Recht. 2006.

Band 45 Ulla Liukkunen: Cross-Border Services and Choice of Law. A Comparative Study of the European Approach. 2006.

Band 46 Claire Anna Reifner: Die Umsetzung der Verbrauchsgüterkaufrichtlinie in Italien und Deutschland. 2007.

Band 47 Shahriar Rabbanifar: Vergleich des Rechts der öffentlichen Unternehmen in Deutschland, Iran und Polen. 2007.

Band 48 Judith Farokhmanesh: Der Schutz des Urhebers im internationalen Vertragsrecht. Funktion, Reichweite und Effektivität zwingender Bestimmungen im deutschen, französischen und englischen Recht. 2007.

Band 49 Christoph Hellriegel: Schuldnerschutz in Polen. Rechtsvergleichende Untersuchung eines universalen Regelungsproblems. 2007.

Band 50 Ingemar Carl: Einstweiliger Rechtsschutz bei *Torpedoklagen*. 2007.

Band 51 Gabriele Wunsch: Möglichkeiten und Grenzen eines europäischen Hypothekarkredits. Problemanalyse und Lösungswege für die Schaffung eines Binnenmarktes für Grundpfandrechte unter Berücksichtigung des deutschen, englischen, schwedischen und spanischen Rechts. 2009.

Band 52 Sven Kuchmann: Die Haftung des Geschäftsführers einer deutschen GmbH und des Gerente einer argentinischen SRL im Rechtsvergleich. 2008.

Band 53 María Elena Alvarez de Pfeifle: Der Ordre Public-Vorbehalt als Versagungsgrund der Anerkennung und Vollstreckbarerklärung internationaler Schiedssprüche. Unter Berücksichtigung des deutschen, schweizerischen, französischen und englischen Rechts sowie des UNCITRAL-Modellgesetzes. 2009.

Band 54 Amir-Said Ghassabeh: Die Zustellung einer *punitive-damages*-Sammelklage an beklagte deutsche Unternehmen. Zugleich ein Beitrag zum „unnötigen" transatlantischen Justizkonflikt. 2009.

Band 55 Gunnar Lennart Schmüser: Das Zusammenspiel zwischen Haupt- und Sekundärinsolvenzverfahren nach der EuInsVO. 2009.

Band 56 Johanna Siemonsen: Die deutschen Ausführungsvorschriften zur Europäischen Insolvenzverordnung. 2009.

Band 57 Dan Malika Gunasekera: Civil Liability for Bunker Oil Pollution Damage. 2010.

Band 58 Sarah Mukaddes Oguz: Das türkische und das europäische Verbraucherrecht. Eine vergleichende Analyse mit Blick auf die Beitrittsbestrebungen der Türkei zur Europäischen Union. 2010.

Band 59 Niklas Wielandt: Die einseitig verpflichtende Schuldzusage. Eine rechtsvergleichende Untersuchung des abstrakten, kausalen und nicht rechtsgeschäftlichen Schuldanerkenntnisses und Schuldversprechens nach deutschem und englischem Recht. 2010.

Band 60 Lars Meyer: Non-Performance and Remedies under International Contract Law Principles and Indian Contract Law. A comparative survey of the UNIDROIT Principles of International Commercial Contracts, the Principles of European Contract Law, and Indian statutory contract law. 2010.

Band 61 Farzana Soleimankehl-Hanke: Afghanistan zwischen Islam und Gleichberechtigung. Widersprüche in der afghanischen Verfassung am Beispiel des afghanischen Familien- und Erbrechts. 2011.

Band 62 Sören Koch: Der Ersatz frustrierter Aufwendungen im norwegischen Recht. 2011.

Band 63 Vanessa Seibel: Der Geschäftsführer in der Insolvenz der Gesellschaft. Eine rechtsvergleichende und rechtsökonomische Betrachtung von GmbH und LLC. 2012.

Band 64 Dorothea von Domarus: Internationales Arzthaftungsrecht nach Inkrafttreten der Rom I- und Rom II-Verordnung. Ein Rechtsvergleich mit den USA unter besonderer Berücksichtigung der Bundesstaaten New York, Kalifornien und Louisiana. 2013.

Band 65 Nils Rasmus Grenda: Erwerb und Schutz des Eigentums an Mobilien im deutschen und schwedischen Recht. 2013.

Band 66 Tristan Wegner: Überseekauf im Agrarhandel. Die Kontraktpraxis nach GAFTA und Einheitsbedingungen. Eine rechtsvergleichende Darstellung. 2013.

Band 67 Marjam Waladan: Das iranische Familienrecht unter der besonderen Berücksichtigung der Rechte von Frauen und Kindern. 2013.

Band 68 Gesine Osieka: Zivilrechtliche Haftung deutscher Unternehmen für menschenrechtsbeeinträchtigende Handlungen ihrer Zulieferer. 2014.

Band 69 Cordula Giesecke: Interessengerechte Rechtswahl im Kaufrecht. Vertragswidrigkeit, Mängelrüge und Vertragsaufhebung – UN-Kaufrecht, deutsches, französisches und schweizerisches Recht im Vergleich. 2014.

www.peterlang.com